統一新羅時代의
政治變動과 佛敎

郭 丞 勳

국학자료원

머 리 말

　고대사와 사상사 연구에 관심을 갖게 된 것은 대학 시절의 답사 활동과 강의에서 비롯하였던 것 같다. 처음 유물들을 접하는 과정에서 아름다움에 끌리고 또 왜 만들었는가를 새겨 넣은 글귀를 살피게 되었는데, 더욱 李基白 선생님의 수업을 통해 『三國遺事』에 매료된 것이 결정적인 계기가 되었던 것이다.

　본격적인 연구는 대학원 수업 과정에서 이루어졌다. 이 때는 歷史上에 나타난 사례들을 통해 볼 때 社會的인 變化가 이루어지면 思想에도 변화가 일어났다는 점을 유의하였다. 이에 저자는 統一新羅時代 中代로부터 下代로의 政治變動이 佛敎에 어떠한 변화를 가져다 주었는가를 살폈고, 그 결과 하대 전기의 불교에 대한 이해가 결여되었음을 알게 되었다. 이에 대한 연구를 통하여 당시 元曉 · 異次頓을 비롯한 여러 高僧追慕碑들이 세워졌고 또 그것이 興輪寺에 조성 봉안된 十聖과 관련이 있음을 파악하게 되었다. 그리고 이에 대한 상세한 연구를 진행하여 하대 전기 불교에 대한 이해를 어느 정도 얻기에 이르렀다. 그렇지만 신앙의 변화에 대해서는 별다른 이해를 얻지 못하고 있었다.

　이런 가운데 강원도 동해시 三和寺 鐵佛의 銘文이 새로 확인되는 일이 있었다. 여기에 彌勒下生信仰에 대한 언급이 있었는데, 이를 통하여 신앙의 변화에 대한 확신을 얻게 되었다. 이에 따라 저자는 고승추모활동에 대한 연구 부문을 축소하고 미륵신앙에 대한 내용을 보완하였다. 곧 그 결과를 정리하여 1998년 가을 『新羅 下代의 佛敎와 政治變動』이라는 제목으로 박사학위논문을 제출하였었다. 그리고 당시에 미흡하다고 여겨졌던 부분에 대한 연구를 계속 진행, 새로운 내용을 추가하여 취지에 걸맞도록 노력해왔다. 먼저 「景德

王의 政治改革과 佛事活動」을 추가하여 中代 末期의 내용을 보완하였다. 다음 「下代 前期 高僧追慕碑의 建立」을 추가하였는데, 이는 「下代 前期 僧傳 著述의 流行」과 서로 대비되는 것으로서 균형을 맞추고자 한 것이다. 대신 「哀莊王代 誓幢和上碑의 建立」을 제외하였는데, 이는 각론으로 내용의 일부가 전자와 중복되는 경우가 없지 않아 그것을 피하고자 한 까닭에서다.

이같은 과정을 거쳐 하나의 연구서로서 이제 저자가 세상에 내놓을 수 있다고 보아 본 연구서를 출판하게 되었다. 그런데 이에 이르기까지에는 선학들을 비롯 많은 분들의 은혜로 말미암는 것이어서 감사의 글을 올리지 않을 수 없다.

먼저 보문고등학교 재학 시절 趙載福 선생님으로부터 가르침을 받으면서 흥미를 열게 되었다. 더욱 선생님께서는 목원대학교에 재직하시면서 강의의 기회는 물론 남다른 배려를 해주셨는데, 이를 통하여 저자가 학업을 고양시킬 수 있었고 많은 격려를 얻는 바탕이 되었다.

대학에 진학하여서는 李光麟 선생님의 정열적인 강의를 바탕으로 한국사에 관한 온갖 지식을 배웠고 폭넓은 이해를 갖게 되었다. 洪承基 선생님의 매주 발표를 통한 강의는 역사를 폭넓고 깊게 이해 하도록 하는 바탕이 되어 저자가 학문을 연구하는 기초적 토대를 마련케 해주셨다. 李鐘旭 선생님의 강의는 고대사를 새로운 시각으로 바라볼 수 있는 바탕을 얻게 해주셨다.

李基白 선생님으로부터는 대학원 수업 과정을 통하여 사료의 성격을 정확히 파악하는 것은 물론 한국사의 흐름을 파악할 수 있는 안목을 기르게 되었다. 특히 僧傳을 연구토록 한 교시는 본 연구서가 나올 수 있는 실질적인 기초를 마련해 준 계기가 되었다. 저자가 이를 처음에 연구할 때에는 치밀하지 못한 관계로 여러 번 혼이 나기도 하였는데, 이 때의 과정을 통해 하대 전기에 추모비와 소조상이 조성되는 사례를 주의 깊게 살필 수 있었던 때문이다. 그리고 崔永禧 선생님의 수업에서는 지방사·외교사·법제사·임진전란사 등 여러 분야 걸친 내용을 배웠다. 이 가운데 지방사 연구는 저자가 중앙정치세력을 위주로 하던 생각의 짧음을 각성시켜 주었고, 그 결과 지방 불교에

대한 이해를 얻는 계기가 되었다. 또한 궁궐의 야사라든가 생활사 등 문헌에 없는 역사 지식도 적지 않게 배울 수 있었다. 더욱 선생님께서는 학문 외에도 각별한 관심을 가져 주셨는데, 이는 저자가 오랜 동안 객지 생활의 외로움을 극복하고 학업의 중단 없이 오늘의 연구 결과를 이루도록 하였다.

柳永益 선생님께서는 근·현대사의 精緻한 검토를 통해 오늘날의 역사를 바라볼 수 있게 해주셨다. 金正基 선생님께서는 미술사에서, 李賢惠 선생님께서는 고대사와 비교사를, 金龍善 선생님께서는 금석문과 중세사에 대한 수업을 통해 정치한 역사를 살필 수 있도록 해주셨다. 더욱 김용선 선생님은 학위논문의 심사와 더불어 본 연구서의 출판을 위해 힘써 주셨다. 처음 대학원 시절 인원이 적은 까닭에 대학원생들은 가르침 외에도 모든 선생님들로부터 아낌을 받았는데, 宋相庸 선생님께서는 더욱 유난하셔서 초기 동문들이 항시 기억하고 있다. 그리고 崔昌熙 선생님께서도 직·간접적으로 여러 면에서 도움을 주셨다. 아시아문화연구소의 李一宰 선생님께서도 많은 배려를 해주셨다.

논문심사과정에서 李基東·金杜珍 선생님과 趙仁成 선생님께서 상세한 가르침을 주신 까닭에 많은 부분을 바로잡을 수 있었다. 더욱 두 분 선생님께서는 연구에 바쁘신 가운데서도 일찍부터 저자의 논문을 읽어 주시어 미혹함을 깨우쳐 주셨다. 吳星 선생님께서도 연구와 대외활동으로 틈을 내기 어려움에 불구하고 본 연구서가 출판되도록 주선해 주시고 또 조언을 아끼지 않으셨다.

더불어 저자가 공부해오는 과정에서 여러모로 도움을 준 서강대와 한림대 대학원 동문들께 감사드린다. 더욱 저자는 지방에 있는 관계로 많은 자료를 서울에 부탁해서 얻어야 했는데, 그 때마다 귀찮음을 꺼리지 않고 보내준 동학들에 대해 이 자리를 빌어 감사의 뜻을 전한다.

저자가 대학을 거쳐 박사학위를 받기까지에는 전적으로 부모님의 희생에 의지해야 했다. 정식으로 취직이 되어 제대로 된 월급 봉투 한 번 올리지 못하였는데, 근래에 들어와 두 분 모두 병마에 시달리면서도 오직 저자의 앞날일만 걱정하시니 무어라 할 말이 없다. 아울러 형님과 누님 내외분들의 도움도 많았다. 특히 집안 일에 있어서는 멀리서 공부한다는 일을 핑계로 대부분 열외되었는데, 이 자리를 빌어 감사의 뜻을 전한다.

또한 어려운 가운데도 본 연구서를 출판토록 배려해 주신 국학자료원의 鄭贊溶 사장님과 바쁜 가운데 출판에 힘써준 편집부 여러분께도 감사를 드린다.

2002년 5월

저 자

이 책을 부모님께 올립니다.

目 次

序　論

　삼국 통일을 이루게 되면서 신라의 국가 규모는 이전보다 커졌을 뿐 아니라 국왕의 위상도 드높아지게 되었다. 中央集權的 貴族國家에서 벗어나 專制王權이 성립되었던 것이다.

　이러한 정치적 변화에 상응하여 불교면에서는 義湘이 중국으로부터 華嚴宗을 들여와 華嚴思想을 크게 일으키고 있었다. 그의 화엄사상은 「華嚴一乘法界圖」에 잘 나타나 있는데, 여기에서 그는 '一卽多 多卽一'이라는 圓融思想을 전개하였다. 이는 一心에 의하여 만물을 統攝하려는 사상으로서, 이것은 전제왕권을 중심으로 한 중앙집권적 지배체제와 일치하는 것이었다. 화엄사상이 지배층을 중심으로 귀족사회에서 크게 환영되었던 까닭도 여기에 있었을 것이다.[1]

---

1) 金文經, 「儀式을 통한 佛教의 大衆化運動」(『史學志』 4, 1970 ; 『唐代의 社會와 宗教』, 崇田大學校 出版部, 1984) p.169.

　　李基白, 『韓國史新論』 改正版(一潮閣, 1976) pp.100-101.

　　安啓賢, 「新羅佛教」(『한국사』 3, 국사편찬위원회, 1976 ; 『韓國佛教史研究』, 同和出版公社, 1982) pp.79-80.

　　그리고 義湘과 華嚴宗에 대해서는 다음의 연구들이 참고된다.

　　李箕永, 「華嚴一乘法界圖의 根本精神」(『新羅伽倻文化』 4, 1972 ; 『韓國佛教研究』, 1982).

　　金知見, 「新羅 華嚴教學의 系譜와 思想」(『學術院論文集』 12, 1973).

　　張元圭, 「華嚴教學 完成期의 思想研究」(『佛教學報』 11, 1974).

　　鄭炳朝, 「義湘 華嚴教學의 諸問題」(『東洋文化』 17, 1976).

　　金福順, 『新羅華嚴宗研究』, 民族社, 1990.

　　金相鉉, 『新羅華嚴思想史研究』, 民族社, 1991.

　　全海住, 『義湘華嚴思想史研究』, 民族社, 1993.

　　김두진, 『義湘-그의 생애와 화엄사상-』, 민음사, 1995.

다른 종파로 法相宗이 성장하고 있었다. 사물의 현상계를 있는 그대로 인식하듯이 개인 간의 차이를 역시 있는 그대로 인정하는 법상종은 그 교리의 특성에 따라 6頭品 등을 중심으로 수용되었다. 이러한 법상종은 彌勒佛을 중심으로 彌陀佛을 함께 받드는 것과 地藏菩薩을 함께 받드는 것의 두 가지 계통이 있는데, 전자는 太賢이 후자는 眞表가 이를 대표하였다.[2]

통일기에 들어와 나타난 불교계의 변화 가운데 하나로 淨土信仰의 유행을 들 수 있다. 中古時代 末期부터 惠宿과 惠空에 의해 전파된 정토신앙이 元曉의 전도 이후 일반 민중들에게 널리 믿어지게 되었던 것이다. 중대 신라의 정토신앙은 노비로부터 국왕에 이르는 광범위한 신자층을 가졌으며, 華嚴宗·法相宗에서도 받아들여지는 등 널리 유행하고 있었다. 이들 가운데서도 가난하고 억압받는 민중들이 열성을 나타냈는데, 이것은 불경의 깊은 교리를 몰라도 아미타불에 귀의한다는 '南無阿彌陀佛'을 외는 염불만으로도 서방정토에 왕생할 수 있다는 단순한 교리를 갖고 있었기 때문이다.[3]

정병삼, 『의상화엄사상연구』, 서울대학교출판부, 1998.
2) 法相宗(혹은 彌勒信仰)에 대해서는 다음의 연구들이 있다.
   文明大, 「新羅 法相宗의 成立問題와 그 美術」(『歷史學報』 62·63, 1973).
   金三龍, 『韓國彌勒信仰의 硏究』, 同和出版公社, 1983.
   金杜珍, 「高麗初의 法相宗과 그 思想」(『韓沽劤敎授停年紀念論叢』, 1981; 『均如
      華嚴思想硏究』, 一潮閣, 1983).
   金南允, 「新羅 中代 法相宗의 成立과 信仰」(『韓國史論』 11, 서울대 國史學科,
      1984).
   李基白, 「眞表의 彌勒信仰」(『新羅思想史硏究』, 一潮閣, 1986).
   金杜珍, 「弓裔의 彌勒世界」(『韓國史市民講座』 10, 一潮閣, 1986).
   金惠婉, 「新羅 中代의 彌勒信仰」(『溪村 閔丙河敎授停年紀念史學論叢』, 1988).
   추만호, 「선종의 사상적 영향」(『나말려초 선종사상사 연구』, 이론과 실천, 1992).
   金惠婉, 「新羅 下代의 彌勒信仰」(『成大史林』 8, 成均館大 史學會, 1992).
   金南允, 「新羅 彌勒信仰의 전개와 성격」(『역사연구』 2, 역사학연구소, 1993).
   趙仁成, 「弓裔의 勢力形成과 建國」(『震檀學報』 75, 1993).
   趙仁成, 「彌勒信仰과 新羅社會」(『震檀學報』 82, 1996).
   장지훈, 『한국고대미륵신앙연구』, 집문당, 1997.
3) 정토신앙에 대해서는 다음의 연구들이 참고 된다.

통일기에 들어와 불교계의 조직과 역활이 더욱 확대됨에 따라 국가에서는
기존의 僧官 외에 州統·郡統 등의 승관을 두어 중앙과 지방의 교단을 감독
하고자 하였다.4) 또한 高僧들에 대한 傳記가 저술되고 있었는데, 이는 신라
불교의 발전사를 정리하는 계기가 되었을 것으로 여겨진다.5)

　　李基白, 『新羅思想史研究』, 一潮閣, 1986.
　　安啓賢, 『新羅淨土思想史研究』, 玄音社, 1987.
　　佛教史學會 編, 『新羅彌陀淨土思想研究』, 民族社, 1988.
　　金英美, 『新羅佛教思想史研究』, 民族社 1994.
4) 신라의 僧官職과 그 行政官府에 대해서는 다음의 연구들이 있다.
　　李弘稙, 「新羅 僧官制와 佛教政策의 諸問題」(『白性郁博士頌壽紀念佛教學論文
　　　　集』, 東國文化社, 1959; 『韓國 古代史의 研究』, 新丘文化社, 1971).
　　井上光貞, 「日本에 있어서의 佛教統制機關의 確立過程」(『日本 古代國家의 研究』,
　　　　岩波書店, 1965).
　　中井眞孝, 「新羅에 있어서의 佛教統制機關에 대하여」(『朝鮮學報』 59, 1971).
　　邊善雄, 「皇龍寺 9層塔誌의 研究」(『國會圖書館報』 10권 10호, 國會圖書館, 1973).
　　李基白, 「皇龍寺와 그 創建」(『新羅時代 國家佛教와 儒教』, 韓國研究院, 1978;
　　　　『新羅思想史研究』, 一潮閣, 1986).
　　蔡印幻, 「新羅 僧官制의 設置意義」(『佛教學報』 19, 東國大, 1982).
　　李泳鎬, 「新羅中代 王室寺院의 官寺的 機能」(『韓國史研究』 43, 1983).
　　蔡尙植, 「新羅統一期의 成典寺院의 구조와 기능」(『釜山史學』 8, 釜山史學會,
　　　　1984).
　　李鉄勳, 「新羅 僧官制의 성립과 기능」(『釜大史學』 14, 釜山大 史學會, 1990).
　　洪潤植, 「新羅國家佛教의 形態와 構造」(『伽山李智冠스님華甲紀念論叢 韓國佛教
　　　　文化思想史』上, 伽山文庫, 1993).
　　朴南守, 「統一新羅 寺院成典과 佛事의 造營體系」(『東國史學』 28, 1994; 『新羅手
　　　　工業史』, 신서원 1996).
　　정병삼, 「통일신라 금석문을 통해 본 僧官制度」(『國史館論叢』 62, 1995).
　　朴南守, 「新羅 僧官制에 관한 再檢討」(『伽山學報』 4, 1995; 위의 책).
5) 統一新羅時代의 傳記 著述에 대해서는 다음의 연구들이 참고된다.
　　李基白, 「金大問과 그의 史學」(『歷史學報』 77, 1978; 『韓國史學의 方向』, 一潮閣,
　　　　1978).
　　趙仁成, 「崔致遠의 歷史敍述」(『歷史學報』 94·95合, 1982).
　　李賢惠, 「崔致遠의 歷史認識」(『明知史論』 1, 明知大 史學科, 1983).
　　趙仁成, 「三國및 統一新羅時代의 歷史敍述」(『韓國史學史의 研究』, 乙酉文化社

통일기에 들어와 華嚴宗은 中央集權的 思想으로서 專制王權을 뒷받침하였고, 法相宗은 戒律의 강조를 통해 통치 질서를 유지시켜 주었다. 淨土信仰은 厭世的인 경향으로 인하여 現世에 대해 부정적인 요소가 강한 것이었지만, 한편으로는 來世를 기원하면서 체념케 하는 것이 되어 도리어 현실의 체제에 순응하는 쪽으로 생각을 옮겨주었다. 이런 점에서 보아 중대 신라의 불교는 전제왕권의 유지에 도움을 주었음을 알 수 있겠다.

統一新羅時代에는 中代와 下代라는 커다란 政治變動이 생겨났다. 통일후 이룩된 專制王權이 眞骨 貴族들의 반발을 받고 붕괴되면서 下代의 豪族時代가 전개되는 정치변동이 그것이다. 불교계에서도 큰 변화가 있었다. 복잡한 교리를 떠나 參禪을 통한 개인의 心性 陶冶를 강조하는 禪宗의 등장이었다. 이렇듯 個人主義的 性格을 지니는 선종은 中央集權的인 지배체제에 반항하여 일어나는 호족들에게 그들이 독립할 수 있는 사상적 근거를 제공해 주었다.[6]

中代로부터 下代로의 政治變動과 더불어 나타난 불교계의 큰 변화로서 末

    1985).

李基白, 「金大問과 金長淸」(『韓國史 市民講座』 1, 一潮閣, 1987 : 『韓國史像의 再構成』, 一潮閣, 1991).

趙仁成, 「金大問의 歷史敍述」(『한국고대사연구』 13, 1998).

6) 禪宗에 대해서는 다음의 연구들이 참고된다.

金杜珍, 「了悟禪師 順之의 禪思想」(『歷史學報』 65, 1974).

崔柄憲, 「新羅末 金海地方의 豪族勢力과 禪宗」(『韓國史論』 4, 서울대, 1978).

金杜珍, 「新羅 下代 堀山門의 形成과 그 思想」(『省谷論叢』 17, 1986).

佛敎史學會 編, 『韓國佛敎禪門의 形成史研究』, 民族社, 1986.

추만호, 『나말려초 선종사상사 연구』, 이론과 실천, 1992.

鄭性本, 『新羅禪宗의 研究』, 民族社, 1995.

金杜珍, 「道義의 南宗禪 도입과 그 思想」, 『江原佛敎史研究』, 小花, 1996.

金杜珍, 「新羅下代 禪師들의 中央王室 및 地方豪族과의 관계」(『韓國學論叢』 20, 國民大 韓國學研究所, 1997).

金杜珍, 「新羅下代 禪宗思想의 成立과 그 變化」(『全南史學』 11, 1997).

曺凡煥, 『新羅禪宗研究』, 一潮閣, 2001.

法思想과 결합된 彌勒下生信仰의 유행을 들 수 있다. 末法時代에 미륵불이 하생하여 彌勒理想社會를 건설한다는 이 신앙은 景德王代에 眞表와 그의 제자들에 의해 舊百濟・舊高句麗 지역에 널리 전도되었다. 반면 중대에 광범위하게 믿어졌던 淨土信仰은 그 형세가 약화되는 듯한 모습이었다. 귀족들의 정토신앙은 彌陀佛 조성 대신에 『無垢淨光大陀羅尼經』의 내용을 바탕으로 한 願塔을 조성하여 淨土往生을 기원하는 형태로 변질되고 있었으며, 민중들은 萬日契에 참여하여 結社活動을 펴기도 하였지만 중대에 비해 활발한 모습을 나타내주지 못하고 있었다.

교단 통제의 문제에 있어서 下代의 新政權에서는 기왕의 政官을 政法典으로 정비하고 그 僧官에 才行있는 승려들을 등용하여 그 일을 추진하고 있었다. 僧傳의 저술에 있어서는 國師 緣會를 비롯한 逸名의 여러 승려들이 참여하여 불교의 위대성을 강조하고 있었다.

이상과 같은 統一新羅時代의 政治變動過程에서 변화된 모습의 下代 佛敎를 정리해보면, 중대에 華嚴宗의 화엄사상이 專制王權의 사상적인 뒷받침을 하던 것이, 하대에 들어와서는 禪宗이 豪族들의 독립에 있어 그것을 대신하게 되었음을 알 수 있겠다. 중대에는 死後에 淨土往生을 기원하는 淨土信仰이 유행하던 것이, 하대에는 현재 살고 있는 현실세계에 미륵이상사회가 실현된다는 彌勒下生信仰이 그것을 대신하게 되었음을 알 수 있겠다. 이것은 중대에서 하대로 정치변동이 일어나면서 신앙의 경향이 來世的인 것에서 現世的인 것으로 변화되고 있음을 알려 주는 것이다.

이상은 中代에서 下代로의 政治變動과 더불어 변화된 新羅 下代 佛敎의 모습에 대한 기왕의 연구들을 대략 정리해 본 것이다. 따라서 다른 분야에서의 연구들과 더불어 新羅史를 살피는 데에 있어 폭넓은 이해를 얻게 해주었다. 이럼에도 불구하고 통일신라시대의 정치변동과정에서 변화된 불교의 모습에 대한 이해를 얻기에는 아직도 부족한 면이 없지 않다고 본다.

기왕의 연구에 나타난 문제점을 지적해보면 다음과 같다.

첫째, 불교사를 연구하는 데에 있어 모든 불사활동의 대부분을 國家나 王

權에 관련지어 생각하는 경향이 많다. 경제적인 부담이 드는 사원의 創建이나 造塔·造像 등과 같은 佛事活動의 대부분이 그런 방식으로 이해되어 왔던 것이다. 이로 인하여 불사활동에 있어서 個人的인 立場이 전혀 반영되지 않았다. 물론 國家佛教가 강력하게 부각되던 中古時代의 경우나 國家가 나서서 지원한 경우에는 불사활동을 국가의 입장에서 바라보는 것이 옳을 것이다. 하지만 그렇지 않은 경우에는 이를 개인적인 입장에서 살펴볼 때 비로소 불사활동의 의미가 밝혀질 수 있을 것이다.

둘째 中代에는 專制王權과 연결된 華嚴宗과 下代에는 豪族과 연결된 禪宗이라는 인식으로 인하여 하대에서의 國家와 佛教와의 관계가 소홀하게 되는 경향이 있어 왔다. 호족의 시대라고 해도 國家와 王室이 엄연히 존재했고 또한 통치행위가 이루어진 사실을 은연 중에 망각하는 경향이 생겨났던 것이다. 예컨대 하대의 新政權이 불교와 관련하여 政法典을 整備한 사실과 그 승관에 才行이 있는 승려들을 임명하였다는 기록이 있음에도 불구하고 그러한 실체를 밝히지 못하고 있는 실정이다. 또 下代 前期에 국가에서 高僧들에 대한 追慕活動을 활발히 벌이고 있는 사실에도 전혀 관심을 두지 않고 있다. 이런 까닭에 하대 전기의 국가와 불교와의 관계에 대해서는 여전히 공백으로 남게 되었다.

세째 高僧들의 업적을 기리는 僧傳 著述이 널리 유행되고 있었으나, 이들에 대해서는 대체로 유행된 사실의 지적에만 그치고 있다. 金大問이나 崔致遠과 같이 저자와 내용을 알 수 있는 것에만 검토가 편중되어 있을 뿐, 그외에는 저자들의 著述 意圖나 내용 등에 대해 사실상 해명되지 않고 있는 실정이다.

네째, 彌勒下生信仰의 유행에 대해서는 대체로 中代 末期의 眞表의 傳教와 下代 末期에서의 弓裔와 甄萱이 자신들의 自立에 대한 思想的 背景으로 이용하였던 것으로 이해되어 왔다. 이런 까닭에 중대 말기와 하대 말기의 중간 약 백년 간의 공백이 생겨났고, 막연히 그것이 이어졌을 것이라는 심증만 남기고 있을 뿐이었다. 이렇게 된 연유는 그 공백을 메워줄 미륵하생신앙에 대한 史料가 확연히 드러나는 것이 없기 때문이기도 하다. 하지만 기존에 있는 사료들을 깊이 분석해보면 미륵하생신앙에 대한 내용을 적지 않게 찾을 수 있다. 따라서 사료의 면밀한 검토 및 해석에 있어 소홀히 해온 경향이 있음을 지적하지 않을 수 없다.

본 연구는 이상과 같이 기왕의 연구에서 나타난 문제점을 검토 연구해보고자 하는 것이다. 그리고 그것을 統一新羅時代의 政治變動과 연관하여 살피고자 한다. 그럼으로써 政治變動과 더불어 변화된 新羅 下代의 佛敎에 대해 보다 나은 이해를 얻고자 하는 것이다.

이를 위해 여기에서는 다음의 세 가지 주제로 나누어 살피고자 한다.

첫째로 中代 末期 專制王權 動搖期에 景德王은 물론 中央貴族들에 의해 일어나는 일련의 크고 작은 佛事活動을 살피고자 한다. 여기에서는 먼저 경덕왕이 주도하여 일으키는 불사활동을 당시의 정치개혁과정과 관련하여 살피고, 이어 中央貴族들이 중앙과 지방에서 불사활동을 일으키는 사례를 검토해 그것의 목적과 의의를 살피고자 한다.

둘째로 下代 前期에 元聖王系의 新政權에서 시행하는 일련의 佛敎政策과 그에 대한 佛敎界의 動向을 살피고자 한다. 이를 위해 우선 元聖王이 즉위하자마자 정비를 시도한 政法典에 대해, 이어 佛敎界에서 여러 高僧의 업적을 기리는 僧傳을 당시에 집중적으로 著述하게 된 동기와 목적에 대해서 살피고, 나아가 이와 관련하여 고승들의 업적을 기리는 追慕碑가 元曉를 비롯 異次頓에 이르기까지 역시 집중적으로 國家에 의해 건립되어지는 동기와 목적에 대해 살피고자 한다.

셋째로 中代에서 下代로의 政治變動 과정에서 나타난 불교의 변화 가운데 널리 유행한 彌勒下生信仰에 대해 살피고자 한다. 여기에서는 國家와 각 宗派에서 미륵하생신앙을 수용하는 모습과 그것이 下代의 新羅 社會에 끼치는 영향에 대해 살피고자 한다.

제1장 中代 末期 專制王權의
動搖와 佛事活動

제1절 景德王의 政治改革과 佛事活動*

　景德王代에 宰相 金大城이 前世와 現世의 두 부모를 위하여 石佛寺(石窟庵)와 佛國寺를 창건하게 된 緣起에 대해서는 『三國遺事』를 비롯 여러 문헌을 통하여 잘 알려져 있다. 이 두 사찰은 창건 당시는 물론 지금까지도 우리의 주목을 받고 있다.

　김대성이 경덕왕대에 侍中을 지낸 大正과 동일 인물로서 그가 경덕왕을 도와 政治改革에 앞장섰던 인물이었음도 역시 잘 알려져 있다.[1] 그러한 그가 두 사찰의 造營을 마치지 못하고 죽기에 이르렀는데, 이에 국가에서 이를 완성하였다고 한다.

　이 사실에서 우리는 두 사찰에 대해 또한번 주목하게 된다. 김대성과 전제군주인 경덕왕과의 관계 즉 그가 경덕왕이 추진하던 정치개혁에 적극적으로 참여하였다는 사실은 두 사찰이 단순히 김대성 부모만의 追福만이 아니라 專制君主를 중심으로 하는 圓融과 調和를 꾀한 것으로서 경덕왕에 의하여 이룩된 국가적 사업이었을 것으로 이해되어지기 때문이다.[2] 이런 까닭에 석

---

　* 이 논문은 본래 제21회 신라문화제학술발표회에서 「石窟庵 建立의 政治·社會的 背景」의 제목으로 발표한 것이었으나, 이 번에 책으로 출간하게 되면서 전체의 취지에 걸맞게 제목을 바꾸어 조정한 것이다.

　1) 李基白, 「新羅 執事部의 成立」(『震檀學報』 25-27合, 1964: 『新羅政治社會史硏究』, 一潮閣, 1974) pp.168-169.

　2) 황수영, 『불국사와 석굴암』, 세종대왕기념사업회, 1979, pp.72-73.

굴암의 창건에 대한 연구는 政治와 社會的인 배경 아래에서 함께 검토되어
왔다.[3]

김대성의 석굴암과 불국사 창건에 대해 그것이 국가의 지원으로 마무리되
기는 하였지만, 개인의 發願과 신앙을 중심으로 살펴야 한다는 의견도 있
다.[4] 이같은 의견에 대해 필자는 김대성의 발원이 개인적인 것이기는 하나,
그것은 부분적인 것으로서 역시 당시의 정치와 밀접한 관련 속에서 이를 살
펴 보아야 옳다고 생각한다.[5] 이러한 입장에서 본고에서는 당시의 정치사회
적 배경을 검토하여 석굴암을 조성하는 의의에 대해서 알아보고자 한다.

이를 위해 본고에서는 먼저 경덕왕의 정치개혁활동과 그에 대한 眞骨 貴
族들의 抵抗에 대해서 살피고자 한다. 이어서 경덕왕대의 불교와 그의 대불
교정책을 알아 보겠다. 나아가 석굴암을 조성하는 思想的 背景의 일부분으
로서 法華思想을 검토할 것이다. 그래서 석굴암의 조성이 경덕왕의 정치와
관련이 있음을 살피어 글을 맺고자 한다.

1. 景德王의 政治改革과 眞骨貴族의 抵抗

경덕왕대의 정치개혁은 운용된 결과면에서 볼 때 크게 둘로 나누어 볼 수
있겠다. 그것은 上大等 金思仁이 병으로 免職되고 伊湌 信忠이 상대등에 취
임하게 된 때이다. 이를 토대로 전반기는 표 1)로 후반기는 표 2)로 정리해
보았다.[6] 이제 이를 중심으로 경덕왕의 정치개혁활동과정을 설명하고 그에

李基白,「韓國 古代의 政治思想」(『韓國思想大系』3, 1979:『韓國古代史論』, 一潮
閣, 1995) pp.85-87.
3) 석굴암에 대한 연구사는 朴贊興,「石窟庵에 대한 연구사 검토」(『新羅文化祭 學術
發表會論文集』21, 慶州市・新羅文化宣揚會, 2000) 참조.
4) 金相鉉,「石佛寺 및 佛國寺에 表出된 華嚴世界觀」(『佛敎研究』2, 1986:『新羅華
嚴思想史研究』, 民族社, 1991) pp.196-199.
5) 졸고,「新羅 中代 末期 中央貴族들의 佛事活動」(『李基白先生古稀紀念論叢』, 一
潮閣, 1994: 이 책 수록) pp.51-54.
6) 두 표의 내용은 『三國史記』9, 新羅本紀 9, 景德王조에 의거한 것이며, 출처가 다

따른 진골귀족들의 저항 모습을 규명하고자 한다.

표 1. 景德王 治世 前半期 政治狀況

재위 연도	인 사 관 계	제 도 관 계	국내 주요 사건
1 (742)			
2			4. 舒弗邯 金義忠의 딸을 들이어 王妃로 삼음 8. 地震이 있었음
3	1. 伊湌 惟正을 中侍로 삼음		4. 친히 神宮에 제사함 겨울. 妖星이 中天에 나타났다가 열흘만에 사라짐
4 (745)	1. 伊湌 金思仁을 上大等으로 삼음 5. 中侍 惟正이 물러나고 伊湌 大正을 中侍로 삼음	7. 東宮을 수리함. 司正府·小年監典·穢宮典을 설치함	4. 京都에 우박이 내림 5. 가뭄이 있었음
5			4. 죄수를 大赦하고, 臣民에게는 酒食을 下賜하고, 150인을 度僧케 함
6		1. 中侍를 고쳐 侍中으로 함 國學에 諸業의 博士와 助教를 설치함	3. 眞平王陵에 落雷가 있었음. 가을에 가물고 겨울에 눈이 내리지 않음. 민간에 기근과 疫病이 들자 사람을 十道에 보내어 安撫케 함
7		8. 貞察 1인을 처음으로 두어 百官을 糾正함 大谷城 등 14郡縣을 처음으로 둠	1. 天狗星이 땅에 떨어짐 8. 阿湌 貞節 등을 보내어 北邊을 檢察케 함 8. 太后를 永明新宮으로 옮김

른 것은 별도로 註記할 것이다.

재위 연도	인 사 관 계	제 도 관 계	국내 주요 사건
8		3. 天文博士 1인과 漏刻博士 6인을 둠	3. 暴風으로 나무가 뽑힘
9 (750)	1. 侍中 大正이 면직되고 伊飡 朝良을 侍中으로 삼음	2. 御龍省의 奉御 2인을 둠	
10			
11	3. 級飡 原神과 龍方을 大阿飡으로 삼음	8. 東宮衙官을 둠 10. 倉部에 史 3인을 더함	
12			
13	8. 侍中 朝良이 퇴직함		4. 京都에 우박이 내림 5. 聖德王碑를 세움 7. 王이 永興·元延의 두 절을 수리함 8. 가뭄과 누리가 있었음
14 (755)	7. 伊飡 金耆를 侍中으로 삼음		봄 곡식이 貴하여 민간에 기근이 있었음. 熊川州의 효자 向德을 포상함. 望德寺의 塔이 흔들림 7. 죄인을 赦免하고 老疾과 鰥寡孤獨을 存問하여 곡식을 하사함
15	4. 大永郎이 白狐를 바침에 南邊第一의 位를 줌		2. 上大等 金思仁이 災異의 屢見을 이유로 上疏하여 時政의 得失을 極論함 4. 큰 우박이 내림

　전반기의 치세를 재위 4년 5월에 伊飡 大正을 中侍에 임명하여 개혁을 추진하게 되는 시기와 그가 면직된 뒤 朝良이 임명되어 활동하였던 시기를 기점으로 구분해보면 모두 네 시기로 나눌 수 있다.

　먼저 1기는(원년~재위 4년 4월) 경덕왕이 즉위하면서 상대등과 중시를 교체하지 않고 孝成王代의 체제를 그대로 유지하고 있다. 당시의 상대등은

伊湌 貞宗이었으며, 중시는 伊湌 信忠이었다. 그리고 이들이 있을 당시 경덕
왕은 太子로 임명되었다.[7] 이것은 경덕왕이 그들과 밀접한 관계를 이루고
있었음을 알려 주는 것이다. 따라서 이들은 경덕왕의 즉위에 도움을 주었을
것이라는 점에서 볼 때 친경덕왕 세력의 측근으로 활동하였음을 알 수 있겠
다.[8] 그리고 이 당시에는 커다란 변화가 없는 것으로 보아 개혁을 위한 준비
기 내지는 모색기로서 이전의 체제를 계속해서 이끌어 나가고자 하였던 것
이 아닐까 한다.

다음 2기는(4년 5월~8년 12월) 大正이 中侍에 임명되어 司正府 등 여러
관부를 설치하기 시작하는 때이다. 이어서는 중시를 唐의 명칭에 따라 侍中
으로 고쳐 부르게 하고 있다. 이것은 시중의 격을 다른 관부들에 대해 종래
에 비해 보다 우월적인 지위임을 확실히 규정시키고자 하려는 의도가 작용
한 것으로 볼 수 있겠다. 그리고 이것은 이 때의 개혁이 시중을 중심으로 이
루어짐을 나타낸 것이라고 여겨진다. 이어서는 貞察을 두어 관리들에 대한
규찰을 강화하고 있다. 이는 개혁에 반발하는 관리들에 대한 대책의 마련이
었을 것이다.

정치적으로는 죄수에 대한 大赦免을 단행하여 분위기를 환기하고 있다.
이외에도 흉년에 따른 救恤과 북방 지역을 정비하여 변방을 안정시키는 조
치를 취하고 있다.

3기에서는(9년 1월~14년 6월) 伊湌 朝良이 시중이 되어 개혁활동을 지속
해 나간 것으로 보여진다. 이때에는 東宮과 倉部에 관리를 두거나 추가하는
것 외에는 뚜렷한 변화가 보이지 않는다. 하지만 이 시기에는 중요한 사건이

---

7) (즉위년 3월) 以伊湌貞宗爲上大等 阿湌義忠爲中侍 (3년 정월) 中侍義忠卒 以伊
    湌信忠爲中侍 二月 拜王弟憲英爲波珍湌 三月 納伊湌順元女惠明爲妃 五月 封波
    珍湌憲英爲太子(同上, 孝成王)
8) 申瀅植, 「新羅 中代 專制王權의 展開過程」(『汕耘史學』 4, 1990; 『統一新羅史研
    究』, 三知院, 1990) pp.136-138.
    金壽泰, 「孝成王代 朴氏王妃의 재등장」(『新羅中代 專制王權과 眞骨貴族』, 서강대
    박사학위논문, 1990; 『新羅中代政治史硏究』, 一潮閣, 1996) pp.93-98.

벌어지고 있었다. 경덕왕 재위 11년에 級湌 原神과 龍方을 大阿湌으로 삼고
있는 사실이다. 신라의 17관등 가운데 9위의 급찬에서 5위의 대아찬의 관등
으로 전격 발탁되고 있는 것이다. 대아찬의 관등은 眞骨만이 받을 수 있는
것이다. 이점에서 그들은 6頭品에서 眞骨로의 신분 상승이 되는 것이 아닐까
생각되기도 한다. 그렇지 않다면 그들은 본래부터 진골로서 어떠한 개혁을
추진하기 위해 발탁된 것으로 여겨진다. 여기에서는 후자일 가능성이 높을
것 같다. 전자의 경우 비록 이보다 조금 뒤의 일이지만 6두품이었던 祿眞이
대아찬의 관등을 받지 않았던 점을 생각해 볼 수 있기 때문이다.9) 후자의 경
우를 생각해보면 각 부의 장관인 令에는 대아찬 이상이 임명되었던 만큼 그
들을 발탁 등용하려고 하였던 것이 아닌가 한다. 대아찬의 지위가 어떤 의미
를 지니는 지는 모른다.

　이에 대해서는 元聖王代에 昭聖王과 憲德王이 대아찬으로 昇差되어 唐나
라에 사신을 갔던 사례를 참조해 볼 필요가 있다.10) 비록 이 사례가 후대의
것이지만 그들이 당나라에 사신을 갈 때 대아찬의 품위를 갖고 간다는 사실
에 주목해 볼 필요가 있다. 두 사람 모두가 원성왕의 손자임을 생각해보면
그들에게 대아찬의 관등을 주었다는 것은 그것을 받기에 아직은 젊은 나이
가 아니었는지 모르겠다. 그렇지만 그들이 遣唐使로서의 중요한 책임을 띄
고 가는 것이었으므로 관등을 높일 필요가 있었을 것이다.11) 이로서 미루어

---

9)　『三國史記』 45, 列傳 5, 祿眞傳. 더욱 이 점은 伽倻 王族으로 眞骨에 편입된 金庾
　　信의 부친 舒玄이 중매 없이 野合했다는 이유로 신라 왕실의 萬明(眞興王의 조카)
　　과 결혼을 허락받지 못했던 사실에서도 미루어 생각할 수 있지 않을까 한다(同 41,
　　列傳 1, 金庾信傳 上). 즉 김유신 가문에 대해 신라 왕실에서 차별을 두고 있었음
　　을 알게 되는 것이다.

10)　昭聖王立 諱俊邕 (중략) (元聖王) 五年奉使大唐 受位大阿湌 六年波珍湌爲宰相
　　七年爲侍中 八年爲兵府令 十一年爲太子 及元聖薨繼位(同上 10, 新羅本紀 10, 昭
　　聖王 즉위조). 憲德王立 元聖王 六年 奉使大唐 受位大阿湌 七年誅逆臣爲匝湌 十
　　年爲侍中 十一年伊湌爲宰相 十二年爲兵部令 哀莊王元年爲角干 二年爲御龍省私
　　臣 未幾爲上大等(同, 憲德王 즉위조).

11)　이 점은 혜공왕대의 귀족들의 정권쟁탈 과정에서 遣唐使가 자주 파견되었던 사실

보면 원신과 용방에게 내려준 대아찬은 분명 어떠한 중임을 맡기기 위한 것이었음을 알 수 있다. 이것은 분명 정도를 넘은 임명인 것이다. 이는 또다른 젊은 新進人士들의 기용을 예고하는 것이 아닐까 생각된다. 이점에서 고위 관리로 제도권 안에 들어와 있던 眞骨貴族들은 적지 않이 반발하였을 것이라고 생각된다.

이어서 재위 13년에 들어와 聖德王碑를 세우고 있다. 이것은 성덕왕의 치적을 선양하고 또 계승하여 나가겠다는 의지를 나타낸 것이다. 경덕왕은 자신이 성덕왕의 정치를 계승해 나가는 만큼 신료들로부터의 충성을 간접적으로 유도하고자 하였을 것이다. 그럼으로서 신료들의 반발을 억제하려고 하였을 것으로 여겨진다. 그리고 이 시기에 들어와 자연 재해가 자주 나타나 백성들의 생활이 많이 어려워지고 있어 국가의 대책 마련이 아쉬운 때였다.

2기에서 주로 관제의 정비에 힘썼다면 3기에 들어와서는 그것을 이끌고 갈 인물들을 기용하여 활용하고자 하였음을 짐작케 한다. 사실 개혁은 제도의 정비도 중요하지만 그것을 이끌어갈 인물도 아울러 보충되어야 비로서 완성되어질 수 있는 것이다. 따라서 경덕왕이 新進人士를 기용하는 것은 개혁작업을 본격적으로 추진하고자 한다는 의지로 보아 무리가 없을 듯하다.

주지하다시피 경덕왕의 개혁에 대해 반대하는 입장에 있었던 진골귀족들이 분명 있었던 만큼 제도의 정비와 더불어 신진인사의 기용은 좀 다른 면이 있다. 그것은 세대교체를 의미하는 것이기 때문이다. 그러므로 이것에 대한 진골들의 반발이 일어났을 것으로 보아야 옳지 않을까 한다. 필자가 그렇게 보려는 까닭은 그 예를 찾을 수 있기 때문이다. 그것은 朝良이 퇴임한 뒤에 거의 1년이 다 되어서야 비로서 金耆를 시중에 임명한다는 사실이다. 시중 임명에 있어 1년에 가까운 공백이 나타나고 있다. 왜 이러한 공백이 있게 되었을까? 시중이라는 직책이 단순한 것이 아님을 우리는 잘 알고 있다. 그렇

로 미루어 짐작할 수 있다(同上 9, 惠恭王조). 더욱 이에 대해서는 李基白, 「新羅 惠恭王代의 政治的 變革」(『社會科學』2, 1958; 『新羅政治社會史研究』, 一潮閣, 1974) pp.233-235 참조.

다면 당시 경덕왕이 개혁을 추진하기 위해서 자신과 가까운 인물로서 새로 임명할 사람들이 과연 없었기 때문이었을까? 물론 시중이 공석일 경우 꼭 곧바로 임명되어야 한다는 원칙은 없었을 것이다. 간혹 2개월 혹은 3개월의 공백을 두고 후임자가 임명된 경우도 없지 않다.12) 그러한 때에도 혹 문제가 있었던 때문일지는 모르겠다. 하지만 여기에서와 같은 공백은 우리가 생각하는 바를 뛰어넘는 것이다. 생각컨대 경덕왕은 새 인재를 발탁하려 했을 것이고, 귀족들은 이를 받아들일 수 없었던 것이 아닌가 한다. 이로서 볼 때 경덕왕의 개혁 추진은 처음으로 어떠한 저항에 직면하였다고 할 수 있겠다.

제4기는(14년 7월~15년 12월) 金耆를 시중으로 임명하여 개혁을 시도하고 있다. 그렇지만 뚜렷한 내용을 알 수 없다. 흰 여우를 바친 大永郎에게 南邊第一의 지위를 줄 뿐이다. 또한 이때에는 上大等 金思仁이 災異가 자주 나타나는 것을 보고 時政得失을 극론한 바 王이 嘉納한 사실이 있다. 이것은 경덕왕의 정치개혁에 대한 반발이었다고 보는 것이다.13) 이에 대해 반대의견이 없지 않으나14) 시중 조량의 퇴임후 후임자를 곧바로 임명할 수 없었던 정황을 생각해보면 충분히 납득할 수 있다고 본다. 아마도 김사인의 상소에는 元老大臣들을 대우하지 않는 것에 대한 이의가 포함되었을 것이다. 이 점은 김기를 시중으로 임명할 때 노인들과 鰥寡孤獨을 위로한 사실과 연결된다. 또한 시중 김기의 퇴임 사유가 사망이라는 점도 그가 비교적 많은 나이에서 임명되었음을 추측해 볼 수 있다. 1년간의 공백 뒤에 임명된 것, 퇴임

---

12) 이에 대해서는 李基白, 「新羅 執事部의 成立」(『震檀學報』 25-27合, 1964; 위의 책) pp.156-157의 도표를 참조하면 쉽게 알 수 있다.

13) 李基白, 「上大等考」(『歷史學報』 19, 1962: 위의 책) pp.107-109.

14) 申瀅植은 信忠과 義忠系와의 싸움에서 패퇴한 것으로 보았으며(앞의 논문, pp. 137-138), 李泳鎬는 녹읍의 부활에 대한 반대로 보았다(「新羅惠恭王 12년 官號復古의 意味」, 『大邱史學』 39, 1990, p.152). 全德在는 농민층의 도산과 그에 따른 불안의 해소 및 국가재정 상태의 개선책으로 보았으며(「新羅 祿邑制의 性格과 그 變動에 관한 硏究」, 『歷史硏究』 1, 1992, pp.45-46), 趙二玉은 국왕의 지나친 권력 독점에 대한 경고조치로 보았다(統一新羅 景德王代 專制王權과 祿邑에 대한 再解釋」, 『東洋古典硏究』 1, 1993, pp.80-82).

사유가 사망이라는 사실에서 시중 김기는 노령의 나이에도 불구하고 경덕왕으로부터 임명받았음을 알겠다. 이것은 결국 앞서 원신이나 용방과 같은 신진인사의 기용에 대한 진골 원로들의 반대에 부딪치게 되면서 경덕왕이 세운 대책의 일환으로 나타난 것이 아닌가 한다. 더욱 이것은 개혁 추진의 내용이 보류된다는 점에서도 주목된다. 다시말해서 이것은 경덕왕이 진골귀족의 저항에 부딪치게 되면서 개혁을 일시 중지하게 되는 것이다.

이상에서 살핀 바와 같이 경덕왕대의 전반기에 한 차례의 개혁과 진골 귀족의 저항이 있었음을 알겠다. 그리고 개혁의 추진은 시중을 중심으로 이루어지고 있었다.

이어 후반기도 세분하여 살피고자 한다. 이때는 상대등을 기준으로 구분할 필요가 있는데, 그것은 경덕왕 22년(763) 上大等과 侍中이 동시에 免職되는 것을 기준으로 삼고자 한다. 天災地變이나 內憂外患이 있을 때 대체로 시중

표 2. 景德王 治世 後半期 政治狀況

재위 연도	인 사 관 계	제 도 관 계	국 내 주 요 사 건
16 (757)	1. 上大等 思仁이 病으로 免職되고 伊湌 信忠을 상대등으로 삼음	3. 內外群官의 月俸을 없애고 祿邑을 다시 줌 8. 調府에 史 2인을 더함 12. 地方郡縣의 명칭을 漢式으로 改定함	7. 永昌宮을 重修함
17	1. 侍中 金耆가 죽음에 伊湌 廉相을 시중으로 삼음	2. 下敎하여 內外官으로 休暇를 청하여 滿 60일에 이른자는 解官을 許함 4. 醫官의 精究한 자를 뽑아 內供奉에 충당함 律令博士 2인을 둠	7. 23일 王子가 誕生함 큰 우뢰와 번개가 일어나 佛寺 16개소에 落雷가 있었음
18		1.2. 관부 및 관직 명칭개정	3. 慧星이 보였는데 가을에 이르러 없어짐

재위 연도	인 사 관 계	제 도 관 계	국 내 주 요 사 건
19 (760)	4. 侍中 廉相이 退職하고 伊飡 金邕을 시중으로 삼음 7. 王子 乾運을 封하여 王太子로 삼음		1. 都城의 寅方에서 북치는 소리와 같은 것이 남에 衆人이 鬼鼓라 말함 2. 宮中에 큰 못을 파고 宮南 蚊川 위에 月淨·春陽의 두 다리를 놓음 4. 1일 두 해가 나타나 왕이 月明師를 청하여 兜率歌를 지어 부르게 하니 변괴가 사라짐*
20			1. 1일 무지개가 해를 꿰고 해에는 귀의 고리가 있었음 4. 彗星이 나타남
21		5. 五谷·鵂巖·漢城·獐塞·池城·德谷 등의 6城을 쌓고 太守를 둠	
22	8. 上大等 信忠과 侍中 金邕이 免職됨		7. 京都에 태풍이 불어 옴 8. 桃李가 두번 꽃을 피움 前 大奈痲 李純이 왕을 위해 諫言함
23	1. 伊飡 萬宗을 上大等으로 삼고 阿飡 良相을 侍中으로 삼음		3. 孛星이 東南方에 보이고 龍이 楊山 아래에 나타났다가 곧 날아감 12. 11일 크고 작은 流星이 셀 수 없이 나타남
24 (765)			4. 地震이 있었음 6. 流星이 心星을 犯함 王이 돌아가니 諡號를 景德이라 함

*『三國遺事』5, 感通 7, 月明師兜率歌.

을 교체하지만15) 상대등의 경우 거의 교체하지 않았다. 그러므로 이 때의 동시퇴임은 정치적 문제가 결코 작지 않았음을 알려주는 것이다. 그리고 경덕왕의 왕위계승과 개혁추진에 있어서 밀접한 관계에 있었던 信忠이 새로 상대등에 임명된다는 사실은 정치면에서의 또다른 변화를 생각해 볼 수 있겠다. 예컨대 그가 상대등으로서 정치일선에 나서게 될 것이고, 그러다보면 상대등의 역할이 자연스럽게 강화될 여지가 충분히 있기 때문이다. 이점에서 보아 후반기의 개혁활동은 시중이 아닌 상대등을 중심으로 옮겨 진행되었다고 하겠다.

제 5기(16년 1월~ 22년 7월)에는 신충이 상대등에 임명되어 개혁활동이 가속되었다. 그 해 3월에 內外群官의 月俸을 면제하고 祿邑을 다시 부활하고 있다. 이어 12월에는 지방 군현의 명칭을 개정하게 된다. 지방 명칭의 개정은 경덕왕이 漢化政策을 수행하는 것의 두번째의 출발이기도 하지만 첫 시도가 중시를 시중으로 변화시키는 것에 비하면 강도가 강화된 것이다. 이런 점에서 보아 이 때에도 적지 않은 반발이 있었을 것인데, 그것에 대해서는 표 2)의 17년 2월에 내린 "內外官으로 휴가를 청하여 60일이 넘는 자는 解官(사직)을 허가한다."고 한 敎旨의 내용이 주목된다. 이 내용은 地方郡縣의 명칭 개정이 있은 뒤 1개월여 뒤에 일어났는데, 그것은 휴가를 청하여 60일이 넘도록 직무에 복귀하지 않는 자에 대한 사실상의 解職을 의미한다. 물론 이것이 휴가제도에 대한 단순한 교지일 수도 있다. 하지만 그 시점이 지방군현의 명칭을 개정한뒤 얼마 지나지 않았다는 사실을 염두에 둘 필요가 있는 것이다. 『三國史記』에 다른 법령들도 좀처럼 기록되지 않은 바 이 기록은 그 의미가 적지 않다고 생각된다. 이점에서 보아 그것은 경덕왕의 개혁추진에 대한 집단 휴직이 아니었나 생각되는 것이다.16) 즉 경덕왕의 개혁에

---

15) 李基白, 「新羅 執事部의 成立」, pp. 164-167.
16) 이에 대해 李昊榮은 당시 관료들의 기강이 해이해진 때문이라고 보았다(「新羅 中代王室과 奉德寺」, 『史學志』 8, 1974; 『新羅三國統合과 麗·濟敗亡原因研究』, 書景文化社, 1997, p.448).

대한 강력한 반발로 여겨지는데, 또한 경덕왕은 해직이라는 강력한 대응을 하고 있음을 짐작할 수 있다. 경덕왕이 진골귀족들의 반대를 무릅쓰고 개혁을 추진하는 이유를 알 수 없다. 다만 그가 훗날에 나라가 위태로울 것이라는 내용에 관계 없이 아들을 고집했던 사실로 보아 고집이 무척 센 왕으로 여겨진다.[17] 그러므로 경덕왕이 개혁을 추진함에 있어서 반발을 예상하면서도 강력하게 추진해 나갈 수 있었던 것이 아닐까 한다. 더욱 이것은 4월에 律令博士를 두는 것과도 밀접한 관련이 있는 것으로 여겨진다. 그것은 아마도 개혁하는 것에 반발하는 관리들에 대해 강력한 대처를 강구하고 있다는 사실과 부합되는 것이라고 여겨진다.

이같이 반발에 대한 마무리를 하고 나서 18년 정월과 2월에 걸쳐 관부 및 관직의 명칭을 개정하고 있다. 이즈음에 이르러서는 진골들의 저항이 곧바로 행동으로 옮겨지지는 않고 있다. 단지 혜성이 출현하여 상당기간 동안 사라지지 않았다는 기록만 전하고 있어 전년도의 집단 사직과 같은 반발이 곧바로 행해지지 않았음을 알겠다. 그런데 다음해에 이르러서는 표2)의 19년 기사에 "도성의 寅方(동북쪽에 가깝다)에서 북을 치는 소리가 났다."고 한 사실로 보아 진골귀족들의 항의하는 사태가 있었음을 짐작할 수 있다. 이것은 귀족들의 반발이 다시 시작되었다는 점에서 주목 된다.[18]

더욱 4월에 이르러서는 두 해가 출현하였는데, 이는 반대세력의 대두가 보다 강화되어 정치권에 위협이 되는 세력으로 성장하였음을 상징적으로 나타내주는 것이라고 생각된다. 경덕왕의 강력한 대처에도 불구하고 반발이 계속된 것으로 볼 수 있다. 결국 이것은 4월에 시중이 교체되는 결과를 낳는다. 다만 여기에서 시중이 反專制主義勢力으로 여겨지는 金邕으로 교체되고 있어 의문이 들기도 하는데, 이는 시중직을 반대세력에 할양함으로서 불만을 다소 무마시키려고 한 것이 아닌가 한다.[19] 이같은 귀족들의 저항과 반대파

---

17) 李基白,「景德王과 斷俗寺・怨歌」(『韓國思想』 5, 1962: 『新羅政治社會史研究』, 一潮閣, 1974) pp.217-219.
18) 이 점에 대해서는 趙二玉도 지적하고 있다(앞의 논문, p.83).

인 김옹의 시중 임명은 결과적으로 두 세력의 공존을 가져왔고 두 해의 출현
은 바로 그것을 상징하는 것으로 보아 무리가 없을 듯하다. 그리고 그것을
양보하게 되는 배경에는 아마도 정치적 비중을 이미 상대등 신충에게 넘겨
놓은 까닭이 아니었을까 여겨지는 것이다.[20] 이런 점에서 미루어 보아 이때
김옹으로의 시중교체를 두고 中代와 下代의 분기점으로 보는 것은[21] 옳지
않다고 본다.

제5기에는 커다란 변동이 없으나, 경덕왕 22년(763) 8월에 상대등과 시중
이 동시에 퇴임하고 있다. 이 사실을 어떻게 보아야 할까. 이것은 앞서 말했
듯이 보통 시중이 정치적 책임을 지고 물러난 사례로 비추어 볼 때 이례적인
일이다. 그것은 결국 상대등도 정치적 책임을 지게 되는 것임을 알려주는 것

---

19) 金壽泰, 「統一新羅期 專制王權의 崩壞와 金邕」(『歷史學報』 99·100合, 1983: 앞
의 책, pp.153-154).

이에 대해 李昊榮은 김옹과 김양상이 神鐘을 주조할 때까지는 친혜공왕파였다고
보았다(앞의 논문, pp.450-452). 申瀅植은 반왕파이지만 반전제주의세력은 아니라
고 보았다(「新羅 中代 專制王權의 展開過程」, 『汕耘史學』 4, 1990: 『統一新羅史
研究』, 三知院, 1990, p. 138). 李泳鎬는 친왕파로 보았다(「新羅 惠恭王代 政變의
새로운 解釋」, 『歷史敎育論集』 13·14合, 1990, pp.355-357). 趙二玉은 전제왕권
의 옹호자로 보았다(앞의 논문, pp.83-85).

그런데 여기에서 두 해가 출현하는 것으로 보아 김옹은 반전제주의세력으로 보
는 것이 옳지 않을까 한다. 즉 상대등과 시중으로 대표되는 양대 세력의 출현을 예
고하는 것이었다고 여겨진다.

20) 이에 대해서는 혜공왕대의 일로서 미루어 볼 수 있다. 이 때는 시중에 임명되는 隱
居와 正門의 경우 왕당파로 여겨지는데(李基白, 「新羅 惠恭王代의 政治的 變革」,
『社會科學』 2, 1958: 앞의 책, pp.233-235), 이들이 재임하는 기간중에 반대파들을
쉽게 제압하지 못하였던 사실에서 생각해 볼 수 있기 때문이다. 예컨대 혜공왕 6년
정월부터 4월까지 국왕이 西原京에 행차하였다가 돌아오고 있다(『三國史記』 9. 新
羅本紀 9. 惠恭王조). 이것을 국왕의 순행으로 생각할 수 있겠으나, 왕이 여전히 어
리다는 점 또 기간도 너무 길다는 점 다른 지방에 가지는 않았다는 점에서 볼 때
무리가 있다. 이는 반대파의 압력을 받았거나 아니면 이를 피하기 위해 지방에 행
차한 것으로 여겨지는 것이다. 이 때 시중은 교체되지 않고 있다. 이점에서 시중의
정치적 비중은 이전부터 낮아졌다고 볼 수 있지 않을까 한다.

21) 金壽泰, 앞의 논문, pp.153-154.

이다. 또한 상대등 역시 정치 일선에 등장하였다는 것을 확인해 주는 것이라
고 생각된다.[22]

　경덕왕의 정치개혁은 이로써 사실상 일단락을 맺었다. 혹 경덕왕이 또다른
계획을 갖고 있었을지는 모르나, 이 일 이후 별다른 활동은 보이지 않는다.
다만 大奈麻 李純이 입산하여 머리를 깎고 출가한 뒤 왕을 위하여 斷俗寺를
창건하고 거주했다는 기록이 눈에 띨 뿐이다. 이에 대해서는 기왕의 연구에
서 지적된 것처럼 경덕왕이 정치 일선에서 逸脫하는 것으로 專制王權의 기
울어가는 모습을 알려주는 것이다.[23]

　이후 4개월 뒤에 들어와 새로이 상대등과 시중이 임명되면서 제6기가 시
작되었다. 이 때도 경덕왕은 그들의 선발에 많은 고심을 하였을 것이다. 이것
은 그 체제가 惠恭王 초기에도 계속 유지가 되고 있음에서 알 수 있다. 다시
말해서 경덕왕이 어린 혜공왕의 앞날을 걱정하면서 苦心焦思했을 것이기 때
문이다. 그래서 그 체제가 혜공왕 초기에까지 이르도록 했던 것이다. 이때 역
시 반전제주의세력인 良相이 시중에 임명되는데, 그것은 앞서 김옹의 경우처
럼 진골귀족들의 반발로 인하여 상대등과 시중 가운데 한 자리를 그들에게
양보하지 않을 수 없었던 때문이었을 것이다.

　이상에서 경덕왕의 정치개혁활동을 크게 두 시기로 나누어 살펴보았다. 그
결과 전반기에는 侍中들을 중심으로 후반기에는 上大等을 중심으로 정치개
혁을 주도했을 것으로 이해되었다. 그것은 경덕왕의 정치개혁에 대한 진골귀
족들의 거센 저항에 대응해 경덕왕이 고안해 낸 정치적 묘수였다고 여겨진
다. 다시말해서 상대등을 비롯한 元老大臣들의 홀대에 대한 항의를 받아들
이면서도 자신이 하고자 하던 개혁을 지속할 수 있는 방법을 찾아냈던 것이
다. 그것은 바로 시중에 대한 정치적 비중을 낮추어 반대 세력에 할양하는
대신 상대등에 정치적 권한을 주는 한편으로 자신의 친위세력을 기용하는

---

22) 이 점은 혜공왕대 大恭의 亂이 일어난 이후 상대등과 시중이 동시에 물러나는 사
　　례에서도 생각해 볼 수 있다(『三國史記』9, 新羅本紀 9, 惠恭王 4년 10월조).
23) 李基白, 「景德王과 斷俗寺・怨歌」, 위의 책, pp. 219-223.

것이었다. 그럼으로써 반대세력들의 저항을 막으려 했던 것이라고 생각되는
것이다. 이것은 下代에 上大等의 지위가 정치일선에서 국왕 다음으로 가장
중요한 위치를 차지하게 된다는 사실과 밀접한 관련이 있는 것이다.[24]

2. 景德王代의 佛敎와 그의 佛敎政策

경덕왕이 전제정치를 강화하려는 노력을 펼치던 시기의 신라사회에서는
淨土信仰이 전반적으로 널리 퍼져 있었다. 中代에 들어와 阿彌陀佛이 많이
조성되었는데 더욱 그 말기에 유난히 많이 나타나는 사례들을 통해서 충분
히 알 수 있다.[25] 잘 알려져 있듯이 당시의 정토신앙은 위로는 國王으로부
터 아래로 奴婢에 이르기까지 다양한 신분층을 갖고 있었다.[26] 즉 정토신앙
은 사회 전반에 걸쳐 신분을 초월하여 믿어졌던 것이다. 이 가운데 전제왕권
하에서 신음하고 있던 민중들은 다른 계층들보다 열렬한 믿음을 갖고 있었
다. 현실이 괴로운 까닭에 이를 벗어나고자 한 바람은 다른 누구들보다도 간
절한 때문이었다. 경덕왕대에 布川山의 다섯 비구가 염불을 하다가 서방으
로 왕생한 일, 郁面 奴婢가 법당 안에 들어가지 못하고 뜰에서 나무아미타불
을 염불하다가 하늘로부터의 명령에 따라 법당 안으로 들어가서 염불한 뒤
現身으로 極樂往生한 일 등에서 그 믿음의 정도를 짐작할 수 있다.[27]

통일을 전후로 발전해오던 華嚴宗과 法相宗은 경덕왕대에도 마찬가지로
번성하였다. 다만 화엄종은 주로 王室과 眞骨 계층에서 믿었으며, 법상종은

---

24) 이 점에 대해서는 李基白, 「上大等考」, 위의 책, pp.117-123 참조.
25) 文明大, 「景德王代의 阿彌陀 造像問題」(『李弘稙紀念韓國史學論叢』, 新丘文化社,
    1969) 참조.
26) 李基白, 「新羅 淨土信仰의 다른 類型들」 및 「淨土信仰과 新羅社會」(『新羅思想史
    硏究』, 一潮閣, 1986) pp.142-150 및 pp.183-188.
27) 『三國遺事』 5, 感通 郁面婢 念佛西昇 및 同, 避隱 8, 布川山 五比丘.
    李基白, 「新羅 淨土信仰의 두 類型」(『歷史學報』 99·100合, 1983: 위의 책) pp.
    142-146.

대체로 6頭品이하의 중간 계층에서 믿어졌는데, 이는 교리의 차이에서 기인하는 것이었다.[28]

이와 관련하여 다음의 내용이 주목 된다.

A① 景德大王 天寶 12년(753) 癸巳 여름에 가뭄이 심하여 (大賢을) 내전으로 불러들여 『金光經』을 講하여 甘雨를 빌게 히였다. (중략) 낮에 講할 때에 (대현이) 향로를 받들고 잠자코 있더니 잠깐 사이에 우물이 솟아나오는데 높이가 7丈 가량이었다. (중략)

② 이듬해 甲午(754) 여름에 왕이 大德 法海를 皇龍寺에 청하여 『華嚴經』을 講하게 하고, 친히 가서 行香히였다. (왕이) 가만히 이르되 "전년 여름에 대현법사가 『금광경』을 강하여 우물이 7丈이나 솟았는데 公의 法度는 어떠하오?"히였다. 법해가 말하기를 "아주 조그만 일을 가지고 무얼 그렇게 칭찬을 하십니까? 단번에 滄海를 기울여 東岳을 잠기게 하고 서울을 떠내려 가게 하는 것 또한 어렵지 않습니다."히였다. 왕이 믿지 않고 농담으로 여겼다. 午時에 講할 때에 향로를 당기고 가만히 있더니 잠깐 사이에 궁중에서 갑자기 통곡소리가 들리고 관리가 달려나와 "東池가 이미 넘쳐서 내전의 50餘間이 물에 떠내려 갔습니다."하고 보고하니 왕이 망연자실하였다. 법해가 웃으며 "동해를 기울이려고 하여 水脈이 먼저 넘친 것입니다."하니 왕이 자신도 모르는 사이에 일어나 절하였다 (『三國遺事』 4, 義解 5, 賢瑜伽海華嚴).

위의 내용에서 법상종 승려 太賢과 화엄종 승려 法海와의 사이에서 벌어진 神通力의 비교임을 충분히 알 수 있다. 결과는 법해의 승리로 결정되는데, 이것은 두 승려간의 문제라기 보다는 법상종과 화엄종과의 경쟁 관계를 전해주는 사례가 아닌가 한다. 이렇게 볼 때 두 종파간에 있어서 상호간의 세력 다툼이 있었을 것임도 배제할 수는 없으나 단정할 수도 없다. 또한 두 宗派가 교리 혹은 세력의 우위를 놓고 경쟁하였을 것이라는 생각도 없지는 않지만, 그러한 파쟁의 심각성에 대해서는 역시 알려진 바가 없다는 점에서 볼 때 무리한 추측은 금해야 하겠다. 단지 위와 같은 선의의 경쟁관계에 있었다

---

28) 文明大, 『法相宗의 成立과 그 美術 (下)』(『歷史學報』 63, 1974) p.160.
　　金杜珍, 「統一新羅의 歷史와 思想」(『傳統과 思想』 2, 1986: 『韓國思想史大系』 2, 韓國精神文化研究院, 1991) pp.177-186.

고 보아야 할 것이며, 대체로 진골 귀족의 후원을 받고 있는 화엄종이 다소 우위를 점하고 있었다고 보겠다.[29]

다음으로는 禪宗이 들어와 지방에 서서히 자리잡고 있었다. 비록 선종이 전교의 처음에는 '魔語'라고 하여 배척을 받는 등 크게 두드러진 활동을 보이지는 않았으나, 神行禪師가 단속사에서 주석하는 등 자리를 잡아나가고 있었다.[30]

그리고 舊百濟 지역의 遺民들 사이에서 眞表를 중심으로 하는 彌勒信仰이 성장하고 있었다. 당시 진표는 舊百濟人으로 신라의 통치하에서 괴로움을 받던 유민들을 구제하고자 하는 노력을 펼쳤다. 또 그는 미륵신앙의 대행자로서 戒律을 통한 理想國家의 건설을 꿈꾸었고, 그것은 신앙 운동으로 나타났다. 그리하여 진표는 백제의 유민으로서 미륵 신앙을 중심으로 하는 反新羅的인 理想國家 건설의 운동을 전개해 나가고 있었다.[31]

이렇듯 불교가 중앙과 지방 모두에서 번성해 나가고 있었다. 종파로는 화엄종·법상종·선종이, 신앙으로는 정토신앙·미륵신앙이 유행하고 있었다. 그리고 專制君主인 경덕왕은 이들에 대한 지원을 아끼지 않고 있었다. 비록 그것들이 政治的인 것과 관련된 까닭이기도 하겠지만, 불교에 많은 관심을 기울인 것으로 보아 경덕왕이 불교신앙에 독실한 것과 결코 관계가 없지는 않을 것 같다. 다음부터 검토하는 것은 그러한 사례다.

> B① 禺金里에 사는 가난한 집의 여자 寶開에게 長春이란 아들이 있었다. 바다의 장사꾼을 따라다녔는데, 오랫동안 소식이 없었다. 그의 어머니가 敏藏寺 觀音菩薩 앞으로 가서 이레 동안 기도를 드렸더니 장춘이 갑자

---

29) 두 종파의 경쟁적 관계에 대해서는 졸고, 「新羅 哀莊王代 「誓幢和上碑」의 建立과 그 意義」(『國史館論叢』 74, 國史編纂委員會, 1997) pp.353-355 참조.

30) 신행의 활동에 대해서는 呂聖九, 「神行의 生涯와 思想」(『水邨朴永錫敎授華甲紀念 韓國史學論叢』 上, 探求堂, 1992) 및 鄭善如, 「新羅 中代末·下代初 北宗禪의 受用」(『韓國古代史硏究』 12, 1997) 참조.

31) 『三國遺事』 4, 義解 5, 眞表傳簡조.
   李基白, 「眞表의 彌勒信仰」(『新羅思想史硏究』, 一潮閣, 1986) pp.270-274.

기 돌아왔다. (중략) 申時에 吳나라를 떠났다는데 이곳에 이른 것은 겨
우 戌時 初였다. 그때는 天寶 4년 乙酉(745) 4월 8일이었다. 경덕왕은
이 소식을 듣고 민장사에 밭을 시주하고 또 재물도 바쳤다(『三國遺事』
3, 塔像 4, 敏藏寺).

② 이 산의 동남쪽 3千步쯤 되는 곳에 仙川村이 있었는데, 그 마을에는 두
사람이 살고 있었다. 한 사람은 努肹夫得이니 그의 아버지는 月藏이요
어머니는 味勝이었다. 한 사람은 怛怛朴朴이니 그의 아버지는 修梵이
요 어머니는 梵摩였다. (중략) 두 부처는 마을 백성을 위해 佛法의 要
諦를 설명하고는 온몸이 구름을 타고 가버렸다. 천보 14년 乙未(755)에
신라 경덕왕이 왕위에 올라 이 사실을 듣고 丁酉년에(757) 사자를 보내
어 큰 절을 세우고 절 이름을 白月山 南寺라 했다. 廣德 2년 甲辰(764)
7월 15일에 절이 완성되었다(同, 南白月二聖 努肹夫得 怛怛朴朴).

③ 또 경덕왕이 栢栗寺에 행차하여 산 아래에 이르렀을 때, 땅 속에서 念
佛하는 소리가 들렸다. 사람을 시켜 파보니 큰 돌이 있는데 사면에 四
方佛이 새겨져 있었다. 이로 인하여 절을 세우고 그 절 이름을 掘佛寺
라 하였는데, 지금은 그릇 전해져 掘石寺라 한다(同, 四佛山 掘佛山
萬佛山).

위의 내용들은 신앙의 영험이 나타난 곳에 경덕왕이 보시를 하고 佛事를
일으킨 사례다. B①은 장춘이 바다에서 풍랑을 만나 표류했으나 그의 어머
니가 민장사 관음보살 앞에 나가 기도를 드려 그 영험으로 돌아왔는데, 경덕
왕이 소식을 듣고 민장사에 보시한 사례다. B②는 성덕왕대에 노힐부득과
달달박박이 수행하다가 成佛한 사례를 경덕왕이 듣고, 그곳에 절을 세워 기
념토록 한 것이다. 이 사실에서 주목되는 것은 경덕왕 당대의 사례가 아니며,
시기도 재위 16년(757)이라는 점이다. B③은 경덕왕이 백율사에 행차하다가
영험을 겪은 인연으로 굴불사를 세운 사례이다. 여기서 왕이 백율사를 행차
한 일이 주목된다. 이것은 아마도 孝昭王代에 夫禮郎과 萬波息笛을 돌아오
게 한 백율사 부처님의 영험을 들은 때문이 아닐까 한다.[32] 이 내용도 위의

---

32) 雞林의 北山은 金剛嶺이라 한다. 산의 남쪽에는 백율사가 있다. 그 절에는 부처의
상이 하나 있는데, 그것을 만든 시초는 알 수 없으나 영험이 자못 뚜렷하였다. (중
략) 天授 4년 癸巳(693; 孝昭王 2년) 3월에 夫禮郎은 무리를 거느리고 金蘭에 놀
러 나가 北溟에 이르렀다가 靺鞨賊에게 잡혀 가니 그의 門客들은 모두 어찌할 바
를 모르고 돌아왔다. 홀로 安常만이 그를 뒤쫓아 갔으니 이 때가 3월 11일이었다.

南白月山 사례와 같이 경덕왕 당대의 일이 아님이 주목된다.

이러한 점에서 보아 결국 경덕왕은 당대의 사례는 물론 아니더라도 신앙의 영험 사례에 대해서 이를 적극 수용하여 佛事를 일으키고 弘布함으로써 두루 알리고자 한 것으로 여겨진다. 즉 영험 사례에 관심을 기울이어 신앙의 전파에 노력을 쏟고 있음을 알 수 있는 것이다.

> C① 新羅 제35대 景德王代 天寶 13년 甲午(754)에 皇龍寺鐘을 鑄成하니, 길이가 1丈 3寸, 두께는 9寸 무게는 497,581斤 施主는 孝貞 伊干과 三毛夫人이다. (唐) 肅宗(재위 752-756) 때에 또 새 종을 만들었으니 길이는 6尺 8寸이었다(『三國遺事』 3, 塔像 4, 皇龍寺鐘 芬皇寺藥師 奉德寺鐘).
> ② 또 이듬해 乙未(755)에 芬皇寺의 藥師如來佛의 동상을 만들었으니 그 무게는 30만 6천 7백근이요, 匠人은 本彼部의 强古 乃未이었다(同上).
> ③ 善德王이 절을 짓고 불상을 만든 인연은 「良志法師傳」에 자세히 실려 있다. 景德王 즉위 23년(764)에 丈六尊像을 改金하였는데, 租 2萬3千7百碩이었다(同, 靈妙寺丈六).
> ④ 경덕왕은(재위 741-765) 또 唐나라 代宗 황제가(재위 762-779) 불교를 믿고 받든다는 소식을 듣고 황제를 위해 工匠에게 命하여 오색 모직물을 만들고 또 沈檀木에 明珠와 美玉으로 꾸며 假山을 만들게 했는데 높이가 길이 한 길 남짓 되었다. (중략) 비록 그 이름은 萬佛이라고만 했으나 그 참 모습은 이루 기록할 수 없다(同, 四佛山 掘佛山 萬佛山).
> ⑤ 또 경덕대왕은 黃銅 12萬斤을 내놓아 先考 聖德王을 위하여 큰 종 하나를 만들려고 했으나 이루지 못하고 세상을 떠나니 그 아들 惠恭大王 乾運이 大曆 庚戌년(770) 12월에 有司에게 命하여 공장들을 모아 이것을 완성시켜 奉德寺에 안치시켰다(同, 皇龍寺鐘 芬皇寺藥師 奉德寺鐘).

위의 내용들은 경덕왕이 佛事를 일으킨 사례들로 앞서 본 B의 경우처럼 어떤 영험 사례들을 바탕으로 한 조성연기는 없다.[33] C①은 황룡사에 삼모

(중략) 5월 15일에 부례랑의 양친이 백율사의 부처님 앞에 가서 여러날 저녁 기도를 올렸더니, 난데없이 향탁 위에 玄琴과 神笛 두 보물이 놓여 있고 부례랑과 안상 두 사람도 불상 뒤에 와 있었다(『三國遺事』 3, 塔像 4, 栢栗寺).

33) 단 분황사의 경우는 다음의 사례가 참고된다.
경덕왕 때에 漢岐里에 사는 여자 希明의 아이가 난지 5년만에 갑자기 눈이 멀었다. 어느날 그 어머니는 아이를 안고 분황사 左殿 북쪽에 그린 千手觀

부인과 효정 이간의 시주로 거대한 종이 鑄成된 바 있는데,[34] 얼마 안있어 또다른 종이 주성된 사례이다. C②에서는 분황사에 거대한 약사불을 주성한다. 서로 가까운 시기에 이같이 거대한 종과 불상들이 조성되고 있다. 당시가 정치개혁의 과정중에 있던 시기라는 점에서 보아, 이것은 경덕왕이 불교의 권위를 빌어 국왕의 위엄을 나타내고자 하는 노력이 역력하였음을 느낄 수 있다.

C③는 영묘사 장육상에 대한 개금 사례이며, C④는 당나라에 만불산을 만들어 보낸 사례로 둘다 경덕왕 말년에 이루어진 것이다. 전자는 성전이 설치된 사찰로서 어떤 필요성이 제기되어 改金한 것으로,[35] 후자는 당과의 외교관계를 공고히 하려는 경덕왕의 정치적인 의도에서 나온 것으로 여겨진다. C⑤는 성덕왕의 업적을 기리는 비석을 세운 경덕왕이 다시 종을 주성하여 기념코자 한 것으로 재임중에 이루지는 못하였다. 이것은 경덕왕이 부친의 명복을 빌려고 한 것도 있겠지만 종소리를 통하여 성덕왕의 치적을 널리 선전하고자 하는 정치적 의도가 있었다고 할 것 같다. 뒤의 이 두 사례는 경덕왕 재위 말기에 추진된 것으로서 정치적인 목적이 뚜렷한 것이다.

이상과 같이 경덕왕은 재위 중간은 물론 말기에 이르러서도 불사활동에 있어 꾸준한 노력을 기울이고 있다. 또한 그것들은 대체로 거대한 조형물로서 이루어져 사실상 보는 이를 압도하도록 하였을 것이고, 더불어 宗敎的 威壓感과 神聖性을 자연 느끼도록 하였을 것이다. 이같은 불사활동으로 경덕왕은 불교의 공덕과 부처님의 위력을 통해 정치적 권력과 국왕으로서의 위엄을 보장받으려 하였던 것으로 볼 수 있지 않을까 한다.[36] 그러므로 그의

音 앞에 나아가서 아이를 시켜 노래를 지어 빌었더니 마침내 눈을 뜨게 되었다(『三國遺事』 3, 塔像 4, 芬皇寺 千手大悲 盲兒得眼).

34) 삼모부인과 효정 이간이 시주해서 만든 대종에 대해 이를 경덕왕이 불사를 일으킨 사례로 드는데 있어 문제가 없지는 않다. 그렇지만 그 규모라던가 삼모부인이 경덕왕의 전왕비였다는 점에서 보아 당시 경덕왕이 추진해오던 불교정책이라 할까 하는 면에서 관련이 있다고 보아 그리 문제될 소지는 없지 않을까 한다.

35)『三國史記』 38, 志 7, 職官 上, 靈廟寺成典.

불사활동은 정치개혁과 더불어 자신의 입지를 확고히 내세우려는 목적이 분명하다고 하겠다. 이렇게 생각해오면 앞에 설명한 B 사례들도 마찬가지로 이해될 수 있을 것이다.

D① 眞表가 불법을 강의하니 물고기와 자라가 戒를 받았다. 그때가 바로 天寶 11년 壬辰(752) 2월 15일이었다. (중략) 경덕왕은 이 말을 듣고 그를 궁안으로 맞아들여 菩薩戒를 받고 租 7만 5천섬을 내렸고 왕후와 외척들도 모두 戒品을 받고 명주 5백端과 황금 50냥을 보시했다(『三國遺事』 4, 義解 5, 眞表傳簡).

② 앞의 사료 A①과 같음(同, 賢瑜伽海華嚴).

③ 앞의 사료 A②와 같음(同上).

④ 그 山(迦智山門)은 곧 元表大德의 옛 거처였다. 원표대덕은 法力으로 政事에 베풀어 그 때문에 建元 2년(759) 특별히 敎를 내려 長生標柱를 세우게 하여 지금까지 남아있다(「寶林寺 普照禪師塔碑」).

⑤ 경덕왕 19년 庚子(760) 4월 초하루에 두 해가 나란히 나타나서 열흘 동안이나 사라지지 않았다. (중략) 왕은 사람을 보내어 그를 불러서 壇을 열고 기도문을 짓게 했다. (중략) 月明은 이에 兜率歌를 지어 사실을 진술했는데 (중략) 조금후에 怪變이 즉시 사라졌다. 왕이 매우 이상히 여겨 사람을 시켜 그 뒤를 쫓게 했더니 童子는 內院의 탑 속으로 들어가 숨어버렸다. 차와 염주는 남쪽의 벽화 彌勒像 옆에 있었다. 이와 같이 월명의 지극한 덕과 정성이 미륵보살을 감동시킬 수 있었다(『三國遺事』 5, 感通 7, 月明師兜率歌).

⑥ 實際寺의 승려 迎如는 그 族屬과 姓氏를 알 수 없다. 德行이 모두 높았다. 경덕왕은 그를 맞아 공양을 드리려고 사자를 보내어 그를 불러왔다. 영여가 대궐 안에 들어가 재를 마치고 돌아가려 하니, 왕은 사자를 시켜 절까지 모시게 했더니 절문에 들어가자 곧 숨어버렸으므로 그가 있는 곳을 알지 못했다. 사자가 와서 사실대로 아뢰니 왕은 이를 이상히 여겨 國師로 추봉했다. 그후에는 다시 세상에 나타나지 않았다(同 5, 避隱 8, 迎如).

---

36) 姜友邦은 경덕왕이 정치적으로 왕권의 확립에 성공하지 못하였다 하더라도 예술적 표현을 빌어 당당히 군림하려 했다고 지적했으며(「新羅 十二支像의 分析과 解釋」, 『佛敎美術』 1, 1973:『圓融과 調和』, 열화당, 1990, pp.350-351), 文漢植은 경덕왕이 정치적인 야욕을 대토목사업을 벌리는 등 예술적인 표현을 빌어 당당히 군림하려 한 것으로 추측했다(「新羅 景德王代 佛敎美術의 硏究」, 東國大 碩士論文, 1980, pp.37-39).

⑦ 왕은 말했다. "내 들으니 스님이 耆婆郎을 찬미한 詞腦歌가 그 뜻이 매
우 높다 하는데 과연 그러하오?" "그렇습니다." "그렇다면 나를 위하여
백성을 편안히 할 노래를 지어 주오." 스님은 즉시 칙명을 받들어 노래
를 지어 바쳤다. 왕은 그를 아름다이 여겨 王師로 封하니 忠談師는 두
번 절하고 굳이 사양하며 받지 않았다(同 2, 紀異 2, 景德王 忠談師 表
訓大德).

⑧ 왕이 어느날 表訓大德에게 명했다. "내가 복이 없어 아들을 두지 못했
으니 원컨대 대덕은 上帝께 청하여 아들을 두게 하여 주오." (중략) 왕
은 말했다. "나라는 비록 위태하더라도 아들을 얻어 뒤를 잇게 한다면
만족하겠소." 그후 滿月王后가 太子를 낳으니 왕은 매우 기뻐했다. (중
략) 표훈 이후로는 新羅에 聖人이 나지 않았다(同上).

위 내용들은 앞의 B・C 사례와는 달리 경덕왕이 고승들을 초빙한 사례들
이다. D①은 景德王이 진표를 궁중으로 맞아다가 보살계를 받는 내용이다.
앞서 설명되었듯이 진표가 백제의 유민으로서 미륵신앙을 중심으로 하는 反
新羅的인 理想國家 건설의 운동을 전개해 나가기에 이르렀고, 신라 왕실에
서는 그에 대한 대책을 마련해야 했다. 그리하여 그를 초빙하여 회유하는 일
등을 통하여 세력 확산의 억제 정책을 추진하였던 것이다.[37]

D②는 경덕왕이 법상종의 태현 법사를 청하여 『금광경』을 강의토록 하고
비를 빌게 하여 가뭄을 해결하는 내용이다. D③은 화엄종 승려 법해를 황룡
사로 청하여 『화엄경』을 강의하게 한 뒤 태현과의 신통력을 비교한 것이다.
여기서는 화엄종이 우세한 것으로 나타난다.

D④는 경덕왕이 寶林寺의 元表 大德으로부터 정사에 있어 도움을 얻고
보시를 내리면서 장생표를 세워준 내용이다. 최근의 연구에 따르면, 元表는
舊高句麗系의 출신으로 入唐하여 80華嚴을 배우고 돌아와 天冠菩薩信仰을
弘布하였다고 한다.[38] 주목할 것은 그가 고구려계 출신이라는 것과 이 지역

37) 李基白, 「眞表의 彌勒信仰」(『新羅思想史研究』, 一潮閣, 1986) pp.270-274.
38) 金相鉉, 「新羅 華嚴宗의 僧侶 및 그 寺院」(『新羅文化』 1, 1984; 『新羅華嚴思想史
    研究』, 民族社, 1991) pp.83-84.
    呂聖九, 「元表의 生涯와 天冠菩薩信仰研究」(『國史館論叢』 18, 1993, 國史編纂委
    員會) pp.218-234.

이 舊百濟의 남쪽지역(현재의 전남 장흥군 유치면)이라는 점이다. 경덕왕이 원표를 지원하게 되는 것은 고구려계 遺民들을 회유하고 구백제 지역의 안정을 도모하고자 한 때문이 아니었나 생각되는 것이다. 또한 원표는 法力으로써 政事에 도움이 되었다고 한다. 이것은 원표의 활동을 통하여 구백제 남부지역에 대해 경덕왕이 다소 안정을 얻을 수 있었음을 알려주는 것이 아닌가 한다. 더욱 建元 2년은(759) 경덕왕 18년으로서 漢化政策의 작업을 마무리하는 시기였다. 따라서 원표가 보림사에서 敎化活動을 편 것은 경덕왕에게 도움이 되었던 것으로 보아야 할 것이다.

D⑤는 두 해가 출현하는 괴변을 月明師의 鄕歌로서 물리친다는 내용이다. 2절에서도 설명했지만 두 해의 출현은 왕권과 대립되는 새로운 세력의 출현을 예고하는 것으로 이는 국왕의 정치적 권위에 치명적인 손상을 가져다 주는 것이라 하겠다. 그와 같은 어려운 위기를 부처님의 위력으로 물리치고 있는 것이다.

D⑥은 승려 영여를 청하여 공양을 드린 사례로 내용이 자세하지는 않다. 그렇지만 그가 왕을 피하려는 의도가 상당히 강하게 드러나는 것으로 보아 경덕왕에게 그리 협조적이지 않음을 알 수 있다. 즉 경덕왕의 의도에 완전히 부합되지 않고 있다.

D⑦은 讚耆婆郎歌로 이름을 높이 평가 받고 있는 忠談師를 청하여 安民歌를 짓게 하는 내용이다. 이것은 노래 제목에서도 충분히 짐작되듯이 그 내용을 퍼트려서 국왕의 훌륭한 통치를 널리 선전하려 한 것임을 알 수 있다. 또한 이것은 불교의 위엄과 노래의 위력을 십분 활용토록 한 것으로서 정치적인 선전 목적이 확실하게 들어 있다고 하겠다.

D⑧은 표훈 대덕이 아들을 얻게 해달라는 경덕왕의 부탁을 받고 하늘을 왕래하여 소원을 이루어 준다는 내용이다. 이런 점에서 표훈의 神通力이 매우 뛰어남을 짐작할 수 있는데, 더욱 그가 당시 신라인들로부터 聖人으로 인정받는 고승이었음이 주목된다. 경덕왕은 그를 통하여 왕위계승자를 얻을 수 있어 후계자에 대한 근심을 덜게 되어 정치적 어려움에 대한 근심을 해결하

게 되었던 것이다.

이상과 같은 경덕왕의 고승초빙활동은 기원하는 내용으로 보아 月明師의 兜率歌와 같은 정치적 어려움의 해결, 太賢 法師의 祈雨祭와 같은 재앙의 소멸, 忠談師의 安民歌와 같은 善政을 행하는 국왕으로서의 정치적 선전, 表訓 大德의 신통력을 통한 후계자의 획득, 眞表와 元表의 신앙활동에 대한 지원을 통해 지방 및 舊百濟・舊高句麗人들의 포용 등 사실상 모든 것이 政治的인 目的을 띠고 이루어졌다고 할 수 있겠다. 경덕왕은 이들에게 협조를 구했고, 또한 그들은 경덕왕에게 협조를 아끼지 않은 것으로 보아진다.

그렇지만 이들 모두가 납득할만한 협조를 해주지 않는 경우도 있는 것 같다. 實際寺의 迎如는 세상에 나타나지 않아 國師로 追封했을 뿐이며, 忠談은 王師로 封하려 했으나 이를 거부하고 있다. 이 두 사실에서 보아 승려들 모두로부터 온전한 협조를 거두지는 못한 것 같다. 사실 斷俗寺에 神行禪師가 住錫하고 있었지만 禪宗에 대한 경덕왕의 지원은 비문에 뚜렷하게 드러나 있지 않은 것으로 보아 포용력에 있어서도 한계가 없지 않았나 한다. 이것은 불교계에서도 점차 경덕왕의 불교정책이나 정치에 대해 비판하는 세력이 출현하게 됨을 알려주는 것이 아닌가 여겨지는 것이다.

이상에서 경덕왕의 불사활동 관련 사례를 신앙의 영험 사례에 대한 보시활동, 대형 佛事 조형물의 조성, 고승들의 초빙활동 등의 세 가지로 나누어 살폈다. 신라의 국왕들에 있어서 불교와 관련된 기사를 살펴 보면 경덕왕대의 사례가 유난히 많음이 확인 된다.39) 또한 경덕왕은 불교에 정성을 쏟음에 있어서도 주도 면밀하였다. 이점은 佛事를 일으킨 사례를 종합해보면 신앙으로는 관음신앙・미륵신앙・정토신앙 등이, 고승 초빙에 있어서는 화엄종・법상종과 지방의 진표와 원표 등 가능한 모든 종파와 지방을 포함하고 있었다. 아마도 이것은 경덕왕이 專制君主로서 모든 종파를 다 포용하여 國家로

39) 『三國遺事』의 권 3 興法篇으로 부터 권 9 孝善篇에 이르기까지 모두 79개의 항목이 있는데 그중에서 경덕왕대와 관련이 있는 항목은 17개로서 20%를 웃돌고 있다. 이로서 볼때 경덕왕대에 불교가 유난히 번성하였음을 짐작할 만하다.

歸一하려는 포부가 있었던 때문이기도 하였을 것이다.

경덕왕은 왜 그토록 많은 불사활동을 일으켰을까? 이것은 경덕왕이 어떠

표 3. 景德王代 佛敎關係記事 일람표[40]

재위 연도	불사활동 및 고승초빙	기 타	재위 연도	불사활동 및 고승초빙	기 타
1 (742)			16 (757)	白月山 南寺 창건	信忠 上大等 임명 祿邑 부활 지방 명칭 개정 (2차개혁추진)
2					
3			17		귀족들 집단 휴직 (귀족의 2차저항) 惠恭王 탄생 葛項寺 石塔 조성
4 (745)	敏藏寺 보시	無盡寺鐘 조성 大正 中侍에 임명 (1차 개혁 추진)			
5	150인 度僧		18	元表大德 지원	관부 및 관직 개정 (3차개혁추진)
6			19 (760)	月明師 초빙	鬼鼓 소리가 들림 (귀족의 3차저항) 두 해의 출현 (양대세력의 대두) 太子 冊封
7		斷俗寺 창건			
8					
9 (750)		시중 대정 면직			
10	石窟庵・佛國寺 조성		20		
11	眞表律師 초빙	原神・龍方 大阿湌 발탁(개혁인사등용)	21		
			22		
12	太賢法師 초빙		23	靈廟寺 丈六 改金	金山寺 丈六像 조성
13	皇龍寺 大鐘 조성 法海法師 초빙 永興寺・元延寺 수리	聖德王陵碑 조성 華嚴經 寫經 시중직 空席 (귀족의 1차저항)	24 (765)		景德王 승하
			761 ~765	聖德王 神鐘 주성 계획 萬佛山 조성	
14 (755)	芬皇寺 藥師佛 조성	郁面婢 念佛西昇	연대 미상	掘佛寺 창건 迎如師 초빙 忠談師 초빙 表訓大德 자문	布川山 5비구 成佛 漢岐里 盲兒得眼 彌陀寺 萬日契 結社
15	황룡사 小鐘 조성				

40) 이 일람표는『삼국사기』・『삼국유사』와 금석문에서 발견된 사례들을 바탕으로 정리한 것이다. 기타는 중요 정치사건과 개인의 신앙활동과 관련된 내용들이다.

한 목적을 갖고 정책적으로 추진하고자 하였기 때문으로 여겨진다. 물론 그 것은 앞에서 간간히 검토했듯이 政治的 目的이 반영된 까닭이었다. 이제부 터는 보다 구체적인 내용을 살펴 찾아보기로 한다. 이를 위해 경덕왕대의 불 교관계기사를 위의 표 3)으로 정리해 보았다.

표 3)의 불사활동 사례들을 보면 대체로 경덕왕 재위 10년(751)부터 19년 (760) 사이에 집중되고 있음을 쉽게 알 수 있다. 石窟庵과 佛國寺의 조성을 시작으로 대형 기념물의 조성과 각 종파의 승려들을 초빙하고 있다. 그리고 연대를 알 수 없는 승려들의 활동에 있어서도 대체로 그와 같은 시기로 볼 수 있을 것 같다.41)

앞절에서 검토했듯이 경덕왕은 치세 전반기에 1차 개혁을 추진하고 후반 기에 들어와 다시 2차와 3차에 걸친 정치개혁을 단행하고 있다. 그리고 개혁 이 시행 될 때마다 귀족들의 반발이 있어 왔다. 그런데 기초적인 1차 개혁이 추진되고 侍中 大正(金大城)이 물러나 石窟庵과 佛國寺를 着工하면서부터 불교관련 사실이 뚜렷하게 나타나고 있다. 더욱 그것은 본격적인 2·3차개혁 (漢化政策)이 시작되기 이전인 재위 10년(751)에서 15년(756) 사이에 집중 되고 있다. 1차 개혁이 진행되는 과정에서 귀족들의 반발로 시중을 임명하지 못하는 경우도 발생한 바 있었다. 이점에서 보아 경덕왕은 본격적인 2·3차 개혁에 앞서 불교를 통한 民心의 歸一과 宗敎的 權威를 빌어 국왕의 지위를 초월적인 자리로 매김하려 했음을 생각해 볼 수 있겠다.

信仰의 靈驗이 나타난 곳에 佛事를 일으켜 사람들이 찾게 하고, 대형 불상 의 위엄과 역시 대종의 웅장하면서도 은은한 종소리로 사람들에게 신앙을 받드는 신비의 세계로 들어오도록 하려 했을 것이다. 그리고 이같은 신비의

---

41) 표훈대덕이 혜공왕의 탄생을 도운 사례로 보아 그가 주로 활동하던 때는 경덕왕 재 위 17년 이전이 된다. 안민가의 경우 경덕왕이 정치적 선전을 위해 작성한 것으로 보아 재위 말기보다는 정치개혁을 추구하던 시기로 보는 것이 훨씬 자연스럽다. 이 런 점은 다른 사례들도 마찬가지였을 것으로 여겨진다.

세계에 경덕왕이 군림하고 있는 것이다. 여기에 경덕왕은 高僧들의 鄕歌를
통한 정치에 대한 선전으로 國王의 威德을 널리 과시하고자 하였다. 또한 고
승들을 초빙하여 도움을 구하여 국가의 재난이나 정치적 어려움을 타개해
나가고 있었다. 이와 같이 경덕왕의 불사활동은 자신이 추진하던 정치개혁과
맞물려서 나타났음을 알 수 있겠다. 宗敎的 權威를 바탕으로 國王의 威嚴에
반대하는 세력들을 불교의 바다에 잠재우고자 하였던 것이다.

　이상과 같이 경덕왕은 정치적 목적을 가지고 여러 불사활동을 시작하였을
것이다. 그 목적은 宗敎의 權威를 빌어 政治的 權威를 확립하는 것과 정치
적 어려움의 타개로 나타났다. 그리고 石窟庵과 佛國寺의 着工은 그 출발점
이라는 것에 의의가 있다고 하겠다. 더욱 사찰 이름의 하나를 佛國이라 함은
바로 경덕왕의 취지를 나타낸 것이라고 하여 틀림이 없다고 본다. 즉 佛國의
王者로서 絶對君主로 승화시켜 君臨하려 했던 때문일 것이다. 이점은 경덕
왕이 각 종파를 최대한 수용하는 包容政策을 취함으로서 다양한 불교를 중
앙의 하나로 歸一하려고 하였음에서 생각할 수 있다. 경덕왕의 권력에 대한
고집과 집념을 살필 수 있는 것이다.

　나아가 이상과 같은 佛事活動에 대한 景德王의 목적은 漢式으로의 改革
을 추구하것 뿐아니라 佛敎와 儒敎 모두를 흡수하여 정치에 활용코자 한 것
으로 볼 수 있겠다.42)

---

42) 李基白은 전제왕권의 사상적 배경으로 화엄사상 뿐아니라 유교도 그와 같은 역할
　을 해내는 것으로 보았다. 이에 대해 金相鉉은 전제왕권의 사상적 배경이 화엄사상
　이 아니라 유교사상이었다고 하였다(「新羅 中代 專制王權과 華嚴宗」, 『東方學志』
　44, 1984 ; 『新羅華嚴思想史研究』, 民族社, 1991, pp.284-294). 그렇지만 위에서 검
　토해온 것처럼 경덕왕이 불사활동을 통하여 추구하는 바가 전제왕권의 위엄을 나
　타내려고 하는 의도와 관계가 깊은 것으로 보아 전제왕권은 불교나 유교나 도교나
　간에 왕권을 강화하기에 유리한 것이라면 무엇이든 받아들이기를 주저하지 않았다
　고 함이 옳을 듯싶다(李基白, 「新羅時代의 佛敎와 國家」, 『歷史學報』 111, 1986 ;
　『新羅思想史研究』, 一潮閣, 1986, pp.255-264).

3. 石窟庵 造成과 法華思想

과거는 물론 현재에도 세속인의 많은 관심을 부르는 석굴암은 물론 불국
사 조성의 敎理的 背景에 대해서는 많은 의견들이 개진되어 왔다. 예컨대 華
嚴思想, 唯識思想, 密敎, 그리고 淨土信仰 등 다방면에서 설명되고 있다. 그
리고 이들 주장들도 그가운데 어느 하나만이 반영되어 조성된 것 또한 아니
라는 점도 역시 강조하고 있다. 다시말해서 하나가 아닌 또다른 교리의 내용
이 반영되어 있음을 지적해주고 있다. 이런 점에서 볼 때 석굴암에 대한 金
瑛泰의 지적은 시사하는 바가 크다. 그는 보는 사람의 관점에 따라 석굴암의
主尊佛은 釋迦佛 혹은 毘盧遮那佛 혹은 阿彌陀佛로 볼 수 있다고 하였
다.[43] 즉 석굴암에 펼쳐진 세계는 어느 하나의 경전이나 하나의 교의에 국한
시킬 수 없다는 것이다.

이렇게 보아오면 석굴암이나 불국사의 조성에 있어서 근본적인 사상적 배
경을 찾아내는 것은 다소 불가능한 것으로 볼 수 있을 것이다. 그렇지만 석
굴암의 조성을 둘러싼 다양한 사상들은 결국 一佛乘이라는 한 가지에 모아
지는 것이 아닐까 하는 것이다. 이런 점에서 보아 會三歸一과 三乘方便 一
乘眞實을 강조하는 法華思想이 석굴암과 불국사의 조성에 있어 思想的 背
景의 일부가 되었다는데 그 의미가 크지 않는가 한다.[44]

이에 의하면 먼저 佛國寺의 가람부와 釋迦塔과 多寶塔이 『법화경』의 見
寶塔品의 變相임이 분명한만큼 山上의 석굴은 반드시 靈山淨土의 변상이
되어야 한다. 이는 『법화경』의 敎主이자 久遠實成의 法身이기도한 釋迦牟尼
佛이 靈鷲山上에 지금도 常住해 계시면서 諸大菩薩 大弟子를 모으고 說法
하시는 儀相을 형상한 것이다. 이것은 『법화경』 제6 如來壽量品에 근거한다.
다음 석굴을 들어서면 그 羨道로부터 시작해서 八部의 天龍과 密迹金剛의

---

43) 金煐泰, 「石窟庵의 敎理的 理解」(『정신문화연구』 48, 1992) pp.90-95.
44) 閔泳珪, 「石窟庵 彫像의 敎理背景」, 『考古美術』 13, 1961, pp.1-3.
   韓國佛敎研究院, 『佛國寺』, 一志社, 1974, pp. 41-49.

兩力士 四天王 梵天 帝釋 등의 諸護法天王 그리고 2位의 보살과 十體의 羅漢이 좌우로 侍立해 있는 중앙과 主尊前에 인도된다. 이러한 天部眷屬의 배열은 『법화경』과 관련된 것이다. 더불어 석굴암 내부에서 발견된 方塔斷石의 사방에 무수한 化佛 곧 千佛이 浮彫된 것이 발견되었는데 이는 大樂說菩薩의 청원을 들으신 석가모니불이 十方分身諸佛이 來會參坐한 가운데 多寶如來七寶塔의 地上湧出과 二佛倂坐 그리고 末代付囑의 神變에 이르기까지 靈山淨土에서의 儀相을 형상한 千佛多寶塔 역시 『법화경』 見寶塔品에 근거한 것이라고 한다.45)

　이같이 석굴암 조성의 사상적 배경이 된 法華思想에 대해 살피기로 한다. 『法華經』의 내용을 보면 크게 方便品과 如來壽量品의 두 개로 나눌 수 있다. 먼저 방편품에는 부처와 舍利佛과의 問答을 전개하고 있다. 부처는 사리불에게 부처의 위대한 지혜를 無量하고 無邊하고 未曾有의 法이라고 찬탄한다. 이 때 설해진 법문이 저 유명한 十如是로서 이것은 부처의 지혜로 본 萬物의 實相을 제시한 열 가지 相이다. 그런데 이 열 가지의 相을 통해서만이 만물의 실상을 파악할 수 있으며 그러한 究明은 오직 부처만이 가능한 것이다. 그리고 聲聞과 緣覺의 二乘 즉 小乘은 불가능하다고 說한다. 때문에 부처가 이승에 출현한 것은 二乘에 머물러 있는 이들을 一乘으로 나아가게 해서 만물의 실상을 깨닫게 하는 데 있다고 한다. 즉, "모든 부처가 二乘에 출현하는 것은 一大事因緣을 위해서이다. 그 일대사인연이란 부처의 知見을 열어 보여주고 사람들로 하여금 깨닫게 하여 부처의 지견에 들게 하는 것이다."라고 하는 開示悟入을 말한다. 따라서 모든 사람을 開示悟入하게 하기 위해서는 대상에 상당하는 수단과 방법이 있어야 하므로 부처는 각 중생의

---

45) 그렇다고 법화사상이 석굴암과 불국사 조성의 사상적 배경을 완전하게 설명할 수 있는 것은 아니다. 이에 대해서는 閔泳珪가 지적했듯이 『법화경』에서는 십대제자의 수를 다 채우지 못하고 있기 때문이다(同上). 위에서 언급한 것처럼 어떤 하나의 경전이나 교리에 국한할 수 없는 것이다. 따라서 본 연구에서 검토하는 석굴암 조성의 사상적 배경으로서 법화사상은 그것을 조성하는 데에 있어서의 일부분을 밝혀낼 뿐이라 하겠다.

根氣에 따라 方便을 써서 教化한다. 그리고 그 가르침은 모든 사람을 平等하게 成佛하도록 하는 것을 가르치므로 그것은 一佛乘이며 이 일불승 밖에 다른 道는 없다. 그러나 일불승 이외에 다른 道가 있는 것처럼 보이는 것은 善巧方便이라고 하는 좋은 수단의 다양성때문이다. 이 다양성에 대해서 經은 方便의 힘으로 일불승을 세 가지로 나누어 說다고 하였다. 그것을 開三顯一 또는 會三歸一, 開權顯實이라고 한다.

다음 如來壽量品에서는 釋迦佛 뿐만이 아니라 모든 부처가 오랜 옛날 成佛하였고 그 壽命도 영원하다는 久遠의 本佛임을 가르친다. 다만 중생을 구제하기 위하여 석가불로도 燃燈佛로도 이승에 출현하여 열반을 나타내 보인다. 그리고 여래의 수명에 대해서는 化身佛은 有始有終, 報身佛은 無始無終이라고 說한다. 여기에서 화신불의 수명을 밝히는 것은 方便門을 여는 것이며 報身佛과 法身佛의 수명을 說하는 것이 이 品의 진실한 뜻을 나타내는 것이다. 이것은『법화경』이 앞의 方便品과 함께 진리 그 자체인 法身佛을 說하는 經임을 알게 되는 것이라고 한다.

이외에도『法華經』에는 惡人과 女人의 成佛說을 주장하고 있는데, 이것은『법화경』이 갖는 모든 중생을 남김없이 成佛시키고자 하는 원대한 의욕과 願의 발로이다.46)

이상과 같은『法華經』의 특징 가운데 가장 의미있는 것은 역시 一佛乘思想과 그것을 解明하는 會三歸一思想일 것이다.47) 사실 一佛乘思想에 대해서는『華嚴經』에도 나타나 있지만 그 의미가 분명히 설명되지 않았는데, 이『법화경』에 이르러서 분명해졌다고 한다. 또『화엄경』의 一乘思想이 純一無雜의 형태로 나타났다면,『법화경』의 그것은 총합 통일로서의 의미가 있다. 그것은『법화경』이 三乘을 회통하여 一乘을 강조하기 때문이라고 본다. 이로서『법화경』은 여러 불교 경전 가운데 帝王의 지위를 차지하게 되는 것

---

46) 李耘虛,「해제」(『法華經』, 東國大學校 譯經院, 1990) pp.10-13.
47) 平川彰,「大乘佛教에 있어서의 法華經의 位置」,『講座大乘佛教』4 -法華思想-, 春秋社, 1983. pp.2-5.

이다.48)

그런데 이같은 『법화경』의 會三歸一과 一佛乘思想을 정치적으로 적용할
경우 그것은 국토의 통일과 絶對君主(1인자로서 절대적 권위를 지니는)의
의미로도 설명될 수 있는 것이 아닌가 한다. 그 예로서 天台 智顗에 의하여
법화사상이 隋의 중국 통일의 사상적 바탕이 되기도 하였음은 널리 알려진
사실이다.49) 또한 우리에 있어서는 비록 후대의 일이지만 後三國 末期에 統
一의 理念으로 제시되기도 하였다.50) 이러한 점에서 보아 『법화경』의 사상
은 그 적용에 따라 국가 통치에 있어 중요한 사상적 이념을 제공하는데 유용
한 것으로서 意義를 둘 수 있다고 하겠다. 이와 같이 法華思想이 갖는 의미
는 그 운용에 따라 思想的으로는 물론 정치적으로도 王權의 位相 強化에 좋
은 역할을 수행할 수 있는 것이 되겠다.

앞서 살폈듯이 景德王代의 상황은 어수선했다. 그것은 경덕왕대의 政治改
革과 그에 반발하는 眞骨貴族들과의 융화가 필요했다. 또한 불교의 다양한

48) 李箕永, 「法華宗要에 나타난 元曉의 法華經觀」(『韓國天台思想硏究』, 東國大學校
　　出版部, 1983) pp. 51-52.
　　田村芳朗, 「천태사상의 역사」(李永子 譯, 『천태법화의 사상』, 민족사, 1989) pp.
　　22-24.
49) 人王과 法王의 세상이 세상에 나오는 법은 비록 다르나, 그 混一된 것으로 王을 삼
　　고 歸一된 것으로 부처를 삼는 것은 또한 서로 멀지 않으니, 만일 풍토에 맞는 법
　　으로 그 왕업을 돕는다면, 어찌 병에 응하는 훌륭한 약과 때에 맞는 단비와 같지 않
　　으랴. 그러므로 옛적에 隋가 장차 일어날 때에 陳과 齊가 竝立하여 천하가 三分되
　　었었다. 隋에 智臣 周弘正이라는 자가 있어 文帝에게 勸하여 말하기를, "들으니 會
　　三歸一의 法門이 있는데 이름을 法華라고 하니, 만약 이 法을 天台山 아래 國淸寺
　　에서 널리 펴면 곧 天下를 하나로 할 것입니다." 文帝가 그 말을 쫓았는데, 과연 混
　　一이 되었다(閔漬, 「國淸寺金堂主佛釋迦如來舍利靈異記」, 『東文選』 68).
50) 高麗 太祖가 創業할 때 行軍福田 四大法師인 能兢 등이 上書를 올리기는 唐에는
　　會三歸一의 妙法蓮花經과 天台智者의 一心三觀의 禪法이 있다고 들었습니다. 聖
　　君(太祖)께서 三韓을 合하여 一國을 이루어 風土가 相合하니 만약 이 妙法을 구
　　하여 流行시킨다면 곧 뒤를 이을 龍孫의 수명이 연장되고 王業이 不絶하여 항상
　　한 나라가 될 것입니다(閔漬 撰, 「國淸寺金堂主佛釋迦如來舍利靈異記」, 『東文選』
　　68).

발전에 따른 신앙이나 종파간의 교리 경쟁에(예컨대 화엄종과 법상종, 교종
과 선종) 대한 융화가 자연 필요한 것으로 대두되었던 것이다.

　고로 이에 대한 統和思想의 필요성이 대두되었고, 그것에 적합한 것이 바
로『法華經』의 會三歸一이었던 것이다. 이 사상은 불교는 물론 그 적용에 따
라 정치에 있어서도 도움을 줄 수 있는 것이었다. 그러므로 파쟁을 지양하고
一佛乘에 귀의하는『法華經』의 사상을 통하여 설명하고자 하는 의도가 석굴
암과 불국사의 조성에 반영된 것이라고 생각된다. 그것은 專制君主를 추구
하는 景德王의 뜻하는 바와 일치하는 것이다. 그러므로 金大城의 石窟庵 창
건은 그와 같은 경덕왕의 뜻을 잘 반영하는 취지에서 조성되었던 것으로 볼
수 있지 않을까 한다.51)

---

51) 필자가 이렇게 보는 이유는 이후 법화사상이 지배계층을 중심으로 수용된 사실에
서 미루어 생각했기 때문이다. 정치권에서 필요로 했다면 의당 이를 수용하려는 노
력이 수반되었을 것인데, 그러한 사례가 발견되고 있어 주목하는 것이다.

　예컨대 下代 新政權의 元聖王은 法華信仰의 봉행자인 高僧 緣會를 國師로 封했
다(『三國遺事』5, 避隱 8, 緣會逃名 文殊岾). 이것은 신정권이 그로부터 정치에 어
떠한 도움을 기대하였기에 임명하였다고 여겨진다. 또한 연회는 법화사상을 국가에
제공하였을 것이다. 그리고 張寶高가 중국에 세운 赤山 法華院에서도 법화신앙을
봉행하고 있는 것으로 보아(圓仁,『入唐求法巡禮行記』2, 11월 16일), 그가 신라로
귀국하기 전 唐에서 법화신앙을 봉행하고 있었음을 알겠다. 이같은 하대 전반기 연
회와 장보고의 법화신앙에 대해서는 잘알려져 있다(金煐泰,「法華經敎 信仰」,『韓
國天台思想硏究』, 東國大 出版部, 1983;『삼국시대 불교신앙연구』, 불광출판부,
1990, pp.180-187 및 李永子,「天台思想」,『韓國佛敎思想史槪觀』, 東國大 出版部,
1993, pp.122-126).

　이외에 하대 신정권의 핵심인물 가운데 한 사람으로 여겨지는 金獻貞이『법화
경』의 내용을 깊이 인식하고 있었다. 이는「神行禪師碑」의 비문에『法華經』의 내
용이 세차례나 인용되는 것에서 알 수 있다(二乘三乘 寧得藥樹之菓, 夫慈父懷玉而
歸 窮子得寶幾日, 若欲 出火宅而登露地; 皇唐衛尉卿國相兵部令兼修城府令伊干
金獻貞撰,「斷俗寺 神行禪師碑」,『譯註歷代高僧碑文』新羅篇, 伽山文庫, 1993,
pp. 60-68).

　위에서 검토했듯이 新政權의 원성왕은 法華信仰의 사상적 이념을 통하여 정치
에 도움을 얻으려고 했다. 이에 따라 신정권은 법화신앙의 봉행자인 緣會를 國師로
임명하였으며, 그를 통해 이를 적극 弘布하였을 것으로 여겨졌다. 이에 따라 知識

이상에서 石窟庵을 建立하게 되는 政治와 社會的 背景에 대해서 살펴 보았다. 이제 그 대강을 정리하여 보면 다음과 같다.

먼저 景德王의 政治改革活動을 크게 두 시기로 나누어 살펴보았다. 그결과 전반기에는 侍中들을 중심으로 정치개혁을 주도했으며, 후반기에는 上大等을 중심으로 추진하였을 것으로 이해되었다. 이것은 경덕왕이 전반기의 개혁 당시 상대등을 비롯한 元老大臣들의 홀대에 대한 항의를 받아들이면서, 후반기에도 추진하던 개혁을 지속할 수 있는 방법에서 비롯되었다. 그리하여 시중에 대한 정치적 비중을 낮추어 반대 세력에 할양하는 대신 상대등에 정치적 권한을 주는 한편으로 자신의 친위세력을 기용하는 것이었다. 그럼으로써 반대세력들의 저항을 막으려 했는데, 이것은 下代에 상대등의 지위가 정치 일선에서 국왕 다음으로 가장 중요한 위치를 차지하게 된다는 사실과 밀접한 관련이 있는 것이 되었다.

경덕왕의 佛事活動은 信仰의 靈驗 사례에 대한 布施活動, 大形 佛事 造形物의 조성, 高僧들의 招聘活動 등의 세 가지로 나타났다. 신앙의 영험이 나타난 곳에 불사를 일으켜 사람들이 찾게 하고, 대형 불상의 위엄과 역시 대종의 웅장하면서도 은은한 종소리로 사람들에게 신앙을 받드는 신비의 세계로 들어오도록 하려 했을 것이다. 그리고 이같은 신비의 세계에 경덕왕이 군림하고 있는 것이다. 여기에 경덕왕은 高僧들의 鄕歌를 통한 정치에 대한 선전으로 國王의 威德을 널리 과시하고자 하였다. 또한 고승들을 초빙하여 도움을 구하여 국가의 재난이나 정치적 어려움을 타개해 나가고 있었다.

경덕왕의 불사활동은 본격적인 政治改革이(漢化政策) 시작되기 이전인 재위 10년(751)에서 15년(756) 사이에 집중되었다. 이와 같이 경덕왕의 불

人들 사이에 널리 認識되었을 것이고 법화신앙은 下代의 新羅 社會에 널리 퍼지게 되었을 것이다. 그결과 김헌정과 같은 眞骨 貴族과 장보고 같은 6두품들이 이를 수용하게 되었던 것이 아닌가 한다. 그런 이면에는 신정권이 법화사상을 주목하여 수용하고 홍포한 결과라고 하겠다. 여기에는 법화사상이 정치권에 긍정적인 면으로 작용한다는 의미가 있기 때문이 아닌가 한다. 물론 그것은 경덕왕대로부터의 영향이라고 할 것이다.

사활동은 자신이 추진하던 정치개혁과 맞물려서 나타났음을 알 수 있었다. 그리고 石窟庵과 佛國寺의 着工은 그 출발점이라는 것에 意義가 있다.

石窟庵이나 佛國寺를 조성하는 思想的 背景은 다양하게 찾아져 왔다. 어느 하나로는 납득할 만한 해명이 어렵기 때문이었다. 여기에서는 그가운데 法華思想이 그러한 思想的 背景의 일부가 되었다는 것에 주목하였다.

景德王代의 상황이 政治改革과 그에 반발하는 眞骨貴族들과의 融和가, 다양한 불교의 발전에 따른 宗派간의 競爭에 대한 융화가 자연 필요하게 되었다. 이에 대한 統和思想의 필요성이 대두되었고, 그것에 적합한 것이 바로 會三歸一과 三乘方便 一乘眞實을 강조하는 法華思想이었다.

法華思想은 불교는 물론이요 정치에 있어서도 도움을 줄 수 있는 것이었다. 그러므로 派爭을 止揚하고 一佛乘에 歸依하는 『法華經』의 사상을 통하여 설명하고자 하는 의도가 石窟庵과 佛國寺의 조성에 반영된 것이라고 생각된다. 그러므로 金大成의 석굴암 창건은 그와 같은 景德王의 뜻을 잘 반영하는 취지에서 조성되었던 것으로 볼 수 있지 않을까 한다. 더욱 사찰 이름의 하나를 佛國이라 함은 바로 경덕왕의 취지를 나타낸 것이라고 하여 틀림이 없다고 본다. 즉 佛國의 王者로서 絶對君主로 승화시켜 君臨하려 했던 때문일 것이다.

나아가 이상과 같은 佛事活動에 대한 景德王의 목적은 漢式으로의 개혁을 추구하는 것 뿐아니라 佛敎와 儒敎 모두를 흡수하여 정치에 활용코자 하는 것이었다.

제2절 中代 末期 中央貴族들의 佛事活動

佛事活動은 크게 두 형태로 나눌 수 있는데, 念佛이나 禮拜와 같이 無形的이고 精神的인 面에서의 그것과 佛像이나 塔婆의 造成과 같이 有形的이고 物質的인 面에서의 그것이다. 그러므로 경제적인 제약을 받고 있던 서민들은 '나무아미타불'을 염불하는 등의 前者와 같은 佛事活動을, 경제적 여유를 가진 國王·貴族과 같은 계층들은 '布施'를 통한 後者의 佛事活動을 하였을 것이다. 여기에서 중점을 두려는 것은 後者에 의한 佛事活動이다.

新羅에 佛教가 들어온 이후 이루어진 수 많은 佛事活動은 국가가 우선 주도하였고 경제력을 지닌 귀족들이 참가하였다. 이런 까닭에 종래의 연구에서는 국가(혹은 국왕)를 중심으로 佛事活動에 대해 검토해 왔다고 할 수 있겠다.[52] 그 결과 귀족 등 개인이 재물을 출연하여 행한 佛事活動의 경우는 별반 주목받지 못해온 실정이다. 물론 개인에 의한 불사활동이라 할지라도 국가와 전혀 관련이 없는 것은 아니었다. 예컨대 佛國寺 창건이 그러했다. 불국사의 창건은(뒤에서 詳論할 것이지만) 국가와도 깊은 관련을 맺고 있으면서 아울러 金大城이란 개인과도 뗄레야 뗄 수 없는 연관이 있는 것이다. 이같은 불국사의 창건 사례로 볼 때, 모든 불사활동이 국가와의 관련에만 한정되어 검토될 수는 없으므로, 어느 개인이 이에 연관되어 있다면 어떤 이유에서 그렇게끔 되었는지를 역시 살펴보아야 온당한 일이라 믿는다.

본고는 바로 이러한 점 곧 佛事活動에서의 個人的 立場에 대해 검토하고자 하는 것이다. 다만 여기에서는 신분층에 있어서는 中央貴族을, 그 시기에 있어서는 中代 末期의 景德王代와 惠恭王代에 촛점을 두었다. 그 이유는 이 시기에 中央貴族들의 佛事活動이 여러 사례가 나타나고 또한 專制王權이 崩壞되어 가는 시기였으므로, 이와 관련하여 中央貴族들의 動向을 살필 수 있을 것이라는 생각에서이다.

이에 본고에서는 먼저 中代 末期 中央貴族들의 佛事活動 事例들을 문헌에 드러나는 것 외에도 현재 傳하는 遺物과 그것에 나타나는 기록을 바탕으

---

52) 文明大, 「景德王代의 阿彌陀 造像問題」(『李弘稙紀念韓國史學論叢』, 新丘文化社, 1969).
　　황수영, 『불국사와 석굴암』, 세종대왕기념사업회, 1979.
　　金在庚, 「新羅 景德王代 佛教界의 動向」(『慶北工業專門大學論文集』 17, 1980).
　　文漢植, 「新羅 景德王代 佛教美術의 研究」(『碩士學位論文』, 東國大 史學科, 1980).
　　이상은 주로 佛事活動에 관한 것으로 이와 관련된 연구들을 포함하면 더욱 많다.

로 살피고자 한다. 다음은 이러한 佛事活動에서 나타나는 特徵들을 알아보
고자 한다. 끝으로 그러한 佛事活動이 갖는 歷史的 背景과 意義를 검토하고
자 한다.

1. 中代 末期 中央貴族들의 佛事活動 事例

中代 末期 中央貴族들의 佛事活動에 관하여 다음에 제시되는 사례들은
문헌에 나타나는 기록과 당시의 조성 사실을 알려주는 金石文의 기록을 바
탕으로 한 것이다. 이외에도 기록되지 않은 많은 佛事活動의 사례가 있을 것
이지만 여기에서는 中代 末期 中央貴族들에 의해 이루어진 것이 명백한 것
만을 골랐다.53)

가. 中央에서의 佛事活動

① 佛國寺와 石佛寺 創建

---

53) 元聖王의 父親인 孝讓이 叔父 波珍飡을 위해 세운 鍪藏寺(『三國遺事』 3, 塔像 鍪
藏寺 彌陁殿)의 경우, 창건 시기가 景德王代 初期 前後로 여겨지지만 명확히 단정
하기에는 어려움이 있다. 波珍飡 金元良이 자신의 歌堂舞館을 내놓아 鵠寺를 창건
한(「崇福寺碑」; 韓國古代社會硏究所 編, 『譯註韓國古代金石文』 3, 駕洛國史蹟開
發硏究院, 1993, p.251; 이하 『금석문』 3'이라 약칭함) 시기도 景德王代로 여겨 지
나 역시 그 시기를 명확히 단정할 수 없다.
   昌寧 仁陽寺鐘의 경우 惠恭王 7년(771)에 鑄成된다. 그렇지만 仁陽寺의 創建者
가 분명하지 않고 또 기록에 보이는 일부의 시주들도 사람이 아닌 여러 寺院으로
되어 있어(文明大, 「仁陽寺 金堂治成碑文의 한 考察」, 『新羅伽倻文化』 11, 嶺南大
新羅伽倻文化硏究所, 1980, pp.51-55) 中央 貴族이 창건한 사찰로 보기 어렵다.
   景德王代에 康州의 貴珍 阿干이 善士 수십인과 함께 彌陀寺를 세우고 1萬日의
念佛 結社를 한 사례가 있다(『三國遺事』 5, 感通 郁面碑念佛西昇조). 그런데 惠宿
法師가 세운 미타사의 경우가 있어, 이를 귀진이 창건하였다고 보기에 미심스러운
점이 있다(李基白, 「新羅 淨土信仰의 다른 類型들」, 『新羅思想史硏究』, 一潮閣,
1986, pp.161-163).
   이에 따라 본고에서는 이들을 검토 대상에서 제외하였다.

佛國寺와 石佛寺(石窟庵)가 景德王代에 宰相 金大城에 의해 創建되었음
은 다음의 기록으로 널리 알려져 있다.

> 이에 現生의 부모를 위해 佛國寺를 창건하고 前世의 부모를 위해 石佛寺
> 를 창건하였다. …… 寺中記에 이르기를 景德王代에 大相 大城이 天寶 10년
> 辛卯에 佛國寺의 창건을 시작하였는데 惠恭王代를 지나 大歷 9년 甲寅 12월
> 2일에 大城이 죽으니 國家가 이에 완성시켰다(『三國遺事』5, 孝善 大城孝
> 二世父母).

즉 金大城은 現生의 부모를 위해 佛國寺를, 前世의 부모를 위해 石佛寺를
創建하고 있다. 金大城은 景德王 4년(745) 5월에 侍中에 임명되어 同王 9년
(750) 정월에 퇴임한 大正과 같은 인물로 여겨지는 眞骨이다.[54] 그리고 위
내용을 보면 그는 시중직에서 물러난 이듬해 천보 10년에(751) 불국사의 창
건을 시작하였음을 알 수 있다. 이렇듯 불국사의 창건은 그 뜻이 개인의 발
원이었지만 경덕왕의 취지에 걸맞는 것이었고, 그래서 김대성이 못다 이룬
것을 국가가 완성한 것이었다.[55] 이런 점에서 보아 불국사의 창건은 사실 전
적으로 김대성 개인의 불사활동이라고 하기에는 어려운 점이 있다. 그리고
이러한 불사활동은 경덕왕의 취지에 걸맞는 것이었으므로, 그는 전제왕권의
지지자였다고 생각할 수 있다.

그런데 佛國寺는 伽藍의 구조가 특이하게 되어있다. 그것은 동쪽에 大雄
殿을 중심으로 한 전형적인 雙塔式의 가람과 그 서쪽에 연접하여 極樂殿을
중심으로 또다른 가람이 倂置되어 하나의 사찰을 형성한 것이다. 이에 대해
서는 동쪽의 가람을 華嚴淨土思想에 立脚한 사찰로, 서쪽의 가람을 傳說에
있는 것과 같이 金大城의 現世父母를 위한 願堂으로 만들어진 가람으로 보
는 견해가 있다.[56] 이것은 統一을 前後로 新羅 全域의 모든 계층에 淨土信

---

54) 李基白, 「新羅 執事部의 成立」(『震檀學報』25-27合, 1964 ; 『新羅政治社會史研
究』, 一潮閣, 1974) p.169의 註 47.
55) 황수영, 『불국사와 석굴암』, 세종대왕기념사업회, 1979, pp.72-73.
56) 金正基, 「韓國古代伽藍의 實態와 考察」(『蕉雨黃壽永博士古稀紀念論叢』, 通文館,
1988) pp.198-200.

仰이 파급된 것과 관련해 볼 때 옳다고 본다.[57] 따라서 佛國寺에서의 金大城의 個人的인 發願은 바로 이 極樂殿에서 찾을 수 있을 것이다.[58] 즉, 그의 個人的 發願은 결국 國家의 事業下에서 변형되어 반영된 것이 아닌가 한다.

② 皇龍寺鐘의 鑄成

皇龍寺는 新羅 眞興王代에 創建되었는데[59], 景德王代에는 다음과 같이 大鐘이 鑄成되어 奉安되었다.

> 新羅 제35대 景德王代 天寶 13년 甲午에 皇龍寺鐘을 鑄成하니, 길이가 1 丈 3寸, 두께는 9寸 무게는 497,581斤 施主는 孝貞 伊干과 三毛夫人이다 (『三國遺事』 3, 塔像 皇龍寺鐘·芬皇寺藥師·奉德寺鐘).

皇龍寺鐘을 鑄成하게 된 動機에 대해서는 기록이 없어 발원 내용을 알기 어렵다. 施主는 孝貞 伊干과 三毛夫人으로 둘은 親族關係였을 것이다.[60] 孝貞은 聖德王 13년(714) 中侍에 임명된 바 있으며,[61] 三毛夫人은 景德王의 前妃로 後嗣가 없어 景德王 2년(743)에 出宮을 당한 바 있다.[62]

그리고 이 鐘은 49萬餘斤으로서 景德王代에 시작하여 惠恭王代에 이루어진 聖德大王神鐘의 12萬斤에[63] 비하면 매우 거대한 鐘으로 상당한 비용과

---

57) 李基白도 佛國寺 極樂殿의 阿彌陀佛이 來世的 관심에서, 大雄殿의 毘盧遮那佛이 現世的 관심에서 비롯되어 造成된 것이라고 하였다(「新羅 淨土信仰의 두 類型」, 『歷史學報』 99·100合, 1983; 앞의 책, pp.156-158).

58) 불국사의 대웅전을 중심으로 한 多寶塔과 釋迦塔의 조형은 『法華經』 見寶塔品의 내용을 바탕으로 조성한 것인데, 석불사의 조형에 있어서도 마찬가지라고 한다(閔泳珪, 「石窟庵 彫像의 敎理背景」, 『考古美術』 13, pp.1-3). 여기에서는 불사활동의 개인적 측면을 다루는 관계로 불국사의 대웅전을 중심으로 한 그것에 대해서는 논급을 하지 않고자 한다.

59) 『三國史記』 4, 眞興王 14년.

60) 李基白, 「新羅 執事部의 成立」, 『新羅政治社會史研究』, p.168의 註 45.

61) 春正月 伊飡 孝貞爲中侍(『三國史記』 8, 聖德王 13년).

62) 先妃三毛夫人 出宮無後(『三國遺事』 1, 王曆 第三十五 景德王).
   夏四月 納舒弗邯金義忠女 爲王妃(『三國史記』 9, 景德王 2년).

63) 『三國遺事』 3, 塔像 皇龍寺鐘·芬皇寺藥師銅像·奉德寺鐘.

시일이 요구되었을 것이다. 그러므로 이 鐘의 鑄成은 眞骨貴族들의 富의 축
적 정도를 알려주는 것이며 그러한 능력의 과시라고 할 수 있다. 따라서 景
德王代 三毛夫人과 孝貞의 施主에 의한 皇龍寺鐘의 鑄成은 專制王權과 관
련하여 무언가 목적이 있어서 이루어진 것으로 보아야 할 것이다.[64]

나. 地方에서의 佛事活動

① 無盡寺鐘의 鑄成

無盡寺鐘은 景德王代에 上大等을 지낸 金思仁이[65] 發願하여 만든 것으
로 지금은 전하지 않으나, 拓本에서 확인되는 銘文을 통하여 그 사실을 알
수 있다.[66] 내용은 아래와 같다.

> 天寶 4년 乙酉에 思仁 大角干께서 夫只山村 無盡寺鐘을 이루시고 기록하
> 다. …… 願旨는 一切衆生이 괴로움을 떠나 즐거움을 얻는 것이다. 이룬
> 때의 唯乃는 秋長 幢主이다.[67]

天寶 4년은 景德王 4년(745)으로서 金思仁이 上大等에 임명된 해와 같다.
이 해에 임명된 金思仁은 경덕왕 16년(757) 1월에 병으로 물러날 때까지 그
대로 있었다. 또한 金思仁은 時政得失에 대한 건의를 하여 王이 嘉納하였다
고 한다.[68] 그러나 그의 퇴진 이후 景德王의 漢化政策이 강행되는 것으로
보아 그는 景德王의 改革을 반대하다가 용납되지 못하여 물러나게 된 것으

---

64) 皇龍寺鐘의 鑄成動機에 대해 李基白은 三毛夫人이 아들 낳기를 비는 것이었는지
   도 모르겠다고 추측하였는데(「皇龍寺와 그 創建」, 『新羅時代 國家佛教와 儒教』,
   韓國研究院, 1978; 『新羅思想史研究』, 1986, p.73의 註 52), 三毛夫人은 이미 그보
   다 앞서 景德王 2년에 出宮당하고 있으므로 그 뜻은 아니었을 것이다(金壽泰, 「統
   一新羅期 專制王權의 崩壞와 金邕」, p.114의 註 45).
65) 春正月 伊飡金思仁爲上大等(『三國史記』 9, 景德王 4년).
66) 無盡寺鐘에 대해서는 平井良平, 『朝鮮鐘』, 角川書店, 1974, pp.45-46 참조.
67) 天寶四載乙酉 思仁大角干 爲賜夫只山村無盡寺鐘成教受內成記 …… 願旨者 一切
   衆生 苦離樂得教授 成在節 唯乃 秋長幢主(「無盡寺鐘銘」: 『금석문』 3, pp.381-
   382).
68) 『三國史記』 9, 景德王 14년.

로 보아야 할 것이다. 따라서 金思仁은 景德王代에 反專制主義勢力의 一員
으로서 활동하였다고 볼 수 있다.[69]

그리고 위 銘文에 의하면 無盡寺가 夫只山村이라는 지방에 있었음을 알
수 있으나, 정확한 위치는 확인되지 않는다.[70] 게다가 鐘이 어느 시기엔가
日本에 반출되어 더욱 그 위치를 확인할 길이 없다. 따라서 金思仁과 無盡
寺와 夫只山村 地方과의 관계에 대해서도 역시 알 수가 없다. 예컨대 無盡
寺가 金思仁의 發願에 의해서 創建 혹은 重創되었는지 또 祖上으로부터 물
려받은 願堂인지의 여부가 그렇다. 단지 생각해 볼 여지가 있다면, 夫只山村
地域이 金思仁이 받았던 혹은 조상으로부터 물려받은 祿邑이거나 食邑이었
을 가능성이 있다. 물론, 이러한 추측은 아직 단정하기에 어려움이 많다. 그
렇다고 金思仁 한 사람의 순수한 信仰的 次元에서 전혀 緣故가 없는 지역에
이 鐘을 鑄成하여 奉安하였다고 보기에는 더욱 어렵다. 따라서 無盡寺鐘의
鑄成 奉安은 金思仁이 上大等 재직시(혹은 물러난 이후라도) 품었던 反專
制主義 사상에서 연유하였다고 봄이 타당하지 않을까 싶다. 이 無盡寺鐘의
鑄成에 대한 金思仁의 發願이 모든 檀越과 一切衆生이 괴로움을 떠나 안락
을 얻도록 하고자 한 것도 이와 관련이 깊을 듯하다.

---

69) 李基白, 「上大等考」(『歷史學報』 19, 1962:『新羅政治社會史研究』) pp.107- 109
　　및 「景德王과 斷俗寺・怨歌」(『韓國思想』 5, 1962: 같은 책) pp.217-219.
70) 이에 대해서 金貞淑은 江陵金氏의 族譜를 바탕으로 하여 金思仁의 家系가 文王-
　　大莊-思仁-惟正-周元으로 이어지므로, 金思仁이 정치적 축출을 당하면서 기반으
　　로 삼은 곳이 溟州(江陵)였을 것으로 추측하였다(金貞淑, 「金周元世系의 成立과
　　變遷」, 『白山學報』 28, 1984, pp.150-158). 그렇다면 無盡寺가 강릉 일대에 있었음
　　도 생각해 볼 수가 있다. 그러나 이 지역과 관계된 지리나 문헌에서 無盡寺 혹은
　　夫只山村이라는 유사한 이름이 없으며, 倭寇가 출몰한 경우가 있는지도 확실하지
　　않다. 따라서 이 지역에 無盡寺가 있었다고는 생각되지 않는다. 그리고『三國史記』
　　37, 雜志 6, 沙沸州조를 보면 "多支縣 本 夫只"라고 되어 있는데, 多支縣은 지금의
　　全南 咸平 지역으로서(李丙燾, 『國譯 三國史記』, 乙酉文化社, 1977, p.567) 서해안
　　에 접하고 있다. 만약 왜구가 이 지역에 출몰하였던 사실이 확인된다면 無盡寺의
　　위치를 그에 해당한다고 볼 수 있을지 모르겠다. 아무튼 이 점에 대해서는 좀 더 면
　　밀한 조사가 요구된다.

② 斷俗寺 創建

斷俗寺는 景德王 7년(748)에 李純(俊)이 創建한 절로서 다음의 기록이 참고된다.

> 景德王代에 直長 李俊-高僧傳에는 李純으로 되어 있다-이 있었는데, …… 天寶 7년 戊子에 나이 50이 되자 槽淵小寺를 改創하여 大利로 만들고 斷俗寺라 이름지었다(『三國遺事』 5, 避隱 信忠掛冠).
>
> 大奈麻 李純은 王의 寵臣이었는데 홀연히 하루 아침에 세상을 피하여 山으로 들어가서 여러 차례 불렀으나 나가지 않고 剃髮하고 중이 되어 王을 위하여 斷俗寺를 세우고 이에 居하였다(『三國史記』 9, 景德王 22년).

먼저 『三國遺事』의 기록으로부터 李純(俊)이 나이 50에 이르러 槽淵小寺를 改創하여 斷俗寺를 세우고 出家하여 居住하였음을 알 수 있다.[71] 다음 『三國史記』에서는 李純의 斷俗寺를 創建했을 때 발원의 하나가 국왕 곧 景德王을 위해 세운 것임을 알 수 있다.

李純이 세운 斷俗寺의 규모에 대해서는 잘 알 수 없으나, 현재에는 金堂址 앞에 左右로 3層石塔만이 남아있다.[72] 金堂 後壁에는 景德王의 眞影을 그려넣었다고 한다.[73] 이외에도 斷俗寺에는 率居가 그렸다는 維摩像이 있었다고 傳하며,[74] 斷俗寺에서 활동한 禪宗 僧侶인 神行禪師[75]의 碑文이 傳한다.

李純은 官等이 비록 5頭品이 오를 수 있는 최고 관등인 大奈麻에 머물렀

---

71) 斷俗寺의 創建者와 時期에 대한 『三國史記』와 『三國遺事』의 두 기록이 서로 다른데, 李純이 景德王 7년(748)에 創建한 사실에 대해서는 李基白, 「景德王과 斷俗寺·怨歌」(『新羅政治社會史研究』, pp.219-223) 참조.

72) 高裕燮, 「朝鮮塔婆의 樣式變遷 各論續」(『佛教學報』 3·4합, 1966; 『韓國塔婆의 研究』, 同和出版公社, 1975) pp. 230-234 참조.

73) 景德王의 초상은 『三國遺事』 5, 避隱 信忠掛冠 條에 信忠이 모신 것으로 되어있는데, 이것 역시 李純이 걸어놓은 것으로 보아야 할 것이다(李基白, 「景德王과 斷俗寺·怨歌」, pp.219-222).

74) 『三國史記』 48, 率居傳 및 李基白, 「景德王과 斷俗寺·怨歌」, p.226 참조.

75) 神行에 대해서는 呂聖九, 「神行의 生涯와 思想」(『水頓朴永錫敎授華甲紀念 韓國史學論叢』 上, 探求堂, 1992) 참조.

으나 6頭品으로 여겨지며, 景德王의 寵臣으로서 專制王權의 支持者였을 것
이다.76)

③ 求禮 華嚴寺『華嚴經』寫經 및 4獅子 3層石塔 造成

景德王代에 華嚴寺에서『華嚴經』寫經이 이루어진 것은 遺物의 일부가
발견되어 알려지게 되었는데,77) 다음은 跋文의 일부이다.

> 天寶 13년 甲午 8월 1일에 시작하여 乙未년 2월 14일에 一部를 모두 다
> 이루었다. 조성한 발원은 皇龍寺의 緣起法師가 하시었으니, 첫째는 은혜를
> 주신 아버님의 願을 위한 것이며, 둘째는 法界의 一切衆生이 모두 佛道를
> 이루게 하고자 함이다. 78)

위의 내용에서『華嚴經』의 寫經은 天寶 13년 곧 景德王 13년(754)에 시
작되어 이듬해 2월 14일에 완성되었음을 알 수 있다. 寫經의 이유는 첫째로
은혜를 주신 부친을 위함이고 다음으로 一切衆生이 모두 佛道를 이루도록
하고자 하는 것이었다.

發願者인 緣起法師는 華嚴寺의 創建祖師로서 烟氣(起)로도 알려진 인물
이다. 그리고 이 寫經을 發願한 해는『華嚴寺事蹟』에서 華嚴寺가 重創되었
다고 한 연대와 일치한다.79)

華嚴寺에는 緣起法師와 관련하여 주목할 만한 것이 있다. 그것은 覺皇殿
서남방의 孝臺라 불리는 높은 臺上에 형태가 특이한 양식의 4獅子 3層石塔

---

76) 李基白,「新羅 六頭品 研究」(『省谷論叢』2, 1971;『新羅政治社會史研究』, 一潮
    閣, 1974) pp.45-46 및 pp.51-63 참조.
77) 이에 대해서는 黃壽永,「新羅 景德王代의 白紙墨書 華嚴經」및 李基白,「新羅 景
    德王代華嚴經 寫經 關與者에 대한 考察」(『歷史學報』83, 1976;『韓國古代政治社
    會史研究』, 一潮閣, 1996) 참조.
78) 天寶十三載甲午八月一日初 乙未載二月十四日 一部周了成內之 成內願旨者 皇龍
    寺緣起法師爲內賜 第一恩賜父願內弥 第二法界一切衆生皆成佛道 欲爲以成賜乎
    (「新羅 白紙墨字 大方光佛華嚴經 寫經 跋文」; 李基白 編,『韓國上代古文書資料
    集成』, 一志社, 1987, p.26).
79) 黃壽永,「新羅 景德王代의 白紙墨書 華嚴經」, pp.123-124.

과 茶供養 石燈이다. 寺傳에 의하면 石塔의 비구니상은 緣起法師의 어머니
이며, 이것을 마주한 石燈의 茶를 供養하는 像은 緣起法師라고 한다. 이 사
실은 아마도 緣起法師의 지극한 孝誠을 말해주는 듯하다.[80] 그렇다면 緣起
는 父親을 위해서는 『華嚴經』의 寫經을 母親을 위해서는 茶供養의 塔과 石
燈을 세운 것이 된다. 이렇게 보면 緣起가 『華嚴經』 寫經의 發願에서 父親
을 내세우고 어머니를 내세우지 않은 이유를 알 수 있다.

한편 華嚴寺의 創建과 重創에 대해서는 아직 정확한 내력을 밝히기는 어
렵다. 현존하는 華嚴寺의 규모가 비록 훗날 壬辰倭亂을 겪은 뒤에 重修된
모습이지만 역시 작은 규모가 아님을 짐작할 수 있다. 따라서 華嚴寺의 重建
이 緣起法師 개인에 의해 이루어졌다고 보기에는 조금 어려운 점이 없지 않
다. 그러므로 新羅 華嚴十刹이 5岳을 중심으로 세워졌다는 점과,[81] 佛國寺
와 石佛寺가 개인의 발원에 의한 것이지만 國家의 理想에 부응했다는 점을
고려해 볼 때, 국가적 사업의 하나로 華嚴寺가 창건 혹은 중창된 것으로 생
각해 볼 수 있지 않을까 한다.

緣起의 身分이나 家系에 대해서는 알 수 없다. 그렇지만 皇龍寺 僧侶인
점, 寫經과 供養塔 등을 造成하는 등의 사실과 다른 사례들로 미루어 보아
재력이 있는 6두품 이상의 귀족이 아닐까 한다.[82] 또 華嚴寺는 큰 규모의 사
찰이었다. 따라서 緣起는 皇龍寺에 籍을 두고 華嚴寺에 파견된 州統이었을
지도 모르겠다.[83]

④ 葛項寺址 東西 3層 石塔의 造成

慶北 金陵의 葛項寺址에 東西 3層石塔이 있는데[84] 여기에는 다음과 같은

---

80) 韓國佛敎硏究院, 『華嚴寺』, 一志社, 1976, pp.93-97.
81) 李基白, 「新羅 五岳의 成立과 그 意義」(『震檀學報』 33, 1972 ; 『新羅政治社會史硏
   究』, 一潮閣, 1974) pp.210-214.
82) 眞骨이 아니었다면 적어도 6頭品에 해당하였을 것이라고 여겨진다.
83) 李基白・黃壽永, 「新發見 新羅 景德王代 華嚴經 寫經」(『歷史學報』 83, 1979) p.
   47의 李基白 發言.

銘文이 새겨져 있다.

> 두 塔은 天寶 17년 戊戌에 세웠다. 娚姉妹 3人이 業으로서 이루었다. 娚者는 零妙寺의 言寂法師이며, 姉者는 照文皇太后님이시며, 妹者는 敬信太王 姨母시다.[85]

위에서 天寶 17년은 景德王 17년(758)으로서 敬信太王 곧 元聖王이 아직 왕위에 오르기 전이다. 照文皇太后는 元聖王의 母로서 朴氏 繼烏夫人 혹은 知烏夫人이며 言寂法師는 元聖王의 外叔이 된다.[86] 따라서 이 탑이 元聖王 外家의 朴氏 一家에 의해 건립된 것임을 알 수 있으며, 그들의 신분은 眞骨임을 알겠다. 그리고 탑의 銘文은 '敬信太王'의 구절로 보아 元聖王이 즉위한 뒤, 즉 탑의 낙성후 약 30년 내지 40년 사이에 기록하였음을 짐작할 수 있다.[87]

葛項寺는 본래 唐에서 華嚴을 수학하고 돌아온 勝詮法師가 돌맹이를 놓고 『華嚴經』을 강의한 곳이었다.[88] 하지만 아마도 그 당시에는 葛項寺가 사찰로서 완연한 모습을 갖추지 못했던 것이 아닌가 한다. 그러던 것이 景德王代에 들어와 朴氏 一家의 시주를 받아 葛項寺로 重創되었음을 생각할 수 있다.[89]

한편 시주자가 景德王代에 불상과 탑을 조성하면서도 다른 탑들의 예와 같이 탑 안에 발원을 적은 塔誌 혹은 舍利壺 등을 넣지는 않고, 외손자인 元

---

84) 지금은 서울 景福宮내로 옮겨져 있다.
85) 二塔 天寶十七年戊戌中立在之 娚姉妹三人 業以成在之 娚者 零妙寺言寂法師在旀 姉者 照文皇太后君姝在旀 妹者 敬信太王姝在也(「葛項寺 石塔記」,『금석문』 3, p.277).
86)『三國遺事』 1, 王曆 第三十八元聖王 및『三國史記』 10, 元聖王 卽位조.
87) 高裕燮,「金泉 廢葛項寺址 東西三層石塔」(「朝鮮塔婆의 樣式變遷」,『東方學志』 2, 1955:『韓國塔婆의 研究』, 同和出版公社, 1975) pp.200-201.
88)『三國遺事』 4, 義解 勝詮髑髏.
89) 葛項寺址에는 또한 石佛의 坐像이 전하는데, 文明大는 이 불상의 기법이나 양식이 유사한 것으로 보아 石塔과 같이 만들어졌을 것으로 추측하였다(『韓國彫刻史』, 悅話堂, 1980, p.204).

聖王이 왕위에 오른 뒤에 銘文을 탑 외부에 굳이 새긴 이유가 무엇일까. 이는 아마도 당시 專制主義體制下에서 朴氏 勢力이 힘이 약해져서 외부에 알리기 어려웠던 사정을 말하여 주는 것은 아닐까. 물론 王妃의 父인 朴昌近은 伊干의 높은 관등에 있었다.[90] 그렇지만 관등이 높다고 해서 모두 고위 직책을 맡는 것은 아니므로 당시 朴氏 勢力은 아무래도 金氏 勢力에는 比할 바가 못되었을 것이다.[91] 이같은 사실과 더불어 元聖王과의 관계를 생각해 볼 때 언적법사 일가는 대체로 反專制主義的 立場을 지니고 있었지 않았나 한다.

그리고 탑을 조성하게 된 동기에 대해서는 追銘이어서 그런지 구체적인 것은 알 수 없다. 또 세 남매가 함께 이룬 것으로 보아 葛項寺는 元聖王 外家의 朴氏 一家의 願堂이었을 것이라고 여겨진다.

⑤ 安城 逸名寺 塔의 造成

다음의 내용은 경기도 안성군 이죽면 미륵당에 있는 石塔 안에서 발견되었다고 전하는 蠟石舍利裝置에 새겨진 銘文이다.[92]

> 永泰 2년 丙午 3월 30일 朴氏와 芳序·슈門 두 승려가 먼저 한번 만들고자 한 것을 이루었다.[93]

매우 간략한 내용이어서 발원의 뜻은 물론이고 소재지인 현 미륵당과의 관련여부도 확인할 수 없다. 永泰 2년은 惠恭王 2년(766)에 해당한다. 발원

---

90) 『三國遺事』1, 王曆 第三十八 元聖王 및 『三國史記』10, 元聖王 卽位조.
91) 사실 新羅 中代에 中侍를 역임한 사람들의 관등은 규정에 大阿飡 이상으로 주로 伊飡이 임명되었으나 阿飡의 낮은 관등으로 임명된 사람도 적지 않았다(李基白, 「新羅 執事部의 成立」, 『震檀學報』25-27合, 1964; 『新羅政治社會史硏究』, pp. 156-157).
92) 이에 대해서는 黃壽永, 「新羅塔誌石과 舍利壺」(『美術資料』10, 國立博物館, 1965) pp.1-4 참조.
93) 永泰二年丙午三月卅日 朴氏 芳序 令門 二僧 謀一造之先 □行能(「永泰二年銘 蠟石舍利裝置記」, 『금석문』3, p.353).

자는 朴氏와 芳序·슌門이라는 두 승려이다. 따라서 실질적인 시주자는 이름은 모르지만 朴氏일 것이며, 다른 사례들로 미루어 보아 신분은 6두품 이상이었을 것으로 추측된다.[94]

⑥ 石南寺 毘盧遮那佛 및 3層 石塔 造成

다음은 경남 산청군 삼장면 소재 內院寺에 봉안되어 있는 毘盧遮那佛[95] 안에서 발견된 蠟石製石函에 새겨진 銘文이다.

> 永泰 2년 丙午 7월 2일 釋 法勝·法緣 두 승려는 함께 받들어 돌아가신 豆溫愛郎의 發願을 위해 石毘盧遮那佛을 이루어 無垢淨光陀羅尼와 함께 石南巖藪 觀音巖 중에 두었다. 願하여 바라는 것은 豆溫愛郎의 靈神이나 두 승려나 …… 一切 모두가 三惡道의 業이 소멸되고 毘盧遮那로부터 곧 평등하게 깨닫고 세상을 떠나지기를 誓願하나이다.[96]

위 내용에 따르면 法勝·法緣 두 승려가 죽은 豆溫愛郎의 발원을 받들어 石毘盧遮那佛과 無垢淨光陀羅尼(곧 이 불경에 의거해 만든 石塔을 가리킴)[97]를 조성하여 봉안한 것으로 밝혀주고 있다. 따라서 원 시주자는 豆溫

---

94) 黃壽永은 발원자 朴氏를 단순히 관직없는 민간인이라고 추정하였으나(「新羅塔誌石과 舍利壺」, pp.1-4), 新羅에서는 귀족들이 아니면 姓氏를 冠稱하지 않는 경우가 대부분이고, 그들은 적어도 대체로 6頭品 이상이었음을 염두에 두어야 할 것이다.

95) 이 불상은 內院寺 근처의 보선암지에서 반출된 것이라 한다. 자세한 경위는 朴敬源, 「永泰二年銘 石造毘盧遮那佛坐像」(『考古美術』168, 1985) 참조. 그러나 본래의 절 이름은 銘文에 의해 石南寺임을 확인할 수 있다. 불상의 조성과 양식에 대해서는 文明大, 「智券印毘盧遮那佛의 成立問題와 石南巖寺毘盧遮那佛像의 硏究」(『佛教美術』11, 東國大 博物館, 1992) 참조.

96) 永泰二年丙午七月二日 釋法勝 法緣 二僧 幷內奉過去爲飛賜豆溫愛郎願爲 石毘盧遮那佛成內 無垢淨光陀羅尼幷 石南巖藪觀音巖中在內如 願請內者 豆溫愛郎靈神賜那 二僧等那 …… 一切皆三惡道業滅 自毘盧遮那是 等覺 去世爲 誓內之(「永泰二年銘 毘盧遮那佛 造像記」, 『금석문』3, pp.316-317).

97) 3층 石塔과 石燈의 遺構도 함께 남아 있다(朴敬源, 「永泰二年銘 石造毘盧遮那佛坐像」, pp.1-3). 이것으로 보아 石南寺는 새로 지어진 절임을 짐작할 수 있다.

愛郎임을 확인할 수 있다. 발원 내용은 毘盧遮那佛로부터 곧 平等한 깨달음
으로 세상을 떠나도록 한다고 하였는데, 이 구절에서 '平等한 깨달음(等
覺)'은 華嚴思想과 밀접한 관련이 있는 것이다.[98] 이로써 보면 法勝과 法緣
은 華嚴宗系의 승려였을 것이다.

豆溫愛郎의 신분이나 가계에 대해서는 알 수 없지만, 이름에 '郎'의 명칭
이 있는 것으로 보아 花郎이 아니었을까 생각된다. 기왕의 연구에 따르면 花
郎은 名山大川을 돌아다니며 수련을 쌓고, 또 郎徒들 가운데 승려들은 단체
에서 도덕적 교육의 구실을 담당했으며, 花郎의 신분은 眞骨이었다고 한
다.[99] 이에 의거해 볼 때 豆溫愛郎은 花郎으로서 法勝과 法緣은 그의 郎徒
로서 활약했음을 충분히 짐작할 수 있다고 본다. 또 豆溫愛郎이 발원을 낸
石南寺 지역 역시 名山의 하나인 智異山인 만큼 그러한 사실을 뒷받침할 수
있을 것이다. 이와 같은 추론에 문제가 없다면 豆溫愛郎은 花郎으로서 眞骨
의 신분을 지녔음을 알 수 있다.[100]

그렇지만 豆溫愛郎이 專制王權과 관련하여서는 어떠한 성격의 소유자였
을까 하는 것은 판정을 내리기에는 어려움이 뒤따른다. 다만 그가 죽기 전에
절의 創建을 발원한 것으로 보아 그가 이전에 중앙에서의 政爭에 관여하였
었을지도 모른다. 물론 이 경우도 정확한 상황을 파악하기에는 무리가 있다.

2. 中央貴族들의 佛事活動의 特徵

이상에서 中代 末期의 專制王權 崩壞期에 있어서, 현재 우리가 알 수 있

---

98) 文明大, 앞의 논문, pp.87-88.
99) 孫晋泰, 『韓國民族史槪論』上, 乙酉文化社, 1948, p.128.
   李基白, 「儒教受容의 初期形態」(『韓國民族思想史大系』2, 1973;『新羅思想史研
   究』, 一潮閣, 1986) p.201.
   李基東, 「新羅 花郎徒의 社會學的 考察」(『新羅 骨品制社會와 花郎徒』, 一潮閣,
   1984) pp.346-353.
100) 朴敬源은 소년이라는 추측을 해보았다(「永泰二年銘 石造毘盧遮那佛坐像」, p.9).
   그러나 이 경우 소년과 승려 두 사람과의 관계가 전혀 해명되지 않는다.

는 中央貴族들의 佛事活動에 대해 살펴 보았다. 당시에 좀더 많은 사례가 있었을 것이나 더 이상 분명한 사례를 찾을 수 없음이 안타까운 일이다. 그렇지만 위의 사례들로 미루어 다른 나머지들도 유추해 볼 수 있지 않을까 생각된다. 이제 위에서 검토된 사례들에 나타난 특징에 대하여 살펴보자.

먼저 佛事活動을 일으킨 시주들의 신분은 대체로 眞骨과 6頭品이었을 것으로 여겨졌다. 그 가운데서도 6頭品보다는 眞骨들이 많았을 것으로 여겨지지만, 眞骨로 추정되는 시주들의 경우에 있어서도 朗慧和尙의 家門과 같이 族降한 事例가 있었을 것임도 배제할 수는 없다.[101] 그렇더라도 시주자들이 佛事活動을 일으키는 바탕은 과거에 眞骨이었다는 利點이 작용한 것으로 보아야 하지 않나 한다. 이런 점에서 보아 新羅 骨品制社會下에서는역시 眞骨貴族이 政治的・經濟的으로 많은 특권을 지니고 있었음을 알 수 있다. 또한 6頭品도 많은 특권을 가졌겠지만 이들은 대체로 국왕과 가깝게 밀착해있던 사람들로[102] 한정되지 않을까 한다.

이와 관련하여 주목되는 것이 시주한 사찰들의 宗派 問題다. 眞骨 施主들의 경우 대체로 華嚴宗 계통의 사찰로 파악된다. 皇龍寺나 佛國寺, 葛項寺, 石南寺 모두 華嚴宗을 바탕으로 하는 사찰임은 앞서 살핀 바와 같다.

다만 6頭品인 李純이 세운 斷俗寺는 華嚴宗 계통의 사찰로 보기에 어려운 점이 많다. 앞서 언급했지만 이 절에 神行禪師가 거주했고, 維摩像을 봉안했다는 사실에 주목하지 않을 수 없다. 李純이 斷俗寺를 세운 시기가 天寶 7년(748)으로서 神行이 唐에 유학 후 돌아온 乾元 2년(759)과는 조금은 차이가 있다.[103] 따라서 斷俗寺가 創建 당시부터 禪宗의 이념을 지니고 출발했다고

---

101) 父範淸 族降眞骨一等 曰得難(「聖住寺 朗慧和尙塔碑」, 『금석문』 3, p.100).
102) 李純이 景德王의 寵臣이었다는 앞서의 사례나, 金志誠이 甘山寺의 彌勒・彌陀佛造像記에 國王(聖德王)을 위한다는 발원이(뒤의 註 106 참조) 있는 것으로 보아 6頭品들의 佛事活動은 국왕과의 밀접한 관계에서 정치적・경제적 바탕이 되지 않았을까 생각된다.
103) 呂聖九, 「神行의 生涯와 思想」(『水邨朴永錫敎授華甲紀念 韓國史學論叢』上, 探求堂, 1992) p.350.

단정할 수는 없다. 그러나 이 점은 李純이 봉안했다는 維摩像으로 미루어 살펴볼 때, 꼭 그렇지만은 아닌 것 같다. 『維摩經』에 의하면 維摩는 妻子를 거느리고 産業에 종사한 부유한 佛弟子로서, 維摩는 在家佛敎의 理想的 體現者로 알려져 있다. 그리고 이러한 재가불교의 운동은 旣成의 出家敎團의 權威主義와 保守主義에 대한 비판이며 저항에서 시작한 것으로, 출가교단의 그릇된 해석에 대해 부처님의 가르침을 바로잡고자 한 것으로 이해되고 있다. 이에 따라 在家信徒를 주축으로 한 불타 사상의 실천이념을 정리한 것이 『般若經』이며, 이것을 이어서 만들어진 것이 『維摩經』이라 한다. 곧 『維摩經』의 維摩는 旣成敎團의 權威와 保守主義에 대한 비판의 주인공인 것이다.[104] 李純은 아마도 이 점에서 維摩를 주목했지 않았을까. 즉, 旣成敎團은 華嚴宗의 敎團 내지 骨品體制下에서 기득권을 향유하고 있던 무능력한 眞骨貴族들을 간접적으로 상징하는 것이 아닐까 한다. 이렇게 보면 李純이 뒤에 神行의 禪宗을 받아 들여 거주케 하였음을 쉽게 이해할 수 있다고 본다. 이것은 바로 그가 6頭品이었기 때문에 그러한 결과를 가져다 준 것이라고 생각된다.

이 시대 佛事活動에서 느껴지는 또다른 특징은 個人主義的 傾向이 점차 나타난다는 사실이다. 이것은 신라 통일후에 조성된 佛事活動에 나타나는 발원 내용을 비교해 보면 알 수 있다.

> 이것은 國王 · 大臣 및 7世父母 · 法界衆生을 위해 故로 삼가 만든 것이다.[105]
> 엎드려 바라건대 이 미약한 精誠이 위로는 國主大王께서 千年의 長壽를 누리시고 萬福이 널리 뻗치시며, 愷元 伊湌公은 번뇌의 세속사를 떠나 无生의 妙果를 證得하고[106]

---

104) 石田瑞麿, 李元燮 譯, 『般若 · 維摩經의 智慧』, 玄岩社, 1976, pp.80-94.
譯經委員會, 「解題」(『維摩經』外, 東國大 譯經院, 1989(증판)) pp.4-7.
105) 是者爲國王大臣及七世父母法界衆生 故敬造之(「癸酉銘 三尊千佛碑像」: 韓國古代社會硏究所 編, 『譯註韓國古代金石文』 2, 駕洛國史蹟開發硏究院, 1993, p.187).

　먼저 앞의 사례는 文武王 13年(673)에 이루어진 것인데, 阿彌陀三尊石佛
碑像과 함께 조성되었다. 발원 내용에서 國王과 大臣을 앞세우고 있음이 확
인된다.107) 다음의 彌勒像 銘文은 聖德王 18年(719)에 重阿湌 金志誠이 造
成하고 기록한 것인데108) 역시 내용에서 國王의 長壽洪福과 愷元 伊湌의
해탈을 바라고 있다. 즉 이 두 사례는 부모에 앞서 국왕과 대신을 앞세우고
있다. 물론 이것은 형식적이거나 개인적인 것으로 이해될 수 있지만 일단 표
현이 나타난다는 것은 주목할 필요가 있다.

　그런데 앞서 살핀 바와 같이 中代 末期 中央貴族들의 발원 가운데 6頭品
으로 景德王의 총신이었던 李純이 王을 위한 것 외에는 모두 父母만을 내세
우고 있을 뿐이다. 이 점에 대해 佛國寺의 경우는 국가가 관련된 만큼 조금
은 다른 사례가 될 수 있다. 그렇지만『華嚴經』寫經과 茶供養塔 造成을 한
緣起法師의 경우, 華嚴寺가 국가와 밀접한 관련이 있음에도 불구하고 국가
또는 국왕에 대한 언급이 전혀 없다. 石南寺를 創建케 한 豆溫愛郎도 자세
한 발원 내용에 비해 花郎으로서의 '事君以忠'의 관념과 같은 국가에 대해
서는 한 마디의 언급도 없다. 이것은 곧 專制王權下에서 貴族들의 어떤 性
向을 나타내주는 것이 아닐까 싶다. 사실 개인적인 佛事活動에 있어서 국왕
혹은 국가를 위한다는 발원은 꼭 필요한 것은 아니다. 그렇더라도 국가와 밀
접히 관련된 華嚴寺의 경우는 다를 수 있지 않았을까. 여기서 우리는 中代
末期에 個人主義的 경향이 두드러지게 나타나는 분위기를 느낄 수 있지 않
을까 한다.109)

---

106) 伏願以此微誠 上資 國主大王 履千年之遐壽 延萬福之鴻休 愷元伊湌公 出有漏之
　　昬埃 證无生之妙果(「甘山寺 彌勒・阿彌陀像 造像記」, 『금석문』 3, pp.296-297).
107) 이 碑像과 관련하여서는 洪承基, 「觀音信仰과 新羅社會」(『湖南文化研究』 8, 全南
　　大 湖南文化研究所, 1976) 참조.
108) 이에 대해서는 文明大, 「新羅 法相宗의 成立과 그 美術」 上・下(『歷史學報』 62・
　　63, 1974) 참조.
109) 이런 점에서 볼 때 李純이 景德王의 총신으로서 景德王을 위해 斷俗寺를 짓지만,
　　그 創建地域이 王京에서 멀리 떨어진 지리산임을 생각하면 역시 그에게도 個人主
　　義的 경향이 있었던 것으로 볼 수 있지 않을까 생각된다.

이와 같은 個人主義的 傾向은 佛事活動이 중앙에서 보다는 지방에서 이루어지게 되는 現象에서도 찾아진다. 이에 따라 中代 末期에는 新羅佛敎가 지방의 구석구석에까지 확대 심화되게 되었다. 이 이유는 무엇일까. 지방에서 이루어지는 佛事活動에 있어서 시주들을 보면 자의든 타의든 대체로 專制王權 내지는 政權에서 소외된 사람들이었다. 먼저 葛項寺의 시주인 원성왕 외가의 朴氏 一家가 지적될 수 있다. 李純은 景德王의 총신이었으나 專制王權이 붕괴되어 가는 과정에서는 그도 벼슬에서 물러나 은퇴의 길을 취하지 않을 수 없었던 것 같다.[110] 豆溫愛郞의 경우는 죽기 전의 發願이어서 짐작하기 어렵다. 金思仁의 경우는 당시 政界에서 일단은 활약하고 있었으므로 지방에 자신의 기반을 확고히 하고자 하는 또다른 의도가 있었을 것이지만 그가 반전제주의세력의 일원이었다는 점은 주목된다.

반대로 金大城이나 三毛夫人과 孝貞 伊干의 경우는 專制王權의 支持 與否와 관계없이 우선 모두가 국가 권력의 핵심부에 가까이 있었던 만큼 지방으로의 이동보다는 중앙에 집착하고 있었다.[111] 이것은 지방에서의 佛事活動과 비교해 보면, 권력의 핵심부에 위치한 中央貴族들은 중앙의 정치적 기반의 근거지인 왕경에 집중했고, 반면 권력의 핵심에서 멀어지게 된 中央貴族들은 자의든 타의든 자신들의 생활기반을 지방에서 찾으려고 했던 것이 아닐까 한다. 아마도 이러한 경향은 당시에 흔히 벌어지는 일이었다고 여겨진다.[112]

이와 같이 지방에서 생활기반을 찾은 中央貴族들은 기존 사찰을 대폭 重

---

110) 李基白, 「景德王과 斷俗寺・怨歌」, 『新羅政治社會史研究』, pp.226-227.
111) 註 53에서 언급한 鍪藏寺와 鵠寺가 모두 王京에 있었다.
112) 본래 王京人으로서 朴氏였던 寂忍禪師 慧徹의 祖父는 일찍부터 관직에 나아가지 않고 朔州 善谷縣에 나아가 한가롭게 살았었다(祖高尙其事 不歷公門 於朔州善谷縣 閑居則太白山南: 「大安寺 寂忍禪師塔碑」, 『금석문』 3, p.34). 이와 같은 사례가 다른 禪師들에게서도 여럿 나타나는 것으로 보아 당시 中央政界에서 소외되었던 貴族들이 中代 末期를 前後로 대거 지방으로 이동하여 거주하고 있었음을 알 수 있다. 이에 대해서는 金杜珍, 「新羅下代 禪師들의 中央王室 및 地方豪族과의 관계」(『韓國學論叢』 20, 國民大 韓國學硏究所, 1997, pp.8-14) 참조.

創하거나 新創을 하였다. 無盡寺鐘을 鑄成한 金思仁의 경우와 緣起의 불확실한 예외가 있기는 하지만, 華嚴寺는 緣起가 重建한 祖師였다고 하는 것으로 보아 이 시기의 佛事活動은 대체로 重創이었다고 볼 수 있겠다. 勝詮이 創建하였다는 葛項寺의 경우 朴氏 一家의 대시주로 사원이 본격적인 면모를 갖추었으므로 사실상 創建과 마찬가지였을 것이다. 이 점은 斷俗寺가 槽淵小寺를 고쳐 大刹로 만든 것이라는 사례와도 같다. 石南寺는 불상과 석탑을 같이 조성하였고, 安成의 逸名寺는 석탑의 조성 기록만 있으나 불상도 같이 조성하였을 가능성이 높으므로 모두 新創으로 보는 것이 옳지 않을까 한다.

이와 더불어 생활기반을 지방에서 모색한 中央貴族들은 꼭 사원의 관리를 위한 것은 아니었겠지만, 직접 出家하는 경우가 적지 않았다.[113] 나이 50에 이르러 出家하고 斷俗寺를 創建한 李純이나 華嚴寺의 緣起法師와 緣起法師의 어머니, 죽은 豆溫愛郎의 발원을 받든 石南寺의 法勝·法緣, 葛項寺의 言寂法師 등이 그러한 예이다. 逸名寺의 朴氏 시주는 出家는 하지 않았으나 그 지역에 거주한 것 같다.

3. 佛事活動의 歷史的 背景과 意義

이상에서 新羅 中代 末期 中央貴族들에 의해 이루어진 佛事活動의 여러 事例와 特徵에 대해 살펴보았다. 그리고 이외에도 기록되지 않은 다른 사례가 더 있었을 것이다. 이로서 보면 이 시기의 佛事活動은 유행처럼 행해졌던 것이 아닌가 하는 생각이 들기도 한다.

그러면 이와 같은 佛事活動이 이루어지게 되는 歷史的 背景은 무엇이었을까. 먼저 政治的 背景을 생각해 볼 때, 中代 末期의 景德王代는 찬란한 佛敎文化가 꽃피운 시대라는 점을 염두에 둘 필요가 있다. 景德王 자신이 많은

---

113) 聖德王代 甘山寺를 創建했던 金志誠도 아우가 沙門 玄度로서 出家한 事實이 확인된다(「甘山寺 彌勒·阿彌陀像 造像記」, 『금석문』 3, p.297).

佛事活動을 일으켰음은 주지의 사실이다.114) 唐의 代宗에게 보낸 萬佛山,
奉德寺鐘, 芬皇寺의 藥師如來銅像, 靈妙寺 丈六像의 改金 등이 대표적인
사례인데,115) 이들은 다른 그것들 보다 많은 비용이 드는 것이었다. 이처럼
당시에는 국왕에서부터 많은 佛事活動을 일으키고 있었으므로, 다른 귀족들
특히 眞骨貴族들의 佛事活動을 못하도록 하지는 않았을 것 같다.116)

佛國寺와 石佛寺가 金大城 개인의 발원이지만 景德王 자신의 造形 意慾
과 관련된 것임은117)이미 앞에서 언급한 바와 같다. 그리고 이러한 여러 造
形活動은 理想主義와 寫實主義 그리고 抽象主義가 적절히 결합된 것으로서
景德王이 專制王權을 중심으로 이룩하고자 노력한 現實 世界에서의 꿈을
宗敎的인 世界에서 나타내 주는 것이라고 할 수 있을 것이다.118) 따라서 당
시 貴族들의 佛事活動에 대해 景德王이 막지 않았다기 보다는 오히려 자극
하였을 것이라고 보는게 옳지 않을까 한다.

이와 관련하여 佛事活動은 시주자들의 정치적 능력이 또한 중요하였던 것
같다. 다음과 같이 사원의 힘이 약하면 재물을 약탈당하기도 하였기 때문이
다.

> 저는 南閻州의 新羅人이었는데, 부모가 金剛寺의 水田 一畝를 몰래 취한
> 일로 連坐되어 冥府에 잡혀와서 오랫동안 심한 고통을 받고 있습니다. 지금
> 法師께서 고향에 돌아가시거든 저의 부모에게 알려 速히 그 논을 돌려주도록
> 하십시오(『三國遺事』 5, 感通 善律還生).

위 기록은 望德寺의 중 善律이 죽었다가 『般若經』 造成의 發願 功德으로
다시 살아나면서 고통받고 있는 신라 여인의 부탁을 받은 것이다. 내용에 따

---

114) 이에 대해서는 註 52 참조.
115) 황수영, 『불국사와 석굴암』, 세종대왕기념사업회, 1979, pp.69-72.
116) 본래 文武王代에 財物과 田地를 함부로 사원에 施納하는 것을 禁하기도 하였으나
　　(『三國史記』 6, 文武王 4년), 이러한 조치가 제대로 시행되지 않았음은 공공연한
　　사실이다.
117) 황수영, 『불국사와 석굴암』, pp.74-83.
118) 李基白, 「統一新羅와 渤海의 文化」(『韓國史講座』 古代篇, 一潮閣, 1982) pp.403-
　　418.

르면 여인의 부모가 金剛寺의[119] 논 1畝를 몰래 뺏었기 때문에 자신이 冥府
에서 대신 고통을 받고 있으니 부모에게 돌려주도록 부탁하고 있다. 이같은
사실은 權勢家들이 사원의 토지를 부당하게 빼앗기도 하였음을 알려주는 것
이라고 여겨진다.

또한 사원을 유지하기 위해서는 經濟的 基盤이 중요할 것이다. 그러므로
낮은 신분의 사람들이 절을 계속 잘 운용한다는 것은 매우 어려운 일이 아니
었나 한다. 예컨대, 국가의 지원으로 조성되었던 海印寺는 眞聖女王代의 난
리시에 자체 방어 능력을 가지고 있어 이를 물리치기도 하였으나[120], 牟梁
里의 孫順이 옛 집을 弘孝寺라 이름하고 石鐘을 달아 놓았지만 石鐘은 난리
시에 약탈당했다.[121] 이것은 사원이 정치적·경제적 기반이 약할 경우 유지
하는 데 있어 역시 쉽지 않음을 말하여 주는 것이 아닐까 한다.

佛事活動은 규모에 따른 조성 비용은 물론 사원의 유지 비용도 역시 필요
하였을 것이다. 따라서 시주들은 사원의 유지를 위한 土地 등도 함께 施納하
였을 것이라 여겨진다. 시주들이 사원에 토지를 어떤 형태로 또 얼마나 많은
양을 시납하였는지는 정확히 알 수 없으나, 甘山寺를 창건한 金志誠의 사례
로 보면[122] 대체로 '莊田' 혹은 '田莊'의 형태로 하였다고 생각된다. '田
地'와 경작을 관리하는 '莊舍'로 구성된 '田莊'은 貴族들 사이에서 뿐 아니
라 사원에서도 발달하였던 것이다.[123] 그리고 사원에 시납된 田地는 田地
뿐만 아니라 田地에 딸린 노동력까지 기진하는 것이 일반적이었다.

---

119) 金剛寺는 文武王代의 神印宗의 祖師 明朗이 세운것이라 한다(『三國遺事』4, 義解
二惠同塵).
120) 이에 대해서는 李弘稙,「羅末의 戰亂과 緇軍」(『史叢』12·13합, 1968:『韓國古代
史의 研究』, 新丘文化社, 1971) pp.556-560 참조.
121) 『三國遺事』5, 孝善 孫順埋兒.
122) 捨其甘山莊田建此伽藍(「甘山寺 彌勒·阿彌陀像 造像記」,『금석문』3, p.296)
123) 金甲童,「羅末麗初 社會變動의 歷史的 背景」(『羅末麗初의 豪族과 社會變動研
究』, 高麗大 民族文化研究所, 1990) pp.12-13.
   金昌錫,「統一新羅期 田莊에 관한 研究」(『韓國史論』25, 서울대 國史學科, 1991)
   pp.43-50 및 pp.68-70.

그런데 무엇보다도 중요한 점은 시납된 田地나 혹은 開墾, 買入 등을 통해서 자체적으로 확보한 寺院田에 대해서는 免稅의 혜택이 있었다는 점이다.124) 이러한 사실은 지방에 주거하면서 佛事活動을 일으켰던 中央貴族들과 관련지어 보면 중요한 의미를 지닌다. 앞서 살폈듯이 여러 시주들이 出家했거나 관련된 승려들과 함께 地方에 정착했기 때문이다.

한편 사원에 대한 토지의 시납이 개인의 全的인 所有權을 포기하는 것인지는 정확하지는 않다. 그런데 다음의 사료를 보면 사원의 소유가 개인의 소유였던 것 같은 느낌이 없지 않다.

> 또한 이 仁祠(절)를 점검해보니 본래는 戚里(外戚)에 예속해 있었습니다. …… 비록 王土라 하나 公田은 아니어서 이에 부근의 땅을 包括하여 善價로 이를 구하여 丘壟地 200餘結을 더하였는데, 값으로 치룬 稻穀은 모두 2,000 苫이었다.125)

위 사료에 따르면 仁祠(절 즉 崇福寺의 前身인 鵠寺를 가리킴)가 본래 王의 外戚에 속하였다고 한다. 이것은 新羅時代 사원이 개인적인 소유로도 되는 것이었음을 말하는 것이 아니었을까. 여하튼 결과는 비록 王土이나 200餘結의 땅값으로 곡식 2,000苫을 배상해주고 있다. 만약 新羅時代에 사원의 소유가 개인에까지 관련되어 유지되었다는 견해가 성립된다면, 佛事活動을 통해 경제적 기반을 지속적으로 확보하게 될 수 있다는 점에서 의미가 있는 것이다. 즉 소유권을 갖고 있으면 사원이 갖고 있는 면세 면역과 같은 경제적인 혜택을 누릴 수 있었을 것이기 때문이다. 이렇게 보아 오면 앞의 시주들이 佛事活動을 일으키고, 토지를 시납하고, 또한 본인 혹은 가족들이 출가를 하는 이유는 충분하다고 본다.

여기서 잠시 짚고 넘어갈 문제가 있다. 그렇다면 중앙귀족들이 불사활동을

---

124) 崔柄憲, 「新羅 下代 禪宗九山派의 成立」(『韓國史研究』7, 1972) pp.310-314.
　　金昌錫, 「統一新羅期 田莊에 관한 研究」, pp.78-79.
125) 且驗是仁祠 本隷戚里 …… 雖云王土 且非公田 於是括以邇封 求之善價 益丘壟餘二百結 酬稻穀合二千苫(「崇福寺碑」, 『금석문』3, pp.252-253).

일으키는 목적은 구체적으로 무엇이었는가 하는 의문이다. 이와 관련하여 다음의 내용이 주목된다.

> 景德王代에 康州의 善士 수십인이 뜻을 西方에 구하여 주경에 彌陀寺를 세우고 1萬日을 기약하고 契를 하였다. 때에 貴珍 阿干의 집에 郁面이라는 한 여종이 있어서 그 주인을 따라 절에 가서 안 뜰에 서서 승려를 따라 염불을 하였다(『三國遺事』 5, 感通 郁面婢念佛西昇조).

내용에서 貴珍 阿干 등 康州의 善士 數十人이 1萬日을 기약하여 彌陀寺에 가서 염불하였던 것으로 이해된다. 이 설화에서 내용상의 주인공은 現身成佛한 郁面 노비이기도 하지만 念佛結社의 주인공은 귀진 아간이 아닌가 한다. 관등이 아간인 것으로 보아 귀진은 6頭品으로서 진출할 수 있는 최고 관등에 올라갔으며, 이후 지방에서 은퇴생활을 하면서 죽은 뒤에는 정토에 왕생하기를 기원하고 있었던 것으로 보아진다.[126] 그런 그가 다른 善士들과 뜻을 같이 하여 결사를 맺고 신앙생활을 하고 있는 것이다. 이런 점에서 보아 귀족들이 지방에서 불사활동을 일으키고 거주하는 것은 우선 독실한 신앙에서 비롯되었다고 할 것이다. 나아가 그가 이렇듯 신앙생활에 몰두하게 되는 것에는 중앙의 정치권력으로부터 떠나게 되고, 그에 따라 소외되는 설움을 느끼게 되면서 답답한 심정을 신앙의 열정에 쏟게 되었다고 여겨지는 것이다.

이상과 같은 中央貴族들의 지방에서의 佛事活動은 다음과 같은 여러 가지 면에서 그 의의를 찾을 수 있을 것이다.

우선 佛教가 地方으로 보다 널리 전파되게 된다는 사실과 더불어, 이것이 下代에 지방민들이 佛事活動을 일으키는데 자극이 되었을 것이라는 사실이다. 이것은 널리 알려진 것처럼 禪宗 寺刹들이 地方 豪族의 지원을 받아 세워진 사실에서 쉽게 짐작할 것이다.

그 결과 불교가 地方文化의 발전에 어느 정도 기여했을 것이라는 점이다.

---

126) 李基白, 「新羅 淨土信仰의 다른 類型들」(『新羅思想史研究』, 一潮閣, 1986) pp. 161-163.

新羅時代에 小京은 일찍부터 學問·敎育的인 환경이 조성되어 지방의 문화
중심지로서 기능하였었다.[127] 그런데 앞에서 살펴 본 사례들은 小京 혹은
州治에 가까운 지역은 아니었던 것 같다. 智異山 지역에 세 곳, 경기도 안성,
경북 금릉, 위치 미상 각 한 곳으로 파악되는 바 지방의 도회 지역이 아님을
알 수 있다. 그러므로 이들 사찰들이 조그마한 지방에 조성되어 지방민들에
게 적지 않은 영향을 끼쳤다고 보아 무리가 없을 듯하다. 따라서 이 시기를
전후하여 불교가 지방 곳곳에까지 침투하게 되었다고 여겨진다.

이와 더불어 지적될 수 있는 것은 中央貴族들이 지방에 거주함으로서 地
方勢力의 형성에 능동적인 역할을 하였을 것이라는 점이다. 앞서 말했듯이
中央貴族들은 佛事活動의 조성 비용 외에도 사원의 유지를 위한 田莊과 같
은 경제적 기반을 함께 시주하였다. 또 그 원활한 운용을 위해 시주 자신 또
는 가족 중 한 사람이 出家를 하고 있다. 이것은 사원의 경제적 기반이 세습
될 여지를 주는 것이었다고 여겨진다. 나아가 자신을 포함한 후손들이 地方
勢力으로 성장하게 되는 바탕이 되었을 것이다.

이 시기에 시주들이 佛事活動을 일으킨 지역에서 代代로 居住한 것에 대
해서는 확실한 근거를 찾을 수 없으나 다음의 기록이 참고된다.

　　塔이 始成된 永泰 2년 丙午로부터 更治한 今年 淳化 4년 癸巳 1월 8일에
　이르기까지 헤아려보니 228년이 된다. 以前의 始成者가 朴氏였는데 또 更治
　者도 朴氏이니 年代는 비록 다르나 지금과 옛날이 자못 같아 丹誠을 더하여
　寶塔을 重修하였다. 造匠은 玄雇 長老이고 造主는 朴廉이다.[128]

위 기록은 앞에서 설명했던 安城 逸名寺 탑에 봉안된 塔誌의 아래 面에
새겨진 것이다. 즉 윗 面에는 新羅 때의 造成 事實이, 아래 面에는 高麗 때

127) 林炳泰,「新羅小京考」(『歷史學報』 35·36합집, 1967) pp.84-94.
　　金光洙,「羅末麗初의 地方學校問題」(『韓國史研究』 7, 1972) pp.119-123.
128) 自鷹塔始成 永泰二年丙午 到更治今年 淳化四年癸巳正月八日 竺得二百二十八年
　　前始成者朴氏 又更治者朴氏 年代雖異 今古頗同 益勵丹誠 重修寶塔也 造匠 玄雇
　　長老 塔 造主 朴廉(「永泰二年銘 蠟石舍利裝置記」,『금석문』 3, pp.353-354).

의 重修 事實이 기록된 것이다. 이를 분석해보면 永泰 2년(766)에 탑이 始
成되어 228년 뒤인 淳化 4년(993)에 重修되었으며, 또 始成者가 朴氏였는데
更治者 또한 朴氏로서 年代가 다르지만 예와 지금이 같은 姓氏이니 의미를
더한다고 기록하고 있다.

　여기서 이 始成者와 重修者가 같은 朴氏라는 것을 어떻게 생각해야 할까.
이것은 766년 朴氏가 안성 지방에 자리를 잡은 후 그 터전을 계속 이어나갔
다고 볼 수 있지 않을까 생각된다. 후대의 重修者 朴廉에 대해서는 문헌에는
찾아지지 않으므로 그의 家系에 대해서는 다른 사실을 얻을 수 없다. 이런
점에서 볼 때 朴廉의 家門 내지는 朴廉 자신이 고려 왕조에서 벼슬을 했거
나 그로 인하여 田柴科와 같은 토지를 이 지역에서 받았다고는 생각되지 않
는다. 따라서 朴廉은 先代로부터 이 지역에서 거주해 왔다고 볼 수 있을 것
이다. 이렇게 보면 始成者와 重修者 간의 시기적인 차이 문제는 해결되리라
본다. 곧 始成者 朴氏 一家는 이후 안성 지역에서 터전을 마련하고 代를 이
어 안성 지역에서 살았다고 볼 수 있지 않을까 한다.

　이같은 朴氏 一家의 시주들의 지방 거주 및 세습은 다른 시주들에게 있어
서도 마찬가지 경향이었을 것이다. 그들이 중앙정계에 다시 복귀한다 해도
예전과 같은 지위를 차지할 수는 없었을 것이다. 이것은 정권이 바뀐 下代에
도 朴氏 一家들이 侍中 혹은 上大等과 같은 요직에 여전히 참여하지 못했다
는 사실에서 짐작할 수 있다. 물론 마지막 朴氏 3王이 등장하기도 했으나,
이것이 결코 그들의 지위 향상은 아니었다. 따라서 이 시기에 지방에서 佛事
活動을 일으킨 시주들은 지방에서 터전을 삼고 생활하였다고 보아진다.[129]

　이렇게 되어 新羅의 지방은 점차 中央貴族들의 생활무대가 되어갔을 것이

129) 中央貴族들의 地方移住에 대해 흔히 王位繼承에서 밀려나 溟州에 내려간 金周元
　　을 예로 들어 하대에 집중되었음을 지적하고 있다(金哲埈, 「文人階層과 地方豪
　　族」, 『한국사』 3, 국사편찬위원회, 1976, pp.597-599 및 金甲童, 「羅末麗初 社會變
　　動의 歷史的 背景」 pp.12-13). 그렇지만 그 현상은 위의 사례들과 같이 中代 末期
　　에 이미 집중되어 시작되지 않았나 한다. 물론 이 시기에 지방으로 이동하는 중앙
　　귀족들 모두가 불사활동을 일으키는 것은 아니다. 더욱 註 112 참조.

다. 지방은 이제 中央貴族들의 수취지역으로서의 경제적 기반이 아니라 생활 근거지로서 지방세력을 형성하는 그것이었다.130) 그리하여 훗날 왕실의 동요와 함께 독자적인 힘을 기르고 형성하는 토대를 마련하는 계기가 되었을 뿐 아니라, 다음과 같이 惠恭王代의 王位爭奪戰에도 심각한 영향을 끼쳐 주었을 것이다.131)

　　(2년 丁未) 7월 3일에 大恭 角干의 賊徒가 일어나고 王都 및 5道 州·郡의 도합 96角干이 相戰하여 크게 어지러워졌다. …… 亂은 석 달만에 그쳤다(『三國遺事』 2, 紀異 惠恭王).

즉 전국의 96 각간이 싸웠다는 사실에서 보아 전국이 전란의 場으로 되는 결과를 가져오게 되었을 것이라고 생각되는 것이다.132) 이것은 中代 末 專制王權 崩壞期에 中央貴族들이 지방에서 佛事活動을 일으킨 것과 관련되는 것으로, 당시에 여러 中央貴族이 지방으로 이주하였음을 입증한다고 본다.

이와 같은 지방세력의 형성과 혼란의 초래는 중앙의 정치적 동요와 함께

---

130) 이에 대해서는 위에서 예를 든 貴珍 阿干의 신앙활동에 대해서 잠시 생각해 볼 필요가 있다. 그가 善士 수십인과 뜻을 같이 한 結社의 행위는 신앙으로 뭉쳐진 것이었다. 신앙활동을 통해 지역 주민들과 자연 어울리게 될 것이고 때로는 자신이 지니고 있는 지식을 전해주기도 하였을 것이다. 그러므로 그는 지역사회에 있어 신앙활동을 통한 교화의 일익을 담당하게 되었을 것이고 지배적인 입장에도 서게 되지 않았을까 하는 것이다. 그럼으로서 지방에서의 한 세력을 형성하게 되지 않았을까 여겨지는 것이다. 그리고 이것이 뒤에 정치적으로 이용될 수도 있던 것이 아닐까 생각해보는 것이다. 그렇다고 중앙귀족들에 의한 모든 불사활동의 궁극적인 목적이 정치에 있다고 하는 것은 아니다. 단지 시대의 변화에 따라 신앙이 정치에 의해 움직일 가능성이 있음을 말하고자 하는 것이다.

131) 이에 대해서는 졸고, 「新羅 元聖王의 政法典 整備와 그 意義」(『震檀學報』 80, 1995; 이 책 수록) pp.103-107 참조

132) 이 시기에 中央 貴族들이 지방에 근거하여 叛亂할 수 있었던 것은 경덕왕대에 祿邑이 다시 부활되어 경제적 바탕을 제공하였기 때문이라고 한다(金哲埈, 「新羅 貴族勢力의 基盤」, 『人文科學』 7, 1962; 『韓國古代社會研究』, 知識産業社, 1975, pp.237-238). 金昌錫도 이 叛亂에 中央에서 地方에 내려간 貴族들이 포함되어 있었을 것이라고 지적하였다(「統一新羅期 田莊에 관한 研究」, p.65의 註 71).

본래부터 거주하고 있던 村主勢力들을 일깨워 후일에 그들의 세력이 부상하는 토대가 되었을 것임은 자명했다. 그리고 佛事活動을 통한 中央貴族의 경제적 기반의 확보는 국가 稅入의 減少를 가져왔다. 따라서 지방에서의 사원에 대한 대책을 마련하는 것이 국가의 시급한 과제로 떠오르게 되었다. 이에 따라 專制王權을 타도하고 들어선 新政權도 어떠한 대책을 마련하지 않을 수 없었는데, 다음은 그 결과로 나타난 것이라고 여겨진다.

> 政官(或은 政法典이라고 한다) 大舍 1인 史 2인으로써 한 官司를 삼았는데, 元聖王 元년에 이르러 처음으로 僧官을 두고, 僧侶 중에서 才行이 있는자를 선택하여 충당하였다. 연고가 있으면 교체하고 一定한 年限이 없다(『三國史記』 40, 雜志 9, 官職 下).

즉 元聖王이 즉위하자마자 政法典을 정비하는 것은 무슨 때문일까. 이것은 원성왕이 불교 교단에 대한 통제를 위한 것으로 여겨지고 있다.[133] 따라서 이것의 정비는 앞서 일어났던 일련의 社會·政治的 사건의 결과에 따른 때문이었을 것으로서 생각되는 것이다. 그만큼 지방에서의 사원들은 결국 中央政府에 위협이 되는 것이었다.[134]

이것은 또한 哀莊王代에

> (王이) 下敎하여 佛事의 新創을 禁하고 오직 修葺(重修)만을 허용하였으며, 또 錦繡로 佛事를 짓거나 金銀으로 器用을 만드는 것을 禁하여 所司로 하여금 널리 布告 施行케 하라 하였다(『三國史記』 10, 哀莊王 7년 春 3월).

---

133) 이에 대해서는 졸고, 「新羅 元聖王의 政法典 整備와 그 意義」(이 책 수록) pp. 103-116 참조.

134) 이와 관련하여 불교와 귀족간의 결합이 왕권에 위협이 된 사례가 있었음이 참고된다. 「異次頓殉敎碑」에 기록된 바 惠恭王 2년에 이차돈의 무덤 앞에 魂魄이 출현하여 한탄을 한 내용(이 책 pp.161-162 참조)과 華嚴宗 승려인 洪震이 神武王을 도운 사례가 참고된다(이에 대해서는 졸고, 앞의 논문, 이 책 수록 p.109 참조). 또한 시기가 앞서지만 鄭恭의 抗命에 王和尙이 연루되었던 사건도 그러한 예의 하나로 여겨진다(『三國遺事』 5, 神呪 惠通降龍조 참조). 더욱 졸고, 「新羅 下代 前期 高僧追慕碑의 建立」(『韓國古代史硏究』 25, 2002: 이 책 수록) pp.166-169 참조

라고 하여, 寺院의 重修만 허용하고 新創을 禁止한다는 것과 관련할 때 더욱 그러하다. 이와 같은 일련의 조처는 지방에서의 佛事活動이 국가에 적지 않은 영향을 주었음을 알려 주는 것이라 여겨진다.

따라서 中代 專制王權 崩壞期 中央貴族들에 의한 지방에서의 佛事活動은 地方勢力의 형성에 중요한 토대를 마련하는 것이었다. 이를 바탕으로 지방세력이 형성되고 중앙의 왕위쟁탈전에도 관여하였을 것이다. 그리고 이들 지방세력의 사원을 통한 租稅의 減少는 中央政府財政에 커다란 위협을 가져다 주게 되었다. 이로서 下代의 新政權은 중앙의 貴族 뿐만 아니라 地方 寺院의 統制라는 커다란 부담을 안고 출발하지 않을 수 없었다.

지금까지 新羅 中代 末期에 있어서 中央貴族의 佛事活動에 대하여 살펴보았다. 그 결과 먼저 中央貴族들의 佛事活動은 6頭品보다는 眞骨들에 의해 中央보다는 地方에서 주로 이루어졌음을 알게 되었다. 이것은 불사활동을 일으킨 주인공들이 대체로 專制王權에서 밀려난 소외된 사람들이라는 사실과 밀접한 관련이 있는 것이었다. 즉 그들은 중앙에서 설움을 받기보다는 자신들의 활동무대를 지방으로 옮기어 신분적인 특권을 향유하려는 것이었다. 그리고 그들이 불사활동을 일으키는 목적은 우선 자신들이 받는 설움을 신앙을 통해 극복하고자 하는 것에서 비롯되었을 것이라고 여겨진다.

中央貴族들의 佛事活動은 이전에는 國王을 위한다는 발원이 있었으나, 이 시기에는 個人主義的 傾向이 두드러지게 나타나면서 父母를 우선시 하고 있었다. 또한 佛事活動을 일으킨 中央貴族들은 본인 혹은 가족이 出家하여 사원을 관리토록 하였던 것 같으며, 그렇지 않은 경우에는 시주와 관계있는 승려가 관리하였을 것으로 이해되었다. 中央貴族들의 지방에서의 佛事活動과 더불어 居住 定着은 地方에 先進文化를 전파하고, 발전시키는 계기가 되었다. 나아가 그들의 地方 居住는 地方勢力 형성의 바탕을 이루게 되는 것임을 알 수 있었다.

佛事活動이 일어나게 된 배경으로는 專制君主였던 景德王이 많은 佛事活

動을 일으키면서 貴族들의 그것을 자극했을 가능성이 많다고 본다. 아울러 中央貴族들이 佛事活動을 일으키는 또다른 요인은 寺院田이 免稅 혜택을 받는 점, 寺院의 所有가 個人的으로도 가능하다는 점이었다고 생각된다. 이 것은 시주인 中央貴族들이 직접 出家하거나 가족 내지는 관계자들이 출가해 서 사원을 관리한다는 점에서도 짐작할 수 있다.

이와 같은 中央貴族들의 佛事活動은 여러 면에서 의의를 갖는다. 우선 佛 教가 보다 깊숙이 地方에 침투되어, 地方을 발전시켜 나가게 되었다. 또한 中央貴族들이 지방에 居住하면서 世襲하게 되었으며, 결국 地方勢力의 형성 에 능동적인 형세를 이루어 나갔을 것이다. 그리하여 이것은 훗날 王位爭奪 戰에 영향을 직·간접적으로 주기도 하였다. 한편 사원의 免稅 特權, 所有權 의 世襲, 지방에의 정착 등은 租稅의 減少, 地方勢力의 확대 등 여러 가지 정치·사회문제를 국가에 안겨주었다.

이에 따라 專制王權을 무너뜨리고 등장한 新政權은 中央의 貴族 뿐 아니 라 地方의 貴族과 寺院들까지 통제해야 하는 부담을 안고 출발하게 되었다. 이러한 것은 모두가 下代 地方의 모습이 이미 中代 末期 專制王權의 崩壞 過程에서 나타나기 시작한 것임을 알려주는 것이 아닌가 한다.

제2장 下代 前期 新政權의 佛敎政策과 佛敎界의 動向

제1절 元聖王의 政法典 整備와 그 意義

신라에 불교가 들어온 이후 여러 사원이 건립되고 승려가 늘어나면서 자연 이들의 질서를 유지하고 통제할 필요성이 요구됨은 필연의 결과였을 것이다. 眞興王 12년(551)에 처음으로 國統의 승관을 둔 이후 大都維那, 大書省 등이 차례로 설치되어 政官의 조직을 이루고, 통일후에는 州統과 郡統 등의 승관이 추가로 설치되었다. 그리고 元聖王 元年(785)에는 정관에 속해 있던 俗人의 관리를 승려로 교체하여 政法典으로 整備되기에 이르렀다. 이 밖에도 신라에서는 불교와 관련된 것으로 추측되고 있는 大道署(혹은 寺典)라고 하는 行政官府가 있었다고 하며, 또 感恩寺나 四天王寺 같은 국가의 중요 사찰에 行政官府인 成典이 설치되어 불교 관계의 업무나 행사를 관계하였을 것으로 이해되고 있다.

그런데 이와 같은 승관 내지는 그 조직, 기타 행정관부에 대해서는 관련 사료의 부족으로 자세한 이해를 얻을 수 없는 형편이다. 그렇지만 이러한 불교 관계의 諸制度의 변화는 신라 불교의 변화·발전과 밀접한 관련이 있는 것이어서 여러 학자들의 관심을 받지 않을 수 없었다. 그 결과 이들 여러 문제에 대해 다소 지식을 얻게 되었다. 신라의 僧官職과 그 行政官府에 대한 연구는 李弘稙의 문제 제기로부터[1] 시작되어, 이후 그에 대한 구체적인 문

---

1) 李弘稙, 「新羅 僧官制와 佛敎政策의 諸問題」(『白性郁博士頌壽紀念佛敎學論文集』, 東國文化社, 1959; 『韓國 古代史의 硏究』, 新丘文化社, 1971)

제들이 검토되었다. 그 가운데에서 중요 사항을 주제별로 살펴보면 대체로 다음과 같이 정리된다.

첫째 國統, 州統 등의 승관에 임명되는 승려들의 자격으로서 그들의 소속 사찰에 대해서다. 이에 대해서는 皇龍寺의 寺主인 慈藏이 大國統에 임명된 이후 皇龍寺 출신의 승려가 승관에 임명되어 佛教 教團의 질서를 통제하였을 것이라는 의견이 제기되었다.[2] 이에 반해 中代에서 下代의 어느 時期 (즉, 皇龍寺에 成典이 설치되는 시기로 哀莊王代 이후로 추정함)의 사이에 서는 皇龍寺 승려가 아니라 成典寺院(四天王寺, 永興寺 등과 같이 成典이 설치된 사원)의 승려들이 승관에 임명되었다는 주장도 제기되었다.[3]

둘째로 元聖王代에 정비된 승정기구로서의 政法典과 그 이전부터 있었던 政官과의 관계이다. 이에 대해서는 政法典이 政官에 吸收 廢合되었다고 보는 견해와[4] 그와는 반대로 이전의 정관을 폐합하여 정법전을 설치하였다는 견해가[5] 나왔다. 그리고 이를 종합 보완하여 政官이 僧政機構로 완성되지 않은 채로 운용되다가 元聖王 때의 政法典 설치로 완비된 승정기구를 이루

2) 邊善雄, 「皇龍寺 9層塔誌의 研究」(『國會圖書館報』 10권 10호, 國會圖書館, 1973) pp.56-57.
   李基白, 「皇龍寺와 그 創建」(『新羅時代 國家佛教와 儒教』, 韓國研究院, 1978 : 『新羅思想史研究』, 一潮閣, 1986) pp.57-62.
3) 李泳鎬, 「新羅中代 王室寺院의 官寺的 機能」(『韓國史研究』 43, 1983) pp.106-113.
   蔡尙植, 「新羅統一期의 成典寺院의 구조와 기능」(『釜山史學』 8, 釜山史學會, 1984) pp.88-105.
   李鉄勳, 「新羅 僧官制의 성립과 기능」(『釜大史學』 14, 釜山大 史學會, 1990) pp.11-12.
4) 井上光貞, 「日本에 있어서의 佛教統制機關의 確立過程」(『日本 古代國家의 研究』, 岩波書店, 1965) pp.328-332.
   中井眞孝, 「新羅에 있어서의 佛教統制機關에 대하여」(『朝鮮學報』 59, 1971) pp.3-11.
   蔡印幻, 「新羅 僧官制의 設置意義」(『佛教學報』 19, 東國大, 1982) pp.252-255.
5) 邊善雄, 「皇龍寺 9層塔誌의 研究」, pp.55-60.

게 되었다는 견해도 제시되었다.[6]

　세째로 成典寺院의 문제다. 이에 대해서는 成典이 승려의 官司인 政法典
과는 아무런 관계가 없으며, 단지 국왕의 지배를 받는 행정적 관사로 고려 ·
조선 왕조의 '園陵'과 같은 성격의 관사라는 의견이 제안되었다.[7] 다른 의견
으로 中代의 성전사원은 불교계에 대한 승정기구로서의 통제적 기능과 王室
願堂의 奉祀機關으로서의 두 역할을 담당하였다고 보았다.[8] 그리고 최근에
는 中代 성전사원의 成典 관리들이 당해 사찰의 修營, 管理에 관한 일을 맡
았을 뿐이라는 견해도 제시되었다.[9]

　네째로 신라의 불교계 통제는 2元的으로 이루어져 있었다는 주장이다.[10]
이것은 國統, 都維那, 州統 등의 승려들로 구성된 政官과 俗人들로 구성되
어 교단을 규찰하는 大道署가 불교계를 통제하였다는 것이다. 최근에는 僧
伽의 淨化를 담당하는 政官寺院과 寺院의 經濟問題를 담당하는 成典寺院이
불교 교단을 통제하다가 下代에 皇龍寺에 成典이 설치되면서 一元化 되었
다고 하는 의견이 제기되었다.[11] 또다른 한편에서는 중앙의 승관과 국왕의
측근에서 사찰의 토지 및 불교계에 관련된 사무를 담당하는 政法典과 지방

---

6) 李銖勳, 「新羅 僧官制의 성립과 기능」, pp.4-22.
7) 邊善雄, 「皇龍寺 9層塔誌의 研究」, pp.54-55.
8) 李成市, 「新羅中代國家佛敎」(『東洋史研究』 42-3, 東洋史研究會, 1983) pp.447-
　　457.
　　李泳鎬, 「新羅中代 王室寺院의 官寺的 機能」, pp.102-113.
　　蔡尙植, 「新羅統一期의 成典寺院의 구조와 기능」, pp.88-105.
　　정병삼, 「통일신라 금석문을 통해 본 僧官制度」(『國史館論叢』 62, 國史編纂委員
　　會, 1995) pp.201-204.
9) 朴南守, 「統一新羅 寺院成典과 佛事의 造營體系」(『東國史學』 28, 東國大 史學會,
　　1994; 『新羅手工業史』, 신서원, 1996) pp.170-180.
10) 井上光貞, 「日本에 있어서의 佛敎統制機關의 確立過程」, pp.328-332.
　　中井眞孝, 「新羅에 있어서의 佛敎統制機關에 대하여」, pp.3-11.
　　蔡印幻, 「新羅 僧官制의 設置意義」, pp.252-255.
11) 洪潤植, 「新羅國家佛敎의 形態와 構造」(『伽山李智冠스님華甲紀念論叢 韓國佛敎
　　文化思想史』 上, 伽山文庫, 1993) pp.233-256.

의 승관으로 교단의 질서를 유지해 나갔다는 견해도 나타났다.[12]

이상과 같은 신라의 僧官職과 그 行政官府에 대한 기왕의 해명들은 신라 불교사를 이해하는데 적지 않은 도움이 되어 왔다. 그렇지만 이들 연구는 대체로 승관직이나 행정관부 등의 형식상의 변화에 대한 검토에 치중하고 있는 상황이다. 이에 따라 그들의 구체적인 활동의 분석을 통한 본질적인 이해를 얻지 못했다는 점을 지적하지 않을 수 없다. 예를 들면 政法典의 僧官에 才行있는 승려를 임용했다고 하였는데, 재행의 기준이 무엇인지에 대해서는 거의 언급하고 있지 않다. 또한 승관에 임명된 승려들이 어떠한 사람들이며 그들이 활동하였는지에 대해서도 거의 주목하지 않고 있다.

더불어 원성왕이 즉위하자마자 이를 정비하는 것 또한 흥미있는 일이 아닌가 한다. 中代로부터 下代로의 政治變動過程에 있어 宣德王과 함께 반란을 주도한 원성왕이 이를 시급히 정비하는 것은 필시 佛敎界가 政治變動과 밀접한 관련이 있을 것임을 시사해주는 것이라고 여겨지기 때문이다. 이로써 미루어 보면 이에 대한 해명은 新羅 下代의 佛敎史를 조명하는데 많은 도움이 될 것이라고 생각된다.

이를 위해 여기서는 元聖王代에 整備되는 政法典과 그 僧官에 임명되는 僧侶들의 所屬寺刹 문제를 중심으로 살피고자 한다. 그 이유는 이에 대한 깊은 천착이 없을 뿐만 아니라 이 문제들의 우선적 解明이 다른 문제들을 이해하는 데 도움이 된다고 보기 때문이다. 그리하여 신라 불교의 변화 내지는 발전에 대한 이해에 있어 보다 한걸음 앞으로 나아갈 것을 기대하고자 한다.

이를 위하여 본고에서는 먼저 政官에서 政法典으로 整備되는 과정을 살펴보고, 이어서 새로 整備된 政法典의 組織과 그 活動을 金石文 기록을 중심으로 검토해 보고자 한다.[13] 끝으로 元聖王이 政法典을 整備하려 한 目的을

---

12) 朴南守, 「新羅 僧官制에 관한 再檢討」(『伽山學報』 4, 伽山佛敎文化硏究院, 1995;
    앞의 책) pp.215-235.
13) 본 연구에는 많은 金石文을 다루게 되는데 여기서는 韓國古代社會硏究所 編의
    『譯註韓國古代金石文』 3(駕洛國史蹟開發硏究院, 1993)을 중심으로 참고하였다.

당시의 政治變動과 관련하여 살펴 보고 그에 따른 意義를 알아보고자 한다.

1. 政法典의 整備

元聖王代에 政法典이 整備된 사실에 대해서는 다음에서 확인된다.

> A① 政官(或은 政法典이라고 함)은 처음에는 大舍 1인, 史 2인으로써 官司
>   를 삼았는데, 元聖王 元年에 이르러 처음으로 僧官을 두고, 僧侶 중에
>   서 才行이 있는 자를 선택하여 충당하였다. 연고가 있으면 교체하였는
>   데, 定해진 年限은 없다.
> ② 國統은 1인으로(혹은 寺主라고도 함) 眞興王 12년에 高句麗 惠亮法師
>   로서 寺主를 삼았다. 都維那娘은 1인으로 阿尼이다. 大都維那도 1인인
>   데 진흥왕이 처음으로 寶良法師로써 이를 삼았으며 眞德王 元年에 1인
>   을 더하였다. 大書省은 1인으로 진흥왕이 安藏法師로서 이를 삼았으며
>   진덕왕 원년에 1인을 더하였다. 少年書省은 2인이니 元聖王 3년에 惠
>   英과 梵如의 두 법사로서 이를 삼았다. 州統은 9인이고 郡統은 18인이
>   었다(『三國史記』40, 雜志 9, 職官 下).

사료 A①에서 政官(或은 政法典이라 함)의 구성원인 大舍와 史가 元聖
王代에 이르러 俗人에서 僧侶로 바뀌었음을 알 수 있는데, 이것은 정관이 이
전과 달리 변화된 것을 뜻한다.[14] 이렇게 변화된 政官(혹은 政法典)이 존재
하였음은 下代에 세워진 金石文에 나타나는 '正[15]法司'(뒤의 사료C③참조)
라는 기록을 통해 확인할 수 있다. 이는 政官이 司를 구성하였다는 본문의
기록을 통해서 볼 때 政法典과 正法司가 동일한 성격의 기관임을 짐작할 수

그 이유는 인용 금석문의 종류가 많아서 이용상 나타나게 되는 혼동을 피하고자 하
기 때문이다(이하 『금석문』 3'이라고 약칭함). 아울러 金石文 가운데 判讀上의 異
見이나 解釋上의 異見이 나타나는 것은 필자의 판단에 따라 이를 校正하고 설명할
것이다.
14) 政法典의 기록은 『三國遺事』 4, 義解 慈藏定律에도 보이는데, 위의 기록과 유사하
다.
15) 여기에서 '政'字가 '正'으로 표기되었지만, 政法典과 관련된 것으로서는 금석문에
'政'의 사례가 많다. 아마도 이는 당시에 두 字가 通用된 때문이 아닌가 한다.

있기 때문이다. 다음으로 '政法大統'·'政法大德'(뒤에 설명됨) 등으로 기록된 僧職名의 유추를 통해서 政官(혹은 政法典)의 구성원에 승려가 임명되었다는 사실을 확인할 수 있다. 이로써 政官(혹은 政法典)이 元聖王代에 새롭게 整備된 사실을 입증할 수 있겠다.

이와 같은 政官(혹은 政法典)의 整備에 대해 먼저 검토해야 할 것은 '政官(或은 政法典이라고 함)'이라고 한 政官과 政法典과의 명칭관계다. 이에 대해서는 信惠法師가 文武王代에 政官大書省에 임명된 사실이[16] 주목된다. 이것은 下代 이전에 政官이 존재하였음을 알 수 있는 단서가 된다. 그런데 위에서 언급한 바와 같이 下代의 金石文에는 政官보다는(사실상 확인되는 바가 없지만) 政法典과 관련된 명칭이 쓰여졌다. 아마도 이것은 中代의 官司 명칭인 政官이 元聖王에 의해 정비되면서 政法典으로 명칭을 달리한 것이 아닌가 한다. 다시 말해서 정관은 정법전의 전신이었으며, 그런 까닭에 명칭이 변경되었음에도 불구하고 정관의 용어가 계속 남게 되지 않았나 한다.[17]

다음으로 검토할 것은 政官(혹은 政法典)의 기록에 이어 줄을 달리하여 기록된 國統 이하의 여러 僧官(사료 A②)과 그것과의 관계다. 이에 대해서는 첫째 위에서 信惠法師가 政官大書省에 임명된 사례를 다시 검토할 필요가 있다. 여기에서 政官은 僧政의 官司이고, 大書省은 그 구성원임을 짐작하게 되는 것이기 때문이다. 둘째 元聖王 3년에 승려를 임명한 바 있는 少年書省(사료 A②)을 통해서도 살필 수 있다. 원성왕 원년에 정법전으로 정비되면서 새 승관이 설치되었는데, 2년 뒤 소년서성에 두 명의 승려가 임명된 점이 정법전과 무관하지 않을 것이기 때문이다. 정법전은 새로 정비된 僧政의 관사이고, 소년서성은 元聖王代 이전부터 존재해왔던 승관임에[18] 대해서는

---

16) 『三國史記』 6, 文武王 9년 3월.
17) 邊善雄, 「皇龍寺 9層塔誌의 硏究」, pp.55-56.
18) 少年書省이 처음 설치된 시기는 명백히 알 수 없으나, 眞德王代에 大書省 1인을 증치한 이후에 필요에 따라 증설된 것으로 보는 견해가 일반적이다(邊善雄, 蔡印

이미 잘 알려져 있다. 이것은 中代 政官의 少年書省이 政法典으로 정비되면서 그 조직의 일원으로 흡수되었음을 알려주는 것이라 하겠다. 이렇게 생각해오면 政官(혹은 政法典)과 國統 이하의 여러 승관(사료 A②)과의 관계는 결국 승정의 관사와 그 구성원임을 알 수 있는 것이 아닌가 한다. 나아가 이것은 中代 政官의 구성원이 하대 정법전으로 정비되면서 그 조직원들을 함께 흡수하였음을 알려주는 것이기도 하다.

이와 관련하여 아래의 기록도 참고된다.

> B 훗날 國統 惠隆과 法主[19] 孝圓, 金相郎과 大統 鹿風과 大書省 眞恕와 波珍飡 金嶷 등이 무덤을 수축하고 큰 碑를 세웠다. 元和 12년 丁酉 8월 5일은 곧 제 41대 憲德大王 9년이다(『三國遺事』 3, 興法 原宗興法厭髑滅身).

이것은 元和 12년(817)에 法興王代에 순교한 異次頓을 추모한 추도문의 末尾에 적힌 것이다. 여기서 國統, 大統,[20] 大書省 등의 옛 승관이 元聖王代

幻, 李鉄勳, 洪潤植). 만약 소년서성이 새로 설치된 승관이라면 이것은 정법전이 정비되면서 생겨난 승관이 될 것이다. 이경우에도 정관이 정법전으로 정비되면서 그것에 흡수 폐합되었다고 보아야 할 것이다. 왜냐하면 사료 A 전체를 볼 때 정관이 기록되고, 이어 국통을 비롯한 승관이 소년서성과 함께 나열되어 있으므로, 옛 승관들과의 관계를 생각하지 않을 수가 없기 때문이다. 다시 말해서 사료 A①과 A②와의 관계는 승정의 관사와 그 구성원의 기록임을 알게 되는 것이다.

19) 法主를 僧官으로 볼 수도 있겠으나(邊善雄, 「皇龍寺 9層塔誌의 硏究」, pp.57-58), 本碑 건립의 사업을 추진한 주체로서(朴南守, 「新羅 僧官制에 관한 再檢討」, pp. 226-228 및 정병삼, 「통일신라 금석문을 통해 본 僧官制度」, pp.206-207) 보아야 할 것 같다.

20) 大統은 앞의 사료 A에는 보이지 않으므로 뒤의 法主와 같이 새로이 설치된 승관명으로 볼 수 있다(邊善雄, 「皇龍寺 9層塔誌의 硏究」, p.58). 그런데 『三國遺事』 3, 塔像 栢栗寺조에 따르면, 孝昭王이 安常을 大統에 임명하였다는 기록이 나타나므로 신라 中代에 이미 설치되었던 옛 승관으로 보는 것이 나을 것 같다. 朴南守는 大統은 본래 중앙의 승관이었던 大都維那(혹은 都唯那娘)로서 후대 각 사찰에 생긴 그것들과 구별하기 위해 변화된 것이라고 보았다(위의 논문, pp.226-229). 정병삼은 大統이 정법화상과 겸직이 가능한 직책으로 국통에 이은 상위의 별개 승직으로 생각했으나 확실한 기능은 알 수 없다고 하였다(「통일신라 금석문을 통해 본 僧

에 政法典이 정비된 뒤에도 계속 존재하고 있음을 알 수 있다. 이 사실은 결국 元聖王代 政法典의 정비가 기존의 승관들 즉 政官의 구성원들을 흡수하면서 이루어진 것임을 알려주는 것이라고 여겨진다.

이상에서 살핀 바의 政官에서 政法典으로 변화되는 조직의 구성원을 정리해 보면 다음과 같다.

표 1. 政官과 政法典의 組織構成表

政官 1차 시기		政官 2차 시기		政法典 整備期	
統一 以前		統一 以後		元聖王代~憲德王代	
國統	1	國統	1	國統	1
大都維那	2	大統	1	大統	1
都維那娘	1				
都維那	2				
大書省	1	大書省	1	大書省	1
少年書省	2	少年書省	2	少年書省	2
大舍	1	大舍	1		
史	2	史	2		
		州統	9	州統	9
		郡統	18	郡統	18

표는 사료A를 바탕으로 다음의 자료를 보충한 것임.
政官 1차 시기의 都維那는 戊戌塢作碑.
政官 2차 시기의 大統은 『三國遺事』3, 塔像 栢栗寺조.
政法典整備期의 大統은 사료 B.

표에서 통일과 함께 州統과 郡統의 승관이 새로 설치되었음을 알 수 있다. 그리고 이것은 그 숫적인 구성으로 보아 지방 불교계에 대한 교단 통제의 의도에서 비롯되었을 것임을 쉽게 짐작할 수 있다. 더불어 통일 이전의 維那 계통의 승관이 없어지고 대통이 새로 설치되었음을 알 수 있다. 이것은 도유나의 승관이 각 사찰에서의 三綱職制가 설치되면서 이름을 바꾸게 된 것이

官制度」, pp.207-208).

아닌가 한다.[21] 이어 政法典으로 정비되는 시기에 들어와서는 위에서 살핀 바와 같이 大舍와 史의 俗人 관리가 다른 직책의 승관으로 정비되면서 없어졌음을 알겠다.

다음으로 검토하고자 하는 것은 才行있는 승려를 임명하였다는 기사다. 과연 그 재능이란 어떠한 것이었을까. 神通力, 技藝, 文章, 敎學的인 知識, 骨品 등 구체적인 내용이 없어 이를 알기에는 역부족이다. 그런데 이와 관련하여 주목되는 것이 있다. 위에 기록된 僧官 가운데 元聖王 3년(787)에 少年書省에 임명된 惠英과 梵如에 관해서다. 현재 우리가 알 수 있는 것은 梵如가 『華嚴經要決』 6권(혹은 3권)의 저술을 남겼다는 사실이다.[22] 비록 이 저술이 지금은 전하지 않아 내용에 대해서는 알 길이 없지만 『華嚴經』에 관한 저술이었을 것이 명백한 만큼, 그가 華嚴宗 계통의 승려임을 짐작할 수 있다. 여기에서 우리는 승관에 임명되는 승려들이 敎學에 밝았음을, 또한 그것은 대체로 화엄종과 밀접히 관련되어 있다는 사실을 일단 추론해 낼 수 있겠다. 이러한 점으로 미루어 보면 政法典의 승관에 임명되는 승려들은 敎學에 밝은 華嚴宗 계통의 승려였음을 짐작할 수 있지 않을까. 즉, 앞에서의 才行이란 바로 華嚴宗에 관한 敎學이었을 것이라고 생각된다.

승관제의 검토에 있어서 주목되는 또다른 쟁점은 僧官의 소속사찰에 대한 문제로서 政法典 승관과 皇龍寺 승려와의 관계이다(뒤의 표 4) 참조). 먼저 國統이나 州統에 皇龍寺의 승려가 임명되었음은 잘 알려진 사실이다.[23] 이 점은 郡統에 있어서도 마찬가지이다. 憲康王 5년(879)에 南川郡統이었던 訓弼이 景文王 12(872)년에 皇龍寺 維那의 승직에 있었던 勛筆과 동일인일 것이라는 점과 憲安王 2년(858)에 靈巖郡 僧正이었던 連訓法師가 景文王

---

21) 이에 대해서는 李銖勳, 「新羅 僧官制의 성립과 기능」, pp.26-28 참조.
22) 義　天, 『新編諸宗敎藏總錄』 上, 海東有本見行錄 上.
　　閔泳珪, 「新羅章疏錄長編」(『白性郁博士頌壽紀念佛敎學論文集』, 東國文化社, 1959) p.380.
23) 李基白, 「皇龍寺와 그 創建」, p.61. 더욱 뒤의 사료 D①, D② 참조.

12년(872)에 皇龍寺 上座의 승직에 있었던 然訓과 동일인으로 여겨지는 두 사례를 통해서 볼 때,[24] 역시 郡統에도 皇龍寺 승려가 임명되었음을 알 수 있다. 나아가 이 두 사례는 皇龍寺 僧職과 地方 僧官의 관계를 알려주는데, 皇龍寺 維那를 거쳐 郡統에 임명되고 다시 皇龍寺의 승직을 받는 등의 상호간의 이동 관계가 있음이 그렇다. 이것은 결국 皇龍寺 승려들이 政法典 僧官職을 제수받게 됨을 말하여 주는 것이 아닐까 한다.

그렇다면 여기에서 잠시 皇龍寺 승려에 대해서 알아 볼 필요가 있겠다. 사실 이들의 出家前 身分이나 家系에 대해서는 알 수 없다. 현재 우리가 생각해 볼 수가 있는 것은 그들이 남겼다는 저술을 통해서 만이 가능하다. 景德王代에 華嚴寺를 重創한 전설의 緣起法師는 실존인물로서 皇龍寺 승려임이 확인되었다.[25] 그는 『華嚴眞流還源樂圖』 1권, 『華嚴經要決』 12권(혹은 6권), 『華嚴開宗決疑』 30권, 『大乘起信論珠綱』 3권, 『大乘起信論拾繁取妙(抄)』 1권 등 주로 華嚴宗 관계의 저술을 많이 남기고 있다.[26] 비슷한 시기에 생존했던 表員도 황룡사 승려로서 『華嚴經文義要決問答』을 저술하였다.[27] 또한 皇龍寺의 維那인 珍嵩은(뒤의 사료 C④ 참조) 『一乘法界圖記』[28] 1권과 『華嚴孔目記』 6권을 지었다는 珍嵩과 동일인으로 생각된다.[29]

---

24) 李泳鎬, 「新羅中代 王室寺院의 官寺的 機能」, pp.109-110.
25) 黃壽永, 「新發見 新羅 景德王代 華嚴經 寫經」(『歷史學報』 83, 1979) p.125.
26) 義 天, 『新編諸宗敎藏總錄』 上, 海東有本見行錄 上.
   閔泳珪, 「新羅章疏錄長編」, p.373.
27) 金仁德, 「表員의 華嚴學」(『韓國 華嚴思想 硏究』, 東國大 出版部, 1982) pp.107-111.
   黃圭燦, 『新羅 表員의 華嚴學』, 民族社, 1998, pp.15-23.
28) 이것은 현재 日本의 金澤文庫에 寫本으로 所藏되어 있는데, 그 내용이 義湘의 『華嚴一乘法界圖』와 완전 동일하다고 한다(鄭承碩 編, 『佛典解說事典』, 民族社, 1989, p.364). 이로써 볼 때 『一乘法界圖記』는 珍嵩이 撰述한 것이 아니라 의상의 저술을 筆寫한 것임을 알 수 있다. 그렇다고 하더라도 우리는 그가 황룡사 승려로서 華嚴에 대한 관심이 깊었음을 부인할 수 없는 것 또한 사실이다. 『華嚴孔目記』가 그의 또다른 저술로 전해지고 있고, 더불어 의상의 『일승법계도』를 그대로 轉寫한 사실만으로도 그가 화엄에 관심이 깊었음을 알려주는 것이기 때문이다.

그리고 元聖王이 황룡사 승려 智海를 궁궐에 불러 50일을 강의한 불경도 다름아닌『華嚴經』이었다.[30] 이들을 통해 볼 때 우리는 황룡사 승려들이 華嚴宗의 敎學에 관심이 깊었음을 충분히 알 수 있다.[31]

이상에서 살핀 바를 정리해보면, 少年書省에 임명된 梵如가 華嚴學 관계의 저술을 지었으며, 國統, 州統, 郡統 등의 승관에는 皇龍寺의 승려가 임명되었다. 그리고 皇龍寺 승려들은 대체로 華嚴宗 敎學에 밝았다. 이와 같은 사실을 통해 볼 때 元聖王代에 정비된 政法典의 승관에 임명된 승려들은 주로 皇龍寺 출신의 승려로서 華嚴宗 敎學에 조예가 깊었던 승려들이었다고 생각된다.[32]

　　그리고 진숭이 의상의『華嚴一乘法界圖』에 관심을 갖고 필사하였다는 이 사실은 최근 학계에서 주장되고 있는 華嚴宗의 系派問題에 대해 재검토의 여지가 있음을 알려주는 것이라고 여겨진다. 최근의 주장은 신라 華嚴思想의 系譜를『華嚴經』의 譯本의 차이에 따라 80華嚴 중심의 皇龍寺系와 60華嚴 중심의 浮石寺系(義湘系)로 나눌 수 있다고 하는 그것이다(金福順,「新羅中代 華嚴宗과 王權」,『韓國史研究』63, 1988:『新羅華嚴宗硏究』, 民族社, 1990, pp.46-64). 그런데 황룡사 승려인 진숭이 의상의 저술을 그대로 그대로 필사하고 있는 것이다. 이것으로 미루어 볼 때『화엄경』역본의 차이에 따라 新羅 華嚴思想의 系譜가 달리한다고 하는 주장은 좀더 세밀한 검토가 요구된다고 하겠다.

29)　閔泳珪,「新羅章疏錄長編」, p.374.
30)　『三國遺事』2, 紀異 元聖大王.
31)　이처럼 황룡사 승려들이 화엄종과 밀접한 관계에 있었지만, 神昉과 같은 唯識學僧도 황룡사 승려였다(金相鉉,「新羅 華嚴宗의 僧侶 및 그 寺院」,『新羅文化』1, 1984:『新羅華嚴思想史硏究』民族社, 1991, pp.74-78). 그런데 이것은 眞鑑禪師를 황룡사에 編籍시킨 사례를(뒤의 사료 E① 참조) 생각해 볼 때, 화엄종 승려가 아니더라도 정책적인 의도에 따라 뛰어난 승려들에 대해서는 국가에서 황룡사에 소속시키는 등의 일을 추진했기 때문에 나타난 예외적인 현상이라고 생각된다. 이로서 미루어 생각하면 孝昭王때 大統에 임명된 栢栗寺의 승려 安常(『三國遺事』3, 塔像 栢栗寺조)은 대통 임명과 더불어 황룡사에 편적되었을 것이라고 여겨진다.
32)　이와 같은 판단이 옳다면, 下代의 어느 시기 이후 皇龍寺에 成典이 설치된 뒤에 비로서 황룡사 출신의 僧官이 임명되었다는 견해(註 3 참조)는 수정되어야 하겠다.

2. 政法典의 組織과 活動

지금까지 政法典의 整備와 그 승관에 임명되는 승려들의 자격에 대하여 살펴보았다. 이제 이를 바탕으로 政法典의 구체적인 조직과 활동 내용에 대해서 알아보자. 아래에 열거된 사료들은 신라 下代 時期에 세워진 金石文 가운데 政法典과 관련된 기사만을 뽑아서 연대순으로 나열한 것이다. 그리고 이것을 알기 쉽게 표 2)로 작성하였다.

표 2. 新羅 下代 政法典 僧官 任命 事例表

出 典		三國史記	三國遺事	昌林寺塔記	深源寺秀澈碑	崇福寺碑	皇龍寺塔刹柱本記
연 대		元聖 3 787	憲德 9 817	文聖 17 855	憲安4이전 860 이전	景文 3~10 863~870	景文 12 872
國 統			惠 隆				前僧惠興
大統職群	大 統 政法和尙						前大德賢亮 前大德普緣
	大 統		鹿 風				前僧談裕
	政法大統						
	昭玄大統						
	昭玄精署					賢 諒	
大德職群	大書省		眞 恕				
	少年書省	惠英 梵如					
	政法和尙						僧 神解
	政法大德				弘 △		
	昭玄大德						
	昭玄僧						
	判政法事			大德啓玄			
	昭玄精署					神 解	
활 동 내 용			造碑監督	造塔監督 郡統지휘	秀澈과 師弟관계	造寺監督	造塔監督

出典		鳳巖寺 智證碑	興寧寺 澄曉碑	深源寺 秀澈碑	聖住寺 朗慧碑	鳳林寺 眞鏡碑	
연 대		憲康 5 879	憲康 8 882	憲康王代	眞聖 2 888	孝恭王代 897~911	景明 2 918
國 統			前 大法師 威公	前　惠威 大法師			
大統職群	大 統 政法和尙						
	大 統 政法大統	釋 玄亮					
	昭玄大統						
	昭玄精署						
大德職群	大書省						
	少年書省						
	政法和尙						
	政法大德					如奐	
	昭玄大德				釋 通賢		
	昭玄僧						榮會法師
	判政法事						
	昭玄精署						
활 동 내 용		토지 기증 심의 및 郡統 지휘	谷山寺에 住持토록 奏請함	秀澈과 師弟관계	造碑奏請	王命전달	王命수행

C① 都監 修造 大德 判政法事 啓玄

　　檢校 修造 僧 前奉德寺 上座 淸玄

　　專知 修造 僧 康州 咸安郡統 敎章(「昌林寺 無垢淨塔誌」, 『금석문』 3,
　　p. 328).

② 그 힘은 중생을 교화하는데 돌리시고 부처를 이롭게 하므로, 고요하게
　무리를 이끄시니 말없이 절로 알려져 政法大德인 弘□와 前 □州僧正
　順□, 宗子禪師 등이 제자가 되어 모두 마음을 닦았다. (중략) 이 때
　(憲康代) 前 國統인 惠威大法師와 泉□法大德과 比丘 … 愼孚가 智
　解와 實行이 모두 뛰어나 僧俗이 함께 따라 마음씀이 없이 이치에 들어

맞음을 알고는 만나(「深源寺 秀澈和尙碑」, 『금석문』 3, p. 160).

③ 이에 建禮仙門에서 걸출한 인재를 가리고 昭玄精署에서 고매한 스님을
기용케 하니 宗室의 세 어진이인 端元, 毓榮, 裕榮과 釋門의 두 호걸인
賢諒과 神解 그리고 贊導僧인 崇昌에게 그 일을 감독하게 하셨습니다.
(중략) 中和 乙巳년(885) 가을에 下敎하시기를 "… 故 波珍湌 金元良
이 喜捨한 땅의 산물로 부터 얻는 이익을 운반하는 일이 중대하니 마땅
히 正法司에 위임토록 하라. 따로 덕망이 있는 두 高僧을 뽑아 編籍하
여 常住토록 하라." 하였다(「崇福寺碑」, 『금석문』 3, pp. 258-261).

④ 道監典

　前國統 僧惠興

　前大統政法和尙 大德賢亮 前大統政法和尙 大德普緣

　大統 僧談裕 政法和尙 僧神解

　普門寺上座 僧隱田 當寺上座 僧允如

　僧榮梵 僧良嵩 僧然訓 僧昕芳

　僧溫融

　維那 僧勛筆 僧咸解 僧立宗 僧秀林

　(중략)

　當寺大維那

　僧香□ 僧□□ 僧元强 當寺都維那 僧□□

　　　感恩寺 都維那 僧芳另 僧連嵩

　維那 僧達摩 僧□□ 僧賢義 僧良秀

　僧敎日 僧珍嵩 僧又宗 僧孝淸

　僧允皎 僧□□ 僧嵩惠 僧善裕

　僧□□ 僧□□ 僧聰惠 僧春□

　(「皇龍寺塔 刹柱本記」, 『금석문』 3, pp. 370-372).

⑤ 드디어 乾符 6년(879)에 莊 12區와 田 500結을 喜捨하여 절에 隸屬시
키니, 밥을 두고 누가 밥주머니라고 조롱했던가. 죽도 능히 솥에 새겨
졌도다. 양식에 힘입어 佛土를 可히 기약할 수 있게 되었다. 그런데 비
록 내 땅이라 하더라도 임금의 영토 안에 있으므로, 비로소 王孫인 韓
粲 繼宗과 執事侍郞 金八元, 金咸熙 및 政法大統 玄亮에게 질의하였
다. 심원한 곳에서 소리가 나 千里 밖에서 메아리치니, 太傅에 추증된
獻康大王께서 본보기로 여겨 그를 허락하시었다. 그 해 9월 南川郡의
僧統인 訓弼로 하여금 農莊을 가리어 正場을 구획하도록 하였다(「鳳巖
寺 智證大師碑」, 『금석문』 3, p. 189).

⑥ 中和 2년(憲康王 8년, 882)에 前 國統인 大法師 威公이 대사가 住處없
이 떠돌아 다닌다는 소식을 듣고 마음이 아파 마치 가시가 목에 걸린 것
과 같았다. 생각 끝에 왕에게 奏請하여 谷山寺에 주지하도록 하였다

（「興寧寺 澄曉大師碑」; 許興植 編, 『韓國金石全文』 中世 上, 亞細亞 文化社, 1984, p. 339).

⑦ 그러므로 마침내 (스님의) 門人인 昭玄大德 釋 通賢, 四天王寺 上座 釋 愼符 등과 함께 의논하기를 "스님이 돌아가셔서 임금께서도 슬퍼하셨는데 어찌 우리들은 풀이 죽은 채 아무 말없이 스승에 대한 의리를 빠뜨릴 수 있겠는가?" 라고 하였다. 그리하여 僧·俗이 함께 (대사에게) 시호를 내려줄 것과 탑의 銘을 지어줄 것을 (왕에게) 청하니, 왕께서 옳다고 하였다(「聖住寺 朗慧和尙碑」, 『금석문』 3, p. 94).

⑧ 孝恭大王이 특별히 政法大德 如奐을 보내어 멀리 綸言을 내리고 法力을 빌었다. (中略) 寡人은 갑자기 (대사가) 입적했다는 소식을 듣고 매우 애통해 하였다. 인하여 昭玄僧 榮會法師를 보내어 먼저 조문하고 제사하게 하였다(「鳳林寺 眞鏡大師碑」, 『금석문』 3, pp. 218-221).

D① 太和七年 三月日… 節州統 皇龍寺 覺明和上(「蓮池寺鐘銘」, 『금석문』 3, p. 398).

② 節州統 皇龍寺恒昌和上 上和上 眞行法師 貞坐 義說法師 上坐 年嵩法師(「中初寺 幢竿石柱記」, 『금석문』 3, p. 285).

③ 大中 13년(憲安 2, 858) … 겨울 10월에 왕이 또 命을 내려 道俗使 靈巖郡 僧正 連訓法師와 奉宸 馮瑄 등을 보내어 왕의 뜻을 설명하여 迦智山寺로 옮길 것을 청했다(「寶林寺 普照禪師碑」, 『금석문』 3, p. 52).

④ 眞聖大王이 나라를 다스린지 2년만에 특별히 溟州 僧正 浦道와 東宮內養 安處玄 등을 보내 綸言을 전달하여 法力을 빌고 인하여 陰竹縣의 元香寺를 禪那別館으로 永屬시켰다(「興寧寺 澄曉大師碑」; 許興植 編, 앞의 책, p. 339).[33]

먼저 政法典은 앞서 살폈듯이 正法司로 표기되기도 하였으며, 중국 僧官署의 명칭에 비유하여 昭玄精署라고도 불리어졌음을 알 수 있다. 이것은 소현정서에서 뽑힌 승려 賢諒과 神解가(사료C③참조) 剎柱本記에 보이는 大統政法和尙 賢亮과 政法和尙 神解(사료C④참조)와 동일인이라는 점으로

<hr>

33) 여기에서 許興植은 '溟州僧正'을 '溟州僧三'으로 판독하였으나 문맥상 '溟州僧正'으로 보는 것이 옳을 것 같다. 왜냐하면 그의 판독에 의거해보면 '溟州의 승려 셋' 혹은 '溟州의 승려 三釋과 浦道'로 해석되는데, 보통 승려들의 이름은 '어느 절의 누구'로 기록되므로 문제가 있기 때문이다. 흥령사가 명주지역 가까이 있었고 溟州 僧正은 명주의 州統으로서 王命을 받아 수행하였을 것으로 보아 '溟州僧正'으로 보는 것이 옳을 것 같다. 또한 '別觀'의 '觀'은 다른 金石文의 사례로 보아 '館'으로 보아야 할 것이다.

미루어 알 수 있다.[34] 이에 따라 사료에 보이는 昭玄大統, 昭玄大德 등의 승관은 政法大統, 政法大德의 명칭을 다르게 기록한 것임을 알겠다.[35]

---

34) 朴南守, 「新羅 僧官制에 관한 再檢討」, p.222.
35) 정병삼도 昭玄寺가 政法典의 다른 이름으로 불리었다고 보았다(「통일신라 금석문을 통해 본 僧官制度」, p.209). 이에 대해서 朴南守는 大統과 政法和尙이 계통을 달리하는 승관으로 大統은 昭玄精署(中央 僧官)에 政法和尙은 政法典에 소속되어 둘은 계통을 달리한다고 보았다(위의 논문, pp.215-229).
　　그러나 神解의 경우를 보자. 신해는 C③에서 소현정서에 소속되고, C④에서는 政法和尙으로 政法典에 소속되어 있음을 알 수 있다. C④에 기록된 승관의 서열은 소속 관서를 떠나 大統 다음에 政法和尙이 된다. 이에 따라 신해가 C③의 소현정서에서 C④의 정법전으로 소속 관서가 바뀌었다고 가정하자. 이렇게 보면 신해는 오히려 예전보다 직위가 강등되었다고 보아야 한다. 그렇지만 신해는 C③의 소현정서에서 賢諒과 같이 일을 하였는데, 현량은 탁용되어 두 관서의 승직 즉 大統 + 政法和尙을 맡고 신해는 다른 관서로 이동되어 그것도 강등될 수 있었을까. 따라서 정법전과 소현정서는 동일한 관서임을 알게 된다.
　補) 또한 현량은 7년 뒤 政法大統의 자리에 있음이 확인되는데(C⑤), 이 때는 소현정서의 대통직을 상실한 것이 되어 더욱 모순이 아닐 수 없다.
　　한편 南東信은 박남수의 의견에 전적으로 동의하면서 추가로 보충안을 제시하였다(「新羅의 僧政機構와 僧政制度」, 『韓國古代史論叢』 9, 駕洛國史蹟開發研究院, 2000, pp. 167-174). 즉 이 두 기구가 별도로 존재하다가 위의 '政法大統 釋 玄亮(C⑤)'이라는 어구로 미루어 879년 무렵에 이르러 통합한 것으로 보았다. 그 결과 위와 같은 용어의 혼용이 일어나게 된 것이 아닌가 하였는데, 이는 위 박남수의 의견에 나타나는 모순점을 해결하려는 과정에서 생각해 낸 것이라 여겨진다. 그런데 이것은 元聖王代부터 景文王代에 이르기까지 별개의 기구로 존재하다가, 갑자기 憲康王代 무렵에 통합되었다고 하는 너무도 막연한 제시가 아닌가 한다.
　　소현정서와 정법전을 다르게 보는 것은 「숭복사비」와 「진경대사비」에 두 기관이 함께 기록된 사례 때문이다(C③,⑧ 참조). 그런데 이에 대해서는 비문의 찬술 과정을 살필 필요가 있다. 비문들을 살펴보면 찬술자들은 禪師들의 行狀이나 사찰의 연혁 등과 같은 여러 자료를 제공 받고 있는데, 그것들을 바탕으로 글을 찬술하였을 것이다. 이 과정에서 찬술자들은 글의 취지에 알맞게 자료에 적혀진 내용을 그대로 전하거나 때로는 보다 아름다운 표현으로 용어를 바꾸기도 하였던 것이다. 四山碑銘을 찬술한 崔致遠의 경우 같은 古事成語라도 글자를 달리쓰기도 하였으며(예: 名文章을 뜻하는 蓍臼, 外孫), 또한 반복하여 사용하기도 한 것이(一日必葺) 그러한 예라 하겠다. 더불어 동일인인 현량은 '賢諒'·'賢亮'·'玄亮'(C③·④·⑤)으로 기록마다 달리 나타나고 있다. 이같은 점에서 미루어 볼 때, 각 금석문마다 표현이 다음으로 政法典의 조직을 알아보자. 政法典이 기존의 승관을 흡수하여 조직된 만큼 國統 1인과 州統 9인, 郡統 18인의 구성원을 확인할 수 있다. 그렇지만 國統은 대표로서 州·郡統은 지방에서 활동하였으므로 실질적인 조직 체계를 알기 위해서는 실무 조직에서 찾아야 할 것이다. 그 실무 인원의 수에 대해서는 憲德王代에 2인(사료B참조), 景文王代에 4인(사료C④참조)이 확인된다. 또한 政法典으로 정비될 때에 俗官이 3인, 大統 1인, 大(少)書省 3인(표1) 참조)이 찾아진다. 이로써 보면 政法典의 조직원은 대체로 2인에서 7인까지 추정되는데, 통상적으로 4인을 전후로 유지하지 않았을까 한다. 이 점에 대해서는 뒤에서 보완 설명을 하고자 한다.

조직원의 上下體系는 표2)와 같은 순서로 이루어졌을 것으로 여겨지는데, 변천과정으로 보아 크게 大統 職群과 大德 職群으로 나눌 수 있다. 대통직군의 大統과 대덕직군의 大書省, 少年書省은 下代 初期 어느 시기에 政法大統과 政法大德으로 그 명칭이 바뀌었을 것이라 생각되며, 政法和尙과 判政法事 역시 政法大德으로 바뀌어진 듯하다.[36] 政法典 승관의 상하체계에 대해서는 刹柱本記에서 이를 확인할 수 있는데, 그 순서는 大統政法和尙--大統--政法和尙으로 보아진다. 그런데 大統政法和尙은 大統+政法和尙 즉, 大統의 승직에다 政法和尙의 직책을 부가해 준 것으로 볼 수 있다. 이것은 大統政法和尙이 본래 승관의 직제에 있었다기 보다는 大統 재임시의 공로를 포상하기 위해 임시로 높여준 직임이 아닌가 여겨진다.[37] 이상과 같은 政法

다르게 나타나는 것은 제공된 원 자료와 찬술자들의 생각에 따라 생겨난 표현의 차이 때문으로 보아야 할 것이다.

36) 邊善雄, 「皇龍寺 9層塔誌의 硏究」, pp.56-58.
   정병삼은 政法和尙과 政法大德의 본래 직명이 判政法事였을 것으로 짐작하였다 (위의 논문, pp.208-209).

37) 角干을 大角干, 大德을 別大德으로 높인 사례와 같은 것이라 여겨진다. 玄亮이 7년뒤에는 政法大統으로서 大統의 직만 간단히 기록하고 있음을(사료C⑤참조) 생각해보면 더욱 그렇다. 이에 대해 정병삼은 정법대통은 대통과 정법화상의 두 승직을 겸임한 것이라고 한다(「통일신라 금석문을 통해 본 僧官制度」, p.208). 그러나 이것은 한 관리가 동일한 官署의 직책을 겸직하는 경우가 없음을 생각해 볼 때 재

典 조직원 체계의 변화를 표로 작성해보면 아래의 표3)과 같다. 여기에서 대체로 초반기에는 政法典의 관부 명칭을 붙이지 않았음을 알 수 있다.

표 3. 政法典의 僧官과 職名의 변화표

出 典	『三國史記』 『三國遺事』	昌林寺 無垢淨塔記	皇龍寺塔 刹柱本記	鳳巖寺 智證大師碑 이후
연 대	787~817	855	872	879 이후
僧官職名	國統		國統	國統
	大統		大統政法和尚 大統	政法大統
	大書省 少年書省	判定法事	政法和尚	政法大德

政法典의 승관에 선발되는 승려가 皇龍寺 승려들이었으므로 皇龍寺 승직과의 관계를 알아볼 필요가 있다. 먼저 구체적인 사례는 앞에서 지적하였으므로 여기에서는 아래의 표 4)를 바탕으로 알아보고자 한다.

이와 관련하여 우선 다음의 사실이 주목된다. 皇龍寺 僧職을 받은 승려의 數를 살펴보면(國統을 겸임하는 寺主는 제외함) 上座 7인, 大維那 3인, 都維那 1인, 維那 20인으로 모두 31인이 보이고 있다. 그런데 政法典 僧官의 數도(國統 제외) 州統 9인, 郡統 18인, 皇龍寺 刹柱本記(사료C④참조)의 4인으로 도합 31인이 되고 있다. 이것이 의미하는 것은 무엇일까. 단순한 우연의 일치로 보아 넘겨야 하는 것일까. 이는 위에서 살핀 바와 같이 황룡사 승려와 정법전의 승관이 상호간에 밀접한 관계에 있는 것임을 확증하여 주는 것이 아닌가 한다. 결국 이로써 보면 황룡사의 승직과 정법전의 승관은 그 職任을 교대하면서 활동하였음을 알게 되는 것이라 생각된다.[38]

고의 여지가 있다고 보겠다.
38) 그렇지만 황룡사의 승려가 단지 31인으로 한정되었을리는 없을 것이다. 국가의 대

표 4. 政法典의 지방 僧官과 皇龍寺 僧職과의 관계표

出 典	中初寺 幢竿記	蓮池寺 鐘銘	昌林寺 塔記	寶林寺 普照碑	深源寺 秀澈碑	皇龍寺塔 刹柱本記	鳳巖寺 智證碑	興寧寺 澄曉碑
연 대	興德 2 827	興德 8 833	文聖 17 855	憲安 2 858	憲安4 이전 860	景文 12 872	憲康 5 879	眞聖 2 888
州 統	皇龍寺 恒昌和上	皇龍寺 覺明和上			前□州 僧正 順□			溟州 僧正 釋浦道
上 座						僧 然訓 외 6인		
大維那						僧 元强 외 2인		
都維那						僧 □□		
郡 統			咸安郡統 僧 敎章	靈巖郡 僧正 連訓法師 (황룡사)				南川郡 僧統 訓弼 (황룡사)
維 那						僧 勛筆, 珍嵩 외 18인		
활 동 내 용	造寺監督	鑄鐘監督	造塔監督 인 判政法 事를 보조	王命전달 住處를 迦知山寺 로 이동	秀澈和尙 의 제자가 됨	造塔監督 의 보조	왕명수행 토지구획	왕명전달 元香寺를 禪界別館에 永屬시킴

* 上座, 大維那, 都維那, 維那는 皇龍寺塔 刹柱本記에 보이는 황룡사 僧職임

다음 憲安王 2년(858)에 靈巖郡 僧正이었던 連訓이 景文王 12년(872)의 皇龍寺 上座의 職에 나가기에는 최소한 13년(황룡사 탑의 중수를 위한 착공은 경문왕 11년(871)이기 때문임)의 기간이 소요되었다. 다음 경문왕 12년의 皇龍寺 維那 僧 勛筆이 憲康王 5년(878) 南川郡 僧統의 職에 나아가기에는 최소 7년의 기간이 소요되었다. 이로써 보면 皇龍寺의 승직 임명에 있어서 維那에서 上座에 이르려면 대체로 20년의 기간이 소요되며 그 사이에는 郡統, 都維那, 大維那 등의 승직을 거쳐야 했음을 알겠다. 그런데 都維

─────────────

사찰인만큼 승직을 갖지 않은 승려들도 많았을 것이다.

那·大維那와 郡統과의 上下關係는 분명치 못하다. 다만 郡統에서 上座로 오르는 기간이 긴 것으로 보아 都維那와 大維那는 郡統보다는 높은 직책이 아니었나 한다.

또한 州統의 경우에는 上座보다 위에 위치했을 것으로 여겨진다. 그 이유는 첫째, 州統들이 '和上'이라는 칭호를 붙이고 있다는 점(사료D①,②참조) 둘째, 이것은 政法和尙에 비견되는 점 셋째, 비록 中初寺의 경우이지만(사료D②참조) 上座의 직책 위에 貞座, 上和上 등의 승직이 있었던 점 등에서 추측할 수 있기 때문이다. 물론 政法和尙 보다는 아래였을 것이다. 결국 政法典의 조직과 皇龍寺 승직과의 관계는 위로는 寺主인 國統을 위시하여 政法大統--政法大德--州統--上座--大維那--都維那--郡統--維那 등의 순으로 이루어졌을 것으로 보아진다.39)

이와 같은 조직 체계를 가진 政法典에서는 어떠한 실무를 담당하고 있었을까. 먼저 각 승관이 임무를 수행했던 사례부터 살펴보도록 하자.

國統은 국가적인 규모의 불교사업에 있어 총감독의 역할을 하고 있다. 異次頓 추모, 皇龍寺塔 수리(사료B,C④참조) 등이 그렇다. 또한 國統은 佛教界의 일에 대하여 국왕에 奏請하여 시행하기도 하였다. 國統인 惠威가40) 澄曉大師를 谷山寺에 住持하도록 憲康王에게 주청한 것이 그러한 예이다(사료C⑥참조).

政法大統과 政法大德은 왕명을 받아 임무를 수행하고 있음이 두드러지게 확인된다.41) 왕실 관계 사원의 造營 내지는 造塔을(사료C①,③참조), 또는

---

39) 이에 대해 정병삼은 "하대에 황룡사에 설치되었던 政法典에는 國統을 정점으로 大統-判政法事(政法和尙)-大書省-小書省-大舍-史의 중앙 승관과 州統-郡統의 지방 담당 승관이 있었던 것으로 이해할 수 있다."(「통일신라 금석문을 통해 본 僧官制度」, p.209)고 하였다. 이는 下代의 政法典에 승려로 교체된 大舍와 史가 계속 존재하는 것으로 본다는 점과 그후의 변화과정(예컨대 大書省 등의 소멸)을 언급하지 않았다는 점에서 필자의 의견과 다른 것이다.

40) 비문에서는 威公이라고 했는데, 이는 거의 같은 시기에 國統이었던 惠威(사료C② 참조)를 가리키는 것으로 봄이 옳다(정병삼, 위의 논문, p.207).

41) 이에 대해서는 일부가 지적된 바 있다.

승려들에게 내리는 왕명을 전달하는(사료C⑦,⑧참조) 등의 활동에서 알 수
있다. 國統과의 관계에 있어서는 大佛事가 있을 때에 國統을 보좌하여 실무
적인 일을 담당하였을 것이라 여겨진다(사료B,C④참조). 작은 佛事에 있어
서는 다른 寺刹의 下級 僧侶 및 郡統을 거느리고 造塔, 造寺 등의 감독 임
무를 수행하였다(사료C①참조). 그리고 각 사찰로부터 중앙 정부에 올라오
는 불교 사무에 대하여 1차 심의하여 奏請하고 다시 왕명을 받아 하급 승관
들을 지휘하여 임무를 수행하고 있었다. 이것은 智證大師가 토지를 사원에
헌납하고자 한 것을 政法大統 玄亮이 1차 검토하고 국왕에 주청하여, 그 결
과를 郡統을 시켜 임무를 수행하는 예에서(사료C⑤참조), 또 朗慧和尚의 탑
비를 세우는 일을 주청한 일(사료C⑦참조)에서 충분히 알 수 있다.

　州統은 지방의 佛事에 대하여 단독으로 감독을 수행한 듯한데, 郡統을 동
반하여 업무를 수행한 사례는 아직 찾아진 바 없다. 州統이 단독으로 불사를
감독한 것은 中初寺의 건축과 蓮池寺鐘의 鑄成 등의 사례가(사료D①,②참
조)있다. 또한 州統 역시 왕명을 받아 해당 지역의 사찰들의 소속 관계를 정
리하기도 하였다. 溟州 僧正 浦道가 왕명으로 元香寺를 禪那別館으로 永屬
시키고 있는 사례에서 알 수 있다(사료D④참조).

　郡統은 州統과 마찬가지로 왕명을 받아 임무를 직접 수행하기도 하였으나
(사료D③참조), 대체로 政法大統·大德과 같은 상관의 명을 받아 造塔, 사
원의 土地區劃 등의 임무를 맡았다(사료C①,⑤참조).

　이상에서 살펴본 바와 같이 승관들의 활동에 나타나는 政法典의 성격을
알아보면 크게 세가지 방향으로 나눌 수 있다. 우선 下代 前期(元聖王~興
德王)는 佛事活動의 감독 등 통제적인 활동이 비교적 두드러지고 있다. 지
방의 中初寺 건축의 감독, 蓮池寺 鐘의 鑄成 등의 일을 감독한 것이 그 예이
다. 다음 下代 中期(僖康王~神武王)는 王位爭奪戰의 심화로 활동 상황의
결과를 알 수 없는 공백기이다. 끝으로 下代 後期(文聖王 이후)에는 皇龍寺

朴南守, 「新羅 僧官制에 관한 再檢討」, pp.216-220.
정병삼, 위의 논문, pp.207-209.

塔의 중수와 같은 국가적 불교사업 외에는 모두가 선종 승려들의 활동에 대해 회유·포섭하는 인상이 짙으며, 이로써 이 시기에는 불교 통제의 성격을 상실하고 있었다.

지금까지 주로 금석문에 나타난 승관들의 활동을 통해 政法典 중앙 및 지방에서의 造塔, 造寺 등의 佛事活動을 감독하였다는 사실을 알아보았다. 그러나 이러한 활동으로서는 교단의 통제를 제대로 이루었다고 보기에는 어렵지 않나 한다. 대체로 왕명의 수행을 통한 일들로서 어떠한 규제를 동반하였는가에 대해서 제대로 알기 어렵기 때문이다. 비록 政法典의 승려가 직접적인 활동을 한 것은 아니지만 新羅 下代에 정부가 佛教 教團의 관리를 한 것은 여러 곳에 보인다.

먼저 僧籍을 관리하고 있었음을 알 수 있다.[42]

> E① 景文大王이 … △월 5일 觀榮法師를 보내어 멀리서 金詔를 내려 칭송하고 山門을 위로하였다. 그리고 月光寺는 계속하여 禪師로 하여금 住持케 했다(「月光寺 圓朗禪師碑」, 『금석문』 3, p. 149).
> ② (眞聖王이) 특별히 端儀長翁主께 왕명을 내려 深源山寺에 대사께서 주지토록 요청하시어 널리 미혹한 중생을 濟度하게 하였다(「深源寺 秀澈和尙碑」, 『금석문』 3, p. 160).
> ③ 어느날 門人에게 일러 말하기를, "故 韓粲 金嶷勳이 나를 도와 중이 되게 하였으니, 公에게 佛像으로써 보답하겠노라"하고는, 곧 1丈 6尺되는 鐵佛像을 鑄造하여 銑을 발라, 이에 절을 수호하고 저승으로 인도하는데 사용하였다(「鳳巖寺 智證大師碑」, 『금석문』 3, p. 188).

즉 圓朗禪師와 秀澈和尙을 月光寺와 深源寺에 주지토록 한 일을 통하여 국가에서는 승려들의 籍을 관리하였음을 알 수 있다.[43] 더불어 주목되는 것

---

42) 고려의 僧錄司와 같이 政法典에서 僧籍을 관리하였을 것이라는 추정은 지적된 바 있다(李銖勳, 「新羅 僧官制의 성립과 기능」, p.19). 그렇지만 그 구체적 실상은 밝히지 않았다.
43) 僧籍의 관리 實態에 대해서는 金映遂가 밝힌 바 있다(「五教兩宗에 對하여」, 『震檀學報』 8, 1937, pp.280-282). 그의 견해를 살펴보면, 승려들은 出家後 得度를 할 때 得度師를 만나게 되는데, 그를 正師僧으로 삼고 또한 자신의 僧籍도 그의 宗派의 승적에 登錄하게 된다고 한다. 그리고 遊方行脚中에 相逢하게 된 受法師가 있

은 金嶷勳이 지증대사가 승려가 되는 일에 도움을 주었다는 사실이다. 이것
으로 미루어 볼 때 신라시대에는 승려의 出家를 규제하는 법률이 있었지 않
았나 생각한다.

僧籍과 더불어 寺籍管理에도 통제가 가해졌다.

G① 唐 宣帝 14년 2월 …… (憲安王이) 望水里南宅에 敎를 내려 …… (迦
　　智山寺를) 宣敎省에 屬하게 하였다(「寶林寺 普照禪師碑」, 『금석문』
　　3, p. 53).
　　文聖大王께서는 …… 사찰의 이름을 聖住로 바꾸고 大興輪寺에 編入시
　　키도록 하셨다(「聖住寺 朗慧和尙碑」, 『금석문』 3, p. 108).
② 이 때 憲康大王이 鳳筆을 보내 궁궐로 초빙하고는 師子山 興寧禪院을
　　中使 省에 隸屬시켰다(「興寧寺 澄曉大師碑」; 許興植 編, 앞의 책, p.
　　340).
③ 文聖大王이 이를 듣고 象末의 시대에 여러 몸으로 나투었다고 이르고
　　자주 서신을 내려 위문하면서 또한 (선사가) 住席하는 절의 사방 바깥
　　에 살생을 禁하는 幢을 세울 것을 허락하였다(「大安寺 寂忍禪師碑」,
　　『금석문』 3, p. 39).

위에서 각 사찰들이 宣敎省, 中使省 등의 관청 혹은 興輪寺와 같은 사찰
에 예속되고 있음을 알 수 있다. 이러한 사찰의 예속관계가 실제적으로 미치
는 효과에 대해서는 알 수 없다. 그렇지만 여기서 그 영향이 다소 있었을 것
임은 충분히 짐작할 수 있을 것이라 여겨진다. 또한 大安寺의 경우는 文聖王
이 幢 세움을 허락하고 있는데, 이것이 독립적인 사찰로서의 존재를 승인하
는 것이 아닌가 한다. 왜냐하면 앞의 사찰들이 本寺와 末寺의 예속 관계라고
볼 때, 대안사의 경우는 獨立的인 性格을 갖게 되는 것이라고 여겨지기 때문
이다. 이러한 것으로 미루어 보아 신라에서는 중앙의 관청·사찰들로 하여금

으며, 이를 통해 宗派를 달리하더라도 他宗僧籍에 오르지 못하며, 願할 경우에는
行政官廳의 認可를 얻어야 했다고 하였다. 이와 같은 승적 관리에 대해 김영수는
新羅와 高麗時代에 행해진 것으로서 설명하고 있는데, 고려시대의 事例를 들어 지
적한 것이어서 이를 신라에서도 해당하였다고 인정하기에는 주저하지 않을 수 없
다. 그렇지만 고려의 이 制度도 신라의 그것에서 비롯되었을 가능성이 높을 것이어
서 참고되어 좋다고 생각한다.

지방의 사찰을 관리토록 하였음을 알겠다.[44]

　寺籍 管理는 위의 소속 관계와 더불어 사원의 土地所有問題에도 관계하였다. 사원의 토지 소유를 政法典이 관장하여 심사했던 것은 앞에서 살펴보았다.

　다음은 政法典 승려가 직접 참가한 것은 아니나 국가가 사원의 토지소유에 관계하였음을 알려주는 것들이다.

> H① 그 山(迦智山門)은 곧 元表大德의 옛 거처였다. 원표대덕은 法力으로 政事에 베풀어 그 때문에 建元 2년 특별히 敎를 내려 長生標柱를 세우게 하여 지금까지 남아있다(「寶林寺 普照禪師碑」, 『금석문』 3, p. 53).
> ② 中和 辛丑年에 前 安輪寺 僧統인 俊恭과 肅正臺의 史인 裵聿文을 보내 절 의 경계를 標定케 하고 이어 鳳巖이라는 이름을 내렸다(「鳳巖寺 智證大師碑」, 『금석문』 3, p. 190).

　위에서 迦智山門의 寶林寺는 본래 元表大德의 거처로서 建元 2년에 長生標柱를 세웠다고 하였다. 이 때는 景德王 18년(759)이다. 이로써 보면 신라 하대 이전에도 이미 사원들의 토지소유에 대해 국가가 관여하고 있음을 짐작케 한다. 다음 鳳巖寺의 경우는 政法典의 승려는 아니었지만 憲康王의 命으로(881년) 역시 절의 경계를 標定케 하고 있음을 알 수 있다.

　다음은 비록 高麗 初期의 것이나 新羅 末期의 실상을 반영하여 주는 구체적인 사례이다.

> I① 天福 8년 癸卯-고려 太祖 즉위 26년이다. - 正月 日의 淸道郡 界里 審使 順英 大乃末 水文 등의 柱帖에 雲門山 禪院 長生標는 남쪽은 阿尼岾 동쪽은 嘉西縣이라고 했다. 절의 三綱에 典主人은 寶壤和尙, 院主에 玄會 長老, 貞座에 玄兩上座, 直歲에 信元禪師-위의 公文은 淸道郡 都田帳傳에 쫓았다. -라 했다. 또 開運 3년 丙辰의 운문산 선원 長生標塔에 관한 공문 1봉에는 長生이 11이니 阿尼岾, 嘉西縣, 畝縣, 西北買縣-혹은 面知村이라고도 쓴다-北猪足門 등이라 했다(『三國遺事』 4, 義解 寶壤

---

44) 이와 관련하여 정병삼은 불교계의 통제나 조정 특히 국왕의 불교계 운영에 있어 성전사원과 東宮의 中事省이 주도적인 역할을 담당하였다고 하였다(「통일신라 금석문을 통해 본 僧官制度」, pp.203-204).

梨木).

② 開運 3년 丙午 10월 29일 康州界 任道大監柱帖에 '禪宗의 伯嚴寺는 草
八縣에 있는데 절의 중 侃遊 上座는 나이 39세라고 했으나 절을 처음 세
운 때는 알지 못한다(『三國遺事』 3, 塔像 伯嚴寺 石塔舍利).

먼저 위의 天福 8년(943)의 공문에는 雲門寺의 長生標, 三綱의 구성원이
기록되어 있음을 확인할 수 있으며, 開運 3년(946)에도 장생표가 기록되어
있음을 알겠다. 또 두 문서의 연대 차이가 3년인 것으로 보아 寺籍의 관리는
3년마다 갱신되어 작성된 것이 아닌가 한다. 이 점은 新羅帳籍이 3년 마다
재작성 된 사례와 일치한다.45) 또한 康州 지역의 伯嚴寺도 개운 3년의 기록
이 있는 것으로 보아, 사적 관리는 특정 지역에 한정되어 조사된 것이 아니
라 전국에 걸쳐 진행되었음을 추측할 수 있지 않은가 한다. 따라서 이와 같
은 사적의 관리는 신라에서도 마찬가지로서, 고려의 이것은 신라의 그것을
그대로 계승한 것으로 볼 수 있겠다. 앞서 살폈듯이 土地區劃과 같은 일에
있어서 政法典의 승관이 관여하였던 만큼 寺籍管理에도 政法典이 깊게 관
여하였음을 짐작할 수 있다.

3. 政法典 整備의 目的과 意義

元聖王이 政法典을 整備한 시기는 그의 즉위 元年(785)이었다. 종래 元聖
王의 改革政治에 대해서는 그의 재위 4년에 이루어진 讀書3品科를 주로 언
급하였다.46) 그런데 이 두 사실을 놓고 볼 때 元聖王에게 있어서는 政法典
의 정비가 독서3품과 보다 우선적인 일이었음을 짐작할 수 있다. 왜 그는 讀
書3品科의 설치에 앞서 이토록 불교계의 우선적 정리가 절실했을까. 이제 그
目的을 알기에 앞서 歷史的 背景을 찾아가 본다.

먼저 元聖王의 즉위 배경을 검토해보자. 기왕의 연구에 의하면,47) 元聖王

45) 李弘稙, 「日本正倉院發見의 新羅民政文書」(『學林』 3, 延世大 史學會, 1954 :『韓
國古代史의 研究』, 新丘文化社, 1971) p.536.
46) 崔柄憲, 「新羅 下代社會의 動搖」(『한국사』 3, 국사편찬위원회, 1978) pp.438-440.

의 즉위에 있어서 정치적 배경은 宣德王의 지지세력, 朴氏 세력, 新金氏 세력, 일부 6頭品 세력 등의 지지기반을 갖고 있었다. 그런데 이와 같은 연구는 결국 정치적인 것에 한정되고 각 지원 세력 등에 대한 보다 면밀한 검토가 없어서 아쉬움이 남는다.

여기에서는 元聖王의 즉위 배경에 있어 기왕의 연구에 더하여 불교와의 관계를 중심으로 검토하고자 한다. 그 이유는 政法典이 불교계의 일이므로 그가 정법전에 관심을 두게 된 연유가 있었을 것이기 때문이다. 이와 관련하여 주목되는 것이 있다. 元聖王 家系의 佛事活動이다. 이에 대해서는 통상 元聖王의 外家인 朴氏 一家의 사례만 간략히 설명하고 있는데, 元聖王家와 관련된 불사활동은 이외에 두 개의 사례가 찾아진다.

元聖王家의 불사활동은 첫째로 元聖王의 부친인 孝讓에 의해서 이루어졌다. 아래에서 확인된다.

> 서울의 동북쪽 20里 가량 되는 暗谷村의 북쪽에 鍪藏寺가 있었다. 제 38대 元聖大王의 아버지로서 明德大王에 追封된 大阿干 孝讓이 叔父 波珍湌을 추모하여 세운 것이다. 그윽한 골짜기가 너무도 험준하여 마치 깎아 세운 듯하여 깊숙하고 침침한 그 곳은 虛白이 절로 생길 것이므로 사문이 도를 즐길 만한 신령스러운 곳이었다. 절의 위쪽에 彌陀의 古殿이 있다. 곧 昭成大王의 妃 桂花王后가 대왕이 먼저 세상을 떠났으므로 왕후는 근심해서 … 阿彌陀佛像 一軀를 만들게 하고 아울러 神衆도 만들어 모시었다(『三國遺事』 3, 塔像 鍪藏寺彌陀殿).

내용에서 알 수 있듯이 鍪藏寺는 元聖王의 부친인 孝讓 大阿干이 숙부 波珍湌(인명 미상)의 명복을 빌기 위해 鍪藏寺를 지었다고 한다. 여기에서 숙부 파진찬이 어떠한 사람이었는지 확인되지 않는다. 파진찬의 관등이 4품관이므로 그가 일찍 죽어서 더이상 승진을 못한 것인지, 혹은 정치적 세력 기반이 약해서 그러한 것인지는 확실치 않다. 그렇지만 元聖王家의 가계로 보아서는 전자에 해당될 가능성이 높지않을까 한다. 또한 죽음의 사유도 평범

---

47) 金壽泰, 「新羅 宣德王・元聖王의 王位繼承」(『東亞研究』 6, 西江大 東亞研究所, 1985:『新羅中代政治史研究』, 一潮閣, 1996) pp.302-311.

한 自然死라기 보다는 政爭에 힙쓸려 橫死한 것은 아닐까. 왜그런가 하면 祈福의 대상이 親父가 아닌 叔父이기 때문이다.

더불어 살필 것은 무장사의 위치가 매우 험준하다는 것이다. 험준한 곳이어서 이 곳은 사람들의 출입이 거의 없었을 것이다. 그러므로 이 지역에 절을 세운다는 것은 불사의 목적 외에도, 경우에 따라서는 다른 용도로 사용될 수도 있지 않았을까.

왜 험준한 곳에 절을 세웠을까. 일단은 세속의 눈을 피하기 위해서 였을 것이다. 뒤에 서술할 元聖王 外家의 朴氏들도 탑을 세운 뒤에 銘文을 새기지 않았다가, 元聖王이 즉위한 뒤에야 이를 기록하고 있다.[48] 이러한 당시의 분위기로 보아 험준한 곳에 절을 세운 것은 다른 귀족들의 간섭을 물리치기 위함이었을 것이다. 험준한 곳은 또 다른 意圖는 본래 없었을지라도 有事時에는 軍事上에 있어 천연의 요새가 될 수 있다는 것을 염두에 둘 필요가 있다.[49] 金周元이 北川의 개울이 넘쳐 내를 건너지 못하였다고 하는데, 공교롭게도 무장사는 王城의 東北 20里 지점에 위치했다고 一然은 밝히고 있다. 元聖王의 즉위시 실질적인 군사상의 충돌이 있었던 사실은 드러나는 바가 없다. 그러나

> 世間에 전하는 말로는 太宗이 삼국을 통일한 뒤에 병기와 투구를 이 골짜기 안에 감추었으므로 그 때문에 무장사라 이름하였다고 했다(위와 같음).

라고 한 기록으로 볼 때, 무장사가 지니는 군사적 특성을 구태여 외면할 필요는 없다고 본다.[50]

---

48) 이와같이 불사활동에 있어서 외부의 눈을 피하고자 한 것은 新羅 中代 末期에는 더러 확인되고 있다(졸고, 「新羅 中代 末期 中央貴族들의 佛事活動」, 『李基白先生古稀紀念論叢』, 一潮閣, 1994; 이 책 수록, pp.60-62).

49) 참고로 김헌창의 반란군은 三年山城에서 패퇴하여 속리산으로 도망하였는데(『三國史記』 10, 憲德王 14년), 이 속리산은 바로 법주사를 가리키는 것으로 볼 수 있지 않을까 한다.

50) 통일신라시대에 중앙귀족만이 아니라 지방의 세력가들도 私兵을 거느리고 있었으며, 이들의 상당수가 하대의 왕위쟁탈전에 관련하였음은 이미 알려진 바 있다(李基

둘째로 外戚인 波珍湌 金元良에 의해서 鵠寺가 창건되었다.

> 대저 옛 절의 기원을 상고해 보고, 새로 지은 사찰이 이룩된 것을 살펴 보
> 니, 곧 옛적의 波珍湌 金元良은 昭文王后의 외삼촌이며 肅貞王后의 외할아
> 버지로 신분은 비록 귀공자이지만 마음은 실로 순박하였다. 처음에는 謝安
> 이 東山에서 마음껏 놀면서 歌堂과 舞館을 화려하게 지었으나 끝내는 慧遠
> 과 함께 서방정토에 나기를 기약하고, 희사하여 佛殿과 經閣을 삼았으니…
> 절의 배경에 바위가 따오기 형상과 같아서 그대로 (鵠寺라) 제액하게 되었다
> (「崇福寺碑」, 『금석문』3, p. 251).

이것은 鵠寺를 崇福寺로 改名 重創한 始末을 적은 「숭복사비」에 새겨진
기록으로서 崔致遠이 왕명을 받아 찬술한 것이다. 昭文王后는 元聖王의 어
머니고, 肅貞王后는 왕비이므로[51] 이 절은 元聖王의 母와 妻의 外家와 관련
된 사찰이다. 그 관계를 표로 알아보면 아래의 표 5)와 같다.

이렇게 볼 때 鵠寺도 元聖王家와 매우 밀접한 관계에 있었음을 알게 된다.
곡사는 元聖王 사후 왕릉을 조영하게 되어 헐리고, 다른 곳으로 옮겨졌다가
뒤에 숭복사로 중창된다. 아마도 명당자리였던 것으로 짐작되는데, 그러한만
큼 元聖王家에 정신적으로나 정치적으로 충분한 도움을 줄 수 있었을 것이다.
세째로 元聖王 外家에 의해서 葛項寺가 重創되고 있다.

> 두 塔은 天寶 17년 戊戌에 세웠다. 娚姊妹 3人이 業으로서 이루었다. 娚
> 者는 零妙寺의 言寂法師이며, 姊者는 照文皇太后님이시며, 妹者는 敬信太
> 王 姨母시다(「葛項寺 石塔記」, 『금석문』3, p. 277).

白, 「新羅 私兵考」, 『歷史學報』9, 1957 ; 『新羅政治社會史研究』, 一潮閣, 1974,
pp.256-267). 그리고 비록 신라 하대 말기의 사실이지만 海印寺는 亂徒들의 공격
에 대비해 자체 무장을 하고 있었다(李弘稙, 「羅末의 戰亂과 緇軍」, 『史叢』
12·13합, 1968 ; 『韓國古代史의 研究』, 新丘文化社, 1971, pp.555-560). 이러한
면에서 볼 때 元聖王家의 불사활동은 그의 왕위 계승에 주요한 뒷받침이 되었을
것이라 여겨진다.
51) 『三國遺事』1, 王曆 第三十八元聖王 및 『三國史記』10, 元聖王 卽位条. 이에 대해
鄭炳三은 원성왕이 아닌 景文王으로 보고 있는데(「崇福寺碑」, 『금석문』3, p.251)
이는 명백한 오류이다.

표 5. 元聖王家의 佛事活動表

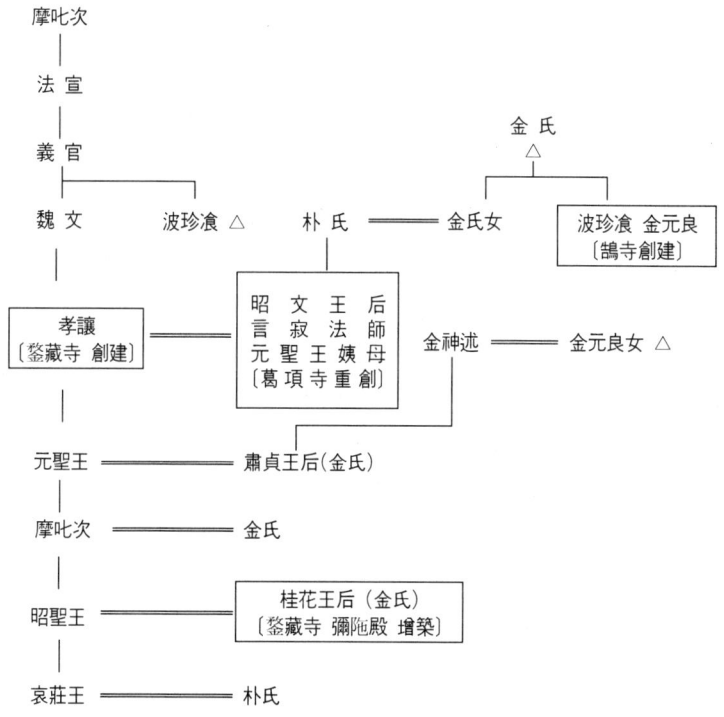

위에서 天寶 17년은 景德王 17년(758)으로서 敬信太王 곧 元聖王이 아직 왕위에 오르기 전이다. 照文皇太后는 元聖王의 母로서 朴氏 繼烏夫人 혹은 知烏夫人이며,[52] 言寂法師는 元聖王의 外叔이 된다. 따라서 이 탑이 元聖王 外家의 朴氏 一家에 의해 건립된 것임을 알 수 있으며, 탑의 銘文은 '敬信太王'의 구절로 보아 元聖王이 즉위한 뒤, 즉 탑의 낙성후 약 30년 내지 40년 사이에 기록하였음을 짐작할 수 있다.[53]

---

52) 『三國遺事』 1, 王曆 1, 第 38 元聖王 및 『三國史記』 10, 元聖王 卽位條.
53) 高裕燮, 「金泉 廢葛項寺址 東西三層石塔」(「朝鮮塔婆의 樣式變遷」, 『東方學志』 2, 1955; 『韓國塔婆의 硏究』, 同和出版公社, 1975) pp.200-201.

葛項寺는 본래 唐에서 華嚴을 수학하고 돌아온, 勝詮法師가 돌맹이를 놓고『華嚴經』을 강의한 곳이었다.54) 하지만 아마도 그 당시에는 葛項寺가 사찰로서 완연한 모습을 갖추지 못했던 것이 아닌가 한다. 그러던 것이 景德王代에 들어와 朴氏 一家의 시주를 받아 葛項寺로 重創되었음을 생각할 수 있다.55)

이상과 같은 元聖王家의 佛事活動이 그의 執權에 얼마나 직접적인 영향을 주었는지는 분명 미지수다. 그렇지만 이 시기에 즈음하여 다른 中央貴族들도 경주는 물론 지방에서 佛事活動을 일으키고 있었으며, 지방에 더욱 집중되고 있었다. 또한 일부 中央貴族들은 지방에 定着하여 세습하는 경향이 많았다. 그리고 그들은 지방에서의 신앙활동을 통하여 지역 주민들과 어울리게 되었을 것이고, 그것이 훗날 地方勢力을 이루는 바탕이 되었을 것으로 여겨진다. 그리하여 이것은 다음과 같이

> (2년 丁未) 7월 3일에 大恭 角干의 賊徒가 일어나고 王都 및 5道 州·郡의 도합 96角干이 相戰하여 크게 어지러워졌다. …… 亂은 석 달만에 그쳤다(『三國遺事』2, 紀異 惠恭王).

라고 하는 王位爭奪戰에도 영향을 직·간접적으로 주었을 것이라고 생각된다. 이 점에 있어서는 다음의 내용이 참고된다.

> 신라 神武王이 太子가 되었을 때, 마침 왕의 견책을 당하여 (天冠)山 남쪽 莞島로 귀양갔다. 華嚴 洪震은 평소 태자를 좋아했는데 東宮의 일이 급함을 듣고, 이 절(천관사)로 달려가 밤낮으로 華嚴神衆을 醴唱했다. 이에 諸華嚴神衆이 부름에 感應하여 이 절의 남쪽 봉우리에 높이 섰는데 지금의 神衆嵒이 그것이다(天因, 「天冠山記」, 『東文選』68).

위에서 神武王이 莞島에 귀양갔다고 한 것은 그가 王位爭奪戰에 실패하

54)『三國遺事』4, 義解 勝詮髑髏.
55) 葛項寺址에는 또한 石佛의 坐像이 전하는데, 文明大는 이 불상의 기법이나 양식이 유사한 것으로 보아 石塔과 같이 만들어졌을 것으로 추측하였다(文明大,『韓國彫刻史』, 悅話堂, 1980, p.204).

고 나서 도망하여 淸海鎭의 張保皐에 의탁한 사실이 설화로 변화된 것이라 생각된다. 그런데 여기에서 승려 洪震이 신무왕을 잘 알았다고 한다. 또한 그는 天冠寺가 완도와 가까운 것으로 보아 장보고와도 잘 알고 있었을 것이다. 이런 면에서 볼 때 신무왕의 완도로의 행보는 홍진의 역할이 관련되어 있었을 것이라고 추측된다.56) 이로서 미루어 보면 불교와 귀족세력이 결합하여 정치에도 영향을 미치고 있음을 알 수 있는 것이 아닌가 한다.57)

또한 그러므로 중대 말기 중앙귀족들에 의한 불사활동의 유행은 이밖에도 장기적으로 사원의 免稅 特權, 所有權의 世襲, 지방에의 정착을 통한 租稅의 減少, 地方勢力의 확대 등 여러 가지 정치·사회문제를 국가에 안겨주는 것이었다. 따라서 이러한 시대적 상황이 원성왕으로 하여금 불교계를 정비해야 할 필요성을 절실히 느끼도록 하지 않았을까 한다.58)

이와 관련하여 지방 통제에 대비한 경덕왕의 활동도 참고된다. 먼저 경덕왕은 舊百濟 지역의 遺民들 사이에서 眞表를 중심으로 하는 彌勒信仰의 성장을 경계하고 있었다. 당시 진표는 舊百濟人으로서 신라의 통치하에서 괴로움을 받던 유민들을 구제하고자 하는 노력을 폈다. 또 그는 미륵신앙의 대행자로서 戒律을 통한 理想國家의 건설을 꿈꾸었고, 그것은 신앙 운동으로 나타났다. 그리하여 진표는 백제의 유민으로서 미륵 신앙을 중심으로 하는 反新羅的인 理想國家 건설의 운동을 전개해 나가기에 이르렀다. 이러한 신앙의 확산은 신라 왕실이 그에 대한 대책을 마련하기에 이르러서, 景德王은 그를 궁중으로 맞아다가 보살계를 받는 등의 회유 및 세력 억제 정책을

---

56) 金相鉉, 「新羅 華嚴學의 系譜와 그 活動」(『新羅文化』 1, 東國大 新羅文化硏究所, 1984; 『新羅華嚴思想史硏究』, 民族社, 1991) p.141.

57) 이점에 있어 비록 중대의 일이지만 鄭恭이 惠通의 神通力을 믿고 불손한 것을 도모한다고 하여 孝昭王이 그를 죽인 사례가 참고된다(『三國遺事』 5, 神呪 惠通降龍). 비록 정공이 화를 입게 된 것이 毒龍의 보복때문이라고는 하나, 이 사실은 홍진의 사례와 더불어 貴族과 佛敎간의 결합이 정치적인 문제로까지 나아갈 수 있음을 시사해주는 것이라 여겨진다.

58) 졸고, 「新羅 中代 末期 中央 貴族들의 佛事活動」(이 책 수록) pp.69-73.

추진하였다. 하지만 이 문제는 下代 初期의 新政權에도 계속적인 영향을 주었다. 그것은 憲德王의 왕자인 心志가 佛骨簡子를 八公山으로 가져온다는 사실에서 짐작할 수 있다.[59] 따라서 후백제 지역에서의 진표계 미륵신앙의 성장은 국가의 입장에서는 불교계의 통제를 강화할 필요를 느끼게 해주었을 것이다.

다음으로 寶林寺의 元表大德을 지원하고 있었다.

> 그 山은 곧 元表大德의 옛 居處였다. 원표대덕이 法力으로써 政事를 베풀었다. 이런 까닭에 建元 2년(759)에 특별히 教를 내려 長生標柱를 세우게 하니, 지금도 남아 있다(「寶林寺 普照禪師碑」, 『금석문』 3, p.53).

이 내용은 寶林寺에 普照禪師가 住席하기 이전에 이미 景德王에 의하여 사찰에 시주되고 있음을 알려주는 것이다. 최근의 연구에 따르면, 元表는 舊高句麗系의 출신으로 入唐하여 80華嚴을 배우고 돌아와 天冠菩薩信仰을 弘布하였다고 한다.[60] 문제는 그가 고구려계 출신이라는 것과 이 지역이 舊百濟의 남쪽지역(현재의 전남 장흥군 유치면)이라는 점이다. 경덕왕이 원표를 지원하게 되는 것은 고구려계 遺民들을 회유하고 구백제 지역의 안정을 도모하고자 한 때문이 아니었나 생각되는 것이다. 또한 원표는 法力으로써 政事에 도움이 되었다고 한다. 이것은 원표의 활동을 통하여 구백제 남부지역에 대해 경덕왕이 다소 안정을 얻을 수 있었음을 알려주는 것이 아닌가 한다. 더욱 建元 2년은 경덕왕 18년(759)으로서 漢化政策의 작업을 마무리하는 시기였다. 따라서 원표가 보림사에서 教化活動을 편 것은 경덕왕에게 도움이 되었던 것으로 보아야 할 것이다.

이상과 같은 景德王의 佛教政策은 지방의 안정에 중점을 두고 전개되었음을 짐작할 수 있겠다. 물론 경덕왕은 중앙에서 聖德大王神鐘의 鑄成 등 여

---

59) 李基白, 「眞表의 彌勒信仰」, 『新羅思想史研究』, 一潮閣, 1986, pp.270-276.
60) 金相鉉, 「新羅 華嚴宗의 僧侶 및 그 寺院」(『新羅文化』 1, 1984: 앞의 책) p.83.
　　呂聖九, 「元表의 生涯와 天冠菩薩信仰研究」(『國史館論叢』 18, 1993, 國史編纂委員會) pp.218-234.

러 佛事活動을 하였다. 또 그 규모도 큰 것이어서 지방보다는 중앙의 권위에
역점을 두었다고 볼 수도 있다. 그러나 당시 中央貴族들이 지방에 내려가 거
주하고 그들이 세력을 키워 나가게 됨을 견제하고자 하는 의도가 보다 더 강
하지 않았을까 생각된다. 그리고 이러한 시대적 상황이 下代의 新政權에 들
어와서도 쉽게 달라질 것은 아니었을 것이다.61) 그러므로 이러한 문제점을
元聖王은 잘 인식하고 있었을 것이며, 그에 따라 佛敎界를 整備하려는 노력
을 강구하게 되지 않았을까 한다.

　그런데 새로 整備된 政法典은 형식적인 면에서 볼 때 위와 같은 元聖王의
뜻을 잘 반영하였다고 보기에는 사실 어려움이 따른다. 첫째 정법전은 政官
의 조직을 계승하면서 大舍와 史의 俗人을 승려로 대체한 것이었고, 또한 國
統, 大書省 등의 옛 僧官이 정비된 이후에도 계속 존재했기 때문이다. 따라
서 정법전의 정비는 속인의 실무관원을 제거한 일에 불과한 것처럼 보인다.
둘째 새 승관의 임명자격에 才行이 있어야 했다는 것이다. 이것은 거꾸로 생
각해보면 이전에는 재행이 없는 자가 임명되었다는 이야기가 된다. 骨品制
사회하에서 재행이 있어도 골품의 제한으로 要職에 임명되기는 어려웠음은
널리 알려진 사실이다. 그런데 이 사실도 政官의 大舍와 史가 낮은 직책으로
골품은 그리 문제되지 않았을 가능성이 높다.62) 그렇지만 정법전의 정비가

---

61) 이것은 哀莊王代에 지방제도의 정비를 서두르는 점에서도 미루어 짐작할 수 있다
　　(發使十二道 分定諸郡邑疆境: 『三國史記』 10, 哀莊王 9년).
62) 혹 이 俗人의 관리들이 政官에서 맡은 역할이 중요한 임무를 띠고 있었을지도 모
　　른다. 이경우 이들을 교체한다는 것은 이유가 있었을 듯하며, 그 이유는 아마도 그
　　들로 인한 弊端이 발생한 때문이었을 것이다. 이렇게 보면 政法典의 整備는 형식
　　적이 아닌 본질적인 정비를 하였다고 보겠다. 더불어 정관에 속해 있던 다른 僧官
　　들은 중요 활동을 하지 않았다는 결론에 이르지 않을 수 없게 된다. 그렇지만 여기
　　에서의 이 문제를 설명할 증거가 없는 것 또한 사실이다.
　　　참고로 고려 시대의 弊端 事例를 알아보면, 僧錄司의 僧官들이 綾羅로 뇌물을
　　써서 僧階를 얻게 되어 '綾首座'·'羅禪師'라 불리었으며, 이들중 半數가 아내를 거
　　느렸다고 한다(『高麗史』 29, 世家 忠烈王 7년 6월 癸卯). 이러한 사례가 신라에서
　　는 알려진 바 없으나, 神文王代에 國老에 있었던 憬興이 사치하고 騎馬하다가 文

실질적인 의미를 갖게 되는 것은 앞에서 검토한 바와 같이 그 승관들의 활동이 두드러지게 나타나고 있기 때문이다. 이런 점에서 볼 때 才行있는 승려의 임명을 통한 俗人 官吏의 교체는 결국 정법전 정비의 구실이었음을 알려주는 것이 아닌가 한다. 즉 僧政機構에 俗人이 존재할 필요가 없다는 이유를 들어 정법전을 정비한 것으로 보인다. 나아가 이것은 결국 元聖王이 정법전의 정비를 통해 佛敎統制의 目的을 이루고자 하는 의의를 갖고 있었다고 할 수 있지 않을까 한다.

그리고 이 才行의 원칙이 쓰여진 여부에 대해서는 앞에서 少年書省에 임명되었던 梵如의 경우 華嚴宗 敎學에 밝았을 것으로 보아 적어도 元聖王代에는 지켜졌다고 생각된다. 그리고 이에 대해서는 다음의 내용이 주목된다.

> 智遠僧統이 道義國師에게 묻기를 華嚴의 四種法界 외에 다시 어떤 法界가 있으며, 55善知識의 行布法門 외에 다시 어떤 법문이 있는가? 즉 이 敎學 이외에 별도로 祖師禪道라 말할 수 있는 것이 있는가라고 했다. 道義가 대답하여 말하기를 僧統이 들은 바 四種法界는 祖師門에서 바로 理體에 해당되는데 一切의 正理가 얼음 녹듯 없어져서 손안에 있는 법계의 相은 항상 얻어지지 않으며 본래 行智가 없는 祖師心의 禪門 중에 문수와 보현의 相은 항상 볼 수 없다라고 하였다. 또한 55善知識의 行布法門은 바로 水中의 물거품과 같으며 四智나 보리 등의 도는 역시 쇠가 광석 속에 있는 것과 같아서 곧 諸敎義 내에 混雜하게 섞여 있어서 얻을 수 없다. 그러므로 당나라의 歸宗和尙이 대장경에서 명석한 물음을 얻어내려 했으나 단지 손과 머리를 드는 데 그쳤다고 하였다(天頙, 『禪門寶藏錄』 中; 『萬德寺誌』, 亞細亞文化社, 1977(영인), p. 261).

위 내용은 지원 승통과 도의 국사가 華嚴의 교리에 대한 논쟁을 벌인 내용이다. 도의가 821년을 전후로 한 憲德王代에 귀국하였을 것으로 추정되는 바, 논쟁이 벌어진 시기는 그즈음이었을 것이다.[63] 여기서 도의가 국사였다

殊菩薩의 警告를 받은 일(『三國遺事』 4, 義解 憬興遇聖)이 확인된다. 이런 점에서 미루어 신라에서도 政法典 整備 이전의 政官에서 어느 정도의 政治 혹은 社會問題를 일으켰을 가능성이 적지않다고 본다. 그러나 더이상의 판단은 유보한다.

63) 金杜珍, 「道義의 南宗禪 도입과 그 思想」(『江原佛敎史硏究』, 小花, 1996) p.55.

는 기록은 후대의 부회로 여겨진다. 그렇지만 지원의 경우에는 화엄의 교리를 놓고 도의와 논쟁을 한 것과 앞서 검토해온 바와 같이 政法典의 僧官에 화엄종 교학에 밝은 승려들이 임명된 사실로 미루어 보아 그가 승통이었다는 것은 사실이 아닐까 한다. 이경우 지원은 溟州 지역의 州統이었거나 郡統이었을 것이라고 생각된다. 비록 위의 내용은 지원 승통이 도의 선사에게 논쟁에서 밀리는 듯하지만, 화엄종 승려들이 승관으로써 꾸준히 활동하고 있는 사례로 주목할 만하다.

이런 점에서 볼 때 이 才行있는 승려를 뽑아 승관에 충당하였다는 내용은 매우 의미있는 것이라고 여겨진다. 더욱 이 점은 元聖王 재위 4년에 설치한 讀書3品科와 관련해 볼 때 중요하다고 본다. 이 제도의 실시가 비록 骨品制를 無力化시키는 것은 아니지만, 능력이 있는 관리를 충당하는 근거를 제공해줌으로서, 왕권의 강화에 도움을 줄 여지를 갖게 해주는 것이었기 때문이다. 이러한 측면에서 보면 政法典에서의 才行者의 선발은 行政에 앞서 佛敎의 改革을 시도한 것이 아닐까 한다. 다시 말해서 뒷날의 개혁에 대비해 불만의 소지를 미리 막고자 하였던 때문이 아닌가 하는 것이다. 결국 下代의 新政權이 여러 개혁을 시행해 나가게 되는 과정에서 그 일환으로 먼저 정법전이 정비되었던 것으로 볼 수 있겠다.

이상과 같은 元聖王의 意圖에 대해 당시 佛敎 敎團은 어떠한 태도를 취하고 있었을까. 아무래도 찬성보다는 반대의 쪽으로 기울지 않을 수 없었을 것이다. 이미 일부 귀족과 사원들이 결합된 경우 이를 반가이 하지는 않았을 것이다. 또한 新政權에 대해 반대하는 입장에 서 있었던 귀족들의 경우에는 더욱 그러하였을 것이다. 그리고 이들은 사원 혹은 승려들의 권위를 빌어서 반대에 열을 올리었을지도 모른다.

아무튼 政法典이 정비되는 이 시기에 승려들이 반발하는 모습은 여러 곳에서 보이고 있다. 이 점은 僧侶 緣會가 자신을 國師로 임명하려 한 국가에 대해 다음과 같이 거부의 뜻을 나타냄에서 미루어 생각할 수 있을 것 같다.

> 내가 들으니 나라에서 함부로 듣고 나를 爵位로서 매어두려 하는 까닭에
> 이를 피하고자 한다(『三國遺事』5, 避隱 緣會逃名文殊岾).

이 기사의 내용에서 緣會는 나라에서 잘못 듣고 자신에게 관작을 내리려 하므로 이를 피해 가고 있다. 곧 그에게 있어서 國師라는 관작은 구속이었다. 그런데 이를 피했으므로, 이것은 國家權力에 대한 명백한 거부의 의사표시로 이해된다. 따라서 僧侶 緣會는 불교교단을 통제하는 국가에 대해 반대하는 反國家的 입장에 서 있었다고 생각된다. 그렇지만 이러한 反國家的 입장은 體制를 부정하는 反新羅的인 입장으로 이어지는 것은 아니었다. 그것은 緣會가 국가에 대해 거부를 나타냈지만 文殊菩薩과 辯才天女를 거듭 만나면서 國師의 職에 나아가고 있음에서 알 수 있다.64)

다음 승려 永才의 경우도 참고된다.

> 僧侶 永才는 천성이 익살스럽고 사물에 얽매이지 않았으며, 鄕歌를 잘했다. 만년에 장차 남악에 은거하려 하여 대현령에 이르러 도적을 만났다. (중략) 도적들은 또 그 말에 감동되어 모두 가졌던 칼과 창을 버리고 머리를 깍고 영재의 제자가 되어 함께 지리산에 숨어 다시 세상에 나오지 않았다. 영재의 나이 거의 아흔 살이었으니 元聖王代의 시대이다(『三國遺事』5, 避隱 永才遇賊).

위 내용은 승려 영재가 만년에 남악 지리산에 은거하러 갈 때에 도적을 만나 향가로서 그들을 훈계하여 불제자를 삼았다는 내용이다. 비록 그 때 그의 나이가 아흔 살이었다고 하나, 천성이 얽매이기를 싫어했다는 사실에서 국가의 통제에 대해 반발하였던 것이 아닌가 한다. 본래부터 얽매이기를 싫어했다면 나이 아흔이 아니라 훨씬 더 이전에 은거하러 갔어야 하지 않을까 생각되기 때문이다.

이같이 元聖王의 國師 임명을(뒤에는 승인하지만) 거부하는 緣會에게서, 또 智異山에 은거하러 가는 永才에게서 승려들의 반발하는 모습을 느낄 수 있는 것이다. 그리고 승려들은 여러 高僧들의 傳記를 著述하여 불교의 위대

---

64) 『三國遺事』5, 避隱 緣會逃名文殊岾.

성이라든가 승려들의 獨自性 등을 강조하여 위축되는 자신들의 권위를 되찾
고자 하는 일련의 모습을 보여주었다. 물론 이들의 저술운동을 통한 저항은
敎團 統制에 대해 그 권위를 예전처럼 회복하고자 하는 것이었으며, 反國家
的이거나 反新羅的이었던 것은 아니었다. 그리고 이에 대해 신라 정부는 고
승들의 追慕活動을 통해 불만을 해소시키는 등의 일을 추진하였던 것으로
파악되고 있다.[65]

　다음 才行의 기준이 華嚴宗 敎學이었던만큼 他宗派의 반발이 예상된다.
본래부터 황룡사는 화엄종 중심으로 성장하였고, 또 그들이 僧官에 임명되었
으므로 재행의 기준이 화엄종 교학이었다는 것은 그리 문제가 되지는 않는
것이다. 그렇지만 승관에는 간혹 安常과 같이 특별한 경우도 있었으므로 타
종파의 반발이 없지는 않았을 것이다. 앞서 살핀 바와 같이 지원 승통과 도
의 선사간의 논쟁 등에서 짐작할 수 있는 것이다. 따라서 그들의 반발은 있
었을 것이다. 더욱 下代에 著述된 僧傳들의 경우 승려들의 출신이 낮은 신분
의 경우가 많았다.[66] 또 興輪寺 金堂에 봉안된 十聖에 있어서도 華嚴宗 승
려는 義湘과 表訓 뿐이지만 元曉系의 淨土信仰 관계자들은 蛇巴, 元曉, 惠
空, 惠宿 등 넷이나 되고 있다.[67] 아마도 이들이 반발한 이유는 화엄종 관계
자들이 적극적인 통제활동을 나서게 됨에서 그러한 것이 아닌가 한다.

　그리고 이와 같은 華嚴宗 중심의 정책은 元聖王의 新政權이 가지는 한계
를 알려주는 것이기도 하다. 신정권이 비록 專制王權을 타도하고 들어섰지

---

65) 졸고, 「統一新羅時代 僧傳의 著述과 그 意義」(『韓國學報』 69, 一志社, 1992; 이
　　책 수록) pp.137-141.
66) 현재까지 확인된 바의 新羅 下代 前期에 著述된 15편의 僧傳 가운데, 주인공들의
　　신분을 보면 眞骨인 慈藏과 6頭品의 元曉를 제외하고 나면 모두 신원 미상으로서
　　결코 높은 신분들의 소지자들은 아니었던 것 같다. 더욱 졸고, 위의 논문, pp.121-
　　133. 참조.
67) 『三國遺事』 3, 塔像 東京 興輪寺 金堂十聖. 十聖은 我道, 厭髑, 惠宿, 安含, 義湘,
　　表訓, 蛇巴, 元曉, 惠空, 慈藏이다.
　　李基白, 「新羅 淨土信仰의 起源」(『學術院論文集』 19, 1980; 『新羅思想史研究』,
　　一潮閣, 1986) pp.132-139.

만 그들 역시 나약한 王權을 갖기 위해 王位爭奪戰을 벌인 것은 분명 아니었을 것이다. 이것은 그들이 새로운 지배질서를 구축하려고 여러 가지 개혁정책을 시도하였다는 사실에서 충분히 짐작할 수 있다. 이런 가운데 佛敎界에 대한 改革을 실시하면서도 기존의 華嚴宗 중심의 교단 질서를 그대로 반영하여 유지한다는 것은 下代의 新政權이 창출할 수 있는 능력의 한계가 있음을 지적하지 않을 수 없다. 즉 다른 宗派들을 끌어들여 기성의 華嚴敎團에 대처할 수 없었던 것이다. 물론 다른 종파들이 新政權을 지원할 수 있을 만큼 힘을 가진다는 것은 그리 쉬운 일이 아니었을 것이다. 따라서 신정권은 어느 누구로부터라도 그 이상의 기대를 불교계로부터 얻는다는 것은 어려운 일이었을 것이다. 그렇지만 이 새로운 정책의 시행에 있어서 능력있는 才行者를 뽑으려 한 노력은 과거보다 진일보 한 것으로서(뒤에는 그 의미가 오히려 퇴색되었다 하더라도) 新羅 骨品制 社會에서 갖는 의의는 결코 낮게 평가될 성질의 것은 아닐 것이라고 여겨진다.

끝으로 이 政法典의 조직 체계는 고려의 새 왕조에게도 계속해서 활동하는 사례들이 나타나고 있다.[68] 이점에서 보아 정법전은 고려 시대에 僧錄司가 설치되는 시기까지는 그대로 존속하여 영향을 주고 있었고 생각한다.[69]

---

68) 표5) 高麗 初期 政法典 僧官 任命 事例表

出 典	廣照寺 眞澈大師碑	瑞雲寺 了悟和尙碑	境淸禪院 慈寂禪師碑	菩提寺 大鏡大師碑	興寧寺 澄曉大師碑
연 대	太祖 19 936	태조 20 937	태조 24 941	태조 25 942	태조 27 944
國 統			坦 然		
大 統					契貞大統 慶甫大統
政法大統				尹然大德 潤行大德	
昭玄大統	敎 訓				
政法大德		俊 空			

69) 許興植,「佛敎界의 組織과 行政制度」(『高麗佛敎史硏究』, 一潮閣, 1986) pp.351-353.

이상에서 元聖王代에 整備가 이루어진 政法典에 대해 살펴보았다. 그결과 다음의 여러 사실에 대한 지식을 얻을 수 있었다.

정법전의 정비는 中代 末期 中央貴族들이 지방에 이주하여 佛事活動을 일으키고 또 地方勢力을 형성하는 현상, 舊百濟 지역의 遺民들의 動搖 등과 같은 사회 상황 등에 대해 新政權의 원성왕이 그에 대처하고자 하는 목적에 서 이루어진 것으로 이해되었다. 아울러 이 정법전의 정비가 본질적인 의미 를 갖는 것은 그 僧官들의 실제 활동이 두드러지게 나타나기 때문이다.

새로 정비된 政法典은 中代 政官 소속의 國統, 大書省 등과 같은 옛 僧官 들을 흡수 그 조직을 계승한 것으로서, 사실상 大舍와 史의 俗人吏를 才 行이 있는 승려로 교체한 것이었다. 이것은 결국 단순히 속인의 실무 관리를 없애는 것에 불과한 일로 보일 수도 있지만, 그 승관의 임명자격에 재행이 있어야 한다는 규정은 그 이상의 의미가 담긴 것이었다. 이것은 元聖王이 骨 品制의 한계를 극복하고자 한 것으로서 그의 재위 4년에 설치한 讀書3品科 와 관련된 것으로 王權의 强化에 도움이 될 수 있는 정책이었다. 결국 정법 전의 정비는 下代의 新政權이 여러 개혁을 이루어 나가게 되는 과정에서 그 일환으로 이루어졌던 것으로 볼 수 있겠다.

이상과 같은 국가의 統制 意圖에 대해 당시 佛敎 敎團은 찬성보다는 반대 의 쪽으로 기울지 않을 수 없었을 것이다. 이 시기의 승려들은 여러 僧傳의 著述을 통하여 불교의 위대성이라든가 승려들의 獨自性 등을 강조하여 위축 되는 자신들의 권위를 되찾고자 하는 일련의 모습을 보여주었다. 그리고 이 에 대해 신라 정부는 고승들의 追慕活動을 통해 불만을 해소시키는 등의 일 을 추진하였던 것으로 파악되었다.

이상에서 살핀 바와 같이 元聖王代에 整備된 政法典은 中代의 政官을 새 롭게 정비 조직한 것으로서 下代에 佛敎統制의 임무를 수행하려 하였던 것 으로 이해할 수 있었다. 그리고 불교계의 통제에 있어서 皇龍寺와 관련한 華 嚴宗 중심의 정책은 元聖王의 新政權이 가지는 한계를 알려주는 것이기도 하지만, 새로운 정책의 시행에 있어서 능력있는 才行者를 뽑으려 한 노력은 과거보다 진일보 한 것으로서의 新羅 骨品制 社會에서 갖는 의의는 작지 않은 것이었다고 여겨진다. 끝으로 이의 규명을 통하여 기왕의 연구에서 나타난 여러 문제점들에 대한 해결에 한걸음 나아가 신라 불교사의 이해를 도왔다고 생각한다.

제2절 下代 前期 僧傳 著述의 流行*

『三國遺事』에는 統一新羅時代에 著述된 것으로 여겨지는 僧侶의 傳記(이하 '僧傳'이라 함)가 많이 인용되어 있다. 예를 들면 승려 緣會가 지은 「朗智傳」, 유학자 崔致遠이 지은 「義湘傳」을 비롯하여, 著者가 알려져 있지 않은 「慈藏傳」, 「曉師行狀」, 「良志傳」, 「王和尚傳」 등을 꼽을 수 있을 것이다.[70] 또 義湘의 十大弟子에 대해서는 "各有傳"이라 밝혀져 있어, 그들에 대한 傳記가 있었음을 알 수 있다. 그런데 義湘의 제자 가운데 한 사람인 眞定의 경우에는 그의 효성이 지극히 아름다웠다고 전하고 있으나, 그 出典을 밝히고 있지는 않다. 다시 말해서 위의 傳記物처럼 「眞定傳」 혹은 「眞定法師傳」과 같은 용례가 찾아지지 않는 것이다. 그렇지만 우리는 "各有傳"이라는 기록을 통해 眞定의 孝善事實이 「眞定傳」에 의거하였다고 추측할 수 있을 것이다. 더불어 『三國遺事』에 실려 있는 다른 승려들의 사적도 비록 「某傳」이라고 하여 출전이 밝혀져 있지는 않았다 하더라도, 대부분이 그들의 전기를 바탕으로 쓰여졌다는 추측이 가능하리라 믿어진다. 이렇게 미루어 보면

---

* 이 논문은 본래 『韓國學報』 제69집(一志社, 1992)에 「統一新羅時代 僧傳의 著述과 그 意義」의 제목으로 발표한 것이었으나, 이 번에 책으로 출간하게 되면서 전체의 취지에 맞게 下代 前期에 관한 부분만을 수정 보완한 관계로 제목을 바꾸어 조정한 것이다.

70) 著者가 알려져 있지 않은 이러한 傳記들은 金大問이 지은 『高僧傳』의 일부라기 보다는 모두 독립된 별개의 傳記로 보아야 할 것이다(李基白, 「金大問과 金長淸」, 『韓國史 市民講座』 1, 一潮閣, 1987; 『韓國史像의 再構成』, 一潮閣, 1991, p.246). 본고는 李基白 선생님의 敎示를 바탕으로 이루어진 것이다.

『三國遺事』에 참고 인용된 僧傳은 결코 적지 않은 양이 될 것이다.

이들 僧傳 외에도 統一新羅時代에는 金大問의『花郎世記』, 金長淸의『金庾信行錄』이나,『仙史』,『殊異傳』같은 다양한 전기물이 著述되었다. 이에 대해서는 이미 先學들이 주목한 바 있으며,71) 또 이렇듯 많은 전기가 統一新羅時代에 왜 著述되게 되었는가 하는 문제에 대해서도 자세한 연구성과가 나오기도 하였다.72) 그런데 기왕의 연구들은 金大問이나 金長淸, 崔致遠 등과 같이 著者에 관해 관심이 집중되어 있고, 僧傳들 자체에 대해서는 著述이 유행되었던 사실만 지적하고 있을 뿐 아직 구체적인 檢討는 이루어져 있지 않은 실정이다.

이처럼 僧傳에 대한 연구가 부진한 이유로는 우선 대부분의 僧傳이 그 이름만 전하고 있거나, 內容의 일부만이『三國遺事』등에 인용되고 있어서 전체의 內容을 거의 알 수가 없다는 점을 들 수 있다. 그리고 僧傳의 著者에 대해서도 몇몇의 경우를 빼고 나면 전혀 그 著者를 확인할 수 없는 형편이다. 또한 저자가 이처럼 명확하지 않으므로 자연히 그 著述時期 역시 추정하기 어려운 경우가 대부분이다. 결국 僧傳의 內容不備, 그리고 著者, 著述時期의 不明 등이 이 시기에 유행하였던 僧傳의 著述을 체계적으로 연구하는데 장애요인이 되어왔던 것이다.

그렇지만 이들을 면밀히 고찰하면 僧傳 著述의 전체적인 윤곽을 잡을 수

71) 李基東이 이미 통일신라시대에 貴族들의 전기류가 널리 편찬되었음을 지적하였으나(「古代國家의 歷史認識」,『韓國史論』6, 國史編纂委員會, 1979, p.19), 이에 대한 보다 구체적인 지적은 李基白에 의하여 이루어졌다(同上, p.225).
72) 위의 연구 외에 다음의 것이 있다.
   李基白,「金大問과 그의 史學」(『歷史學報』77, 1978;『韓國史學의 方向』, 一潮閣, 1978).
   趙仁成,「崔致遠의 歷史敍述」(『歷史學報』94·95合, 1982).
   李賢惠,「崔致遠의 歷史認識」(『明知史論』1, 明知大 史學科, 1983).
   趙仁成,「三國및 統一新羅時代의 歷史敍述」(『韓國史學史의 硏究』, 乙酉文化社, 1985).
   趙仁成,「金大問의 歷史敍述」(『한국고대사연구』13, 1998).

있다고 생각된다. 그리고 僧傳의 내용에 나타나는 특징이나 경향을 통해 著者는 물론 著述時期에 관해서도 일부 추측이 가능하다고 본다.

이렇게 보면 僧傳의 著述에 대한 檢討는 어려운 일이 아니라, 오히려 우리에게 매우 흥미로운 주제로 다가오게 된다.

본고에서는 먼저 僧傳의 著述과 그 內容을 檢討하겠다. 다음은 이를 바탕으로 著述에 나타나는 特徵과 傾向을 살피고자 한다. 그리고 著者와 著述의 意圖를 新羅 下代의 歷史的 背景과 관련하여 고찰하겠다. 끝으로 이상의 僧傳 著述이 지니는 意義를 檢討함으로써 글을 마무리 짓고자 한다. 이와 같은 僧傳의 著述에 대한 檢討는 그동안 공백이 되어왔던 統一新羅時代 史學史의 일부를 메울 수 있다는 점에서도 그 意義를 가지게 될 것이라고 본다.

1. 僧傳의 著述과 그 內容

統一新羅時代 著述 僧傳 一覽表

순서	書 名	著 者	著述時期	典 據
	『高僧傳』	金大問	聖德王代	『三國史記』46, 薛聰傳 附金大問傳
	「普德本傳」	高句麗遺民	新羅 中代	『三國遺事』3, 興法 寶藏奉老普德移庵
	「開心傳」	同上	同上	同上
	「普明傳」	同上	同上	同上
(1)	「朗智傳」	緣 會	元聖王代	5, 避隱 朗智乘雲 普賢樹
(2)	「慈藏傳」			3, 塔像 迦葉佛宴坐石
(3)	「良志傳」			3, 塔像 靈妙寺丈六
	(良志法師傳)			1, 紀異 善德王知幾三事
	(良志師傳)			同上
(4)	「王和尙傳」	神印宗승려	下代	5, 避隱 信忠掛冠
(5)	「曉師行狀」			4, 義解 義湘傳敎
	(曉師本傳)			5, 感通 廣德 嚴莊

순서	書 名	著 者	著述時期	典 據
(6)	「悟眞傳」	華嚴宗승려	下代	4. 義解 義湘傳敎
(7)	「智通傳」	同上	同上	同上
(8)	「表訓傳」	(이하같음)	(이하같음)	(이하 같음)
(9)	「眞定傳」			
(10)	「眞藏傳」			
(11)	「道融傳」			
(12)	「良圓傳」			
(13)	「相源傳」			
(14)	「能仁傳」			
(15)	「義寂傳」			
	「義湘傳」 (浮石尊子傳)	崔致遠	孝恭王4년 (900)이후	同上 및 『海東高僧傳』 2, 流通 安含傳 및 「白花道場發願文略解」 『新編諸宗教藏總錄』1, 海東有本見行錄
	「釋利貞傳」	同上	同上	『東國輿地勝覽』 29, 高靈縣 建置沿革
	「釋順應傳」	同上	同上	同上 및 同 30, 陜川郡 古跡
	「普德傳」	同上	同上	『東國李相國集』 23, 南行月日記
	「法藏和尙傳」 (賢首傳)	同上	孝恭王8년 (904)	『大正新修大藏經』 50, 史傳部 2 『新編諸宗教藏總錄』1, 海東有本見行錄

* (6)에서 (15)까지는 義湘의 十大弟子 傳記임.
* 공란은 著者와 著述 時期가 밝혀지지 않은 것임.
* ( )은 異稱임.

　위의 표는 統一新羅時代에 著述되었을 것으로 여겨지는 僧傳들을 모아
정리한 것이다. 이제 이러한 僧傳들이 어떠한 내용을 담은 책들이었는가에
대해 살펴보기로 하겠다.[73]

(1) 「朗智傳」

「朗智傳」이 존재하였음은 다음의 기록을 통해 확인할 수 있다.

　A 元聖王代에 大德 緣會가 山中에 와서 살면서 朗智法師의 傳記를 지었는

---

73) 여기에서 검토할 것은 下代 前期에 저술되었을 것으로 여겨지는 일련 번호를 부여
한 승전들에 대해서다. 다른 것은 비교를 위해 제시한 것이다.

데 세상에 유행했다(『三國遺事』5, 避隱 朗智乘雲 普賢樹)[74]

이 기록은 一然이 朗智의 사적을 서술하고 그 末尾에 적은 것으로, 元聖王代에 僧侶 緣會가 「朗智傳」을 지어 세상에 전하게 되었음을 알려준다. 그런데 그 내용에 대해서는 구체적인 언급이 없어 정확히 알 수 없는 형편이다. 그렇지만 사료 A에서 '行于世'하였다는 기록으로 생각해 볼 때 一然이 緣會가 지은 「朗智傳」을 보았음을 충분히 짐작할 수 있다. 그리고 그 사실이 朗智의 사적을 서술한 마지막에 적혀 있는 것으로 미루어 볼 때, 『三國遺事』의 朗智乘雲 普賢樹조는 緣會가 지은 「朗智傳」에 근거해서 一然이 서술하였을 것이라 여겨진다.

이를 바탕으로 그 내용을 알아보면 다음과 같다. 첫째 靈鷲山 암자에 이상한 중(朗智)이 있었는데 늘 『法華經』을 講하여 神通力이 있었다. 둘째 智通이 辯才天女로부터 朗智의 제자가 되라는 계시와 普賢菩薩에게서 授戒를 받고 朗智의 제자가 된다. 세째 元曉가 蟠高寺에 있으면서 늘 朗智를 가서 뵈니 朗智는 元曉로 하여금 「初章觀文」과 「安身事心論」을 著述케 한다. 네째 구름을 타고 중국의 淸凉山에 왕래하였는데, 중국에 나지 않는 赫木을 가져다 보임으로서 朗智가 神通力이 있음이 증명된다. 이에 그 이름이 나라 안팎에 나타난다.

(2) 「慈藏傳」

「慈藏傳」이 있었음은 다음의 기록에서 확인된다.[75]

---

74) 元聖王代 有大德緣會 來居山中 撰師之傳 行于世
75) 慈藏의 思想과 活動에 대한 연구로 다음의 논문들이 참고된다.
   辛鍾遠, 「慈藏의 佛敎思想에 대한 再檢討」(『韓國史硏究』39, 1982:『新羅初期佛敎史硏究』, 民族社, 1992).
   鄭柄朝, 「慈藏과 文殊信行」(『新羅文化』3・4合, 東國大 新羅文化硏究所, 1987).
   金杜珍, 「慈藏의 文殊信仰과 戒律」(『韓國學論叢』12, 國民大 韓國學硏究所, 1989).

B① 『玉龍集』 및 「慈藏傳」과 諸家의 傳紀에 모두 이르기를 "新羅의 月城 동
　　쪽 龍宮의 남쪽에는 迦葉佛의 宴坐石이 있는데, 그곳은 곧 前佛시대의
　　伽藍터다." 라고 하였다. 지금의 皇龍寺 지역은 곧 일곱 伽藍의 하나이
　　다(同3, 塔像 迦葉佛 宴坐石). 76)

　　즉, B①을 보면 『玉龍集』77) 및 諸家의 전기와 함께 같은 내용이 실려 있
는 「慈藏傳」이 확인된다. 그 내용에는 皇龍寺의 터가 일곱 伽藍의 하나로서
前佛時代의 절터이며 그곳에는 迦葉佛의 宴坐石이 있다고 말하고 있다. 그
리고 「자장전」의 내용은 위의 것 외에 직접적인 언급이 없어 정확한 내용을
알 수 없다. 그렇지만 「자장전」의 내용이 일부나마 인용된 것으로 보아, 一然
이 「자장전」을 보았음이 틀림없을 것이다. 따라서 자장의 자취가 실린 『三國
遺事』 慈藏定律조는 「자장전」의 내용을 바탕으로 서술되어졌을 것으로 추측
된다.

　　그런데 '慈藏定律'에 실린 내용이 모두 위의 「자장전」에 근거하여 이루어
진 게 아니었던 듯 싶다. 이것은 '慈藏定律'의 내용 가운데 여러 가지 사실
들이 『續高僧傳』의 「자장전」 내용과 일치하고 있음에서 알 수 있다. 더욱 일
연은 자장이 중국의 淸凉山에서 文殊大聖을 꿈에서 感應하여 偈를 받았던
사실을 서술하면서 그 挾註에

B② 慈藏公이 처음에 이를 숨기고 말하지 않았으므로 『唐僧傳』에는 실리지
　　않았다(4, 義解 慈藏定律) 78)

라고 하여, 자장이 말하지 않아 『唐僧傳』 즉 『續高僧傳』에 실리지 않았다고
밝히고 있다. 이것은 곧 一然이 '慈藏定律'을 서술할 때에 『續高僧傳』과 B

---

76) 玉龍集及慈藏傳 與諸家傳紀皆云 新羅月城東龍宮南 有迦葉佛宴坐石 其地卽前佛
　　時伽藍之墟也 今皇龍寺之地 卽七伽藍之一也
77) 『玉龍集』은 어떠한 책인지 현재로서는 알 수 없다. 다만 迦葉佛宴坐石에 대한 내
　　용이 있었다는 기록과 책 이름으로 보아 우리 나라 古代의 佛敎에 관한 事實들이
　　있었을 것으로 추측된다. 이에 대해 이재호는 우리 나라의 고대기록이라 추측하였
　　다(『삼국유사』 2, 한국자유교육협회, 1969, p.49).
78) 藏公初匿之 故唐僧傳不載

①의 「자장전」을 함께 참고 하였음을 밝혀준 것이다.[79] 그리고 '慈藏定律'
의 내용 가운데 『속고승전』의 그것을 제외한 나머지는 대체로 「자장전」에
실려있던 내용임을 알려주는 것이다.

 이제 이를 바탕으로 「자장전」의 내용을 알아보면 다음과 같다. 첫째 出生
과 出家에 대한 사실이다. 생일이 부처와 같았으며 이름을 善宗郎이라 하였
다. 둘째 入唐하여 曼殊大聖에게 불법을 구한다. 이 때 淸凉山에서 본 曼殊
大聖으로부터 꿈에 梵語로 된 偈를 받는다. 이튿날 아침에 이상한 중이 와서
해석하여 주면서 "비록 萬敎를 배운다 하더라도 이 글보다 나은 것은 없소."
라고 말하였다. 그리고 가사와 사리 등을 그에게 주고 사라졌다. 慈藏이 이
미 曼殊大聖의 기별을 받았음을 알고 北臺에서 내려와 太和池에 이른다. 세
째 귀국하여 佛敎를 전파한다. 通度寺에 戒壇을 세우고 태어난 집을 元寧寺
로 고치고 落成會를 베푸니 五十二類의 여인이 現身하여 듣는다. 네째 신비
에 찬 만년의 삶에 대한 내용이다. 늦게 강릉에 水多寺를 세우고 기거한다.
꿈에 北臺에서 본 중이 大松汀에서 만나자고 한다. 松汀에 이르러 文殊를
만나 法要를 물었으나 太伯山 葛蟠地에서 다시 만나자고 한다. 葛蟠地에서
늙은 居士로 변신한 文殊를 알아보지 못하여 다시는 文殊를 보지 못한다. 慈
藏이 뒤늦게 찾았으나 만나지 못하고 마침내 쓰러져 죽는다.

 「慈藏傳」의 내용은 이외에도 皇龍寺九層塔의 건립에 대한 연유가 있었을
것으로 여겨지는데, 다음의 사료에서 미루어 생각할 수 있다.

　　B③ 서쪽 唐나라로 들어가서 淸凉山을 찾아갔다. 산에는 曼殊大聖의 塑像
　　　　이 있었는데, …… 慈藏이 像 앞에서 기도하고 명상에 잠기니, 꿈에 塑

---

79) 이것은 一然이 『三國遺事』를 찬술하면서 參考된 僧傳의 내용이 다를 경우 그것을
　　명시해준 것이 되겠다. 나아가 이 사실은 『三國遺事』에서 參考한 文獻이 밝혀지지
　　않았다면, 그것은 동일한 文獻에서 참고되었음을 알려주는 것이라 보아도 대체로
　　틀림이 없음을 의미하는 것이라고 여겨진다. 이로 미루어 보면 본고에서 다루는 僧
　　傳들의 내용으로 추측되는 『三國遺事』의 기록들은 다른 文獻을 밝혀주지 않은 이
　　상 모두 하나의 僧傳에서 비롯된 것으로 짐작할 수 있지 않을까 한다.

像이 이마를 만지며 梵語로 된 偈를 주었는데 깨어나서 궁리를 해봐도
이해할 수 없었다. 이튿날 아침에 異僧이 와서 해석해주면서 말했다. -
이미 皇龍寺 塔篇에 나왔다. - (同上)[80]

이 사료는 위에서 살폈듯이 慈藏이 중국에서 曼殊大聖을 만나 偈를 받았
다는 것으로 「慈藏傳」의 내용이다. 그런데 그 挾註에 사실이 이미 皇龍寺
塔篇에 나와 있다고 밝히고 있다. 여기에서 皇龍寺 塔篇은 『三國遺事』 3 皇
龍寺九層塔條를 가리키는 것으로서 '皇龍寺九層塔'에 서술된 내용 가운데
일부가 「慈藏傳」의 그것에서 비롯된 것임을 추측케 한다.[81]

이를 바탕으로 그 내용을 알아 보면 다음과 같다. 첫째, 文殊로부터 新羅
의 국왕들이 본래 印度王族의 後裔로 佛記를 받아 다른 東夷와 다르고 多聞
比丘가 많아 나라가 편안하다는 말을 듣는다. 둘째, 太和池에 이르러서는 神
人으로부터 新羅가 여자로서 왕을 세워 위엄이 없으므로 이웃 나라가 新羅
를 도모하려 하는데, 皇龍寺에 九層塔을 세우면 이웃 나라가 항복함은 물론
九韓이 와서 朝貢하게 된다는 말을 전해 받는다.

「慈藏傳」이 저술된 시기는 명확히 알 수 없다.

(3) 「良志傳」

「良志傳」에 관해서는 다음의 기록이 있다.[82]

> C① 善德王이 靈廟寺를 창건한 사실은 良志師傳에 갖추어 실리었으니 이를
> 살필 것이다(1, 紀異 善德王知幾三事).
> ② 善德王이 절을 짓고 불상을 만든 인연은 「良志法師傳」에 자세히 실려
> 있다. 景德王 즉위 23년에 丈六尊像을 改金하였는데, 租 2萬3千7百碩
> 이었다. -「良志傳」에서는 불상을 처음 만들 때의 비용이라 했다. 지금

---

80) 西入唐 謁淸涼山 山有曼殊大聖塑 ── 藏於像前禱祈冥感 夢像摩頂授梵偈 覺而
   未解 及旦異僧來釋云 -已出皇龍寺塔篇-
81) 사료 B①이 皇龍寺에 관계된 내용임을 미루어 볼 때 「慈藏傳」에는 황룡사의 구층
   탑에 대한 이야기가 있었을 것이다.
82) 良志의 미술에 대한 논문으로는 文明大의 「良志와 그의 作品論」이 참고된다(『佛
   敎美術』 1, 東國大學校 博物館, 1973).

두 가지를 그대로 둔다. - (3, 塔像 靈妙寺丈六)[83]

　위의 내용을 통해 「良志傳」이 존재하였음을 알 수 있고, 또 그것은 「良志法師傳」 혹은 「良志師傳」으로도 기록되었음을 알겠다. 그리고 「良志傳」에 실린 내용 가운데 하나가 善德王이 靈廟寺를 세우고 丈六像을 만든 인연에 대한 것임을 알게 된다. 한편 C②에서는 景德王代 丈六像의 改金時 비용이 租 2萬3千7百碩이라 했지만, 註의 「良志傳」에는 처음 만들 때의 비용이었음을 밝히고 있다.

　그런데 C②의 註는 다음의 사료와 그 내용이 일치한다.

　　C③ 그가 靈廟寺의 丈六像을 만들때 자신이 入定하여 三昧에서 본 부처를
　　　　모형으로 삼았는데, —— 불상을 만들 때의 비용은 곡식(穀) 2만 3천 7
　　　　백碩이 들었다. -혹은 (改) 金할 때의 租라고도 한다- (同4, 義解 良志
　　　　使錫).[84]

　즉 C③에서 丈六像을 만들 때의 비용 2만 3천 7백碩과 일치된다. 이 두 기록의 일치는 우연이 아니라고 보며, 이것은 C③이 다른 기록이 아닌 「良志傳」에서 비롯된 것임을 알려주는 것이라 여겨진다. 이로서 우리는 「良志傳」의 내용 가운데 두번째 내용이 丈六像을 만드는데 들은 비용이 租 2萬3千7百碩이라는 사실과, 丈六像이 良志가 入定하여 三昧에서 본 부처를 모형으로 하였다는 것을 알게 된다.

　나아가 이를 바탕으로 미루어 보면 『三國遺事』 4, 良志使錫조의 내용이 「良志傳」에 근거하였음을 짐작하기에 어렵지 않겠다.[85] 다시 이를 토대로 「良志傳」의 내용을 살펴보면 다음과 같다. 良志는 그의 錫杖을 부려서 시주

─────────────

83) ① 善德之創靈廟寺 具載良志師傳 詳之
　　② 善德王創寺塑像因緣 具載良志法師傳 景德王卽位二十三年 丈六改金 租二萬三
　　　 千七百碩 -良志傳作像之初成之費 今兩存之-
84) 其塑靈廟之丈六也 自入定以正受所對爲揉式 —— 像成之費 入穀二萬三千七百碩
　　-或云 (改)金時租-
85) 이것 역시 註 79와 관련해 볼 때 동일한 문헌에서 인용된 것임을 알려주는 것이라
　　여겨진다.

를 받아오는데, 錫杖에 빈 포대를 걸쳐주면 錫杖이 저절로 날아다니면서 시
주를 받아오는 것이 그 내용의 세째가 된다. 마지막으로 良志가 技藝에 뛰어
났는데, 筆札을 잘하여 靈廟寺의 丈六三尊 등 수 많은 예술작품을 만들었다
고 한다.

「良志傳」이 著述된 시기에 대해서는 정확히 알 수 없다.

(4)「王和尙傳」

「王和尙傳」에 대해서는 다음의 기록이 참고된다.

> D① 「三和尙傳」을 살펴보면 信忠奉聖寺가 있는데 이것과 더불어 서로 혼동
> 된다(同 5, 避隱 信忠掛冠)[86]

먼저 D①을 보면 「三和尙傳」에 信忠奉聖寺의 사실이 있었음을 알겠다. 그
리고 이와 관련하여 다음의 기록이 참고된다.

> D② (釋惠通) 흉터가 생겨 王字 무늬와 같았으므로 이로 말미암아 王和尙
> 이라고 불렀다. (중략) 王이 그 말을 옳게 여겨 절을 세워 이름을 信忠
> 奉聖寺라고 했다(同上, 神呪 惠通降龍).[87]

즉 D②에 따르면 惠通이 王和尙이라고 불리었는데, 그의 사적에 信忠奉聖
寺의 사실이 실려 있음을 알게 된다. 이에 따라서 D①과 D②를 대조해 보면
信忠奉聖寺라는 공통된 사실이 확인된다. 다시 이를 미루어서 짐작하면 D①
의 「三和尙傳」이 三和尙의 傳記가 아니라 D②의 王和尙에 대한 傳記임을
짐작할 수 있지 않나 한다.[88] 즉 '三'은 '王'의 誤刻으로 판단되는 것이다.
이러한 판단에 무리가 없다면 「王和尙傳」은 바로 惠通의 傳記가 되겠다. 나
아가 『三國遺事』惠通降龍조는 「王和尙傳」에서 비롯한 것임을 짐작하기에
어려움이 없을 것이다.[89]

---

86) 按三和尙傳 有信忠奉聖寺 與此相混
87) (釋惠通) 有瑕如王字文 因號王和尙 (중략) 王深然之 創寺號信忠奉聖寺
88) 李基白, 「金大問과 金長淸」, p.246.

이제 이를 바탕으로 「王和尙傳」에 실린 내용을 알아보면 대체로 다음의 것들이 추측된다. 첫째 惠通의 出家에 대한 動機다. 惠通이 어렸을 때 수달을 잡아 그 뼈를 동산에 버렸는데, 이튿날 다시 찾아보니 수달의 뼈가 예전에 살던 곳에 돌아가 새끼를 품고 앉아 있었다. 이에 이상히 여기고 出家하여 이름을 惠通이라 하였다. 둘째 入唐하여 無畏三藏에게 나아가 가르침을 받는 내용이다. 그러나 三藏은 처음에 惠通을 '東夷人'이라 하여 法을 가르쳐 주지 않았으며, 다시 3년을 섬겼지만 역시 가르쳐 주지 않는다. 이에 화가 난 惠通이 화로를 머리에 이고 있자, 잠시 후에 정수리가 터지면서 우뢰와 같은 소리가 난다. 三藏이 그 소리를 듣고 와서 상처를 아물게 해주고 비로소 法을 가르쳐 준다. 세째로 唐 황실에서 공주가 병이 나자 三藏에게 치료를 요청하였는데, 三藏은 惠通을 추천하여 병을 치료하게 한다. 이 때 병을 치료하면서 쫓겨난 용이 新羅의 文仍林에 와서 사람을 해치게 되자, 惠通이 사신 鄭恭과 함께 귀국하여 다시 용을 쫓아낸다. 네째로 용이 鄭恭을 원망하여 鄭恭의 집 앞에 버드나무로 태어나 神文王의 장례길을 막음으로써 王命을 무시한 그를 처벌 받아 죽게 한다. 이 때 국가에서는 惠通이 鄭恭과 가까웠기 때문에 장차 다른 일을 도모할 위험이 있으므로 미리 막고자 하였다. 이에 왕이 군사를 보내어 그를 잡아오도록 한다. 왕명을 받은 군사들이 오자 惠通은 그 앞에서 사기병의 목에 붉은 칠을 하였는데, 이것이 군사들의 목에서도 똑같이 나타난다. 이어 惠通이 병의 목을 자르면 병사들 역시 그렇게 됨을 말하니, 군사들은 도망가고 그는 화를 면한다. 문득 왕녀가 병이 나자 惠通이 불려가서 이를 치료하고 鄭恭의 일을 말하여 그의 처벌이 잘못되었음을 왕에게 알려준다. 왕이 뉘우치고 鄭恭의 妻子들의 連坐된 罪를 免하게 해준다. 그리고 惠通은 國師에 임명된다. 끝으로 惠通이 神文王의 등창을 치료하면서 병의 원인이 前生에 信忠을 잘못 판결하여 그의 원망 때문에 생겨난 것임을 알려준다. 또한 그 치료를 위해서는 信忠을 위하여 절을 세워줄

---

89) 위의 註 85와 같음.

것을 말하여 곧 信忠奉聖寺를 세우게 한다는 내용이다.

「王和尙傳」의 저술 시기 역시 명확하지 않으나 그가 神文王代에 활동하였
으므로 中代보다는 下代에 저술되었을 것으로 여겨진다. 그리고 혜통이 神
印宗 승려였던 점으로 미루어 보아 著者도 신인종의 승려라고 여겨진다.

(5)「曉師行狀」

「曉師行狀」에 대해서는 다음의 기록이 있다.[90]

> E① 얼마 후 중국으로 가서 부처의 교화를 보려 하여 마침내 元曉와 더불어
> 遼東으로 갔다가 변방의 戍羅에게 諜者로 여겨져 잡혀 갇힌지 수 십일만에
> 겨우 免하여 돌아왔다 事實이「崔侯本傳」및「曉師行狀」등에 있다. - (同
> 4, 義解 義湘傳敎).
> ② 師之行狀에 이르기를 "서울 사람이다."라고 했다(同上, 元曉不羈).
> ③ 그가 사방으로 다니며 수행한 始末과 불교를 널리 폈던 큰 업적은『唐
> 傳』과「行狀」에 자세히 실려있으니 여기에서는 다 적지 않는다. 다만
> 鄕傳에 기재된 한두가지의 이상한 사실이 있으니 적어 둔다(同上).
> ④ (元)曉가 鋸觀法을 지어 그들을 깨우쳤다. (중략) 鋸觀은 曉師本傳과
> 海東僧傳 중에 실려 있다(同5, 感通 廣德 嚴莊).[91]

먼저 E①의 註를 통해「曉師行狀」이 전하고 있음이 확인된다. 이로 미루
어 보면 元曉의 자취를 실은 '元曉不羈'의 내용 가운데에 있는 E②와 E③

---

90) 元曉의 전기에 관한 것으로는 대체로 다음의 논문들이 참고된다.

梁銀容 編,『新羅元曉硏究』(圓光大學校 出版局, 1979).

金煐泰,「傳記와 說話를 통한 元曉硏究」(『佛敎學報』17, 1980;『新羅佛敎硏究』,
民族文化社, 1987).

李梵弘,「元曉行狀新考」(『論文集』4, 馬山大學, 1982).

김태준,「원효전(元曉傳)의 전승에 대하여」(『語文論叢』7·8合, 全南大 語文硏
究所, 1985).

91) ① 未幾西圖觀化 遂與元曉道出遼東 邊戍羅之爲諜者 囚閉者累旬 僅免而還－事在
崔侯本傳 及曉師行狀等－

② 師之行狀云 是京師人

③ 其遊方始末 弘通茂跡 具載唐傳與行狀 不可具載 唯鄕傳所記 有一二段異事

④ (元)曉作鋸觀法誘之 (중략) 鋸觀在曉師本傳與海東僧傳中

의 '行狀'이 「曉師行狀」에서 비롯되었음을 짐작할 수 있다고 본다.[92] 다음
E④는 「曉師本傳」이라 칭하고 있어 혹 「曉師行狀」과는 다른 책으로 생각될
수도 있겠다.[93] 그러나 이것은 崔致遠이 지은 「義湘傳」을 E①과 같이 「崔
侯本傳」이라 칭한 사례에 비추어 볼 때 「曉師本傳」은 역시 「曉師行狀」을 가
리키는 것으로 보아야 할 것이다.

　이제 위의 네 기록을 통해 「曉師行狀」의 내용을 알아보겠다. 첫째는 元曉
가 義湘과 함께 入唐하려 하다가 遼東에서 諜者로 誤認되어 다시 돌아오게
된다는 내용이다. 둘째는 元曉의 출생지가 서울이라는 사실이다. 세째는 元
曉가 사방으로 돌아다니면서 敎化를 널리 편 자취가 실려있다. 그러나 내용
은 알 수 없다. 네째는 元曉가 嚴莊에게 錍觀法을 가르쳤는데, 삽관에 대한
내용이 실려있다고 한다.

　「曉師行狀」이 저술된 시기는 명확하지 않다.

　(6) - (15) 義湘十大弟子傳記: 「悟眞傳」, 「智通傳」, 「表訓傳」, 「眞定傳」,
「眞藏傳」, 「道融傳」, 「良圓傳」, 「相源傳」, 「能仁傳」, 「義寂傳」.
　義湘의 十大弟子들에게 각기 傳記가 있었음은 다음의 기록에서 살필 수
있다.

　　F① 徒弟로는 悟眞 智通 表訓 眞定 眞藏 道融 良圓 相源 能仁 義寂 등 열
　　　분의 大德으로 領首가 되었는데 모두가 亞聖이다. 각기 전기가 있다(同
　　　4, 義解 義湘傳敎).[94]

_____

92) 李基白, 「金大問과 金長淸」, p.246.
　　여기서 E③의 記錄을 注目할 필요가 있다. 그 內容을 보면 元曉의 큰 業績이
　『唐傳』과 「曉師行狀」에 실려 있으므로 省略하고 「鄕傳」에 실린 다른 기사를 引用
　한다고 밝혔다. 이것은 위의 '元曉不羈條'가 「曉師行狀」을 바탕으로 記錄한 것이
　아니라 「鄕傳」의 內容에 따른 것임을 알려주는 것이다.
93) 金相鉉, 「元曉行蹟에 關한 몇 가지 新資料의 檢討」(『新羅文化』 5, 東國大 新羅文
　　化硏究所, 1988) p.85.
94) 徒弟悟眞 智通 表訓 眞定 眞藏 道融 良圓 相源 能仁 義寂等十大德 爲領首 皆亞
　　聖也 各有傳

위에서 알 수 있듯이 義湘의 弟子로서 10명의 大德이 領首가 되어 모두 亞聖으로서 각각 傳記가 있었음이 확인된다.

그런데 이들 傳記는 현재 전하지 않고 있으며, 사료 F①에 이어진 아래의 기록을 통해 그 내용의 일부를 추측할 뿐이다.

> F② 悟眞은 일찍이 下柯山 鶻嵒寺에 거처하면서 매일 밤 팔을 펴서 浮石寺
>   의 등불을 켰다 (同上)
>   ③ 智通은 錐洞記를 지었는데, 대개 친히 의상의 가르침을 받았으므로 文
>   辭가 정묘한 지경에 도달하였다(同上).
>   ④ 表訓은 일찍이 佛國寺에 살았는데, 상시 天宮을 왕래했다(同上).[95]

먼저 F②는 「悟眞傳」의 것으로 추측되며, 내용은 悟眞이 下柯山 골암사에 거처하면서 매일 밤 浮石寺 石燈의 불을 켰다고 한다. F③은 「智通傳」의 것으로 추측되며, 내용은 智通이 「錐洞記」를 지었는데 친히 義湘의 가르침을 받아 文辭가 뛰어났다고 한다. F④는 「表訓傳」의 것으로 추측되며, 내용은 表訓이 佛國寺에 살았는데 상시 天宮을 왕래했다고 한다.

한편 「表訓傳」의 이러한 내용은 『三國遺事』 2, 紀異 景德王忠談師表訓大德조에서 보다 자세히 알 수 있다.[96] 그 내용을 알아보면 다음과 같다. 첫째는 景德王이 아들이 없자 表訓으로 하여금 上帝에게 請하여 아들을 낳게 해 달라는 부탁을 한다. 이에 表訓이 天宮에 두 차례에 걸쳐 왕래하면서 아들을 낳게 해준다. 아들을 낳을 경우 나라가 위태할 것이라고 上帝가 말하나 景德王은 아들을 고집하여 결국 惠恭王을 낳게 된다. 둘째는 어려서 즉위한 惠恭王이 太后의 攝政을 받았으나 政事가 다스려지지 않았으며 도적이 일어났으므로 表訓의 말이 맞았다고 한다. 세째는 惠恭王이 여자로서 남자가 되어 항

---

95) ② 眞嘗處下柯山鶻嵒寺 每夜伸臂點浮石室燈
    ③ 通著錐洞記 蓋承親訓 故辭多詣妙
    ④ 訓曾住佛國寺 常往來天宮
96) 물론 여기에서도 「表訓傳」에 대한 직접적인 언급이 없어 그 내용을 정확히 알 수는 없다. 그렇지만 이것은 앞서 설명한 바의 「良志傳」이나 「王和尙傳」의 경우로 미루어 볼 때 추측이 가능하리라 본다.

상 부녀자와 같은 행동을 했으며, 결국은 큰 난리가 일어나 죽음을 당하였다
고 한다. 그리고 表訓 이후에는 聖人이 나지 않았다고 밝혔다.

이외에 「眞定傳」에 대해서는『三國遺事』5, 孝善 眞定師孝善雙美조의 기
록을 통하여 그 내용의 대강을 추측할 수 있다.[97] 내용에 따르면 첫째, 眞定
이 俗人으로 있을 때 집이 가난하여 부러진 쇠붙이 솥 하나 밖에 없었다. 어
느날 어떤 중이 보시를 구하자 어머니가 그 남은 솥을 주었는데, 眞定은 佛
事에 布施하는 일은 좋은 일이라 하여 기뻐한다. 둘째 眞定이 軍役에 있었
을 때 義湘이 太伯山에서 佛法을 가르쳐 사람을 이롭게한다는 말을 듣고 出
家의 마음을 낸다. 노모를 두고 일찍 출가하지 못하는 眞定을 어머니가 설득
해서 출가시킨다. 세째 3년 뒤에 어머니의 訃音이 이르자 入定하여 7일만에
일어난다. 이때 義湘이 眞定의 어머니를 위해 門徒를 거느리고 90일 동안 華
嚴大典을 강의하였는데, 강의를 마치자 어머니가 꿈에 나타나 하늘에 환생
하였다고 말했음을 밝히고 있다.

현재 알 수 있는 義湘의 十大弟子들의 傳記는 이상의 것 외에는 알 길이
막연하다.

著述 時期 역시 명확하지 않으나 주인공들의 활동 기간이 대부분 중대였
으므로 하대에 저술되었을 것으로 생각된다. 著者 역시 명확하지 않으나 義
湘의 十大弟子임을 염두에 두고 저술하였을 것으로 보아 華嚴宗 승려가 아
니었나 여겨진다.

2. 著述의 傾向

지금까지 統一新羅時代에 著述된 僧傳에 대해 살펴보았다. 간혹 그 내용
이 전하지 않아 전혀 알 수 없는 경우도 있었으나, 내용이 일부나마 전하고
또 추측해서 알 수 있어서 著述에 대한 이해를 높일 수 있었다. 이제 그 검
토된 내용을 바탕으로 僧傳의 著述에 나타나는 특징들을 살펴보겠다.

---

97) 同上.

첫째로 僧傳들이 대체로 승려들의 超人間的인 神通力을 강조하고 있다. 승려들의 超人間的인 활동을 통하여 佛教의 위대성을 간접적으로 드러내고 있다. 예컨대 「朗智傳」에서 朗智의 신통력은 구름을 타고 중국에 왕래한다. 「良志傳」에서 良志는 그의 錫杖에 빈 포대만 걸쳐주면 錫杖이 저절로 돌아다니면서 집집마다 시주를 받아온다. 「表訓傳」에서 表訓은 항시 하늘에 왕래하였으며, 景德王의 요청을 받아 惠恭王을 낳도록 天帝에게 요청하고 있다. 「悟眞傳」에서도 悟眞은 下柯山 골암사에서 팔을 뻗어 浮石寺 石燈의 불을 켰다고 한다.

승려들의 이러한 신통력은 「王和尚傳」에서 극적인 표현이 보인다. 여기에서 王和尚(惠通)은 그의 자취가 처음부터 끝까지 神異한 행동으로 일관되어 있다. 즉, 惠通이 唐에 들어가 無畏三藏의 法을 전수받은 뒤, 唐 황실의 공주의 병을 고친다. 이 때 쫓겨난 용이 新羅에 와서 해를 끼치자 惠通이 다시 용을 쫓아내지만, 나중에는 不殺戒를 주어 재앙을 그치게 한다. 그리고 王命을 받은 군사들이 자신을 잡으러 오자, 惠通은 사기병의 목에 붓으로 붉은 획을 그었는데 이것이 군사들의 목에서도 똑같이 나타난다. 이어서 惠通이 사기병의 목을 자르면 군사들의 목도 잘린다고 하자 군사들이 이에 도망간다. 결국 왕은 王和尚의 신통력을 듣고 그의 처벌을 포기한다. 나아가 神文王의 병이 과거의 業報에서 비롯된 것임을 알려주는 등 前生까지 바라보는 能力이 있었음을 말하고 있다.

한편 승려들의 위대함은 위와 같은 超人間的인 能力 외에 실제 있었던 승려들의 능력도 강조하였다. 예컨대 「良志傳」에서 良志는 그가 靈廟寺의 丈六像, 四天王像등 많은 예술품을 남겼으며, 靈廟寺의 丈六像은 그가 入定하여 三昧에서 본 부처님을 모형으로 하였다고 한다.

둘째로 國家와의 관계에 있어서 승려의 위대함은 國家의 權威보다 뛰어난 것으로서, 國家와 對立하기도 하나 종국에 가서는 調和를 이루고 있다. 이것은 「王和尚傳」의 경우에서 잘 알 수 있다. 먼저 王和尚(惠通)은 王命으로 자신을 잡으러 온 군사를 신통력으로 물리쳐 國家의 권위를 무시하고 있다.

그러나 惠通은 뒤에 궁궐에 불려가 왕녀의 병을 치료하고 鄭恭의 억울한 죽음을 말하여 그 妻子를 사면토록 한다. 그리고 惠通은 國師에 임명된다. 다시 말해서 惠通은 그의 신통력으로 國家의 권위를 무시하면서 대립하기도 하였지만, 종국에 가서는 타협을 통한 조화를 이루면서 國師의 직책에 나아간다.98)

세째로 佛敎의 獨自的인 性格이 강조되었다. 다시 말해서 佛敎가 세속적인 권력에 소속된 일부로서가 아니라 독자적인 모습을 지니고 있음을 말하고 있다. 그러나 이것 역시 위의 경우처럼 國家의 테두리 안에 있는 佛敎로서 한계가 보이고 있다. 즉 佛敎가 위대하므로 國家의 흥망을 좌우할 수도 있으나, 國家와는 대립이 아닌 조화를 이루고 있기 때문이다. 佛敎의 이러한 독자적인 성격은 新羅佛敎가 佛敎의 功德思想을 바탕으로 한 護國信仰으로 연결된다는 점에서 충분히 알 수 있다.

예컨대 「慈藏傳」에 보면 文殊菩薩이 慈藏에게 한 말 가운데

그러나 山川 험준한 까닭으로 사람들의 性品이 거칠고 패려하여 邪見을 많이 믿어서 간혹 天神이 禍를 내리기도 하나, 多聞比丘가 國中에 있는 까닭에 君臣이 편안하고 만백성들이 和平하다(『三國遺事』 3, 塔像 皇龍寺九層塔).99)

라고 하여, 산천이 험하여 사람들의 성품이 질박하고 邪見을 많이 믿어 간혹 天神의 화를 받는다. 그럼에도 불구하고 新羅가 화평한 것은 多聞比丘(法文을 많이 들은 比丘)가 있어 그 功德으로 인한 果報를 받는 것임을 강조하고

---

98) 이와 비슷한 경우로서 慈藏을 들 수 있지 않나 한다. 비록 위의 「慈藏傳」에서 확인되지는 않지만, 慈藏이 宰相職을 거부하고 있다(『續高僧傳』 24, 慈藏傳;『三國遺事』 4, 義解 慈藏定律). 그러나 종국에 가서 慈藏은 大國統에 就任하여 國家에 協力하고 있기 때문이다. 혹 慈藏의 宰相職 거절이 그의 人品의 반영으로 볼 수도 있겠다. 그러나 이것은 慈藏이 國家權力의 權威보다는 佛敎의 權威에 더 比重을 두었던 것으로 보아야 할 것이다.
99) 然以山川崎嶮 故人性麤悖 多信邪見 而時或天神降禍 然有多聞比丘在於國中 是以君臣安泰 萬庶和平矣

있다. 나아가 이것은 皇龍寺九層塔 조성에서도 다음과 같이 드러나고 있다.

> 지금 너희 나라는 여자를 왕으로 삼았기 때문에 德이 있어도 威嚴이 없다.
> 故로 이웃 나라들이 圖謀하려고 하니 마땅히 속히 本國으로 돌아갈 것이다.
> (중략) 本國으로 돌아가서 절 가운데에 九層塔을 세우면 이웃 나라가 降伏
> 하여 九韓이 와서 朝貢하며 王祚가 길이 편안할 것이다(同上).[100]

이 기사의 내용에서 알 수 있듯이 여자가 임금이 되어 위엄이 없어 이웃
나라가 침략을 도모하므로 이를 免하기 위해서는 皇龍寺에 九層塔을 세워야
한다고 한다. 그러면 그 결과로 이웃 나라의 항복은 물론이요 九韓의 조공을
받는다고 말하고 있다. 즉 國家의 佛事에 대한 功德活動은 바로 나라를 지
키기 위해 행해진 것이었다.

네째로 新羅 내지는 新羅佛敎에 대한 自主的 精神이 강조되고 있다. 다시
말해 新羅의 것이 中國의 그것에 못지 않음을 보이고 있다. 예컨대「朗智傳」
에서는 朗智가 구름을 타고 중국의 淸涼山에 왕래하여 나라 안팎에 이름을
나타낸다.「王和尙傳」에서 惠通은 唐의 無畏 三藏으로부터 '東夷人'이라
하여 멸시를 당하지만 獨自的인 修行活動으로 神異를 보이고, 결국 無畏 三
藏의 추천을 받아 唐 황실의 공주의 병을 고치고 있다.

이러한 新羅의 자주적 정신은「慈藏傳」에 더욱 잘 반영되어 있다. 예컨대
文殊菩薩이

> 文殊보살이 또 말했다. "너희 國王은 인도의 刹利種族의 王인데 이미 佛
> 記를 받았으므로 남다른 因緣이 있으며 東夷 共工의 종족과는 같지 않다(同
> 上).[101]

라고 하여, 新羅王室이 다른 東夷族과는 달리 神聖함을 말하여 주고 있다.
또한「慈藏傳」에서는 皇龍寺의 九層塔을 세우는 연유를 慈藏이 중국의 太
和池에서 神人으로부터 받았음을 말하고 있다. 그런데 統一新羅時代에 기록

---

100) 今汝國以女爲王 有德而無威 故隣國謀之 宜速歸本國 (중략) 歸本國 成九層塔於
寺中 隣國降伏 九韓來貢 王祚永安矣
101) 文殊又云 汝國王是天竺刹利種王 預受佛記 故別有因緣 不同東夷共工之族

된 皇龍寺의 '寺中記'에서는 그 연유를 중국의 終南山 圓香禪師에서 받았
다고 한다.102) 이렇듯 같은 사실을 놓고 두 기록이 대비된다는 점은 주목할
일이다. 九層塔이 건립되어 그 결과로 나타나는 공덕은 두 기록 모두 다르지
않았다.103) 따라서 그 연유를 듣게된 사실을 바꾸어 기록한다는 것은 또다른
의도가 있음을 알려주는 것이다. 두 기록 가운데 '寺中記'의 기록이 보다 합
리적인 것임을 누구나 쉽게 짐작할 수 있다. 그럼에도 불구하고 「慈藏傳」에
서 건탑의 연유를 중국의 圓香禪師가 아닌 太和池의 神人에게서 들었다고
한 것은 新羅佛教의 수준이 중국의 그것에 결코 뒤지지 않음을 은연중에 드
러내고자 하였음을 의미하며, 나아가 中國에 대한 新羅의 自主的 精神을 나
타낸 것이라 할 수 있다고 본다.

3. 著者와 著述意圖

　이상에서 新羅 下代 前期 緣會가 지은 「朗智傳」을 비롯하여 神印宗 승려
가 지었을 「王和尙傳」, 華嚴宗 승려가 지었을 것으로 여겨지는 義湘十大弟
子傳記 등 다른 여러 僧傳들에 대해 살펴보았다. 그리고 그 內容을 검토한
결과 僧傳에는 일정한 傾向이 흐르고 있음도 알게 되었다. 이 사실은 僧傳들
이 일정한 목적을 염두에 두고 쓰여졌음을 짐작케 해주는 것으로 여겨진다.
그러므로 이제 우리의 관심은 下代에 누가 왜 이러한 僧傳들을 著述하게 되
었는가로 옮겨야겠다. 이 점을 이해하기 위하여는 이미 살펴 본 僧傳들의 특
징과 더불어 각 著者들이 처했던 政治·社會的인 입장을 또한 알아야 하겠
다. 앞서 살핀 바와 같이 현재 명확히 알 수 있는 僧傳의 著者는 僧侶 緣會
뿐이므로 이를 통하여 짐작할 수 밖에 없다.
　元聖王代에 國師를 지낸 僧侶 緣會의104) 家門이나 學識에 대해서는 언급

---

102) 『三國遺事』 3, 塔像 皇龍寺九層塔조 및 「皇龍寺九層塔刹柱本記」(許興植, 『韓國
　　　金石全文』 古代, 亞細亞文化社, 1984, p.192).
103) 「皇龍寺九層塔刹柱本記」(同上).

이 없어 전혀 알 수 없다. 다만 國師에 임명된다는 사실로 볼 때 그가 당시 佛敎界에서 차지했던 영향력이 컸었을 것이라 여겨진다. 惠恭王 이후 왕위 쟁탈의 소용돌이에서 즉위한 元聖王이 정권을 안정시키기 위해서는 여러 면에서 統和政策을 펴지 않을 수 없었을 것이다. 따라서 緣會의 國師 임명은 元聖王의 이와 같은 정책적인 意圖가 들어있었던 것으로 여겨진다. 그러므로 당시 緣會가 처했던 입장은 개인으로서 보다는 佛敎界의 입장을 대변하는 위치에 있었지 않나 한다.

이 점은 緣會가 「朗智傳」을 著述한 시기의 歷史的 背景을 살펴 보면, 더욱 쉽게 알 수 있다고 본다. 먼저 정치적으로는 景德王 사망 후 어린 惠恭王을 둘러싸고 왕위쟁탈전이 벌어졌음은 너무나 잘 알려져 있다.[105] 다음 新羅佛敎에 있어서는 元聖王이 즉위하면서 政法典을 정비하여[106] 華嚴宗 승려들을 중심으로 佛敎의 敎團에 대한 통제를 가하였다.[107] 이어 哀莊王代에 이르러서는 重建을 제외한 寺院의 新創禁止 및 사치스러운 佛事活動을 통제하였다.[108] 따라서 下代 初에는 新羅佛敎가 國家로부터 적극적인 지원을 받기보다는 통제를 당하는 분위기에 있었다. 그러므로 당시 승전의 著者들은 국가를 옹호하기 보다는 자연 반대하는 입장에 서 있게 되었을 것이라고 여겨지는 것이다.

이러한 점은 그들이 著述한 僧傳의 내용에서 충분히 짐작하고 남을 일이다. 앞서 살폈듯이 僧傳의 내용 가운데에는 超人間的이고 非合理的인 서술이 많이 나타나는데, 이것은 주인공인 僧侶들의 獨自性을 강조한 때문으로

104) 『三國遺事』 5, 避隱 緣會逃名 文殊岾.
105) 李基白, 「新羅 惠恭王代의 政治的 變革」(『社會科學』 2, 1958; 『新羅政治社會史研究』, 一潮閣, 1974) pp.229-237 참조.
106) 『三國遺事』 4, 義解 慈藏定律 및 『三國史記』 40, 職官 下 武官.
107) 元聖王代에 政法典을 정비하고 불교 교단을 통제하려 한 사실에 대해서는 졸고, 「新羅 元聖王의 政法典 整備와 그 意義」(『震檀學報』 80, 1995; 이 책 수록) pp. 104-116 참조.
108) 『三國史記』 10, 哀莊王 7년.

여겨진다. 나아가 주인공의 이러한 獨自的 能力은 國家나 國王의 權威에 대해 결코 두려워 함이 없고, 도리어 이를 無力化시키고 있다. 이러한 著述의 傾向은 곧 어느 시대이건 國家나 社會가 國王이나 일부 特權階級의 專有物이 아니라는 것을 이야기 하려 했던 것이라 여겨진다. 그러므로 僧傳의 著者들은 자신들이 처한 시대적 상황에서 이전시대보다는 통제가 많아진 것에 대하여 불만을 표출하고, 궁극에 가서는 자신들이 빼앗긴 權利 내지는 權威를 回復하고자 하였다고 생각되는 것이다.

먼저 元聖王代에 활동했던 僧侶 緣會의 경우를 살피고자 한다. 中代 專制 王權下에서 신라의 불교는 국가의 적극적인 뒷받침에 따라 그 활동이 활발하였다. 그러나 下代 初에 들어와서는 앞서 말한 바와 같이 佛教教團에 대한 統制가 내려졌고, 이에 따른 僧侶들의 반발이 적잖았을 것으로 여겨진다. 이 점은 우선 僧侶 緣會가 자신을 國師로 임명하려 한 국가에 대해 다음과 같이 거부의 뜻을 나타냄에서 미루어 생각할 수 있을 것 같다.

> 내가 들으니 나라에서 함부로 듣고 나를 爵位로서 매어두려 하는 까닭에
> 이를 피하고자 한다(同5, 避隱 緣會逃名文殊岾). [109]

이 기사의 내용에서 緣會는 나라에서 잘못 듣고 자신에게 관작을 내리려하므로 이를 피해 가고 있다. 곧 그에게 있어서 國師라는 관작은 구속이었다. 그런데 이를 피했으므로, 이것은 國家權力에 대한 명백한 거부의 의사표시로 이해된다.[110] 따라서 僧侶 緣會는 불교교단을 통제하는 국가에 대해 반대하는 反國家的 입장에 서 있었다고 생각된다. 그렇지만 이러한 反國家的 입장은 體制를 부정하는 反新羅的인 입장으로 이어지는 것은 아니었다. 그 것은 緣會가 국가에 대해 거부를 나타냈지만 文殊菩薩과 辯才天女를 거듭 만나면서 國師의 職에 나아가고 있음에서 알 수 있다.[111] 僧傳의 내용에서

---

109) 吾聞邦家濫聽 縻我以爵 故避之爾
110) 혹 이 사실을 놓고 緣會 자신의 품성 즉, 승려로서 수행에 전념하는 그 자신의 修道姿勢에 따른 것이라는 생각이 들 수도 있겠다. 그러나 후술 하듯이 종국에는 緣會가 국사의 직에 나아가므로 이를 인정하기에는 다소 어려움이 있다고 본다.

살폈듯이 종국에 가서는 국가와 타협을 보이고 있기 때문이다.

이렇듯 佛教教團이 통제받는 가운데 교단을 대표하여 反國家的 입장에 있었던 緣會가 「朗智傳」을 著述하고 있다. 그 이유는 무엇일까. 緣會 자신은 이미 國師로 임명하려는 국가에 대해 이를 거부하므로써 佛教教團의 통제에 대한 항의를 직접 몸으로 보여주었던 사람이다.[112] 이렇게 보면 그가 「朗智傳」을 지은 意圖도 그 윤곽이 드러나지 않나 한다. 무엇보다도 「朗智傳」의 朗智는 法興王代에 신라에 들어와 자신을 드러내지 않고 元曉와 智通을 가르치는 한편, 구름을 타고 다니는 神通力으로 자연히 나라 안팎에 이름이 알려진 것으로 묘사되어 있음에 주목할 수 있다. 이것은 緣會가 「朗智傳」을 통해 僧侶들의 위대한 능력을 강조하여 佛教의 위대함을 역설하려 하였던 것이라 생각된다. 그렇게 함으로써 불교가 신라에 전래된 이후 국가의 발전에 기여한 바가 많았음을 강조하였을 것이다. 나아가 이러한 주장의 다른 면은 당시처럼 佛教教團에 대한 통제가 아닌 上代 末이나 中代 專制王權期와 같이 그에 따른 불교계에 대한 지원을 意圖하였다고 본다. 그것은 佛教教團의 權威가 回復되는 것으로 緣會는 바로 이 점을 국가에 요구하고자 하였으리라 생각되는 것이다.

緣會의 이러한 경우로 미루어 보면 著者가 명확히 밝혀지지 않은 僧傳들에 대해서도 다소 의문이 풀려나리라 보는데, 이제 그 구체적인 예들을 살펴보고자 한다.

먼저 「王和尙傳」에서 王和尙은 자신을 도모하려는 왕명을 무시하여 국가의 권위에 도전함은 물론 자신의 신통력으로 이를 無力化 시키고 있음은 이미 살핀 바와 같다.[113] 그런데 王和尙은 뒤에 왕녀의 병을 고치고 또한 국사

---

111) 『三國遺事』 5, 避隱 緣會逃名文殊岾.

112) 鄕歌를 잘했다는 僧侶 永才는 만년에 智異山에 隱居하였는데 그 시기가 바로 元聖王代였다(『三國遺事』 5, 避隱 永才遇賊). 緣會의 國師 任命 拒否와 關聯해 볼 때 元聖王代에는 僧侶들의 반발이 상당히 있었던 것으로 생각된다. 더욱 뒤의 註 113 참조.

113) 王和尙의 이러한 태도는 圓光法師가 행한 태도와는 매우 대조적이다. 圓光은 乞師

에 임명되고 있다. 비록 著者가 아닌 주인공으로서지만 이와 같은 王和尙의
태도는 똑같지는 않으나 위에서 살펴 본 緣會가 국가에 대해 취한 그것과 유
사하다고 헤아려진다. 다시 말해서 국가의 권위에 대해 이를 무시하기도 하
지만 종국에 가서는 국가와 타협하고 있는 것이다. 이점에 있어서 中古時代
에 神印宗이 국가를 위해 신통력을 발휘하여 외적을 물리치는 등의 공헌을
한 사실을 생각할 필요가 있다.[114] 따라서 신인종에 있어서는 비록 국가의
교단 통제나 홀대에 따라 반발하기는 하지만 국가를 위해 봉사하는 입장은
여전하였음을 알 수 있는 것이다. 그러므로 「왕화상전」의 저술을 통하여 신
인종에 대한 강력한 지지를 호소하려 했던 것으로 여겨진다.

이외에도 「王和尙傳」에서 王和尙은 중국의 無畏三藏을 대신하여 唐 皇室
의 공주의 병을 치료하여 신라인으로서 중국에 이름을 날리고 있다. 또한 이
점은 「慈藏傳」에서 慈藏이 皇龍寺 九層塔의 建塔因緣을 중국의 圓香禪師
가 아닌 太和池의 神人에게서 들은 사실, 新羅王族이 佛記를 받아 다른 東
夷族과는 달리 신성함을 강조한 사실과 더불어 그 맥을 같이하고 있다. 그런
데 이러한 신라 내지 新羅佛教의 中國에 대한 自主的 精神은 위의 「朗智傳」
에서 朗智가 구름을 타고 다니는 신통력으로 중국에까지 이름이 널리 알려
졌다는 사실과 그 경향이 일치되는 것이다.[115]

表를 지으라는 王命에 대해 다음과 같이

"求自存而滅他 非沙門之行也 貧道在大王之土地 食大王之水草 敢不惟命是從"(『三國史
記』 4, 眞平王 30년)

라고 하여, 승려로서 불교의 계율에 어긋나지만 국왕의 명령을 따르지 않을 수 없
음을 밝히고 있다. 즉 圓光에 있어서는 國家의 權威가 우선하였던 것이다. 그러므
로 王和尙이나 연회가 행한 태도는 결코 평범한 것이 아니었음을 알겠다. 그리고
이것은 또한 新羅 下代 初에 승려들의 집단적인 반발이 있었음을 알려주는 것으로
볼 수 있지 않을까 한다.

114) 대표적인 사례로 明朗法師가 秘法을 사용하여 唐나라 군사들의 침략을 막아낸 사
실을 들 수 있겠다(『三國遺事』 5, 神呪 明朗神印조).

115) 더욱 뒤의 註 118 참조.

이상과 같은 僧傳의 著述 傾向에 비추어 우리는 이들 著者 未詳의 僧傳에
대해서도 대체로 다음과 같은 결론을 내릴 수 있겠다. 즉, 著者 未詳의 僧傳
들에서 나타나는 傾向이 「朗智傳」을 지은 僧侶 緣會와 비슷함은 물론 그 내
용면에서도 유사한 것으로 보아, 그 著者들은 대체로 僧侶들이었다고 할 수
있지 않나 한다. 따라서 그러한 僧侶들이 著述 당시에 처한 立場 또한 緣會
의 경우와 비슷하였다고 여겨진다. 그러므로 著述의 意圖에 있어서도 결국
연회의 경우와 같이 국가권력의 佛敎敎團統制에 대한 반발활동의 하나로서
著述되어졌을 것으로 여겨진다. 나아가 이를 통하여 불교교단의 權威回復을
도모하고자 하였을 것이다.

그렇지만 義湘의 十大弟子傳記를 저술한 華嚴宗 승려들은 다른 입장에
서 있었지 않을까 한다. 앞서 설명한 바와 같이 元聖王은 政法典을 통한 교
단 통제를 화엄종 승려를 주축으로 하고 있었다. 그러므로 그들은 국가에 대
해 반대의 입장에서가 아니라 협조자로서의 일을 하였을 것이라고 여겨진
다.116) 따라서 화엄종 승려들은 다른 종파들의 위와 같은 승전 저술을 통한
주장에 대해 의상십대제자전기의 저술을 통해 그들의 신통력 등을 강조함으
로써 그것에 대응하려 했을 것이라고 생각된다.

그런데 사실 新羅의 佛敎는 그동안 정치적 우대를 받아온 만큼 下代 初에
갑자기 국가의 강제 속에 쉽게 통제될 만큼 세력이 약하지는 않았을 것이다.
따라서 僧侶들의 반발은 충분히 그 의사가 수용되었을 것으로 추측된다. 이
에 대해서는 우선 興德王代에 僧侶들의 出家를 갑자기 허용한다는 점에서
그 하나의 실마리를 찾을 수 있다.117) 다음으로는 興輪寺 金堂에 十聖의 塑
像이 만들어진다는 것에서도 알 수 있을 것이다.118) 세째로 뒤늦게나마 이러

---

116) 李基東에 따르면 中代 專制王權時代에 정신적 뒷받침이 되었던 華嚴思想은 시대
　　가 下代로 바뀐 뒤에도 그 위력에는 변함이 없었고, 또한 왕실의 후원도 계속되었
　　다고 한다(「新羅 興德王代의 政治와 社會」, 『國史館論叢』 21, 國史編纂委員會,
　　1991 : 『新羅社會史硏究』, 一潮閣, 1997, pp.176-180).
117) 『三國史記』10, 興德王 5년.
118) 『三國遺事』 3, 塔像 東京 興輪寺 金堂十聖. 十聖은 我道, 猒髑, 惠宿, 安含, 義湘,

한 聖人들에 대한 추모비가 세워진다는 사실이다. 異次頓과 元曉를 비롯하여, 지금은 전하지는 않지만 문헌상에서 파악할 수 있는 義湘의 浮石本碑와 安含의 碑 그리고 勝詮의 碑가 있다.[119] 이러한 점으로 볼 때 新羅의 佛教界는 국가권력의 강화된 통제 하에서도 여전히 자신들의 권위를 유지하기 위해 힘을 기울였고, 따라서 이같은 몸부림이 僧侶들의 僧傳 著述로 나타나게 되지 않았나 한다. 이에 따라 국가에서도 불교계의 반발을 무마하고자 하는 위의 사례와 같은 정책을 펴 나아가게 되지 않았나 한다.

지금까지 新羅 下代 前期에 著述된 僧傳들에 대해 검토해 보았다. 이제 그 대강을 정리하고 그러한 僧傳 著述이 지니는 意義를 檢討함으로써 맺는 말을 삼고자 한다.

下代 前期에 이루어진 僧傳은 元聖王代에 국사를 지낸 緣會를 비롯한 神印宗・華嚴宗 僧侶들에 의해 著述되었음이 확인되었다.

僧傳들은 그 내용에서 주인공인 僧侶들의 超人間的인 神通力을 서술하고 이를 통하여 불교의 위대성을 강조하였다. 또한 僧侶들의 위대함은 때로는 國家의 權威보다 뛰어난 것으로서 國家權力과 對立하기도 하였으나, 종국에

表訓, 蛇巴, 元曉, 惠空, 慈藏이다. 興輪寺에의 十聖 奉安은 佛陀의 十大弟子에 對比되는 것으로서, 이것은 新羅가 新羅佛教의 優秀性과 東方佛國인 新羅의 佛教的 위치를 나타내는 것이라고 여겨진다(金煐泰, 「新羅十聖考」, 『韓國學研究』 2, 東國大, 1977; 『新羅佛教研究』, pp.373-378). 또한 이것은 僧傳의 著述傾向에 보이는 新羅 내지는 新羅佛教의 自主的 精神과 그 脈을 같이 하는 것이라 생각한다. 더욱 이에 대해서는 졸고, 「新羅 下代 前期 興輪寺 金堂 十聖의 奉安과 彌勒下生信仰」(『韓國思想史學』 11, 1998; 이 책 수록) 참조.

119) 異次頓에 대해서는 新羅 憲德王 10년(812)에 세워진 것으로 추정되는 「慶州 栢栗寺石幢記」(許興植 編, 앞의 책, p.162)가, 元曉에 대해서는 哀莊王代(800-808)에 세워진 것으로 「慶州 高仙寺誓幢和尙碑」(同, p.149)가 있다. 義湘의 「浮石本碑」는 『三國遺事』 3, 塔像 前後所將舍利조에서, 勝詮의 碑는 같은 책 4, 義解 勝詮髑髏조에서, 安含의 碑는 『海東高僧傳』 1, 流通 「安含傳」에서 확인된다. 더욱 이에 대해서는 졸고, 「新羅 下代 前期 高僧追慕碑의 建立」(『韓國古代史研究』 25, 2002; 이 책 수록) pp.146-157 참조.

가서는 調和를 이루고 있었다. 그리고 佛敎의 獨自的인 性格도 강조하였는데, 이것은 불교가 세속적인 권력에 소속된 일부로서가 아니라 獨自的인 모습을 지니고 있음을 말하는 것이었다. 그러나 이것 역시 국가의 테두리 안에 있는 불교로서의 한계가 있는 것이었다. 이외에도 僧傳에서는 중국에 대응하여 新羅 내지는 新羅佛敎의 자주적 정신을 강조하였다.

僧侶들의 이같은 僧傳 著述은 下代 初에 들어와 國家가 佛敎 敎團을 統制하는 것에 대해 반대하는 反國家的인 입장에서 이루어진 것이었는데, 그렇다고 국가의 체제를 부정하는 反新羅的인 입장에 이르는 것은 아니었다. 그리고 著述의 意圖에 있어서는 국가에 의해서 통제되는 佛敎敎團의 權威를 回復하고자 하는 것이었다. 또한 著述活動을 통한 이와 같은 반발은 국가에 의해서 다소 수용되었을 것으로 확인되었다. 그렇지만 中代에 이어 下代에도 여전히 국가 권력의 뒷받침을 받는 華嚴宗 승려들은 다른 종파 승려들의 활동에 대응하고자 승전 저술을 통하여 화엄종 승려들의 위대성을 강조하고자 했을 것으로 이해되었다.

이러한 점으로 미루어 볼 때 新羅 下代의 前期에 僧傳의 著述이 유행한 것은 주목하여야 할 중요한 歷史的 현상이 아니었나 한다. 그리고 그것은 統一新羅時代 佛敎史의 일단면을 반영하는 것이라 이해된다.

제3절 下代 前期 高僧追慕碑의 建立

『三國遺事』의 篇目名에서 一然이 제시했듯이 新羅의 佛敎는 阿道가 기초를 열고, 法興王의 興法과 더불어 異次頓의 殉敎라는 희생의 댓가를 치루고 나서 그 화려한 꽃을 피울 수 있게 되었다.[120] 그 결과 신라에 불교가 번성하여지면서 元曉를 위시하여 많은 高僧들이 탄생하였고, 또 신라인들은 이들의 功德을 기리는 追慕活動을 여러 방법으로 펼치었다.

---

120) 『三國遺事』3, 興法 3, 阿道基羅 및 原宗興法 猒髑滅身.

다음은 그러한 예의 하나다.

A 동쪽 벽에 앉아 서쪽으로 향한 진흙 塑造像은 我道·猒觸·惠宿·安含·
  義湘이요, 서쪽 벽에 앉아서 동쪽으로 향한 진흙 소조상은 表訓·蛇巴·
  元曉·惠空·慈藏이다(『三國遺事』 3, 塔像 4, 東京 興輪寺 金堂十
  聖). 121) 金煐泰

내용에서 알 수 있듯이 興輪寺에 高僧 열 분의 塑造像을 조성하여 金堂에
모신 사례이다.122) 이것은 그들을 추모한 것으로 이해되는데 단순한 고승으
로서가 아닌 聖人으로서 추모하였다는 점에서, 또 홍륜사가 신라 불교의 첫
출발지인 요람이라는 점에서 흥미롭다. 그리고 홍륜사에서는 해마다 이차돈
의 忌日인 8월 5일에 추모행사를 하였다고 한다.123) 이같은 사실들은 이들
에 대한 신라인들의 추모활동이 의례적이거나 一會性에 그치는 것이 아니라
그 追崇하는 뜻이 매우 높은 것이라고 여겨진다.124)

이렇게 볼 수 있는 것은 신라인들이 고승들의 업적을 오래도록 기리기 위
해 비석을 세워서 추모의 뜻을 간절히 하고 있기 때문이다. 안타깝게도 이
유물들은 오랜 세월이 지나면서 대부분 散失되었고, 일부만이 남아 오늘날까
지 전해지고 있다. 다행히 없어진 유물 가운데는 「我道和尚碑」와 같이 문헌
에 채록되어 세워진 사실과 더불어 그 내용을 확인할 수 있어서 귀중한 사실

---

121) 홍륜사 금당 십성에 대해서는 金煐泰, 「新羅十聖考」(『韓國學研究』 2, 東國大 韓國
    學研究所, 1977; 『新羅佛敎研究』, 民族文化社, 1987) 및 졸고, 「新羅 下代 前期
    興輪寺 金堂 十聖의 奉安과 彌勒下生信仰」(『韓國思想史學』 11, 韓國思想史學會,
    1998; 이 책 수록) 참조.
122) 소조상을 조성한 예로, 원효에 있어서는 아들 薛聰이 遺骨을 분쇄하여 진흙과 함께
    造像하여 芬皇寺에 봉안하였으며(『三國遺事』 3, 義解 4, 元曉不羈), 또 貞元 년중
    (784~805)에도 조성하였다고 전한다(본문의 「誓幢和上碑」 참조).
123) 鄉傳云 鄉老每當忌旦 設社會於興輪寺 則今月初五 乃舍人捐軀順法之晨也(『三國
    遺事』 3, 原宗興法猒觸滅身).
124) 불교에서의 聖人(者)이란 "聖智를 證得(깨달음)하여 見道 이상(佛性을 본다는
    뜻)인 사람 혹은 龍樹와 같은 인도의 뛰어난 論師들"을 뜻한다(塚本善隆 외, 「聖
    人」, 『望月佛教大辭典』 3, 世界聖典刊行協會, 1957, p.2748). 여기에서는 전자에
    해당 된다. 자세한 것은 졸고, 위의 논문 참조.

을 얻게 되었다. 그런데 주목되는 것으로 위의 十聖 가운데 다섯 분에 대한 비석이 세워졌음이 확인된다는 사실이다. 더하여 禪宗의 神行, 華嚴宗의 勝詮, 法相宗의 憬興에 대한 비석도 세워진 사실이 확인되는데, 이는 마치 각 종파의 대표적인 분들 가운데 한 분씩을 선정하여 조성한 듯한 느낌도 없지 않다.125)

　이같은 점에서 신라인들이 고승들에 대한 추모의 뜻을 깊이 하였음을 알 수 있는데 특이한 점이 발견 된다. 下代 後期에 세워지는 禪師들의 碑를 제외하고 나면 현재 우리가 알 수 있는 추모비들의 대부분이 下代 前期에 집중되고 있기 때문이다. 본문에서 확인되겠지만 哀莊王代의「誓幢和上碑」憲德王代의「異次頓殉敎碑」·「神行禪師碑」등은 명확히 알 수 있는 사례들이다. 익히 알고 있듯이 下代의 新羅 社會는 결코 안정되지 못했다. 따라서 그러한 시기에 소조상을 조성하여 봉안하고 또 그들의 업적을 추모하는 碑石들이 세워지는 것은 어떠한 목적이 들어있는 것이라고 여겨진다. 본고는 바로 이와 같은 점을 알고자 하는 것이다.

　이를 알기 위해 본 연구에서는 먼저 下代 前期에 高僧追慕碑가 건립된 사례를 알아보는 한편으로, 碑文의 내용과 그에 나타나는 傾向을 살피고자 한다. 다음 下代 前期의 政治와 佛敎에 관련된 歷史的 배경을 알아 보고자 한다. 나아가 이를 바탕으로 국가에서 추모비들을 세우고자 한 目的을 살피고, 그 의미를 정리하여 글을 맺고자 한다.

1. 高僧追慕碑의 건립과 碑文 내용

　統一新羅時代에 세워진 高僧追慕碑들을 유물과 문헌을 통해 찾아보면 다음과 같이 표 1)로 정리된다.126)

---

125) 표 1) 참조. 이로 미루어 볼 때 십성의 나머지 다섯 분과 또다른 고승들에 대한 비석들도 있었을 법한데, 현재로서는 더이상의 것을 찾을 수 없다.

126) 하대 후반기에 집중적으로 세워지는 선사들의 비는 추모활동의 성격을 벗어나는

표 1. 統一新羅時代 建立 高僧追慕碑 일람표

비 명 (주요활동기)	찬 술 자	건립 시기 (추정)	근 거	비 고
「我道和尙碑」 (未鄒王代)	韓奈麻 金用行	(中代)	『三國史記』4. 法興王 15년 『三國遺事』3. 阿道基羅 同, 原宗興法厭髑滅身 『海東高僧傳』1. 法空傳	興輪寺 金堂十聖
「誓幢和上碑」 (文武王代)	승려 △ 초고 유학자 改撰?	哀莊王代 (800-808)	유물 일부 현존	흥륜사 금당십성
「異次頓殉敎碑」 (法興王代)	승려 一念 초고 유학자 改撰?	憲德王10년 (818)	유물 현존	흥륜사 금당십성
「安含碑」 (善德王代)	翰林 薛某	(下代 前期)	『海東高僧傳』2. 安含傳	흥륜사 금당십성
「孚石本碑」 (문무왕대)		(하대 전기)	『三國遺事』3. 前後所將舍利	흥륜사 금당십성
「神行禪師碑」 (景德王代)	國相 兵部令 金獻貞	憲德王 5년 (813)	『大東金石書』탁본 『海東金石苑』탁본	禪宗
「勝詮碑」 (문무왕대)		(하대 전기)	『三國遺事』4. 勝詮髑髏	華嚴宗
「憬興碑」 (神文王代)	승려 玄本	(하대 전기)	『三國遺事』5. 憬興遇聖	法相宗

1)「誓幢和上碑」

원효에 대해서는 哀莊王代(800~808)에 그를 追慕하는 「誓幢和上碑」가
세워졌다. 이 비석은 당시 攝政으로 있었던 角干 金彦昇에 의하여 세워진
것으로 여겨지는데, 그가 정치적 실세였던 만큼 국가에서 세운 것으로 보아
좋을 듯하다. 비석이 세워졌던 곳은 高仙寺址로 여겨지며, 지금은 비편 2개
가 발견되어 그 내용의 대강을 살필 수 있다.[127]

비문의 내용을 파악해보면, 먼저 서문에서는 비문을 쓰게 된 대의를 이끌

것으로 판단하여 제외하였다.

127) 비편의 原文 및 관련 연구에 대해서는 金相鉉, 「新羅 誓幢和上碑의 再檢討」(『蕉
雨 黃壽永博士古稀紀念論叢』, 通文館, 1988) 및 졸고, 「新羅 哀莊王代 「誓幢和上
碑」의 建立과 그 意義」(『國史館論叢』74, 國史編纂委員會, 1997) 참조.

어주고 있다. 여기에서는 "法空의 자리에 올라 傳燈의 □를 짓고 法輪을 다
시 구르게 할 사람"이 서당화상이라고 하여 원효를 再轉法輪者로 인식하고
있다. 그리고 文武大王이 나라를 잘 다스리던 治世에 대한 내용이 있다. 원
효의 출생 연대가 617년으로 추정되므로 문무대왕이 신라를 다스리던 시기
(661~680)는 그의 晚年에 해당되기도 하지만, 그가 왕성한 활동을 보이던
시기이기도 하다.[128] 비록 앞부분이 佚失되어 어떠한 판단을 내리기에는 어
려우나 이 내용으로 미루어 보아 원효의 활동이 문무대왕의 치세와 관련되
어 있음을 나타내려 한 것이 아닌가 한다.

　다음 원효의 여러 저술 가운데『十門和諍論』과『華嚴宗要』의 의미에 대해
설명하고 있다. 이중에서도『십문화쟁론』에 대해서는 4행(다른 내용을 제외
하면 3행의 분량임)에 걸친 설명을 통하여 그 의미를 강조하려고 하였던 노
력이 돋보인다.[129] 『화엄종요』는『華嚴經』에 대한 註釋書로 여겨지는데,
『십문화쟁론』에 비해서는 간략한 서술을 하였으나, 원효가 경전에 대해 주석
을 한 것이 비단 이것 하나 뿐이 아니어서 여기에 서술한 그 의도가 주목된
다. 또한 비문은 원효의 저술이 梵語로 번역되어 인도에까지 전래되었음을
알려주고 있다.

　다음은 원효에 대한 追慕活動의 사실을 설명하고 있다. 먼저 大曆 연간에
원효의 손자 薛仲業이 일본 재상으로부터 그를 찬양하는 詩句를 받아 온다.
그런데 그 내용이 3행(다른 내용을 제외하면 2행의 분량임)에 걸친 설명이
있는 것으로 보아 원효의 뛰어남을 강조하려고 하는 것임을 알 수 있다. 이
같은 경향은 신라에서도 마찬가지여서 道俗 모두가 한결 우러러 본 사실과
貞元 년중(785-804)에 진흙으로 된 원효의 소조상을 만들고 禮를 표현하였
음을 알 수 있다.[130]

---

128) 金相鉉, 위의 논문, pp.483-484.
129) 이 부분은『십문화쟁론』서문의 일부분이 아니라 그 내용을 설명한 것으로 봄이 옳
　　다(金相鉉, 위의 논문, p.488).
130) 道俗咸稱 僧龍法□ 奉尋(마멸) 行遇聖人 攀旐靡絶 追戀無從.

그리고 당시 섭정으로 실력자였던 각간 김언승(곧 뒤의 憲德王)이 원효를 매우 존경하였음을 알 수 있다. 또한 그는 원효의 靈跡이 글로써 나타내지 않으면 않된다고 하여 승려로 하여금 그 연기를 짓도록 하였다.[131] 내용이 일실되어 정확한 추측이 어렵지만 아마도 원효의 소조상을 만드는 작업 등은 바로 이 김언승이 주도하였을 것이라고 생각 된다.[132] 김언승의 이같은 노력에 대한 내용은 거의 2행에 걸쳐 기록되어 있는데, 이것으로 보아 그가 비의 건립의 실질적인 주체였음을 알 수 있지 않을까 한다.

이상에서 「서당화상비」의 내용을 간략하게 검토해 보았다. 그렇지만 비석의 일부가 일실된 관계로 비문에서 강조하고자 한 것에 대해 자세히 알 수는 없었다. 그렇더라도 「서당화상비」의 건립이 우선은 원효의 추모에 있었고, 그것은 원효의 저술에 나타난 가르침에 대해 높은 평가를 내리는 것이었다. 그리고 그 저술은 『十門和諍論』과 『華嚴宗要』였으며, 이중에서도 『십문화쟁론』이 더욱 강조되었다. 또한 원효의 사상을 추모하는 활동이 신라는 물론 일본에서도 끊어지지 않았음을 밝혀주고 있다. 그리고 원효의 활동 이면에는 문무왕과 같이 훌륭한 왕이 보호해 주고 있었음을 강조한 듯한데, 이는 비문에 문무왕의 치적이 강조된 점에서 생각해볼 수 있겠다.

2) 「異次頓殉教碑」

이차돈에 대해서는 元和 13년(憲德王 10년:818)에 세운 「異次頓殉教碑」 (혹은 「栢栗寺石幢記」: 이하 「순교비」로 약칭함)가 있다. 비면이 많이 마멸되어 내용을 자세히 파악하기는 힘들지만, 비문의 일부가 「元和帖」으로 전해져 그 윤곽을 알게 되었다. 여기에서는 「원화첩」에 의해 보완 복원된 내용

'貞元年中'・'泥堂葺屋'・'造大師居士之形'・'覩像觀形 誠心頂禮'.

131) '角干金彦昇公 海岳精乾坤秀 承親'・'心委命 志在虔誠 尊法重人'.
    '以令僧作' 그런데 이것은 승려로 하여금 초고를 작성케 한 것으로 여겨진다. 즉 이 초고를 바탕으로 유학자가 왕명을 받아 개찬한 것으로 판단되는데, 이는 뒤에 설명되는 「이차돈순교비」의 사례로 미루어 생각해 볼 수 있다.

132) 金相鉉도 지적하였다(위의 논문, p.481).

을 바탕으로 검토하고자 한다.133)

비석은 6面碑로서 이미 많은 지적들이 있어 왔듯이 이는 불교의 6婆羅密多를 상징하려 한 것임을 알 수 있다. 이는 불교의 도입이 신라의 발전에 기여한 공로가 매우 크다는 신라인의 생각을 상징적으로 나타낸 것이라고 보아진다.

비의 첫면에는 이차돈이 순교하는 장면 즉 목에서 우유빛의 피가 솟구치고 하늘에서는 꽃비가 내리는 장면을 조각하고 있다. 이는 이차돈이 中代에 세워진 「我道和尙碑」에서 附加 撰述된 것과는 달리 그 獨自性을 강조하려는 것이다.134)

이어 본문에서는 法興王이 나라와 백성들을 위해 佛法을 함께 세울 짝이 업음을 한탄하고 있다. 이 때 猒觸(이차돈)이 왕을 돕고자 하여 하문을 요청하였으나, 왕은 그가 할 수 없는 일이라고 한다. 왕은 불교가 유행하게 되면 나라는 豊饒롭고 백성은 평안하며, 三韓을 統一하고 四海를 넓힐 수 있다고 한다.135) 위촉이 비밀히 계책을 아뢰니, 왕은 權道(임기응변의 방도)를 삼겠다고 한다. 이에 따라 법흥왕은 사방에 劍士들을 배치하고 말하기를 "신하들이 佛法을 믿기 위해 절을 지으려는데 고의로 (막으니) 纂賊이다."라고 하였고, 신하들은 절대로 반역의 뜻이 없다고 하면서 맹세하였다. 왕이 위촉을 불러 물으니 답하지 못했고 유사에게 명하여 목베도록 하였다. 그의 목을 베니 흰젖이 솟아나고 하늘에서는 꽃비가 내렸다. 시신을 北山에 장사지내고 西山에 묘를 세웠다.

끝 부분에서는 法興王이 즉위한 大同 15년 乙未年(515)으로부터 지금 永泰 2년 丙午년(혜공왕 2년: 766)까지는 253년이 되는데, 이 때에 老魄이 나

---

133) 「元和帖」(李基白 編, 『韓國上代古文書資料集成』, 一志社, 1987, pp. 35-38).

134) 「아도화상비」에 이차돈에 대한 사화가 실려 있음은 다음 내용에서 알 수 있다.
又按金用行撰阿道碑 舍人時年二十六 父吉升 祖功漢 曾祖乞解大王(『三國遺事』3, 興法 原宗興法猒觸滅身).

135) 若我天下 佛敎流行 蠢動之類 得昇人天 國豊民安 可通三韓 亦廣四海.

타나 幼魂과 대화를 한다는 내용이 들어 있다. 내용은 옛날에 興法을 하려는 왕이 있었다는 표현이 보인다. 이는 비석의 건립이 당시 혼백의 출현과 관계가 깊음을 알려주기도 하는 것이다. 그리고 비석 건립의 추진을 담당하였을 國□·法主 등의 구절이 보이는데, 이는 『三國遺事』에 國統 惠隆과 法主 孝圓·金相郎 등이 豐碑를 세웠다는 것과 일치하는 것으로 판단된다.[136] 이점에서 보아 「순교비」의 건립은 국가에서 주도한 것으로 여겨진다.

이상과 같은 비문의 내용은 비를 세운 전년도에 南澗寺 사문 一念이 찬술했다는 「髑香墳禮佛結社文」(이하 「예불문」으로 약칭함)의 내용을 정리해서 기록한 것으로 파악되고 있는데, 이를 대조해보면 다른 면이 없지 않다.[137] 이에 대해서는 다음의 표 2)를 대조해보면 십분 이해될 수 있다.

표 2. 「예불문」과 「순교비」의 찬술 내용 대조표

구 분	「예불문」	「순교비」
法興王의 問責	於焉大王 權整威儀 風刀東西 霜仗南北 以召群臣 乃問 卿等於我欲造精舍 故作留難 於是群臣戰戰競懼 傯侗作誓 指手東西 王喚舍人而詰之 舍人失色 無辭以對大王忿怒 勅令斬之	王之□□ □□必然 □□衣□ □於路寢 佩劍之士 備於四方 □□□臣□□ 則□北面而□王 乃問曰 臣等於吾 以爲信佛法 欲建塔□ 故□纂賊. 諸臣□拜 □□□曰 臣等絕無如□逆意 若有□□□□盟 王召□□□□□無答 王□告司 □ 於猒子 □□而□ 揮淚北面
殉教時의 神異	有司縛到衙下 舍人作誓 獄吏斬之 白乳湧出一丈 (중략: 102자) 此乃扶丹墀之信力 成阿道之本心 聖者也 於是家家作禮 必獲世榮 人人行道 當曉法利	司則脫冠 反縛其手 致於官庭 告旲劍向 級時頸中 白乳一丈 當尒之時 天雨名花 地爲六躍 人物謀慟 動殖不安 路中携哭 井確停足 揮淚送殯 葬屍北山 立廟西山

---

136) 降有國統惠隆 法主孝圓金相郎 大統鹿風 大書省眞恕 波珍飡金巋等 建舊塋 樹豐碑(『三國遺事』3, 興法 原宗興法猒髑滅身).

137) 『三國遺事』3, 興法 原宗興法猒髑滅身조 참조. 그리고 두 기록이 일부가 부합되지만 일치하지 않는 곳이 적지 않다고 지적된 바 있다(末松保和, 「異次頓傳說の史料」, 『新羅史の諸問題』, 東洋文庫, 1954, pp.228-232).

표 2)를 보면, 먼저 법흥왕이 創寺를 고의로 지체시키고 있다는 이유를 들어 신하들을 문책하는 부분에 있어서, 「순교비」가 「예불문」보다 내용을 자세히 함과 더불어 국왕의 위엄을 매우 강조하고 있다. 반면 「예불문」의 경우 이차돈 순교 당시의 神異한 상황에 대한 설명은 세 배에 가까운 분량으로 내용을 자세히 하고 있다.

따라서 「순교비」는 「예불문」의 내용을 축약한 것이 아니라, 그것을 바탕으로 새롭게 찬술자의 의도에 따라 改撰되었다고 생각된다. 그리고 이를 개찬한 자는 같은 계통의 승려이기 보다는 儒學者가 아닌 듯싶다. 이는 법흥왕이 이차돈의 계책 상신에 대해 權道로 삼겠다고 한 것,[138] 이차돈을 '布衣'라고 한 것 등으로 볼 때 그렇지 않은가 한다. 더욱 표의 대조를 통하여 볼 때 국왕의 위엄을 강하게 부각시키고 있다는 점에서 보아 國家의 명을 받고 유학자가 개찬하였다고 볼 수 있는 것이다.

비문에서 강조되는 내용으로 먼저 불교가 전래되어 신라의 삼국 통일에 기여하였음을 내세우고 있다. 다음 국왕의 위엄을 강조하였다. 법흥왕이 흥륜사 창건에 따른 신하들의 반대에 대해 '纂賊'으로 단정하고 있음에서 이를 알 수 있다. 이 때 신하들은 공포에 떨며 절대로 반역의 뜻이 없다고 하였으며 맹세하였는데, 당시의 정치상황으로 보아 있을 수 없는 일임은 자명하다.

3) 「安含碑」

안함에 대해서는 翰林 薛某가 王命을 받들어 비문을 찬술했던 사실이 전하고 있어 국가에서 그에 대한 추모비를 세웠음을 명확히 알 수 있다.

B 翰林 薛某가 詔勅을 받들어 碑를 찬술하였다.[139]

한림은 본래 詳文師로서 聖德王 때에는 通文博士로 불리었다가 景德王代에 들어와 고쳐 불리어진 명칭이다.[140] 이 사실에서 안함의 추모비는 경덕왕

---

138) 이는 『中庸』을 인용한 것이다.
139) 翰林薛某奉詔撰碑(『海東高僧傳』 2, 安含傳).

대 이후에 세워졌음을 알 수 있는데, 앞서 세워진 「서당화상비」, 「이차돈순
교비」 등의 사례와 흥륜사 금당십성에 봉안된 점에서 보아 하대 전기에 세워
진 것으로 보는 것이 타당하다고 여겨진다. 또한 「神行禪師碑」에는 신행이
先師 安弘 兄의 曾孫이라고 밝히고 있으므로 역시 비슷한 시기에 조성되었
을 것이라고 여겨진다.141)

비문의 내용은 다음과 같다. 안함은 第一女主(善德女王)를 忉利天에 장사
지낼 일, 千里에 나아가 싸우던 군사가 패할 일, 四天王寺가 이루어질 일, 왕
자(仁問)가 고국에 돌아올 해, 大君의 盛明(통일)할 해 등을 말하였는데 모
두 어긋남이 없었다고 한다. 선덕여왕 9년(640)에 萬善寺에서 62세로 입적
하였다. 이 달에 사신이 중국으로부터 돌아오면서 우연히 안함을 만났는데
그는 물결 위에 자리를 펴고 서쪽으로 향해 갔다고 한다.

이 내용은 비문 끝부분의 銘으로서 본문에 찬술된 내용이 축약된 부분인
데, 당시 비면에 이끼가 많이 끼고 결락되어 절반 정도 밖에 읽을 수 없었다
고 覺訓은 밝히고 있다. 그런데 이 내용들은 『해동고승전』에 인용된 안함의
저술인 『참서』의 내용과 거의 같다. 이로서 비문의 찬술과정에서 안함의 업
적에 대해서는 『참서』가 참고되었음을 알 수 있다.

비문에서는 안함의 예언자로서의 뛰어난 역할을 강조하고 있는데, 대부분
이 국가의 일과 관련된 일들이라는 점에서 보아, 그가 국가의 희망을 알려
주는 내용을 예시하였고 그것이 맞아들면서 당시 사람들에게 호평을 받았을
것이라고 여겨진다.142)

4) 「浮石本碑」

義湘에 대해서는 「浮石本碑」가 세워진 사실이 확인된다.

---

140) 『三國史記』 39, 雜志 8, 職官 中.
141) 안함과 안홍이 동일인일 것이라는 사실에 대해서는 辛鍾遠이 상세히 고증한 바 있
    다(「安弘과 新羅佛國土說」, 『新羅初期佛敎史硏究』, 民族社, 1992, pp.232- 237).
    그의 의견이 옳다고 보므로 이에 따른다.
142) 辛鍾遠은 『참서』가 신라인에게 희망을 주고 미래를 약속한 예언서라고 지적하였다
    (위의 논문, pp.237-242).

C 이 기록의 「義湘傳」을 보면 永徽 초년(650)에 入唐하여 智儼을 뵈었다고
   하나, 孚石本碑에 의하면 이렇다. 143)

　이 기록은 일연의 제자 無極이 追記한 것으로 「부석본비」의 내용 가운데
崔致遠이 지은 「義湘傳」과 다른 부분이 있음을 지적하고, 이하에서 그것을
밝혀 놓은 것이다.

　이에 기록된 비문의 내용을 살펴보면, 의상은 武德 8년(625)에 태어나 소
년시절에 출가했다. 永徽 원년(650)에 원효와 함께 입당하고자 했으나 장애
가 있어 돌아왔다. 龍朔 원년(661)에 입당하여 智嚴法師에게 배웠는데, 總
章 원년(668)에 지엄법사가 입적하였다. 咸亨 2년(671)에 신라로 돌아와서
長安 2년(702)에 세상을 떠났으니 나이 78세였다.

　비석의 건립 시기와 주체자에 대해서는 알 수 없지만 앞서의 다른 십성들
의 사례로 미루어 역시 下代 前期 국가에 의해 건립되었을 것이라고 여겨진
다.144)

　비문에서 강조하고자 한 내용에 대해서는 잘 알 수 없다.

---

143) 按此錄義湘傳云 永徽初 入唐謁智儼 然據孚石本碑(『三國遺事』3, 塔像 前後所將
　　舍利)
144) 위에서 살핀 바와 같이 無極은 의상의 入唐 시기에 대해 崔致遠이 지은 「義湘傳」
　　과 「浮石本碑」의 서술 내용이 서로 다르게 되어 있다고 지적하였다(同上). 또한
　　의상에 관한 기록을 전하는 高麗時代의 여러 문헌들을 살펴보면, 대부분이 최치원
　　이 지은 「의상전」을 인용하고 있다(이에 대해서는 졸고, 「統一新羅時代 僧傳의 著
　　述과 그 意義」, 『韓國學報』69, 一志社, pp.51-54 참조). 따라서 高麗時代에는 최
　　치원 찬술의 「의상전」이 널리 읽혀졌음을 알겠다. 이 사실로 미루어 이 「부석본비」
　　는 고려 肅宗때 세웠다는 「圓融國師碑」와는 다른 것으로 봄이 옳지 않을까 한다.
　　이 점은 신라 하대 전기에 의상의 十大弟子에 대한 전기가 찬술되었던 사실에서
　　볼 때도 그렇다(졸고, 위의 논문, pp.49-51 참조). 이로 미루어 보면 당시 의상에
　　관한 전기도 있었을 법하지만 뒤에 최치원이 찬술한 「의상전」이 널리 오랜 동안 유
　　행하게 되면서 막연하게 되었다. 어떻든 스승과 십대제자와의 전기로 보면 이 시기
　　에 「부석본비」가 건립되었던 것으로 봄이 옳다고 하겠다.

5)「神行禪師碑」

경남 산청군 단성면의 斷俗寺址에 세워진「神行禪師碑」는 流失되어 전하지 않는데, 『大東金石書』와 『海東金石苑』에 그 탁본이 전하여 비문의 내용을 온전히 알 수 있다.[145] 이에 의하면 皇唐衛尉卿國相兵部令兼修城府令伊干 金獻貞이 비문을 찬술하였으며, 글씨는 東溪沙門 靈業이 썼다. 비석은 신행선사가 입적한 뒤 36년에 신행과 함께 공부한 三輪禪師의 청으로 조정사람들의 도움을 받아 元和 8년(憲德王 5년: 813)에 건립되었다.

비문의 찬술자인 김헌정은 哀莊王 8년 정월에 伊湌으로서 侍中에 임명되었으며, 이후 헌덕왕 2년 정월 波珍湌 金亮宗으로 교체될 때까지 만 3년간 재임하였다.[146] 애장왕의 섭정이었던 헌덕왕이 왕을 弑害하고 난 뒤에도 계속 재직하였던 것으로 보아 난에 가담했던 인물로 파악 된다. 이런 점에서 볼 때 김헌정은 헌덕왕이 추진하고자 하는 뜻을 잘 이해했을 것이라고 여겨진다. 따라서 그는 국가의 입장을 잘 대변하였다고 보아진다.

비문의 내용을 살피면, 먼저 서문에서는 신행선사를 57位의 경지에 오른 분으로 이미 부처가 될 授記를 받았다고 높이 평가 하고 있다. 다음 신행의 俗姓은 金氏이며, 東京 御里人으로 級干 常勤의 아들이다. 先師 安弘 兄의 曾孫이기도 하며, 나이 30에 출가했다고 밝혔다. 출가후 2년간은 運精律師의 문하에서 배웠으며, 다시 法朗禪師에게 배웠다. 법랑이 입적한 뒤 唐에 들어가 志空和尙에게 北宗禪을 傳受받았다. 지공화상이 수기를 주면서 귀국하여 불법을 전파하라는 命을 받들고 돌아왔다. 귀국후 많은 더이상 敎化할 사람이 없을 정도로 수많은 전교활동을 펴다가 76세에 南岳 斷俗寺에서 입적하였다.

---

145) 판독과 주석에 대해서는 李智冠의 것을 참고하였다(「丹城 斷俗寺 神行禪師碑文」, 『譯註 歷代高僧碑文』新羅篇, 伽山文庫, 1993). 더욱 呂聖九,「神行의 生涯와 思想」(『水邨朴永錫敎授華甲紀念 韓國史學論叢』上, 探求堂, 1992) 및 鄭善如,「新羅 中代 末·下代 初 北宗禪의 受容」(『韓國古代史硏究』12, 1997) 참조.
146) 『三國史記』10, 哀莊王 8년 및 憲德王 2년.

선사를 묻은 곳은 깊은 산의 신령스러운 신의 동굴로서 이곳은 마치 摩訶迦葉이 法衣를 지키며 慈氏(미륵불)의 하생을 기다린다는 『大唐西域記』에 이른바의 雞足石室과 같다. 삼륜선사는 형체는 상을 새기지 않으면 볼 수 없고 法은 글자로 나타내지 않으면 전할 수 없다고 하여 신행선사의 덕을 기리고자 조정 사람들과 의논하여 협조를 받아 비석을 세워 큰 발자취가 오래도록 사라지지 않도록 했다. 또 사람이 도를 세상에 널리 편다는 것은 빈말이 아닌 것으로 이는 부처께서 法을 國王에게 付囑한 것은 실로 까닭이 있어서였다고 밝혀 놓았다.[147]

비석의 건립은 왕명을 받았다는 기록이 없어 국가가 건립하였다고 하기에는 어려운 점이 없지 않다. 그렇지만 비석을 세우는 일 역시 국가 내지는 관청과의 관련이 없이 이루어지기 어려운 것이다. 또한 비문의 찬술자가 당시 주요 실력자의 한 사람인 김헌정이라는 사실에서 보아 이는 삼륜선사의 청을 받고 국가가 나서서 건립하여 준 것으로 보아 무리가 없을 듯하다.[148]

비문에서는 신행선사의 활약상을 禪宗의 취지를 널리 宣揚하였다고 하여 비교적 단조롭게 나타내고 있다. 그렇지만 선사를 장사지낸 곳이 마하가섭이 彌勒의 下生을 기다리는 계족산 석실과 같다는 표현을 말하는 것에서 미루어 미륵하생신앙과 관련되어 살피고 있음이 주목된다. 또한 부처께서 법을 국왕에게 付囑하였다는 언급은 비의 건립을 통한 추모활동이 국가가 행하려는 護法活動의 하나임을 알려 주려 했던 것이라 여겨진다.

6) 「勝詮碑」

「승전비」에 대해서는 다음의 기록이 참조된다.

　　D 기타의 事迹은 碑文에 갖추어져 실려 있는데, 『大覺國師實錄』과 같

---

147) 善逝遺法 付囑國家, 良有以也.
148) 이 점은 「이차돈순교비」에서 왕명을 받아 건립한다는 사실이 확인되지는 않지만, 불교계의 우두머리인 國統과 俗官 등이 주관하는 것에서 보아 국가로부터의 명이 있었던 것으로 보는 것과 같지 않은가 한다.

다.[149]

이는 一然이 葛項寺에 住錫한 勝詮法師에 대해 찬술하면서 그 末尾에 밝혀 놓은 것이다. 여기에서 그에 대한 비문이 있는데 그것이 『大覺國師實錄』에 실린 것과 같다고 한 사실로 보아 비석이 세워졌음을 알 수 있다. 안타깝게도 그 내용을 조금도 수록하고 있지 않으며, 현재 일부만이 전하고 있는 『大覺國師文集』에서는 승전법사에 관한 기록을 찾을 수 없다.

다만 『三國遺事』에 실린 내용을 통해 보면, 그는 唐의 賢首 國師 즉 法藏 和尙의 門下에서 수학하였으며, 귀국시에는 스승 법장이 義湘에게 보내는 서신을 가지고 돌아 왔다. 승전은 개령군(지금의 김천)에 사원(갈항사)을 짓고 돌맹이를 관속으로 삼아 『華嚴經』을 강연했는데, 그 돌맹이들은 자못 靈異하였다고 한다. 이로서 보아 그가 華嚴宗의 승려였음을 알 수 있다.

비석이 세워진 시기는 다른 비석들과 마찬가지로 하대 전기로 여겨 진다. 더하여 갈항사에는 景德王代에 元聖王 外家가 석탑을 세우고 있는데, 이에 대한 연기가 원성왕의 즉위 이후에 기록되고 있다. 이것은 건립 당시에는 기록을 남기기 어려웠던 것이 원성왕의 즉위 이후 정치적 상황이 호전되면서 자신있게 기록을 할 수 있었던 것으로 여겨진다.[150] 그런 까닭에 승전법사에 대한 비석을 세울 수 있지 않았을까 한다. 즉 비석을 세우는 것은 국가가 판단하는 일이지만 원성왕 외가라는 정치적인 힘도 조금은 관련되지 않았을까 한다. 그러므로 「승전비」가 中代에 세워졌을 가능성은 거의 없으며, 역시 앞의 다른 사례들로 미루어 하대 전기에 세워졌다고 봄이 옳다고 하겠다.

7) 「憬興碑」

「경흥비」에 대해서는 다음의 기록이 참조된다.

---

149) 其他事迹 具載碑文 如大覺國師實錄(『三國遺事』 4, 義解 勝詮髑髏).
150) 졸고, 「新羅 中代 末期 中央貴族들의 佛事活動」(『李基白先生古稀紀念論叢』, 一潮閣, 1994: 이 책 수록) pp.60-61.

> E① 憬興의 德과 馨이 풍긴 맛은 승려 玄本이 찬술한 三郎寺碑에 갖추어 실
> 려 있다.[151]

위 내용에서 憬興에 대해 승려 玄本이 찬술한 '삼랑사비'가 있음을 알 수 있다. 그런데 여기서 비의 제목을 '삼랑사비'라고 하고 있어 이것이 삼랑사의 사적을 기록한 三郎寺의 事跡碑로 보아야 하지 않을까 생각되기도 하는데, 또다른 '삼랑사비'가 찾아지고 있다.

> E② 신라인들은 스스로를 小昊金天氏의 後孫이라고 생각하여 고로 姓을 金
> 氏라 하였다(朴居勿이 찬술하고 姚克一이 글씨를 쓴 三郎寺碑文에 보
> 인다).[152]

내용에서 알 수 있듯이 朴居勿과 姚克一이 비문을 찬술하고 글씨를 쓴 '삼랑사비문'이 있는 것이다. 여기에 담긴 내용은 신라 왕족 金氏의 出自를 小昊氏에 비견하고 있다. 이 점에서 보아 이는 玄本이 찬술한 내용과 성격이 자못 달랐을 것이라고 여겨진다. 이로서 통일신라시대의 삼랑사에는 적어도 두 개의 비가 건립되어졌음을 알겠다. 물론 이것은 高麗時代까지도 존재했던 것 같다. 金富軾과 一然이 찬술자들을 구체적으로 드러낸 것에서 짐작된다.

한편 박거물 찬술의 비문에 담긴 내용이 김씨 왕족의 出自와 관련된 사실이 기록된 것은 삼랑사의 창건이 왕실과 밀접한 관계가 있기 때문이 아닐까한다. 삼랑사의 완성이 이루어진 것은 眞平王 19년(597)으로 기록이 남을 정도로 일찍부터 조성되었던 사찰이다.[153] 또 文武王의 遺詔로 경흥을 神文王이 國老에 임명하고 住錫케 한 절이다.[154] 이같은 면에서 볼 때 삼랑사는 연혁이 오래 되고 국가와의 관련이 깊었음을 알겠다. 그러한 까닭에 국가에

---

151) 興之德馨遺味 備載釋玄本撰三郎寺碑(『三國遺事』 5, 感通 憬興愚聖).
152) 新羅人自以小昊金天氏後 故姓金氏(見…及朴居勿撰 姚克一書 三郎寺碑文)(『三國史記』 28, 百濟本紀 6 義慈王 末年 史論).
153) 『三國史記』 4, 眞平王 19년.
154) 『三國遺事』 5, 感通 憬興愚聖.

서 어떠한 기념비를 세우게 되었던 것이 아닌가 한다. 이는 景文王이 당시 김씨 왕족들과의 단합을 위해 힘써 노력하는 과정에서 생겨난 일이라고 여겨진다.

그런데 위 기록에서 '憬興의 德과 馨이 풍긴 맛'이라고 표현한 것으로 보아 그에 대한 자세한 傳記가 실려 있음을 짐작할 수 있다. 반면 삼랑사는 위에서 언급한 바와 같이 이미 오래 전에 세워진 사찰로서 경흥이 중창을 하여 새로운 면모를 갖추었다든가 하는 내용이 전하지 않고 있다. 만약 사적비였다면 왕실이 일찍부터 창건한 내용이 우선적으로 강조되고, 또 그러한 일화가 『삼국유사』에 채록되었을 법한데 찾을 수 없다. 이런 점에서 미루어 볼 때 경흥의 사적이 실린 '삼랑사비'는 삼랑사사적비가 아니라 경흥의 업적을 기리는 추모비로 보는 것이 옳지 않을까 한다.155)

비문의 내용에 대해서는 직접적인 인용이 없어 알 수 없다.156) 『삼국유사』에 전하는 내용을 살피면 다음과 같다. 경흥은 熊川州人으로 水氏이며 18세에 출가하였다. 三藏에 통달하여 명망이 높았는데, 문무왕의 遺詔로 신문왕이 國老에 책봉하고 삼랑사에 住錫케 했다. 한 때 근심으로 병에 들었다가 관음보살의 도움으로 병이 나았으며, 말을 타고 궁궐에 출입하다가 文殊菩薩의 가르침을 받고 종신토록 말을 타지 않았다.

나아가 비석을 건립한 시기에 대해서는 정확히 알 수 없지만 대체로 下代 前期에 세워졌을 것으로 추측된다. 中代에 백제 계통인 경흥을 우선하여 세웠을리는 만무하고, 또 하대 후기에 들어와 선사들의 비는 물론 박거물 찬술의 「삼랑사비」가 세워지는 것에서 보아 역시 아니다. 앞의 「신행선사비」와 「승전비」와 관련하여 생각해 볼 때 하대 전기로 보는 것이 옳을 듯싶다. 이는

---

155) 왕실과 밀접한 관계가 있던 대숭복사의 경우 비문에 중창과 관련된 승려의 활동에 대해 별다른 자세한 내용을 담지 않고 있다. 따라서 경흥에 대한 자취를 우선적으로 담은 「삼랑사비」는 「경흥비」로 보아 그리 무리가 없지 않을까 한다.

156) 渡辺顯正은 『삼국유사』에 서술된 경흥에 대한 내용들이 위의 '삼랑사비'에서 취록한 것으로 보았다(『新羅憬興師述文贊의 研究』, 永田文昌堂, 1978, pp. 17-19).

선종 화엄종 법상종의 각 종파에 대한 배려로 볼 수 있기 때문이다.

2. 碑文의 撰述 傾向

지금까지 下代 前期에 건립된 高僧追慕碑의 내용에 대해 살펴보았다. 비록 유물이 남아 있지 않아 그 내용을 전혀 알 수 없는 경우도 있었으나, 내용의 일부가 문헌에 전하여 그에 대한 이해를 얻을 수 있었다. 이제 검토된 내용들을 바탕으로 추모비문에 나타나는 특징들을 정리해 보고자 한다.

첫째 佛敎의 偉大性을 강조하고 있다. 이는 「異次頓殉敎碑」에 부조된 신이의 장면 즉 이차돈의 목에서 흰 우유 빛의 피가 나오고 하늘에서 꽃비가 내리는 등의 모습에서 알 수 있다. 바로 이 神異를 보여줌으로 해서 臣民들이 불교를 숭상했던 것이다. 또 불교의 숭상으로 사람들은 天上에 태어나게 되고 신라는 三韓을 統一하게 되었다는 것이다.

둘째 이같은 불교의 위대성은 僧侶들의 神通力을 통해서도 나타나고 있다. 승려들의 超人間的인 활동을 통하여 이를 강조하고 있다. 예컨대 「誓幢和上碑」에서는 元曉가 唐 聖善寺의 화재를 진압하였으며, 일시에 몸을 여러 곳에 나투는 신출귀몰한 行異를 보여 주었다. 安含은 善德女王을 忉利天에 장사지낼 일 四天王寺의 낙성 등을 예언하였는데 마치 보고 있는 것처럼 하였다.

한편 승려들의 위대함은 위와 같은 신통력 외에도 실제 있었던 승려들의 능력도 강조되었다. 예컨대 원효의『十門和諍論』, 안함의『讖書』등의 문헌에 나타난 내용을 설명함으로서 현실에서의 실제적인 모습을 기술하고 있다.

세째, 佛敎와 國家를 밀접하게 설명하여 서로 밀월관계에 있음을 강조하고 있다. 이는 고승들의 활동을 설명하면서 국왕들의 치적을 함께 나타내는가 하면, 불교가 신라 국가의 발전에 끼친 영향을 나타내려 한 사실에서 알 수 있다. 예컨대 元曉大師의 활동과 文武王의 치적, 法興王의 홍법과 신라의 三國 統一 그리고 善德女王의 忉利天 승천과 신라가 四天王의 護持를 받게

될 것이라는 安含의 예언 등이 그렇다. 이는 고승들의 활동과 국가의 발전이
서로 관련이 있다는 점을 설명하려 한 것으로, 결국 국가와 불교는 불가분의
관계에 있었음을 말하려 했던 것이라 여겨진다.

네째로 이에 따라 新羅의 國王들은 護法活動을 하는 國王으로서 그 位相
을 높이는 것이 되었다. 가령 「이차돈순교비」에 홍법을 위해 법홍왕이 劍士
들을 배치해 놓고 공사를 지연한다는 이유로 '簒賊'이라고 하여 흥륜사 창건
에 반대하는 신하들로부터 절대로 그러한 일이 없었다는 맹세를 받고 있는
것에서 강력한 국왕의 면모를 느낄 수 있음에서 알 수 있다. 또 「신행선사
비」에서는 부처가 법을 국왕에게 부촉하였다고 언급하였는데, 이는 당시 신
라에서 행해지고 있는 추모비의 건립과 같은 제반 고승추모활동이 護法活動
의 하나임을 나타내려 한 것으로 이해 된다.

3. 建立의 歷史的 背景과 目的

이상에서 下代 前期 國家의 주도 아래 建立된 것으로 여겨지는 高僧追慕
碑의 찬술 내용과 경향을 살펴 보았다. 그런데 국가가 주도한만큼 비문의 찬
술과정에서 찬술자들은 국가의 입장을 반영하게 되었을 것이라고 여겨진다.
앞서 살폈듯이 「이차돈순교비」의 경우 승려 一念이 초안을 작성하였지만 비
석으로 새겨질 때에는 儒學者가 취지에 따라 加減한 것으로 파악되기 때문
이다. 이같은 사실들은 추모비가 단순히 고승들에 대한 찬양에 있는 것이 아
니라, 어떠한 目的을 가지고 건립되어졌음을 짐작케 해준다. 그렇더라도 찬
술자가 동일한 사람이 아니고 또 建立 年代 역시 조금이나마 차이가 있으므
로, 각 비석마다 세우고자 하는 취지에 있어 다른 면이 다소 있을 것이라고
여겨진다. 이에 따라 여기에서는 이 글의 취지에 따라 비석의 건립을 국가가
주도한 점에 촛점을 두어 공통적인 면을 파악 종합적으로 정리하고, 비석마
다에 나타나는 개별적인 사항은 필요한 경우에 한하여 살피고자 한다.157)

이제 이를 알기 위해 당시의 歷史的 背景을 살피기로 한다.

먼저 中代 末期 專制王權이 동요되면서 中央貴族들이 地方에 移住하고
더불어 佛事活動을 이루면서 귀족들과 사원이 결합되어 지방의 실력자로 부
상하는 현상이 생겨났다. 그리하여 이들의 부상은 결국 惠恭王代의 王位爭
奪戰에 즈음하여 96 角干이 서로 다투어 싸우게 되어 전국이 戰亂의 場으로
되는 결과를 가져오기도 하였을 것이다.[158] 그런데 당시의 왕위쟁탈전에 佛
敎界가 관련되었다는 직접적인 기록은 없다. 그렇지만 다음의 내용은 이와
같은 추측이 결코 무관하지 않음을 알려 준다.

> F 法興王이 즉위한 大同 15년 乙未 이래로 지금 唐 永泰 2년 丙午에 이르기
> 까지는 253년이 된다. 이 때 老魄이 채찍을 들고 선회하며 邑際에 이르러
> 옛 무덤을 바라보는데, 그 중 한 무덤에서 갑자기 幼魂이 나왔다. 노백이
> 弔問하며 말하기를 "슬프구나! 그대여 단지 옛사람의 무덤을 보다가 해후
> 하여 홀연히 만났는데, 꿈에 본 아들의 魂과 같구나." 魂이 대답하기를
> "너는 듣지 못하였느냐. 옛날에 어떤 왕이 佛法을 일으키고자 하였으나 이
> 루지 못했다. 나는 獸□로서 王께 …" 魂이 그것을 듣고 … 이별하며 말하
> 기를 "그대는 나와 더불어 … 하겠느냐" … 魂이 말하기를 "가르침이 (이하
> 마멸)".[159]

위 내용은 元和 13년(憲德王 10년 818)에 「異次頓殉敎碑」에 실린 것이다.
읽어서 알다시피 이것은 唐 永泰 2년(惠恭王 2년 766)에 이차돈의 옛 무덤
근처에서 있었던 일이 기록된 것이다. 따라서 사건이 일어난 때와 추모비를
세운 시기에 있어 50년 여의 차이가 있다. 영태 2년은 大曆 3년(혜공왕 4년
768) 신라의 귀족들이 심한 다툼을 벌였던 바로 2년 전이다.[160] 아마도 이
해에 變亂에 앞서 어떠한 祥瑞가 나타났다고 보아진다.[161]

---

157) 이는 별도로 살필 필요가 있기 때문이며, 또 혼란을 피하기 위함이다.
158) 이에 대해서는 졸고, 「新羅 代末期 中央貴族들의 佛事活動」(『李基白先生古稀
    紀念 論叢』, 一潮閣, 1994: 이 책 수록) pp.69-77 참조.
159) 「元和帖」(李基白 編, 『韓國上代古文書資料集成』, 一志社, 1987, p.38).
    여기에서 老魄은 법흥왕, 幼魂은 이차돈으로 추측된다(末松保和, 「異次頓傳說의
    史料」, 『新羅史의 諸問題』, 東洋文庫, 1954, pp.228-232).
160) 이는 『삼국사기』를 따른 것이다. 『삼국유사』에는 대력 2년으로 되어 있다.
161) 『三國史記』 9, 惠恭王條를 보면, 王 2년에 해 둘이 나타났고, 다리가 다섯인 송아

그런데 그 상서가 자연 현상이 아닌 魂魄의 출현이었다는 것이 매우 흥미롭다. 儒教의 合理的인 입장에서 본다면 이것은 분명 황당무계한 이야기가 될 것이다. 그렇지만 위 내용이 국가에서 주관하여 세운 「이차돈순교비」에 기록된 것이 명백하고 찬술자 또한 유학자로 여겨지는 바, 이는 우리에게 비석의 건립 동기를 짐작케 해주는 것이라고 생각 된다.

이에 대해서는 바로 이즈음에 金庾信의 魂魄이 출현하였다는 사례가 참고 된다. 이에 따르면 혜공왕 15년(779)에 김유신의 혼백이 味鄒王陵에 나타나 후손들이 죄없이 죽음을 당한 것에 대해 신라를 떠나겠다는 불만을 미추왕의 혼령에게 토로하였는데, 왕이 이를 듣고 두려워하여 金敬信을 보내어 김유신의 능에 가서 사과케 하고 福田을 바쳐 冥福에 도움되게 하였다고 밝히고 있다.[162] 이는 혜공왕대의 변란과정에서 희생된 김유신의 자손들에 대한 伸冤運動이 일어났고 또 그것이 해결되어 가는 과정을 말하여 준다.[163]

바로 이같은 김유신 혼백의 출현과 국가의 伸冤을 생각해보면, 혜공왕대 법흥왕과 이차돈 두 혼백의 출현도 비슷한 경우가 아닐까 생각되는 것이다. 즉 두 혼백의 출현은 불교에 대한 국가의 홀대 즉 統制 政策이라든가 政治的인 사건에 불교를 연루시키는 것들에 대한 불만의 토로였다고 생각된다. 따라서 「이차돈순교비」에 나타난 혼백의 대화는 불교와 정치와의 관계를 나타낸다고 볼 수 있지 않을까 한다. 그렇지 않고 정치적인 것에 한정될 경우 굳이 불교와 관련되어 初傳에 공헌을 세운 이차돈의 무덤 앞에 혼백이 출현할 필요는 없었을 것이기 때문이다. 따라서 신라 불교의 초전에 공을 세운 이차돈 무덤에서의 혼백의 출현은 불교와 정치와의 관계에 많은 갈등의 요소가 있었음을 담고 있다고 여겨지는 것이다. 또 그 출현 시기가 혜공왕대의

지, 康州의 땅이 무너져 못을 이루고, 하늘에서는 북치는 소리가 있었고, 3년에는 별 셋이 떨어지고, 金浦縣의 벼 이삭이 쌀로 변하는 등의 異變이 있었다. 이들 내용은 『三國遺事』에도 기록되어 있는데 『삼국유사』가 더 자세하다.

162) 『三國遺事』1, 紀異, 未鄒王竹葉軍 및 『三國史記』43, 金庾信傳 下.

163) 李基白, 「新羅 惠恭王代의 政治的 變革」(『社會科學』2, 1958; 『新羅政治社會史研究』, 一潮閣, 1974) pp.247-252 참조.

정치 변란이 있기 2년전 즈음이고 보면 더욱 그렇다.

이와 같이 中代 末期 貴族과 寺院의 결합이 지방세력을 형성하고 나가 정치적인 문제로 심화되면서 이에 대한 대책을 마련하는 것이 국가의 시급한 과제가 아닐 수 없었다. 이에 따라 專制王權을 붕괴시키고 들어선 元聖王의 新政權도 대책을 마련하지 않을 수 없었는데, 다음은 그 결과로 나타난 것이라고 여겨진다.

> G① 政官(或은 政法典이라고 한다) 처음에는 大舍 1인 史 2인으로써 한 官司를 삼았는데, 元聖王 元년에 이르러 처음으로 僧官을 두고, 僧侶 중에서 才行이 있는 자를 선택하여 충당하였다. 무슨 까닭이 있으면 교체하고, 定해진 年限이 없다 (중략) 少年書省은 2인이니 元聖王 3년에 惠英과 梵如의 두 법사로서 이를 삼았다(『三國史記』 40, 雜志 9, 官職 下).
> ② 고승 緣會는 일찍이 靈鷲山에 숨어 살면서 언제나 『法華經』을 읽고 普賢菩薩의 觀行법을 닦았다. 뜰의 못에는 늘 연꽃 두 세 송이가 있어 사철 시들지 않았다. 元聖王은 그 상서로움과 기이함을 듣고 그를 불러 國師를 삼으려 했다. 스님은 그 소식을 듣고 이에 암자를 버리고 도망했다(『三國遺事』 5, 避隱 緣會逃名文殊岾).

먼저 G①에서 元聖王이 政官(혹은 政法典)을 정비하고 있음을 알 수 있는데, 이것이 불교계의 일과 관련됨은 분명하므로 필시 무슨 곡절이 있었을 것이라고 생각된다. 또 즉위한 첫 해에 이를 시행하는 것에서 볼 때 당시 매우 중요한 사안의 하나였다고 판단된다. 政官의 정확한 임무는 확실하게 기록에 남아 있는 것이 없지만, 이를 정비한 의도는 무엇보다도 敎團의 통제를 강화하고자 하는 데에 뜻을 두고 있었을 것이다.[164] 위에서 俗人의 관리를 승려로 교체하는 것은 교단 관리에 있어 보다 현실적으로 효율적인 그것을 기대하는 의도가 있었다고 여겨지기 때문이다. 그것은 才行이 있는 자를 僧官에 임명하였다는 위 기록과, 실제로 그 재행은 華嚴宗 敎學에 밝아야 했던 사실이 확인됨에서 알 수 있다. 이는 일반 관리보다는 교학에 뛰어난 승려들

---

164) 졸고, 「新羅 元聖王의 政法典 整備와 그 意義」(『震檀學報』 80, 1995: 이 책 수록) pp.104-116.

이 교단의 일을 보는 데에 있어 효율적이었을 것임을 짐작케 해준다. 따라서 승려로의 교체는 감독의 강화는 물론 사원에 대한 실질적인 관리를 위함이 었을 것이다. 그리고 왕 3년(787)에 少年書省의 승관을 임명한 기록이 남겨 진 사실에서 보아 새 정책의 입안과 더불어 구체적인 시행에 들어가는 노력 을 펼쳤음을 알 수 있다.

다음 G②에서 法華信仰에 조예가 깊은 緣會를 國師로 임명하고 있다. 그 게 대한 국사의 임명은 당시 불교계 회유의 한 방법으로서, 그를 통하여 교 단을 설득시키려 한 때문이 아닌가 한다. 그러나 처음 연회는 국사의 직을 피해 숨으려 하였는데, 文殊菩薩과 辯才天女의 가르침을 받으면서 국사의 직에 나가고 있다.[165] 그가 처음에 거부한 것은 아마도 원성왕이 즉위하면서 시행하려는 불교의 통제정책에 대해 거부감을 갖고 있었던 때문이 아닐까 한다. 그리고 이같은 거부감의 표시는 당시 불교계에서 원성왕의 신정권이 추구하는 정책에 흡족해 하지 않았음을 알려주는 사례로 여겨진다.[166]

이런 점에서 볼 때 신정권은 불교의 통제로 인한 반발에 따른 대책을 세울 필요가 있었을 것이고 또 그러한 노력을 실천에 옮기고 있었던 듯하다. 이는 앞에서 살핀 「誓幢和上碑」의 내용에서 짐작할 수 있다. 여기에서는 貞元 년 중(785-804)에 진흙으로 된 원효의 소조상을 만들고 禮를 표현하였으며, 또 사업을 주도한 자로 당시 攝政으로 실질적 지배자였던 角干 金彦昇(곧 뒤의 憲德王)인 사실을 밝혀 주고 있다.[167] 이 사실에서 이미 高僧들에 대한 追 慕活動이 실권자에 의해 추진되고 있음을 알 수 있는데, 원효에 대한 추모가 첫 사업이었던 것 같다.

이렇게 불교계에 대한 추모활동을 펴면서도 국가에서는 또다른 불교 통제

---

165) 『三國遺事』 5, 避隱 緣會逃名文殊帖.

166) 더욱 원성왕대의 永才는 세속을 피하여 지리산에 은둔하고 있는데 마찬가지로 여 겨진다(『三國遺事』 5, 避隱 8, 永才遇賊). 이에 대해서는 졸고, 「統一新羅時代 僧 傳의 著述과 그 意義」(『韓國學報』 69, 一志社, 1992: 이 책 수록) pp.138-141 참 조.

167) 앞의 註 130과 131 참조.

책을 내고 있다.

> H (王이) 下敎하여 佛事의 新創을 禁하고 오직 修葺(重修)만을 허용하였으며, 또 錦繡로 佛事를 짓거나 金銀으로 器用을 만드는 것을 禁하여 所司로 하여금 널리 布告 施行케 하라 하였다(『三國史記』10, 哀莊王 7년 3월).

위 내용은 새로운 佛事와 호화로운 장식을 禁한다는 내용인데 이는 불교계에 대한 구체적인 통제의 지침이 내려지는 것으로서 적극 실행하려 했었던 의욕을 알 수 있다. 더욱 새로운 創寺 활동을 금지함은 불교를 더이상 장려하지 않겠다는 것을 의미한다고 볼 수도 있는 것이다. 물론 이것이 불교를 억압하려는 의도가 개입된 것이라고 볼 수는 없다.[168] 아마도 여기에는 政治的인 의미 즉 위에서 말한 바 寺院과 貴族간의 결합이 가져다 주는 위협적인 요소들을 미연에 막고자 하려는 목적이 강하게 들어 있었다고 여겨진다. 또한 이는 앞서 원성왕대에 추진했던 통제정책에 반발했던 사례로 미루어 또다른 불교계의 반발이 예상되는 내용인데, 그럼에도 불구하고 이를 추진한 것은 정치적으로 문제가 야기되는 것을 막고자 하는 목적으로 신정권에서 천명한 것으로서 주목되는 것이다.

이런 가운데 新政權은 憲德王 5년(813)에 「神行禪師碑」를 세우고 다시 5년 뒤에는 「異次頓殉敎碑」를 세우고 있다. 불교계에 대한 통제정책을 재차 보완하여 시행하면서 추모비들을 역시 계속하여 세우는 것이다. 이처럼 下代 前期에 新政權에서는 政法典의 整備와 元曉 塑造像 造成・追慕碑 建立, 이어 佛事活動의 추가 規制와 神行・異次頓에 대한 追慕碑의 建立 등 일련의 사업을 추진하는 사실로 미루어 볼 때 이 양자간에는 서로 연관이 있지 않은

___

168) 이 불사의 금지 정책은 창녕 지역에 사원의 건축이 계속 진행되는 사례로 보아 강력한 구속력을 가진 것은 아니었다(文明大, 「仁陽寺 金堂治成碑文의 한 考察」, 『新羅伽倻文化』11, 嶺南大 新羅伽倻文化研究所, 1980, pp.51-55). 이는 이 정책이 강제적으로 시행하기에 적지 않은 어려움이 있음을 알려 주는 것이다. 그렇더라도 이에 대한 법령의 발호는 신정권에서 어떤 필요성을 절감하였기 때문에 행해진 것으로 이해해야 할 것이다.

가 한다. 즉 國家의 佛教 統制와 高僧追慕活動이 위에서 말한 바와 같이 서
로 분리해놓고 생각할 수 없음을 짐작케 하는데 어려움은 없을 것 같다. 도
리어 불교의 통제라는 용어가 어색한 느낌이 든다.

한편 이와 같은 통제에 대해 불교계가 흔쾌히 받아들일 이유는 없을 것 같
다. 이에 대해서 다소 반대의 분위기였음은 위에서 잠시 언급했다. 물론 이에
대한 반대 표시는 뚜렷이 전하는 바가 없어 장담하기 어렵다. 그렇지만 이것
은 下代 初期 元聖王代에 國師로 봉해진 緣會가 지은 「朗智傳」을 비롯하여
「慈藏傳」·「曉師行狀」·「良志傳」 등 다수의 僧傳에 반영된 내용에서 짐작
해 볼 수 있다.[169] 그 내용들로 미루어 보면 비록 국가와 타협하여 대립되는
구도는 나타나고 있지 않으나, 「王和尚傳」에 나타난 王命에 대한 거부는 강
력한 반발을 웅변적으로 말하여 주고 있다. 다음은 이를 알아보기 위해 「王
和尚傳」에 실린 내용 가운데 필요한 부분만 발췌한 것이다.[170]

> I① 惠通의 신통력으로 文仍林에서 쫓겨난 龍이 鄭恭을 원망하여 그의 집
> 앞에 버드나무로 태어난다. 정공이 이를 아낀 나머지 神文王의 장례 길
> 을 닦기 위해 나무 베는 것을 거부함에, 나라에서는 王命을 무시한 그를
> 처벌하여 죽게 한다. 이 때 국가에서는 혜통이 鄭恭과 가까웠기 때문에
> 장차 다른 일을 도모할 위험이 있으므로 미리 막고자 군사를 보내어 그
> 를 잡아오도록 한다. 왕명을 받은 군사들이 오자 惠通은 그 앞에서 사기
> 병의 목에 붉은 칠을 하였는데, 이것이 군사들의 목에서도 똑같이 나타
> 난다. 이어 혜통이 병의 목을 자르면 병사들 역시 그렇게 됨을 말하니,
> 군사들은 도망가고 그는 화를 면한다. 문득 王女가 병이 나자 惠通이 불
> 려가서 이를 치료하고 鄭恭의 일을 말하여 그의 처벌이 잘못되었음을 왕
> 에게 알려준다. 왕이 뉘우치고 鄭恭의 妻子들의 連坐된 罪를 免하게 해
> 준다. 그리고 혜통은 國師에 임명된다.
> ② 惠通이 神文王의 등창을 치료하면서 병의 원인이 前生에 信忠을 잘못
> 판결하여 그의 원망 때문에 생겨난 것임을 알려준다. 또한 그 치료를 위
> 해서는 信忠을 위하여 절을 세워줄 것을 말하여 곧 信忠奉聖寺를 세우
> 게 한다는 내용이다.

---

169) 졸고, 「統一新羅時代 僧傳 著述의 流行과 그 意義」(『韓國學報』 69, 一志社, 1992:
    이 책 수록) pp.122-131.
170) 졸고, 위의 논문, pp.127-129. 자세한 내용은 『三國遺事』 5, 神呪 惠通降龍조 참조.

먼저 I①에서는 국왕(神文王)의 장례 길을 닦기 위해 鄭恭 집 앞의 버드나무를 베도록 하였는데, 이를 반대한 죄로 그가 사형을 당하게 되었음을 알 수 있다. 그리고 혜통이 그와 친분이 있었던 까닭에 다른 일을 도모할 우려가 있으므로 아울러 제거해야 한다는 국가의 판단이 내려지고 있다. 물론 이 것은 혜통의 신통력으로 인하여 이룰 수 없었고, 왕은 포기하게 된다. 다음 I②에서는 혜통이 신문왕의 등에 난 상처를 치료하면서 원인이 전생의 잘못으로 인하여 일어났는데, 해결책으로 절을 세워 줄 것을 말하여 伸寃을 하도록 하고 있다.

위 내용이 傳記文學에 찬술된 것으로 다소 한계가 있지만, 이같은 사실에서 우리는 여러 가지를 추론해 볼 수 있다. 비록 新羅 中代의 사실을 전하기도 하지만, 찬술이 이루어진 시점이 下代 前期이고 보면 그 당시의 어떤 상황을 대변해주는 것으로 볼 수 있기 때문이다.

먼저 나라에서 국가에 抗命한 죄로 정공을 처벌한 뒤 혜통 역시 친분이 있다는 이유로 連坐시킨다는 사실이다. 이것은 당시 귀족들과 승려들 간의 결합이 자연스러웠음을 또한 그로 인하여 어떠한 폐단들이 있었을 것임을 짐작케 해주고 있다.171) 우선 양자간의 결합은 단월로서 자연스러운 것이지만, 그것이 귀족들의 이해관계에 따라 정치적인 면에 영향을 주게 되었을 것이기 때문이다.172) 만약 그같은 문제가 없었다면 굳이 국가에서 혜통의 신통력

---

171) 단월이 아니었더라도 적어도 이미 중대부터 귀족들과 승려들의 결합이 자연스러웠음을 전하는 사실로 여겨진다. 또한 그같은 경향은 계속되어 하대에도 일반적인 모습으로 나타났다고 보아진다. 이 점은 앞서 지적한 바와 같이 중대 말기 중앙귀족들이 지방에서 불사활동을 일으키고 또한 거주 정착해 나가는 사례로서 충분히 짐작된다고 하겠다(앞의 註 158 참조).

172) 헌덕왕대에 반란을 일으켰던 김헌창이 진표 미륵신앙의 주요 본거지의 하나인 法住寺가 있는 속리산으로 패퇴한 사실로 미루어 짐작할 수 있다(『三國史記』 10, 憲德王 14년). 더욱 조금 후대의 일이지만 다음의 내용도 참고된다.

　　신라 神武王이 太子가 되었을 때, 마침 왕의 견책을 당하여 (天冠)山 남쪽 荒島로 귀양 갔다. 華嚴 洪震은 평소 태자를 좋아했는데 東宮의 일이 급함을 듣고, 이 절(천관사)로 달려가 밤낮으로 華嚴神衆을 醴唱했다. 이에 諸華嚴神衆이 부름에 感應하여 이 절의 남

으로 인해 도모할 수 없음을 알면서도 이를 행하려 했을까 하는 한 의문이
든다.

다음 혜통이 항명하는 것은 정공과 관련하여 어떠한 정치적 이유가 없으
며, 또한 근본 원인이 정공에 대한 독룡의 원망을 사서 일어난 것으로서 반
국가가 아니었다. 따라서 정공과 함께 정치적인 이유로 인한 것이 아님을 알
리고 있다. 즉 순수하고 정당한 것이기에 항명하였던 것인데, 이는 당시 불교
계가 국가에 대해 정치적인 일에 관계하지 않았다는 내용을 전하려 했던 것
이 아닌가 한다.

그리고 혜통의 신통력으로 인해 국가에서는 힘을 쓸 수 없었는데, 이는 불
교가 신성하므로 세속적인 힘으로 당할 수가 없다는 암시를 보여주는 것이
다. 결국 이것은 위대한 불교에 대해 국가에서는 간여할 수 없으므로 간섭하
지 말라는 의도를 보여준 것이라 하겠다.

끝으로 혜통이 신문왕이 지은 전생의 죄업을 소멸시키기 위한 방법으로
佛事를 말한 사실이다. 이는 불사를 통하여 신원을 할 수 있다는 암시를 왕
에게 가르쳐 준 것으로서 국가에 요구하는 것이라 하겠다. 이 점에서 미루어
하대 전기 국가가 고승들에 대한 추모활동을 펼치게 되는 연유를 조금은 짐
작할 수 있지 않을까 한다.

결국 「왕화상전」에 나타나는 내용으로 불교는 순수하게 국가에 봉사하는

쪽 봉우리에 높이 섰는데 지금의 神衆嵓이 그것이다(天因, 「天冠山記」, 『東文選』 68).

위에서 神武王이 莞島에 귀양갔다고 한 것은 그가 王位爭奪戰에 실패하고 나서
도망하여 淸海鎭의 張保皐에 의탁한 사실이 설화로 변화된 것이라 생각된다. 그런
데 여기에서 승려 洪震이 신무왕을 잘 알았다고 한다. 또한 그는 天冠寺가 완도와
가까운 것으로 보아 장보고와도 잘 알고 있었을 것이다. 이런 면에서 볼 때 신무왕
의 완도로의 행보는 홍진의 역할이 관련되어 있었을 것이라고 추측된다(金相鉉,
「新羅 華嚴學의 系譜와 그 活動」, 『新羅文化』 1, 1984: 『新羅華嚴思想史硏究』, 民
族社, 1991, pp. 141-142). 이로서 미루어 보면 불교와 귀족세력이 결합하여 정치에
도 영향을 미치고 있음을 알 수 있는 것이 아닌가 한다(졸고, 「新羅 元聖王의 政法
典 整備와 그 意義」, 『震檀學報』 80, 1995: 이 책 수록, pp.104-110 참조).

만큼 국가에서는 호법활동을 보여라 하는 주장을 내세우고자 했던 것이라 여겨진다.

이상과 같은 내용과 의도를 담은 「왕화상전」의 예로 미루어 보면 당시 불교계에서는 상당한 반발을 하였다고 여겨진다. 그리고 이같은 반발은 모든 불교계의 공통적인 의견으로서 받아들여진다. 하지만 각 종파의 입장과 더불어 불교와 귀족간의 결합에 따른 이해관계를 생각해보면 개별적인 의견도 별도로 나타났을 것으로 생각 된다. 이것은 추모비의 건립 대상이 흥륜사 금당에 봉안된 십성 외에도 선종의 신행 화엄종의 승전 법상종의 경흥 등으로 확대된다는 사실로 미루어 짐작해 볼 수 있다.173)

이상에서 살펴온 바와 같이 下代에는 貴族勢力들과 결합하는 佛敎에 대한 新政權의 통제와 불교계의 계속적인 반발이 일어나는 등 상황이 복잡하게 얽히어 나타나고 있었음을 알겠다. 이것은 결국 中代 末 下代 初를 지나오는 과정에서 政治와 佛敎가 서로 얽히어 나타나는 혼란으로 보아진다. 그리고 이 문제는 곧바로 시정되지 못하고 오래 계속되어졌을 것으로 생각된다. 왜냐하면 이차돈에 대한 추모가 혼백이 출현한 후 50년 여 뒤에 와서야 행해지기 때문이다. 앞서 살폈던 김유신의 혼백 출현에 비해 응답이 너무 늦은 것이다. 이미 해결되었다면 국가에서 뒤늦게 비석을 세우고 더욱 혼백에 관한 기사를 써넣을 필요가 없었을 것이다. 따라서 불교계의 국가에 대한 시정요구는 이즈음까지 계속되었다고 보여지는 바, 그것은 불교계 전체의 공통된 입장 외에 개별적인 입장도 있었으므로 이를 일시에 조절하기 어려움이 많았음을 짐작케 해준다.

이런 까닭에 일찍부터 永泰 2년(766) 혼백이 출현했다는 「異次頓殉敎碑」

---

173) 통일 후 신라의 불교계에 여러 종파와 신앙이 발전하였음은 주지의 사실이다. 이가 운데 중대 말 하대 초를 거치면서 지방을 중심으로 성장한 것으로 선종과 진표의 미륵신앙을 들 수 있겠다. 그 중 진표의 미륵신앙에 대해서는 헌덕왕이 心志를 보내어 전수케 하고 그 성장을 막으려 노력했던 것에서 미루어 보아 敎勢가 간단한 상황이 아니었음을 알려 준다(李基白, 「眞表의 彌勒信仰」, 『新羅思想史硏究』, 一潮閣, 1986, pp.270-276).

보다 「誓幢和上碑」를 먼저 세우게 된 것으로 여겨진다. 즉 各 宗派의 입장이랄까? 어떤 是非를 정리할 필요가 있었을 것이고, 이를 위해 元曉의 和諍思想을 가장 먼저 주목하게 되는 것은 지극히 당연하였다고 생각 된다. 이는 당시의 복잡한 불교계를 고려한 것으로 下代 新政權이 合理的인 판단을 내린 것이라 하겠다. 그리고 다른 종파들의 의견을 받아서 禪宗의 神行 등으로 이어졌다고 하겠다. 나머지 安含 華嚴宗의 義湘과 勝詮 法相宗의 憬興 등은 연도를 알 수 없는 한계가 있지만 대체로 신행의 전후로 이루어졌다고 생각 된다.

한편 異次頓의 경우는 신행선사보다 늦는 점에서 미루어 제일 늦었을 가능성이 적지 않다. 이는 그가 出家者가 아니면서 初傳에 공헌을 한 聖人으로서 특정 宗派와 이해관계가 없었던 때문으로 여겨진다. 그런데 앞서 살폈듯이 비문에서는 이차돈에 대한 追崇보다는 法興王의 威嚴을 강조했다. 우리가 생각해 볼 것은 「我道和尙碑」처럼 아도가 주인공일 경우 신라 불교의 興法을 우선적으로 그에게 두는 것이 되는데, 이차돈을 중심으로 하면 그것은 法興王에게로 옮겨진다는 사실이다. 이차돈의 경우 殉敎의 공로가 있지만, 興法의 일차적인 發願은 法興王에게 있기 때문에 그 찬술 내용에 따라 무게 중심이 옮겨 질 수 밖에 없는 것이다. 이에 따라 「이차돈순교비」에서는 법흥왕의 흥법에 대한 내용을 보다 강화하였던 것이라 여겨진다. 이런 점에서 보아 「이차돈순교비」의 건립은 고승추모활동의 마지막 작업으로서 대미를 장식하게 된 듯하다.

그리고 「이차돈순교비」의 건립은 下代 前期의 政治的 상황과 연계하여 보면 중요한 의미를 갖는다. 법흥왕이 흥법을 발원하고 충신 이차돈이 그 뜻을 받들어 희생하였듯이, 하대 국왕들이 護法을 발원하여 활동하므로 신하들 역시 이차돈처럼 충성을 바칠 것을 요구하는 의미에서 세워졌을 것으로 이해되기 때문이다. 이 점에서 이 비의 건립은 불교에 대한 요구보다는 불교와 연결된 귀족들에게 희생과 봉사를 요구하려 하는 의도에서 세워졌다고 보아진다. 이는 또한 하대 전기의 고승추모활동이 佛敎와 國家만의 문제에 국한

되는 것이 아님을 반증하여 주는 것이다.

이상에서 살핀 바와 같이 中代에서 下代로의 政治變動이 일어나면서 國家와 佛敎의 사이에 많은 葛藤과 對立의 요소가 있어왔음을 살필 수 있었다. 그리고 갈등의 요소는 불교와 귀족들의 결합이 정치변동과정에서 순수한 종교적 관계를 넘어 정치적인 문제와 연결되면서 기인한 것으로 이해되었다. 이에 따라 그 폐단을 막는 것이 급선무였고, 下代 新政權에서는 元聖王이 즉위하자마자 政法典을 整備하여 대책을 마련하게 되었던 것이다. 그런데 이는 불교계의 반발을 받지 않을 수 없었고, 신정권에서는 高僧들의 塑造像 조성과 追慕碑의 건립 등을 통한 高僧追慕活動을 벌임으로서 이를 막고자 하였다. 즉 불교를 통제하려는 것이라기 보다는 佛法을 계승하고자 하는 護法活動을 행하려 한다고 하였다.

한편 불교계의 반발은 통제에 반대하는 입장에 있어서는 공통적인 의견을 갖고 있었을 것으로 여겨지지만 각 종파 내지는 신앙에 따른 개별적인 입장도 별도로 나타났을 것으로 이해되었다. 이것은 혜공왕 4년(768)의 변란에 앞서 법흥왕과 이차돈의 혼백이 출현한 것에 대한 추모비의 건립보다 원효의 화쟁사상을 추모하는 「서당화상비」가 훨씬 먼저 이루어지고 있음에서 짐작될 수 있었다. 이러한 까닭에 고승추모활동은 정원 연중(785-804)의 소조상 조성으로부터 시작되어 「이차돈순교비」의 건립(818년)에 이르기까지 적어도 20년 이상 지속되어야 했다. 이 점에서 보아 下代의 정권 창출에 성공한 新政權이 정권의 안정을 위해 불교를 통제하면서도 다른 한편으로 그들로부터의 지지를 받아야 했고, 또한 그것이 결코 수월한 일이 아니었음을 짐작할 수 있었다. 여기에서 하대 신정권이 출발부터 많은 어려움에 직면했음을 생각해 볼 수 있다.

이렇게 보아 올 때 고승추모비의 건립은 첫째, 불교통제에 대한 교단의 회유 한 방법으로서 이루어졌음을 알겠다. 둘째, 원효의 화쟁사상을 출발점으로 삼아 여러 종파와 신앙에 따른 차별을 벗어나 모든 불교계를 포용하고자 했다. 이는 원효의 「서당화상비」를 중심으로 하면서도 흥륜사 금당에 봉안된 십성에서 제외된 선종의 「신행선사비」, 법상종의 「경흥비」, 화엄종의 「승전비」 등을 세우는 점에서 충분히 생각할 수 있다.

세째, 이를 통하여 불교계에 대해 국가를 위해 봉사해 줄 것을 요구하려 했을 것으로 이해 된다. 이것은 각 비마다 고승들의 업적을 기술하면서 국가에 이익되었던 활동을 강조하고 있음에서 생각해 볼 수 있다. 「안함비」에서 안함이 당나라 군사를 물리칠 일 사천왕사가 세워질 일 등의 국가의 일과 관련된 예언이 적중되어 도움이 되었던 것, 「이차돈순교비」에 불교가 일어나면 삼한을 통일할 수 있다고 한 내용 등 고승들의 활동이 국가의 안정과 발전에 커다란 기여를 하였으므로 이에 대한 업적을 기림으로서 그 정신을 계승하고자 하였을 것이고, 그 경우 부담은 불교계의 몫이 될 것이기 때문이다.

네째, 고승추모활동을 하는 신라 국왕들은 호법국왕으로서 그 위상을 높이고자 하였다.174) 이는 국왕들은 불교계에 봉사를 요구하는 전제조건으로서 호법국왕이 되어야 했기 때문이다. 「신행선사비」에서 부촉국왕을 언급하고, 「이차돈순교비」에서 왕이 흥법에 반대하는 신하들을 篡賊으로 처벌하려는 모습에서 강력한 군주의 모습을 나타내고 있음에서 알 수 있다.

다섯째 흥륜사 금당에 봉안된 십성들 가운데 다수가 정토신앙과 관련된 성인이라는 점에서 볼 때 선종과 법상종이 소외되었으며 화엄종도 다소 저평가 된 것으로 여겨진다.175) 이에 따른 반발이 있었을 것이고, 국가에서는 각 종파마다 한 분씩의 고승을 선정 비를 건립하였을 것으로 보아 진다. 먼저 화엄종에서는 의상과 동문수학한 「승전비」가 세워졌다. 다음 지방에서 성

---

174) 이것은 하대 신정권이 왕위계승의 우선 순위에 있어 김주원계의 반발은 물론 왕권에 도전하는 귀족세력들에 대한 대비책의 하나로서 국왕의 위상을 높이고자 한 것으로 여겨진다.

175) 십성 가운데 원효 혜숙 혜공 사복이 정토신앙의 봉행자들이다. 이에 대해서는 李基白, 「新羅 淨土信仰의 起源」(『學術院論文集』 19, 1980; 『新羅思想史硏究』, 一潮閣, 1986) pp.132-139 참조. 그리고 십성의 종파별 성격에 대해서는 졸고, 「新羅 下代 前期 興輪寺 金堂 十聖의 奉安과 彌勒下生信仰」(『韓國思想史學』 11, 1998; 이 책 수록) 참조.

장하던 선종과 법상종에 대한 회유로 「신행선사비」와 「경흥비」를 세우게 되었던 것으로 이해된다.

여기서 법상종 승려들 가운데 백제인인 경흥이 선택되어진 것은 다소 이례적인 것으로 보아지지만, 당시 구백제 지역에서 성장하던 진표의 미륵신앙을 염두에 두면 의문은 곧 풀리리라 믿는다. 경흥과 진표는 같은 백제인 출신으로서 또 같은 법상종 승려로서 공통점이 있다. 단지 경흥은 미륵과 미타를 진표는 미륵과 지장을 신봉하여 신앙의 성격에 있어 차이가 있기는 하다.[176] 그 차이가 어떻든 이 가운데 경흥에 대한 비석을 세워줌으로 해서 그를 진표보다 뛰어난 고승으로 평가하게 되었던 것이다. 이는 아마도 진표 교세의 성장에 대해 같은 백제인을 내세움으로 해서 그 의미를 퇴색시키고자 하는 의도에서 세우고자 하였던 것으로 여겨진다. 다른 신라인들을 내세웠을 경우 구백제 유민들에게 도리어 반감을 사게 되었을 것이기 때문이다. 이는 당시 진표의 교세가 신라 국가에 적지 않은 부담을 안겨 주었던 때문이라 여겨진다.[177]

끝으로 이상과 같은 비석의 건립이 가져다 주는 의미는 무엇이었을까? 이를 하나의 돌을 가져다가 단순히 모양을 내어 구경하게끔 하는 것이 아니었을까 하는 의문이 들기 때문이다. 어떻든 이는 국가로부터 절의 가치를 공인하는 하나의 증명서 역할을 해주는 것이 되겠다. 물론 이를 통하여 어떠한 보상 예컨대 朝鮮時代 '賜額書院'과 같이 土地와 奴婢를 下賜받는 등의 예를 생각해 볼 수 있는 것이다. 이에 대한 구체적인 사례는 드러나는 바가 없

---

176) 이에 대해서는 아래의 논문 참조.

文明大, 「新羅 法相宗의 成立問題와 그 美術」(『歷史學報』 62・63, 1973).

金南允, 「新羅 中代 法相宗의 成立과 信仰」(『韓國史論』 11, 서울대 國史學科, 1984).

金杜珍, 「統一新羅의 歷史와 思想」(『傳統과 思想』 2, 1986; 『韓國思想史大系』 2, 韓國精神文化硏究院, 1991)

金惠婉, 「新羅 中代의 彌勒信仰」(『溪村 閔丙河敎授停年紀念史學論叢』, 1988).

177) 註 173 참조.

지만, 景德王이 元表大德에 대한 각별한 뜻으로 토지를 하사하고 長生標를 세워 영역을 확실하게 해주었던 사례로 미루어 물질적인 하사도 조금은 이루어졌지 않았을까 한다.[178] 이미 국가로부터 관리를 받는 성전사원인 흥륜사와 같은 경우는 혹 예외로 치더라도, 聖人들의 가르침을 되새기는 추모비의 건립은 해당 사찰에 무언가의 도움을 제공해주었다고 보아 무리가 있는 것은 아닐 듯싶다. 이것은 해당 사찰의 추모활동에 따른 경제적 기반을 지원해 줌으로서 고승들의 유지를 받들고 계승토록 할 필요가 있었을 것이다.[179] 그래야 국가에서 이를 세우고 기념한 의미를 살릴 수 있지 않았을까 한다.

이상에서 新羅 下代 前期에 建立된 高僧追慕碑들에 대해 살펴보았다. 이제 그 대강을 정리하여 글을 맺고자 한다.

下代 前期에 세워진 追慕碑들로는 「誓幢和上碑」를 비롯하여 「異次頓殉敎碑」·「神行禪師碑」·「安含碑」·「浮石本碑」·「憬興碑」·「勝詮碑」 등이 파악 되었는데, 이외에도 발견되지 않은 추모비들이 추가로 있을 것으로 여겨졌다. 이들 비석의 건립에 있어서 고위지배층이 관여하고 있는 것으로 보아 이 사업은 國家가 주도한 것으로 이해 되었다. 그 결과로 각 비문들의 내용에는 건립 당시 국가의 입장이 자연 반영된 것으로 파악되었다. 비문에서 護法活動을 하는 國王들의 모습을 나타냄으로서 국왕의 위상을 높이고 있었으며, 더불어 佛敎와 國家와의 관계를 매우 밀접하게 표현하고 있는 것이 그렇다.

---

178) 그 山은 곧 元表大德의 옛 居處였다. 원표대덕이 法力으로써 政事를 베풀었다. 이런 까닭에 建元 2년(759)에 특별히 敎를 내려 長生標柱를 세우게 하니, 지금도 남아 있다(「長興 寶林寺 普照禪師 彰聖塔碑文」: 『譯註 歷代高僧碑文』 新羅篇, p. 109).

179) 이에 대해서는 해마다 흥륜사에서 향로들이 이차돈을 추모하는 행사를 가졌다고 한 사실에서 생각해 볼 수 있다(註 123 참조). 또한 김유신의 혼백에 대한 위로를 하면서 鷲仙寺에 功德寶田으로 30結을 내린 사실에서도 생각할 수 있다(註 162 참조).

　　이처럼 하대 전기에 여러 고승에 대한 추모비를 세우게 된 이면에는 中代
에서 下代로의 政治變動이 일어나는 것과 밀접한 관련이 있는 것으로 파악
되었다. 중대 말기부터 중앙의 귀족들이 지방으로 이주하였고, 지방에서 佛
事活動을 일으키고 정착하여, 民衆敎化를 바탕으로 세력을 형성하고 있었다.
이런 와중에 貴族들과 佛敎가 결합하게 되었고 그것이 政治變動過程에서
순수한 宗敎的 관계를 넘어 政治的인 문제로 연결되었다. 이에 따라 下代
新政權에서는 그 폐단을 막는 것이 급선무였고, 이에 政法典을 整備하여 佛
敎 敎團에 대한 統制策을 마련하였던 것이다. 이어 哀莊王代에는 새로운 佛
寺의 新創을 禁止하는 등 계속하여 대책 마련에 부심하고 있었다. 이같은 일
련의 통제에 대해 불교계에서는 「王和尙傳」과 같은 僧傳들을 撰述하여 佛
敎의 獨自性을 강조하여 반발하였다. 이와 같은 반발에 대해 신정권에서는
高僧들의 塑造像 造成과 追慕碑 建立 등을 통한 高僧追慕活動을 벌임으로
서 이를 회유하고자 하였다. 즉 불교를 통제하려는 것이 아니라 佛法을 계승
하고자 하는 護法활동을 행하려는 것임을 알리고자 하였던 것이다.

　　이처럼 불교통제에 대한 교단 회유의 한 방법으로서 이루어진 추모비에서
는 먼저 元曉의 和諍思想을 나타낸 「誓幢和上碑」를 세워서 여러 종파와 신
앙에 따른 차이를 벗어나 모든 불교계를 포용하고자 하였다. 다음, 高僧들이
國家를 위해 공헌한 점을 나타내어 불교계에 대해 국가를 위해 봉사해 줄 것
을 요구하려 했던 것으로 이해 되었다. 끝으로 佛事活動을 추진함으로서 新
羅의 國王들을 護法國王으로 나타내어 그 位相을 높이고자 하였다. 나아가
이같은 의도로 추진된 추모비의 건립은 불교계에 대한 회유는 물론 귀족들
에게도 마찬가지로 이차돈의 희생과 같은 봉사를 요구하려는 의도도 또한
들어있었을 것으로 이해 되었다.

　　이상에서 살핀 바와 같이 下代의 정권 창출에 성공한 新政權이 정권의 安
定을 위해 불교를 통제하면서도 다른 한편으로 그들로부터의 지지를 받아야
했고, 또한 그것이 결코 수월한 일이 아니었음을 짐작할 수 있었다. 여기에서
하대 신정권의 어려움을 생각해 볼 수 있는데, 그것은 佛敎와 政治간의 조절

로 힘겨운 과제였다고 보아진다.

끝으로 본 연구는 신라 하대 전기에 고승들에 대한 추모비의 건립이 예사롭지 않은 점을 주목하여 이를 살핀 것이다. 그 결과 하대 전기에 국가와 불교 사이에 많은 괴리가 있었음을 알 수 있었다. 이것은 종래 불모지로 남아왔던 下代 前期 佛教史 연구의 공백을 메울 수 있게 되었다는 점에서 그 의미가 있지 않을까 한다.

제3장 下代 前・後期의 政治變動과 彌勒下生信仰

제1절 下代 前期 興輪寺 金堂 十聖의 奉安과 彌勒下生信仰

異次頓 聖人의 殉敎를 계기로 비로소 건립을 이룰 수 있었던 興輪寺는 新羅 최초의 公式的인 사원으로서 이후 신라 불교의 요람이 되었다고 할 수 있을 것이다.[1] 이렇듯 연원이 오랜 때문인지 『三國遺事』에는 흥륜사와 관련된 흥미있는 일화를 많이 전하고 있는데, 본고에서 검토하고자 하는 다음의 내용은 더욱 그런 것 같다.

　　동쪽 벽에 앉아서 서쪽으로 향한 진흙 塑造像은 我道・猒髑・惠宿・安含・義湘이요, 서쪽 벽에 앉아서 동쪽으로 향한 진흙 소조상은 表訓・蛇巴・元曉・惠空・慈藏이다(3, 興法 東京 興輪寺 金堂十聖).[2]

내용을 살펴보면 흥륜사의 금당에 십성 즉 열 분의 성인을 진흙의 소조상

---

1) 기록에 따르면 아도가 未雛王의 허락을 받아 세운 초라한 규모의 흥륜사가 존재했음을 알 수 있다(『三國遺事』 3, 興法 阿道基羅). 여기에서는 국가로부터 공인되어 본격적으로 건립 운영되었다는 점에서 최초의 공식적인 사원이라 한 것이다.

2) 이 기사는 『삼국유사』의 찬술 체제에 나타나는 일정한 원칙에서 벗어나는 것으로 보아 찬술자인 一然이 기록한 내용이라기 보다는 후대에 추가된 것이 아닐까 생각된다. 그렇다고 내용의 가치가 떨어지는 것은 결코 아니다(李基白, 「三國遺事의 篇目構成」, 『佛敎와 諸科學』, 東國大 出版部, 1987, p.988). 이에 대해서 일연이 직접 답사하여 살피고 그 내용을 기록한 것으로 보는 견해도 있다(金相鉉, 「三國遺事의 歷史方法論的 考察」, 『東洋學』 23, 檀國大 東洋學硏究所, 1993, pp. 4-5).

으로 만들어 봉안하였음을 알 수 있다. 보다시피 내용이 워낙 간략한 까닭에 십성을 누가, 언제, 왜 흥륜사 금당에 봉안하려 했는가에 대해서는 도무지 알 수 없다. 그렇지만 십성 각자의 생애나 업적을 생각해 본다면 이 짧은 내용 이 도리어 많은 것을 전하고 있음을 알 것이다.

십성에 봉안된 인물들을 살펴보면 신라 불교의 최초의 전래자인 아도로부 터 景德王代에 활동한 표훈에까지 이르고 있는데, 이들은 대체로 신라 불교 에 있어 커다란 업적을 이루었던 사람들로 파악된다. 이런 점에서 볼 때 십 성을 봉안한 목적은 우선 그들의 공적을 기리고자 한 것으로 생각된다.

더욱 이와 관련하여 열 분의 성인 가운데 아도를 비롯 다섯 분에 대한 追 慕碑가 세워진 사실이 확인되고 있어 주목된다. 이 점에서 보아 십성의 봉안 과 추모비의 건립은 어떤 연관이 있을 것이라고 생각된다. 이렇게 생각해오 면 흥륜사 금당에 십성을 봉안한 사실을 적은 위 내용은 결코 간단한 것이 아닐 뿐만 아니라, 중요한 역사적 의미를 지니는 것임을 알게 된다.

이와 같이 중요한 의미를 지닌 위의 내용에 대해서는 일찍이 선학이 주목 한 바가 있다.[3] 이에 따르면 新羅 佛法의 始開者, 新羅 佛敎의 建設者, 民

---

3) 金煐泰, 「新羅十聖考」(『韓國學研究』 2, 東國大 韓國學研究所, 1977 ; 『新羅佛教研 究』, 民族文化社, 1987) pp.373-378.
   補) 최근 申東河는 흥륜사 금당에 십성을 봉안한 시기를 신라시대가 아닌 高麗 初 期 光宗代로 보면서(「寺院의 創建과 佛國土思想」, 『新羅 佛國土思想의 展開樣相 과 歷史的 意義』, 서울大 博士論文, 2000, pp.49-55), 다음과 같은 이유를 들었다.

   ≪삼국유사≫ 권2 〈景德王 忠談師 表訓大德〉에서 『표훈 이후에는 신라에서 聖人이 나지 않았다.』고 한 기록과 본 〈東京興輪寺金堂十聖〉을 연계해서 이해해야 하지 않을까 한다. 양 기록이 표훈을 성인으로 인식하는 데 있어 공통되기 때문이다. 그렇다면 '신라에 서 성인이 다시 나지 않았다'고 표현할 수 있는 것은 고려 대에 들어서야 가능할 것이 아 닌가? 만약 하대 초기 내지 전기로 그 시기를 설정할 경우에 문제는 또 있다. 표훈이 혜공 왕을 낳게 하는 데 공을 세웠다고 할 때 그것은 장자계승을 전통으로 하는 중대적 질서를 유지하려는 의도로 이해되는 것이다. 그런데 하대 전기 장자계승의 원리를 부정하고 즉위 한 諸王들에게 표훈의 이런 공적이 중요시되었다고 보기는 어렵기 때문이다.

   먼저 "표훈 이후에는 신라에서 聖人이 나지 않았다."는 표현이 신라에서는 쓰여 질 수 없다고 하였는데, 만약 이 중에서 '신라'를 빼게 되면 고려시대에도 성인이

나지 않는다고 하는 결과를 초래한다. 그경우 고려 역시 좋은 왕조가 될 수 없다. 이것은 傳承에 대한 내용을 바탕으로 고려시대에 채록하는 과정에서 자연스럽게 기록된 것이다(더욱 이는 '東京興輪寺金堂十聖' 항목 이름에 '東京'이 표기된 것이 『三國遺事』가 고려시대에 찬술된 기록으로서 나타나는 자연스러운 표현인 것과 마찬가지이다). 다음 '장자 계승의 전통'이 중대적 질서라고 하였는데, 신라에서의 장자계승은 오래 전인 訥祗王 이후부터 이미 시작되었으므로 적절한 근거라 할 수 없다. 그리고 元聖王으로부터의 왕위계승은 장자계승의 체제를 유지하고 있었다. 태자가 일찍 죽자 손자인 昭聖王이 즉위했고, 이어 어린 나이지만 哀莊王이 계승하였던 것이다. 또 금당 십성의 봉안은 憲德王이 즉위한 이후이기 보다는 그 이전인 것으로 여겨지는 바 역시 설득력이 없다(「誓幢和上碑」를 보면 헌덕왕이 왕위에 오르기 전에 角干으로서 佛事活動을 이미 주도하고 있음을 알 수 있다. 더욱 이에 대해서는 「新羅 下代 前期 高僧追慕碑의 建立」(『韓國古代史研究』 25, 2002: 이 책 수록, pp.147-149 참조).

한편 이에 대한 대안으로, 그는 10성 봉안의 시기를 고려 초로 내려보면서 均如가 사업에 관여했을 가능성이 높다고 보았는데(위의 논문, pp.54-55), 아래와 같은 이유에서다.

　　첫째, 10성에는 唯識學者들이 전혀 배제되어 있다. 圓測은 중국에서 활동한 승려이므로 제외하더라도 憬興, 太賢, 眞表 같은 유식학자들은 이름이 널리 알려진 고승들이었다. 太賢의 경우 그는 景德王代의 왕권강화 정책과 연계되어 있음이 지적되고 있다. 왕권강화라는 면에서는 유식학계 승려들의 활동도 매우 활발하였던 것이다. 그런데, 균여는 자신의 저술에서 인용하는 인물로 義相, 元曉, 表訓, 神琳 등이 보이고, 유식학자로는 圓測, 太賢 등을 인용하고 있는데, 태현의 경우는 간접 인용에 그치고 있다. 균여의 유식학 이론은 元曉와 圓測에 의존하고 있음이 밝혀지고 있다. 이것은 10성 봉안의 성격과 상통되는 것이다. 둘째, 표훈의 성격의 문제이다. 10성에 든 표훈에게 있어 두드러진 특징은 그가 천계를 왕래하였다는 神異한 면이 아니었던가 한다. 그런데 균여에게도 神異性이 강조되고 있음을 볼 수 있다.

그렇지만 이것은 조심스럽게 판단해야 할 문제이다. 고려시대에 신라 불교의 聖地요 요람인 흥륜사의 금당에 신라의 성인들을 봉안할 수도 있겠지만 단순한 고승들이 아니라는 점에서 문제의 여지가 많기 때문이다. 고려시대에 신라의 성인들을 조상 추모하면서 當代의 성인들을 배제하지 않음은 고려시대를 卑下시키는 것이 되어 모순이 생긴다. 이는 경주인들에게 자부심을 가지게 하여 신라에 대한 復古思想을 고취시키게 되고 도리어 고려 왕조에 위협적인 요소로 작용하게 된다. 많은 開國功臣들의 반대를 무릅쓰고 왕권강화정책을 수행하고 있던 광종대는 더욱 그렇다. 또 광종대 화엄종의 중심에 있던 均如가 관여한 까닭으로 인하여 太賢이 제외되게 되었다고 했는데, 십성에는 元曉와 밀접한 淨土信仰의 봉행자들이 많은 사실에서 보아 설득력이 없다. 태현이 제외된 것보다는 왜 정토신앙의 봉행자들을 봉안

族 佛敎의 完成者로 구성된 十聖은 新羅佛敎를 대표하는 聖者로서 新羅人
들의 스승이었다고 한다. 그래서 국가적 차원에서 신라 최초의 사원인 흥륜
사에 이들을 봉안하게 되었다는 것이다. 나아가 그는 십성에 庶民的이고 大
衆的인 불교인들이 선택되었다는 점에서 이는 신라 불교의 平等性을 나타낸
것이며, 또한 釋迦牟尼의 十大弟子 대신 신라인의 십성을 금당에 봉안했다
는 점에서 이는 신라 불교의 優秀性을 알리려고 한 것이라고 하였다. 십성이
대중적이었다는 점, 십성의 봉안이 신라 불교의 우수성을 나타내려 했다는
위의 지적은 옳다고 여겨진다. 하지만 십성을 봉안하게 된 思想的인 背景이
나 그 구체적인 目的에 있어서는 소홀한 점이 없지 않다. 따라서 본고에서는
이와 같은 부족한 점을 살피고자 한다.

  이에 본고에서는 먼저 十聖 각자의 활동이 신라 불교에 끼친 영향을 追慕
碑와 문헌의 내용을 통하여 알아보고자 한다. 다음 십성을 봉안하게 된 經緯
와 歷史的 背景을 살피고자 한다. 나아가 思想的 배경에 대한 이해로서 당
시 유행하던 彌勒下生信仰과 관련하여 살피고자 한다. 그리고 이를 바탕으

하려 했는가를 먼저 파악하는 것이 올바른 순서가 아닌가 한다. 나아가 下代 前期
에 十聖과 관련된 高僧들을 追慕하는 碑石들이 세워진다는 점에서 보아도 또한 설
득력이 없다(더욱 이에 대해서는 졸고, 위의 논문, pp.147-154 참조). 따라서
고려시대로 보는 견해는 수긍하기 어려운 점이 많다.
  혹 이에 대해 聖人이 아닌 興輪寺를 거쳐간 高僧들을 봉안했다고 볼 수도 있겠
는데, 그경우 많은 다른 문제가 파생되게 된다. 그것은 一然이 위 내용을 채록할 때
에 흥륜사에 직접 답사하여 살핀 결과를 기록했다는 견해에 비추어 보면 더욱 그렇
다(金相鉉, 위와 같음). 분명 일연(혹은 기록자)은 흥륜사 금당에 이들이 '성인'으로
서 봉안되어졌다는 사실을 보고 썼을 것이다(이는 1998년 한국사상사학회 발표 때
의 盧鏞弼 선생님의 교시를 따른 것이다). 만약 그렇지 않은 경우 즉 '성인'으로 봉
안되지 않았는데 '성인'으로 고쳐 표기하였다면, 『三國遺事』의 다른 기록에 대해서
도 신빙성을 일부 의심치 않을 수 없게 된다. 그 경우 『삼국유사』를 바탕으로 한 연
구들은 재고되어야 할 것이다. 그리고 我道나 異次頓 외에 다른 승려들이 흥륜사를
거쳐갔다고 할만한 뚜렷한 증거 자료들이 보이는 바가 거의 없다. 따라서 흥륜사
금당에 십성을 봉안한 시기는 고려 보다는 신라로, 또 흥륜사를 거쳐간 고승이 아
닌 신라 불교를 빛낸 성인들로 보는 것이 옳다고 하겠다.

로 興輪寺 金堂에 십성을 봉안함으로써 국가가 얻고자 한 目的을 살피고자
한다. 그럼으로써 新羅 下代에 있어서 국가의 미륵하생신앙에 대한 태도와
그것이 新羅 下代 骨品制 社會에 끼치게 되는 영향을 살피는 것으로서 글을
맺고자 한다.

1. 十聖의 活動과 그 性格

興輪寺 金堂에 봉안된 十聖의 배열에 대해서는 일정한 원칙이 있었을 가
능성이 없지는 않다. 그러나 앞에서 제시된 기록만으로는 전혀 그 원칙성을
알아낼 길이 없다. 봉안된 뒤 어느 시기에 사정이 생겨 위치에 혼돈이 왔는
지, 또 기록자가 착오를 일으킨 것인지도 분명하지 않다.[4] 그렇다고 해서 십
성이 서로 달리 평가될 일은 없을 것 같다. 여기에서는 기록에 열거된 순서
에 따르기보다는 십성들의 활동과 그 성격을 그들이 생존하고 활동한 순서
대로 서술하고자 한다. 왜냐하면 당시 불교의 흐름을 시기적으로 이해하는
데 도움이 될 것이라는 생각에서다.

(1) 我道(阿道 혹은 阿頭)

아도에 대해서는 韓奈麻 金用行이 찬술한 「我道和尙碑」가 있다.[5] 비석을
건립한 시기에 대해서는 정확히 알 수 없지만 대체로 新羅 中代에 세워졌을
것으로 추측된다.[6] 그리고 찬술자가 관리인 점에서 생각해 볼 때 이는 국가

---

4) 이에 대해 金杜珍은 동쪽에 봉안된 성인들을 公認佛敎의 進興에 관계한 인물일 것
   으로 추측하였다(「新羅 中古時代의 彌勒信仰」, 『韓國學論叢』 9, 國民大 韓國學硏
   究所, 1987, p.29 註 47).
5) 韓奈麻金用行所撰我道和尙碑(『三國史記』 4, 法興王 15년) 및 按我道本碑·金用
   行撰我道碑(『三國遺事』 3, 興法 阿道基羅·原宗興法猒髑滅身조)의 구절에서 알
   수 있다.
6) 여기에는 아도만이 아니라 異次頓의 가계에 대한 내용도 들어 있다(『三國遺事』 3,
   興法 原宗興法猒髑滅身조 참조). 이 사실에서 「아도화상비」에는 이차돈의 순교 사
   실도 함께 기록되어 있음을 알 수 있다. 그런데 이차돈에 대해서는 그의 순교를 추

에서 건립한 것이 아닐까 생각된다.

비문에 기록된 아도의 활동상을 살펴 보면 다음과 같다. 아도의 모친은 高
道寧으로서 高句麗 사람이며 부친은 我崛摩로서 曹魏 사람이다. 아굴마가
고구려에 사신으로 왔다가 고도령과 관계하여 아도를 낳게 되었다. 이후 아
도는 중국으로 가서 玄彰和尚에게 수학하고 19세에 돌아왔는데, 고도령은
아도에게 新羅에 가서 佛法을 傳教하도록 하였다. 이 때 고도령은 신라의 서
울에 있는 前佛時代의 일곱 절터를 가르쳐 주면서 이후 3천여 달이 지나면
신라에 聖王이 나와서 불법이 興할 것이라고 알려주었다. 이에 따라 아도는
雞林으로 와서 王城의 西里에 머물며 불교를 전파하였으나, 신라인들의 反
目으로 실패하고 一善縣의 毛祿(禮)의 집에 숨어 살았다.

未雛王 3년(264)에 成國公主가 병이 들었는데, 의원들이 고치지 못하였으
나 아도는 이를 고쳤다. 왕이 답례로 소원을 물으니 아도는 天鏡林에 절을
지어 국가의 복을 빌고자 하여 허락 받았다. 이에 절을 짓고 興輪寺라 이름
하였는데, 그 때는 풍속이 질박하고 검소해서 茅屋으로 지어 불법을 강연하
는 정도였다. 하지만 이것마저도 왕이 돌아간 뒤에는 廢하게 되었고, 아도는
스스로 무덤을 만들고 세상을 떠났다.

아도의 위와 같은 활동을 볼 때 그는 우선 신라 불교의 기초를 닦은 興法
者로서의 공적이 있음을 지적할 수 있다. 이에 따라 그는 異次頓・法興王과
함께 신라에 불법을 일으킨 興法三聖으로 일컬어졌던 것이다.[7] 다음 그가
어머니 고도령으로부터 신라의 서울에 있는 전불시대의 일곱 가람터에 대한
교시를 받고 이를 신라에 알렸다는 점으로 미루어 그는 新羅佛國土思想을
전도한 사람이라 하겠다. 말하자면 그는 불국토사상에 대한 이해가 깊었다고

모하는 내용을 담은 「異次頓殉教碑」가 憲德王代에 세워지고 있다(뒤이어 설명됨).
동일한 사건의 내용을 담은 비석을 하대의 비슷한 시기에 세울 필요는 없었을 것이
다. 그것도 국가와 관련되어 있다는 점에서 생각해 볼 때 더욱 그렇다. 따라서 「아
도화상비」는 하대보다는 중대에 세워졌을 것으로 보아 옳을 듯하다.

7) 『三國遺事』 3, 興法 阿道基羅조.

여겨진다.8) 아도가 불국토사상에 대한 이해를 갖고 이를 신라 사회에 전했다는 사실과 미추왕대에 활동하였다는 사실은 물론 後代에 부가된 내용이라고 보는 것이 옳지 않을까 한다. 그렇지만 이들 내용이 비문에 기록되었다는 사실은 국가에서 그를 성인으로 인식하는 데에 있어 어떤 필요성에 의해 서술하였던 것이 아닌가 한다. 이 점은 십성의 봉안 사업과 관련해 볼 때 검토의 의미가 있는 것이라고 여겨진다.

(2) 猒髑(異次頓)

이차돈에 대해서는 憲德王 10년(818)에 세운 「異次頓殉敎碑」(혹은 「栢栗寺石幢記」)가 있다. 비면이 많이 마멸되어 내용을 정확히 파악하기는 힘들지만, 내용의 일부가 「元和帖」으로 전해져 그 윤곽을 알게 되었다.9) 이를 대조해 본 결과 비문의 내용은 비를 세운 전년도에 南澗寺 사문 一念이 찬술했다는 「髑香墳禮佛結社文」의 내용을 정리해서 기록한 것으로 파악되고 있다.10) 그리고 이 사업에는 國統 惠隆과 法主 孝圓 金相郞 등이 참여한 사실에서 보아 국가에서 행하던 추모활동의 하나로서 이루어졌다고 생각된다.11)

이제 이를 바탕으로 이차돈의 활동상을 정리해보면 다음과 같다. 이차돈의 姓은 朴氏이며 曾祖는 習寶葛文王, 祖父는 阿珍宗이다. 法興王이 절을 세워 불법을 전하고자 하였으나 신하들의 반대로 뜻을 이루지 못하였다. 이 때 그는 궁내의 舍人으로 있었는데, 왕을 돕고자 하여 자신의 희생을 감수하는 계책을 세우고 실행하였다. 이에 따라 법흥왕은 창사가 지연된 책임을 물어 이차돈을 목베게 하니 흰젖이 솟아나는 神異가 나타났다. 이 때에 사람들은 이차돈을 임금의 信力을 붙들어 아도의 본심을 이룬 聖者라고 칭송하였다. 이

---

8) 金煐泰, 「新羅佛國土思想」(『韓國佛敎思想史』, 1975; 앞의 책) pp.149-150.
9) 이에 대해서는 「元和帖」(李基白 編, 『韓國上代古文書資料集成』, 一志社, 1987, pp.35-38) 참조.
10) 『三國遺事』 3, 興法 原宗興法猒髑滅身조.
11) 실제로 「이차돈순교비」를 보면 '法主釋'의 구절이 확인되고 있어 『삼국유사』의 위 사실이 틀림이 없음을 알 수 있다(「元和帖」, 위의 책, p.38의 제6면 6행).

로 인하여 흥륜사 건립이 이루어지게 되고, 이후 신라에 불교가 행해지고 사
람마다 그 복을 얻게 되었다.

이상과 같은 이차돈의 순교 사실은 그가 신라 불교의 興法者로서 지위를
얻는 데 더이상 부언할 필요가 없겠다.

(3) 安含(安弘)12)

안함에 대해서는 翰林 薛某가 왕명을 받들어 비문을 찬술했던 사실이 전
하고 있어 국가에서 그에 대한 추모비를 세웠음을 명확히 알 수 있다.13) 한
림은 본래는 詳文師로서 聖德王 때에는 通文博士로 불리었다가 景德王代에
들어와 고쳐 불리어진 명칭이다.14) 이 사실에서 안함의 추모비는 경덕왕대
이후에 세워졌음을 알 수 있다.

비문에 따르면 안함은 第一女主(善德女王)를 忉利天에 장사지낼 일, 千
里에 나아가 싸우던 군사가 패할 일, 四天王寺가 이루어질 일, 왕자(仁問)가
고국에 돌아올 해, 大君의 盛明(통일)할 해 등을 말하였는데 모두 어긋남이
없었다고 한다. 선덕여왕 9년(640)에 萬善寺에서 62세로 입적하였다. 이 달
에 사신이 중국으로부터 돌아오면서 우연히 안함을 만났는데 그는 물결 위
에 자리를 펴고 서쪽으로 향해 갔다고 한다.

문헌에 따르면 안함의 姓은 金氏이며 眞骨로 詩賦 伊飡의 손자라고 한다.
일찍부터 세상을 두루 돌아보고 널리 敎化를 폈으며, 眞平王 22년(600)에는
惠宿과 더불어 친구가 되기를 약속하였다. 이듬해에는 중국에 들어가 求法
하였는데, 그는 단시일 내에 깊은 뜻을 깨달았다고 한다. 진평왕 27년(605)
于闐國의 사문들과 함께 신라로 돌아왔다. 안함은 귀국하여 『讖書』 1권을

---

12) 안함과 안홍이 동일인일 것이라는 사실에 대해서는 辛鍾遠이 상세히 고증한 바 있
다(「安弘과 新羅佛國土說」, 『新羅初期佛敎史硏究』, 民族社, 1992, pp.232-237).
그의 의견이 옳다고 보므로 이에 따른다.
13) 翰林薛某奉詔撰碑(『海東高僧傳』 2, 安含傳).
14) 『三國史記』 39, 雜志 8, 職官 中.

지었는데 글자가 흐트러져 있어 알기가 어려웠다.15) 또한 皇龍寺에 9層塔을
세우면 9夷의 재난을 물리칠 수 있다고 하였다.16)

안함의 사상적 경향에 대해서는 그가 지은『참서』를 통해 알 수 있을 것이
나 전하지 않으므로 정확한 내용을 알 수 없다. 辛鍾遠에 의하면 안함은 중
국에서 얻은 견문을 신라에 원용하여 佛國土說을 제창하였다고 한다. 이것
은 황룡사에 9층탑을 세워 九韓의 침공을 막으라고 한 것이 隋 文帝의 大興
善寺塔의 건립을 본받으려고 하였던 점, 또 문제가 四天王의 護持를 받고
도리천의 덕분으로 天子가 되었다는 불국토설은 선덕여왕이 도리천녀이므로
신라가 곧 불국토임을 말하는 것과 유사한 성격에서 짐작될 수 있다.17) 이로
써 볼 때 그는 新羅佛國土說을 주창하였음을 알 수 있지 않을까 한다. 이 불
국토설의 주장을 통해 그는 신라 국가 체제의 성립과 발전에 기여를 하였을
것이라고 여겨진다. 그리고 崔致遠이 안함을 '東方聖人'이라고 한 사실에서
미루어 보아 그는 일찍부터 신라인들에게 성인으로서 널리 알려졌지 않았을
까 생각된다.18)

(4) 惠宿19)

혜숙의 신분에 대해서는 알려진 바 없다. 한때 好世郎의 郎徒로서 활동하
였으나, 몸을 감추어 赤善村(지금 安康 지역)에서 20여년이나 숨어 살았
다. 한번은 國仙 瞿旵公이 적선촌에 와서 사냥을 하자, 혜숙은 자기 살을 베
어 그의 살생을 警戒하였다. 眞平王이 그 이야기를 듣고 불렀으나 사자가 혜
숙이 여자와 자는 것을 보고 되돌아갔다. 그러나 사자는 돌아가는 도중에 다
시 혜숙을 만났는데, 그는 성안 시줏댁 집에 다녀오는 길이라 했다. 얼마 후
혜숙이 죽어서 장사를 지냈는데, 마을 사람이 그가 서쪽으로 가는 것을 만나

---

15) 이상은『海東高僧傳』2, 安含傳의 내용이다.
16) 이상은『三國遺事』3, 塔像 皇龍寺九層塔조의 내용이다.
17) 辛鍾遠, 위의 논문, pp.243-248.
18)『海東高僧傳』2, 安含傳.
19) 혜숙에 대해서는『三國遺事』4, 義解 二惠同塵조를 참조하였다.

기도 하였다. 그래서 무덤을 파보니 그의 짚신 한 짝만이 남아있었다. 안강현
북쪽에 惠宿寺가 있는데 그가 머물렀던 절이라 한다.

혜숙의 사상적 경향에 대해서는 그가 머물렀던 혜숙사가 彌陀寺라는 점,
은거 생활을 즐기는 厭世的 사상의 소유자인 점, 또 일반 촌락민과 어울려
사는 居士的 생활을 하고 있었다는 점에서, 죽어서 서방으로 가는 모습이 淨
土往生의 사실을 전해준다는 점으로 미루어 보아 그는 淨土信仰을 지니고
있었다고 볼 수 있을 것 같다.[20]

(5) 惠空[21]

혜공의 어렸을 때 이름은 憂助다. 신분은 확실하지 않으나 天眞公의 고용
살이 아들인 것으로 보아 낮은 신분이었음을 알 수 있다. 어려서 靈異함이
많아 천진공이 뛰어남을 알고 받들기에 이르렀는데, 출가하여 이름을 혜공이
라 하였다. 그는 언제나 미친 것처럼 크게 취해서 삼태기를 지고 거리에서
노래하고 춤을 춘 까닭에 負簣和尙이라 불렸으며, 절 이름도 夫蓋寺라 불리
었다. 그리고 神印宗의 明朗이 金剛寺를 세우고 落成會를 베풀었을 때는 처
음부터 참석하지 않았으며, 비에 옷을 적시지 않는 신이를 보였다. 또 『肇論』
을 보고는 옛날에 자기가 찬술한 것이라고 하였다. 만년에는 恒沙寺에 살았
는데, 이 때 元曉가 혜공에게 와서 질의하고 서로 희롱도 했다. 죽음에 미쳐
서는 하늘에 떠서 세상을 떠났는데, 사리가 셀 수 없이 많았다고 한다.

혜공의 사상적 경향 역시 뚜렷하지는 않으나 그가 원효와 같이 교류했고
또 술에 취해 거리에서 歌舞를 한 것 역시 원효와 비슷한 것으로 보아 정토
신앙을 가졌음을 짐작할 수 있다.[22] 『조론』을 자기가 찬술한 것이라고 한 것
으로 보아 그는 空思想의 소유자임을 알 수 있겠다.[23]

---

20) 李基白, 「新羅 淨土信仰의 起源」(『學術院論文集』 19, 1980 ; 『新羅思想史硏究』,
    一潮閣, 1986) pp.132-135.
21) 혜공에 대해서는 『三國遺事』 4, 義解 二惠同塵조를 참조하였다.
22) 李基白, 앞의 논문. pp.135-138.
23) 『조론』은 空과 實相의 언어적 개념이 실제로는 둘이 아닌 中道의 이치임을 설파한

(6) 慈藏[24]

자장은 眞骨로서 부친은 蘇判 茂林이다. 출가하여 수행을 닦는 도중 조정으로부터 재상 자리에 추천되었으나 거절하고는 깊은 산중에 들어가 枯骨觀을 수행하였다. 이후 변방에 자라남을 탄식하여 求法하고자 入唐하였다. 당의 淸凉山에 나아가 文殊大聖의 像 앞에서 기도하여 感得하였는데, 이 때 그로부터 신라 왕실이 이미 佛記를 받은 신성한 혈통이라는 것과 皇龍寺에 迦葉佛과 釋迦佛의 宴坐石이 남아 있다는 것을 알게 되었다. 또한 梵語로 된 偈를 받았는데 그 뜻을 알 수 없어 고민하던 중 이튿날 이상한 중이 와서 해석해 주면서 袈裟와 舍利를 아울러 전해주었다. 또 太和池의 神人에게서는 황룡사에 9층탑을 세우면 9夷의 침략을 막을 수 있다는 조언을 얻었다. 그리고 당의 太宗으로부터도 慰撫를 받고 하사받는 물건이 많았으나 다시 終南山 雲際寺에 들어가 수도하였다.

貞觀 17년(643) 善德王의 요청으로 귀국하면서 불상·경전 등 많은 佛事物品을 가져왔다. 芬皇寺에 거주하고 『攝大乘論』과 『菩薩戒本』을 강연하였다. 조정에서 의논하여 자장을 大國統에 임명하여 僧尼의 모든 규범을 위임하여 주관하게 하였다. 이에 자장이 널리 佛法을 전하고 또 戒律을 풀이하고 敎團을 整備하니 이로 인하여 나라 안에 불법을 받드는 이가 열에 여덟 아홉이 되었으며 출가를 청하는 자도 늘었다. 태화지 신인의 말대로 황룡사 9층탑 조성을 건의하여 허락받아 완성하였다.

通度寺를 건립하여 戒壇을 세웠으며, 태어난 집을 고치어 元寧寺라 이름하였는데 낙성회를 베풀면서는 『華嚴經』을 강의하였다. 자장이 중국의 복식과 연호를 청하여 사용하게 되었는데, 이로 인해 중국의 조빙시에는 신라가

것인데, 『조론』 가운데의 「物不遷論」의 사상은 원효가 지은 『大乘六情懺悔文』에 거의 직접적인 영향을 주었다고 한다(송찬우, 「조론 권두언」, 『肇論』, 고려원, 1989, pp.3-10). 이것은 그가 원효의 사상에 영향을 주었음을 충분히 알려 주는 것이다.

24) 자장의 전기에 있어서는 『三國遺事』 3, 義解 慈藏定律조와 塔像 皇龍寺丈六조, 皇龍寺九層塔조를 참조 하였다.

그 서열에 있어 藩國의 웃자리에 오르게 되었다고 한다. 만년에는 강릉에 水
多寺를 세우고 기거하였다. 이 때 문수대성을 다시 보고자 하였으나 太伯山
葛蟠地에서 늙은 거사로 변신한 문수를 알아보지 못하여 만나지 못했다. 자
장이 뒤늦게 찾았으나 실패하고 마침내 쓰러져 죽었다.

자장은 文殊信仰과 관련하여 出家者나 在家者 모두에게 적용될 수 있는
大乘菩薩戒를 主唱하여 신라인들로 하여금 戒를 알게 하는 말하자면 戒律
을 생활화하였다. 또한 자장의 佛國土說은 新羅 王室이 刹利種이라는 것에
서 釋種意識을 포용하는 것으로 변화시키는 의미를 갖는 중요한 것이었다.
더불어 자장의 황룡사 9층탑 조성과 중국 제도의 수용에 대한 건의는 善德
女王 당시 內外의 어려운 政勢 속에서 新羅 王權의 傳統과 權威를 유지 再
構築하는 것이었다.[25] 이상은 자장이 전한 불교가 신라 왕실의 권위를 높여
주고, 그럼으로서 國家體制의 확립과 발전에 많은 공헌을 하였음을 알려 주
는 것이다.

(7) 元曉

원효에 대해서는 哀莊王代에 그를 追慕하는 「誓幢和上碑」가 세워졌다.[26]

---

25) 金煐泰, 「新羅佛國土思想」(『韓國佛教思想史』, 1975: 앞의 책) pp.154-157.
  安啓賢, 「慈藏의 佛教思想」(『三國遺事의 新研究』, 新羅文化宣揚會, 1980: 『韓國
    佛教思想史研究』, 東國大學校 出版部, 1983) pp.98-100.
  辛鍾遠, 「慈藏과 中古時代 社會의 思想的 課題」(『韓國史研究』 39, 1982: 앞의
    책) pp.274-277.
  金杜珍, 「慈藏의 文殊信仰과 戒律」(『韓國學論叢』 12, 國民大 韓國學研究所,
    1989) pp.13-29.
  李成市, 「新羅僧・慈藏の政治外交上の役割」(『朝鮮文化研究』 2, 東京大學文學部
    朝鮮文化研究室 研究紀要, 1995) pp.72-76.
26) 「高仙寺 誓幢和上碑」(『譯註韓國古代金石文』 3, 駕洛國史蹟開發研究院, 1993, p.
  53: 이하 '『금석문』 3'이라고 약칭함).
    이에 대해서는 金相鉉, 「新羅 誓幢和上碑의 再檢討」(『蕉雨 黃壽永博士古稀紀
  念論叢』, 通文館, 1988) 및 졸고, 「新羅 哀莊王代 「誓幢和上碑」의 建立과 그 意
  義」(『國史館論叢』 74, 國史編纂委員會, 1997) 참조.

이 비석은 당시 攝政으로 있었던 角干 金彦昇에 의하여 세워진 것으로 여겨지는데, 그가 정치적 실세였던 만큼 국가에서 세운 것으로 보아 좋을 듯하다.

비문에 의하면 원효는『十門和諍論』과『華嚴宗要』를 저술하였으며, 또한 그것이 널리 알려져 절찬받았음을 알 수 있다. 또 誓幢和上, 高仙大師로도 불리었으며 垂拱 2년(686)에 穴寺에서 70세를 일기로 입적하였음을 알 수 있다. 그리고 신라인들이 일찍부터 그를 성인으로 존숭하였음도 알 수 있다. 그렇지만 비석이 온전하지 않아 정확한 내용을 알기 어렵다. 이외의 사실은 문헌에 있는 내용과 같다.

문헌에 나타난 바를 살피면 다음과 같다.27) 원효는 6頭品으로서 부친은 談㮈 乃末이다. 어려서부터 총명하여 스승이 없이 공부하였다. 義湘과 더불어 入唐하여 공부하고자 했으나 도중에 깨달은 바가 있어 돌아왔다. 왕녀의 병을 고치고자 하여『金剛三昧經』의 疏를 지었는데, 원효를 시기하는 무리들이 몰래 훔쳐가므로 다시 소를 짓게 되었다. 강연시에는 다른 승려들이 못한 것을 홀로 이루었다고 자부하였다.

한편 원효는 요석공주와 관계하여 설총을 낳았다. 이후 원효는 속인의 옷을 입고 小姓居士라 하였다. 이 때부터 원효는『화엄경』에서 글귀를 얻어「無㝵歌」를 지어 세상에 퍼뜨렸다. 광대들이 놀리는 박을 얻어 많은 촌락에서 歌舞하고 敎化하면서 돌아다니니, 가난하고 어리석은 중생들까지 모두 부처의 이름을 알게 되었고 '나무아미타불'을 부르게 되었다. 분황사에 있었을 때에는『華嚴經疏』를 지었는데, 제4 十廻向品에 이르러 그만 그쳤다. 이외에도 소반에 물을 뿜어 당나라 聖善寺의 불을 끄기도 하고 주막에 출입하는 등 걸림이 없었다고 한다.

원효 사상의 위대성은 和諍思想의 제창자라는 점일 것이다. 그것이 뛰어남은『十門和諍論』이 불교의 본고장인 인도에까지 梵語로 번역되었다고 언급한 「서당화상비」의 내용으로 충분하다. 더불어 지적될 것은 淨土信仰을

27) 원효에 대해서는『三國遺事』4, 義解 元曉不羈조,『宋高僧傳』4, 元曉傳을 참조하였다.

적극 전파하였다는 사실이다.[28] 앞에서 혜숙·혜공이 길을 열었다면 그는
정토신앙을 신라 전역에 널리 전한 大成者라고 볼 수 있을 것이다. 즉 그는
신라 불교의 大衆化에 공헌이 컸던 것이다.

(8) 蛇巴(蛇福 혹은 蛇卜)[29]

사파는 王京人으로 과부의 아들로 태어났는데, 나서부터 12살까지 말을
하지 못했다. 어머니가 죽자 원효에게 부탁하여 함께 장사를 지냈는데, 이때
원효는 生死가 다 괴롭다고 하였다. 이어 사파는 어머니의 시신을 메고 지하
로 들어갔는데 그 곳은 蓮花藏 세계였다고 한다.

사파에 대해서는 달리 전하는 기록이 없어 더 자세한 것을 알기는 어렵다.
또 그가 들어갔다는 지하의 연화장 세계는 毘盧遮那佛의 정토로 阿彌陀佛
의 서방정토는 아니다. 그렇지만 生死를 괴롭게 인식한 것이 厭世的인 점,
원효와 친근한 사실로 보아 그가 들어간 연화장 세계는 정토왕생과 그 궤를
같이 하는 것이라 볼 수 있지 않을까 한다.[30] 이로서 보면 그는 淨土信仰에
관심을 가졌음을 알겠다.

(9) 義湘

의상에 대해서는 「浮石本碑」가 세워진 사실이 확인된다.[31] 비석의 건립
시기와 주체자에 대해서는 알 수 없지만 앞서의 다른 성인들의 사례로 미루
어 역시 下代 前期에 국가에 의해 건립되었을 것이라고 여겨진다.[32]

---

28) 원효의 정토신앙에 대해서는 安啓賢, 「元曉의 彌陀淨土往生思想」(『歷史學報』16,
   1961 및 同 21, 1963: 『新羅淨土思想史研究』, 玄音社, 1987) 참조.
29) 사파에 대해서는 『三國遺事』 4, 義解 蛇福不言조를 참조했다.
30) 李基白, 앞의 논문, pp.138-139.
31) 然據浮石本碑(『三國遺事』 3, 塔像 前後所將舍利).
32) 無極은 의상의 入唐 시기에 대해 崔致遠이 지은 「義湘傳」과 「浮石本碑」의 서술
   내용이 서로 다르게 되어 있다고 지적하였다(同上). 그런데 의상에 관한 기록을 전
   하는 高麗時代의 여러 문헌들을 살펴보면, 대부분이 최치원이 지은 「의상전」을 인
   용하고 있다(이에 대해서는 졸고, 「統一新羅時代 僧傳의 著述과 그 意義」, 『韓國

비문의 내용을 먼저 살펴보면, 의상은 武德 8년(625)에 태어나 소년시절에 출가했다. 永徽 원년(650)에 원효와 함께 입당하고자 했으나 장애가 있어 돌아왔다. 龍朔 원년(661)에 입당하여 智儼法師에게 배웠는데, 總章 원년(668)에 지엄법사가 입적하였다. 咸亨 2년(671)에 신라로 돌아와서 長安 2년(702)에 세상을 떠났으니 나이 78세였다.

문헌에 나타난 내용은 다음과 같다.[33) 의상은 眞骨 金氏로 부친은 韓信이다. 29세에 皇福寺에서 출가하였으며, 원효와 같이 入唐求法코자 하였으나 첩자로 몰려 실패하였다. 永徽 初(650)에 다시 입당하여 智儼에게서 華嚴을 전수 받고 「法界圖書印」을 지었다. 文武王 10년(670년)에 귀국하여 당이 신라를 침략하려 한다는 사실을 조정에 알려 국가의 재난을 면하게 하였다. 귀국하여서는 문무왕의 칙지를 받아 太伯山에 浮石寺를 짓고 이어 화엄을 전국에 전도하였다. 聖德王 1년(702)에 입적하였다. 그의 제자로는 表訓 등의 十大弟子가 있는데 모두가 뛰어나 亞聖이라 불리었다.

의상의 대표적인 사상으로는 華嚴思想을 손꼽을 것이다. 그가 찬술한 「법계도서인」은 210字로서 간략히 서술하여 화엄사상의 심오한 이치를 나타낸 것이었다. 그의 이러한 화엄사상은 '一卽多 多卽一'로 표현되는 사상으로 專制王權에 커다란 정신적 뒷받침이 되었다.[34) 이는 그가 화엄사상을 통하여 국가체제의 유지와 발전에 커다란 기여를 했음을 알려주는 것이다.

學報』 69, 一志社, pp.51-54 참조). 따라서 고려시대에는 「의상전」이 널리 읽혀졌음을 알겠다. 이 사실로 미루어 「부석본비」는 고려시대보다는 신라시대에 조성된 것으로 봄이 옳지 않을까 한다.

33) 의상에 대해서는 『三國遺事』 4, 義解 義湘傳敎조를 참조했다.

34) 金文經, 「儀式을 통한 佛敎의 大衆化運動」(『史學志』 4, 1970 ; 『唐代의 社會와 宗敎』, 崇田大學校 出版部) p.169.

李基白, 『韓國史新論』 改正版(一潮閣, 1976) pp.100-101.

安啓賢, 「新羅佛敎」(『한국사』 3, 국사편찬위원회, 1976 ; 『韓國佛敎史研究』, 同和出版公社, 1982) pp.79-80.

김두진, 『義湘 그의 생애와 화엄사상』(민음사, 1995) pp.361-375.

(10) 表訓[35]

표훈은 景德王代에 활동한 고승으로 의상의 십대제자이다. 신분에 대해서는 알 수 없다. 그가 상시 天帝와 교류하였으므로 경덕왕은 아들을 낳기를 부탁하게 되었는데, 결국에 가서는 惠恭王을 낳게 해주었다고 한다. 그는 당시 사람들로부터 聖人으로 불리어 졌는데, 그의 이후에는 성인이 나지 않았다고 한다.

표훈의 사상에 대해서는 그가 의상의 제자였으므로 화엄사상을 지녔음을 알 수 있다. 그리고 신통력을 통하여 혜공왕을 낳게 해주었다는 사실로 미루어 보아 표훈은 경덕왕의 전제왕권 유지에 많은 기여를 하였을 것으로 추측된다.

이상에서 살펴온 바와 같이 십성들은 대체로 신라 불교의 발전에 커다란 공헌을 이룬 사람들이었다. 그리고 그 공헌한 내용은 십성 각자의 특성에 따라 조금씩 다르게 나타나고 있다. 이런 까닭에 봉안된 십성에 대해 그 성격을 어느 하나로 정하기에는 어려움이 많기도 하지만, 비슷하게 나타나는 공통점을 찾아 정리해보면 다음의 세 가지 경우로 정리할 수 있겠다.

첫째, 아도와 이차돈의 홍법으로 인한 큰 이익이 신라 국가의 발전을 가져오게 되었다는 사실이다. 불교의 도입과 더불어 국론의 통일을 이루게 되고 나아가 이것이 삼국 통일의 원동력이 되었음은 두말할 나위 없는 것이다.

둘째, 하층민을 신앙의 세계로 이끌어 내어 大衆佛敎의 발전에 공헌이 큰 성인들이 모셔졌다. 이것은 淨土信仰과 관련된 인물들 즉 원효를 비롯한 혜숙 혜공 사파 등이 모셔진 것에서 알 수 있다. 그리고 6두품의 원효를 제외하고는 낮은 신분의 소유자들인 이들이 십성에 봉안된 것은 그것이 민중의 관심과 매우 관련이 깊다는 점을 알려주는 것이 아닌가 한다. 이것은 또한 원효의 和諍思想이 민중을 중심으로 한 統和思想이라는 점과도 관련되는 것

---

35) 표훈에 대해서는 『三國遺事』 2, 紀異 景德王 忠談師 表訓大德조를 참조했다.

이라고 여겨진다.36)

　세째, 불법을 통하여 국가 체제의 발전과 유지에 공헌을 한 성인들이 모셔
졌다. 안함과 자장의 불국토사상을 바탕으로 한 황룡사 9층탑 조성, 자장이
전한 신라 왕실의 석종 의식은 석가불신앙으로 발전되어 왕실의 권위를 높
여주었다. 또 자장은 계율을 통해 승단은 물론 대중에게도 계율의 생활화를
실현하게 하여 국가의 통치질서의 확립에 많은 기여를 하였다. 그리고 의상
과 표훈의 화엄사상은 전제왕권의 지배질서 확립과 유지에 중요한 정신적
뒷받침이 되었다. 이러한 사례로서 미루어 볼 때 이들은 대체로 신라 국가
체제의 발전과 유지에 많은 뒷받침을 해주었던 것으로 볼 수 있겠다. 이점에
서 國家佛敎로의 발전에 공헌이 많은 성인들이 선택되어졌음을 알 수 있겠
다. 그리고 이들의 신분이 확인되지 않는 표훈을 제외하고는 모두가 진골 귀
족 출신이라는 점은 화엄사상이 지배층을 중심으로 하는 統和思想과 관련이
매우 깊다는 사실을 지적할 수 있겠다.37)

　그리고 봉안된 십성들이 활동한 시기는 未雛王代의 아도와 景德王代의 표
훈을 제외한 나머지는 中古時代에 주로 활동한 활동한 사람들이다.38) 이것
은 아마도 중고시대의 불교가 국가의 발전에 미친 영향이 큰 것임을 알려주
는 것이며 더불어 그것을 나타내려고 한 것이라고 여겨진다. 그리고 아도의
활동 시기를 金氏王의 始祖인 미추왕대로 올려 잡는 것은 불법의 전파가 김
씨 왕족의 출현과 깊은 인연이 있는 것임을, 또 표훈이 포함된 것은 그러한
불교의 역할이 중대 말 경덕왕대까지 계속 이어졌음을 알리고자 한 것이라
생각된다. 결국 이는 미추왕대로부터 시작하여 중고시대를 중심으로 중대 말
기까지 신라에 聖人이 계속 출현하였음을 말하고자 한 것이 아닐까 생각되

36) 李基白, 「統一新羅와 渤海의 文化」(『韓國史講座』 古代篇, 一潮閣, 1982) pp.376-
　　378.
37) 위의 논문, pp.374-376.
38) 여기서 원효와 의상은 중대 초기까지 활동하였으므로 예외가 될 수 있다. 그렇더라
　　도 이들이 중고시대에도 활발한 활동을 보였으므로 그리 문제될 일은 아닐 듯 싶
　　다.

는 것이다.

2. 十聖 奉安의 經緯와 歷史的 背景

興輪寺 金堂에 十聖을 奉安하게 된 경위에 대해서는 밝혀져 있지 않다. 따라서 이제까지 살펴본 것과 여러 상황을 통하여 알아볼 도리 밖에 없다.

먼저 십성을 누가 봉안하였을까 하는 문제다. 이에 대해서는 흥륜사, 국가 혹은 개인에 의해 조성될 경우를 생각해 볼 수 있겠는데, 봉안된 십성 중 我道와 異次頓을 제외하고는 모두가 흥륜사와 관련이 적다는 점에서 흥륜사 자체 내에서 이를 조성했다고 보기는 어렵다. 또 개인에 있어서는 그 비용은 물론이요 흥륜사라는 국가의 중요 사찰에 위의 塑像들을 조성하기에는 정치적인 어려움이 따랐을 것이므로 역시 아니었을 것이라고 생각된다. 십성이 신라의 불교에 빛을 낸 인물들이었던 만큼, 그 공적을 기리고자 한 것은 아무래도 國家의 간여 없이는 조성하기에 힘들다고 할 수 있다. 더욱 앞서 살폈듯이 십성과 관련된 추모비들이 세워지는 사실로 미루어 충분하다고 본다. 따라서 금당 십성의 봉안은 국가에서 추진한 것으로 보아야 할 것이다.[39]

다음 언제 십성을 봉안했느냐 하는 것이다. 아무래도 생존자를 십성으로 봉안하지는 않았을 것이라고 볼 때 景德王代에 활동했던 表訓보다는 앞설 수 없을 것이다. 그러므로 십성을 봉안한 시기는 惠恭王 이후의 일로서 下代일 것으로 생각된다.[40] 이 경우에 있어서도 중대 말 하대 초의 정치변동기(惠恭王-宣德王)와 또 興德王 사후의 王位爭奪戰이 극심했던 시기(僖康王-憲安王)에는 어려웠을 것이다. 이렇게 보면 하대의 전반기(元聖王-神武王)와 후반기(文聖王-끝)의 사이에서 위 시기를 제외한 때가 해당한다. 이 가운데서도 후반기보다는 전반기가 아니었을까 한다.

39) 金煐泰,「新羅十聖考」(『韓國學硏究』 2, 東國大 韓國學硏究所, 1977: 『新羅佛教硏究』, 民族文化社, 1987) pp.374-375.
40) 同上.

그 이유로는 첫째 하대 전반기에 高僧들에 대한 追慕活動이 활발하였다는 점에서 생각해 볼 수 있다. 앞서 살폈듯이 哀莊王代에는 「誓幢和上碑」가 憲德王代에는 「異次頓殉教碑」가 세워졌다. 비록 십성에는 포함되지는 않았지만 헌덕왕대에 「神行禪師碑」가 세워졌다.41) 이같은 사례로 미루어 볼 때 십성에 봉안된 안함과 의상의 추모비(「安含碑」와 「浮石本碑」) 역시 하대 전반기에 세워졌을 것으로 여겨진다. 그리고 십성에 포함되지는 않았지만 「憬興碑」, 「勝詮碑」가 조성되었던 사실이 확인된다.42) 비록 이 비석들도 조성된 시기에 대해 확실히 알 수는 없지만 「신행선사비」의 예로 미루어 하대 전반기에 세워졌을 것으로 여겨진다.43) 또 「誓幢和上碑」에 따르면 원효의 소조상을 만들어 高仙寺에 봉안하였다고 했다.44) 따라서 하대 전반기에는 비석 건립과 조상을 통한 고승에 대한 추모활동이 빈번하였음을 알 수 있는 것이다.補)

반면 하대 후반기에서는 고승들에 대한 추모보다는 昌林寺 石塔의 조성, 皇龍寺 9層塔의 보수, 崇福寺의 중창과 같이 조형물을 중심으로 하는 佛事活動을 일으키고 있다. 또 승려들에 있어서는 智證大師, 朗慧和尙 등 거의 禪僧들을 접대하는 일에 관심이 집중되어 있었다.45) 따라서 금당에 십성을 봉안하는 사업은 하대 후반기보다는 전반기에 이루어졌을 것으로 봄이 옳을

---

41) 「단속사 신행선사비」는 『금석문』 3, p.16 참조.

42) 「경흥비」는 『三國遺事』 5, 感通 憬興愚聖조에서 승려 玄本이 찬술하였음이, 「승전비」는 同 4, 義解 勝詮髑髏조에서 비문이 있는데 그것이 『大覺國師實錄』에 실린 것과 같다고 한 사실이 확인된다.

43) 이 점은 이들이 원효나 의상보다 앞서 존숭되었다고 보기에 어려움이 있으며, 그렇다고 고려시대에 조성하였을 것으로 보기에 또한 어려움이 있기 때문이다.

44) 以此貞元年中(마멸 및 중략) 造大師居士之形(『금석문』 3, p.7)에서 정원 년중 (786-804)에 조성하였음을 확인할 수 있다.

補) 더욱 이에 대해서는 「新羅 下代 前期 高僧追慕碑의 建立」(『韓國古代史研究』 25, 2002: 이 책 수록) 참조.

45) 이러한 일들에 있어서 국가에서는 정법전의 승관들을 보내 감독하거나 왕명을 전달하였다(졸고, 「新羅 元聖王의 政法典 整備와 그 意義」, 『震檀學報』 80, 1995: 이 책 수록, 참조).

듯하다.

다음은 십성을 봉안한 下代 전반기의 歷史的 背景을 살펴보고자 한다. 우선 불교의 배경을 보면 下代에도 中代와 마찬가지로 華嚴宗과 法相宗이 계속 유행하였다. 그리고 중대에 들어왔으나 빛을 못본 禪宗은 興德王代에 들어와 國家에서 지원해주는 등 뒤늦게 성장했지만 하대 불교계의 주류를 이루었음은 주지의 사실이다. 이렇듯 여러 종파가 나타나면서 각 종파간의 教理에 대한 論爭이 벌어졌던 듯한데, 예컨대 景德王代에 華嚴의 法海와 瑜伽의 太賢이 神通力에 대한 대결을 펼친 사실이 이를 짐작케 한다.46) 그리고 이같은 논쟁은 현존하는 여러 論疏들의 내용을 통해서 볼 때 下代에 들어와서도 계속되었음을 짐작할 수 있다.47)

중대 말기 專制王權이 동요되면서 전제왕권에서 소외된 中央貴族들이 지방에서 많은 佛事活動을 일으키고 있었다. 또 그곳에 정착하게 되면서 뒷날 지방세력을 형성하는 바탕이 되기도 하여 정치·사회·불교 문제를 국가에 안겨주는 것이었다.48) 이것은 전제왕권이 동요되면서 귀족들의 個人主義的 傾向이 더욱 두드러지게 되면서 나타난 현상으로 여겨지는데, 이러한 경향은 心性陶冶를 위주로 하는 禪宗의 영향에 따라 더욱 촉진되어 갔다. 그리하여 불교는 個人的 佛教49) 내지는 豪族佛教로 옮겨지고 華嚴思想 등 불교의 사상적 권위를 배경으로 하는 국가의 권위도 점차 약해지기에 이르렀다.

政治的인 면에서의 배경을 보면 中代 專制王權으로부터 下代 豪族社會로

---

46) 『三國遺事』 4, 義解 賢瑜伽海華嚴.
47) 졸고, 「新羅 哀莊王代 「誓幢和上碑」의 建立과 그 意義」(『國史館論叢』 74, 國史編纂委員會, 1997) pp.352-355.
48) 졸고, 「新羅 中代 末期 中央貴族들의 佛事活動」(『李基白先生古稀紀念論叢』, 一潮閣, 1995: 이 책 수록) pp.69-77.
49) 이러한 경향은 왕실에서도 나타났다. 元聖王家系에 있어서도 개인 사찰을 운영한 사례가 찾아지는데(졸고, 「新羅 元聖王의 政法典 整備와 그 意義」, 『震檀學報』 80, 1995: 이 책 수록, pp.104-107), 이같은 경향은 하대에도 계속되어 桐華寺, 法光寺 등 왕실의 願堂 寺刹이 성행하였다(黃壽永, 「新羅 敏哀大王 石塔記」, 『史學志』 3, 1969: 『韓國의 佛教美術』, 同和出版公社, 1974, pp.243-244).

옮겨지는 커다란 정치적 변화가 일어났다. 중대의 전제왕권에 대항하는 眞骨
貴族들의 반란으로 인해 전국의 96角干이 서로 엉키어 싸웠다는 사실은 극
도의 혼란상이 전개되었음을 생생히 알려준다.[50] 또 이러한 정치적 불안정
은 元聖王系의 新政權이 들어선 뒤에도 王位繼承의 正當性을 둘러 싼 金周
元系와의 대립과 반란으로 이어지면서 여전히 계속되었다.[51] 또한 중대에
전제왕권에서 협조자의 역할을 담당했던 6頭品들은 하대에 들어와서는 왕권
보다는 귀족세력과 결합하고 있었다.[52] 이로써 왕권의 안정에 기여하던 6두
품의 역할은 정치변동과 더불어 변하고 있었다.

　정치적 불안은 사회적 불안으로 파급되었다. 하대 신정권의 초기에는 가뭄
이나 홍수로 피해가 생기면 救恤穀을 내어 이재민들을 도울 수 있었다. 그렇
지만 憲德王代에 들어와서는 흉년이 들어도 구휼하지 못했으며, 상황이 더
욱 심각해지면서 백성들이 초적이 되어 도적질을 하기에 이르렀으나 국가에
서는 이를 겨우 토벌하는 것에 그칠 뿐이었다.[53] 이같은 하대의 어지러운 현
상은 중대의 전제왕권이 붕괴되는 정치변동을 겪으면서부터 나타난 것이 계
속되어 이어진 것이다.

　이러한 상황 속에서 당시 新羅人들은 現實에 대해 어떠한 認識을 갖고 또
어떻게 움직이려 하고 있었는지는 잘드러나지 않는다. 어쨌든 당시 신라인들
이 편안한 모습을 하고 있지는 않았을 것이다. 이에 대해서는 당시의 사회혼
란이 신라인에게 일종의 末世思想을 가져다 주어 그들 스스로가 上代·中代
에 대하여 下代라고 구분하고 있었던 점을 생각해 볼 필요가 있다.[54] 더불

---

50) 『三國遺事』 2, 紀異 惠恭王조.
51) 『三國史記』 10, 憲德王 14년, 17년.
52) 李基白, 「新羅 下代의 執事省」(『新羅政治社會史硏究』, 一潮閣, 1974) pp.186-
　　189.
53) 『三國史記』 10, 元聖王 및 憲德王조.
　　李基東, 「新羅 興德王代의 政治와 社會」(『國史館論叢』 21, 1991 ; 『新羅社會史硏
　　究』, 一潮閣, 1997) pp.152-153.
54) 『三國史記』 12, 敬順王 9년조.
　　金哲埈, 「韓國 古代政治의 性格과 中世政治思想의 成立過程」(『東方學志』 10,

어 이것은 "表訓 이후로는 신라에 聖人이 나지 않았다고 한다."라고 한 기록
과도 밀접한 관련이 있는 것으로 여겨진다.55) 표훈은 중대 말기 景德王代에
활동한 사람이다. 그런데 그의 이후로 성인이 나지 않았다고 하는 것은 중대
에서 하대로의 변화와 어떤 관련이 있음을 암시해 주는 것이라고 여겨진다.

이 점에서 보아 이 두 가지 사실은 중대에서 하대로의 정치변동에 따른 사
회 혼란 속에서 하대의 신라인들이 생각하였던 현실 인식으로 볼 수 있지 않
을까 하는 것이다. 위에서 살폈듯이 하대에는 혼란이 성행되고 있었다. 이것
은 결국 中代에는 聖人이 있어 太平聖代를 누리기도 하였지만, 下代에는 성
인이 없어 혼란된 현실을 직면하게 되었다는 이야기가 되는 것이다. 그리고
이같은 사회의 혼란이 계속되는 한 사람들은 정서적으로 불안한 상태를 유
지할 수 밖에 없었을 것이다.

이같은 현실 인식과 관련하여 다음의 내용도 주목된다.

> 저 法興王이 즉위한 大同 15년 乙未 이래로 지금 唐 永泰 2년 丙午에 이
> 르기까지 253년이다. 이 때 老魄이 채찍을 들고 배회하며 邑際에 이르러 옛
> 무덤을 바라보니, 그 가운데 한 무덤에서 幼魂이 홀연히 나왔다. 노백이 조
> 문하며 말하기를 "슬프구나! 그대여 옛사람의 무덤을 단지 보다가 문득 해우
> 하였는데, 꿈에 본 아들의 魂과 같구나." 魂이 대답하기를 '너는 듣지도 못하
> 였느냐. 옛날에 어떤 왕이 佛法을 일으키고자 하였으나 성공하지 못했다. 나
> 는 献□로서 王께 …' 魂이 그것을 듣고 … 이별하며 말하기를 "그대는 나와
> 더불어 …하겠느냐" … 魂이 말하기를 "가르침이(이하 마멸)".56)

위 내용은 元和 13년(憲德王 10년 818)에 異次頓을 추모한 순교비에 실
린 것이다. 읽어서 알겠지만 위 내용은 唐 永泰 2년(惠恭王 2년 766)에 이
차돈의 옛 무덤 근처에서 있었던 일을 기록한 것이다. 따라서 사건이 일어난
때와 추모비를 세운 시기에 있어 50년여의 차이가 있다. 영태 2년은 혜공왕

1969: 『韓國古代社會研究』, 서울大學校 出版部, 1990) pp.412-414.
55) 自表訓後 聖人不生於新羅云(『三國遺事』 2, 紀異 景德王 忠談師 表訓大德조).
56) 「栢栗寺 石幢記」, 『금석문』 3, p.283.
　　　여기에서 老魄은 법흥왕, 幼魂은 이차돈으로 추측된다(末松保和, 「異次頓傳説の
　　　史料」, 『新羅史の諸問題』, 東洋文庫, 1954, pp.228-232).

2년으로서, 이 해는 大曆 3년(혜공왕 4년 768) 신라의 귀족들이 심한 다툼을 벌였던 바로 2년전이다.[57] 아마도 이 해에 변란에 앞서 어떠한 祥瑞가 나타났다고 보아진다.[58]

그런데 문제는 그 상서가 자연 현상에서 나타난 것이 아니라 魂魄의 출현이라는 데에 있다. 一然이 인용한 바의 孔子가 怪力亂神은 말하지 않는다고 한 것처럼 儒敎의 合理的인 입장에서 본다면, 이것은 분명 황당무계한 이야기가 될 것이다.[59] 그렇지만 위 내용이 국가에서 주관하여 세운「異次頓殉敎碑」에 기록된 것에서 보아 이것은 당시에 정신적 불안이 사회에 만연해 있었음을 알려주는 것이라고 여겨진다.[60] 또한 그 불안은 계속 이어졌을 것으로 생각된다. 왜냐하면 이차돈에 대한 추모가 혼백이 출현한 혜공왕 2년에 이루어지지 않고 50년여 뒤에 와서야 행해졌기 때문이다. 그렇지 않았다면 국가에서 뒤늦게 비석을 세우고 더욱 혼백에 관한 기사를 써넣을 필요가 없었을 것이기 때문이다.

그리고 이차돈이 殉敎한 때는 法興王代이고 추모 사업이 행해진 해는 元和 13년이다. 이런 점에서 보면 순교자 이차돈의 무덤에서의 이러한 징조는 귀족들의 다툼이 불교와도 많은 관련이 있었기에 나타난 것이 아닐까 생각

---

57) 이는『삼국사기』를 따른 것이다.『삼국유사』에는 대력 2년으로 되어 있다.

58)『三國史記』9, 惠恭王조를 보면, 王 2년에 해 둘이 나타났고, 다리가 다섯인 송아지, 康州의 땅이 무너져 못을 이루고, 하늘에서는 북치는 소리가 있었고, 3년에는 별 셋이 떨어지고, 金浦縣의 벼 이삭이 쌀로 변하는 등의 異變이 있었다. 이들 내용은『三國遺事』에도 기록되어 있는데『삼국유사』가 더 자세하다. 이 같은 징후를 겪게 되면서 사람들은 점차 불안한 심리 상태를 갖게 되지 않았을까 한다.

59) 一然,『三國遺事』1, 紀異 序.

60) 이에 대해서는 삼국 통일의 공신인 金庚信家의 사례도 참고된다. 즉 혜공왕 15년에 김유신의 魂魄이 味鄒王陵에 나타나 후손들이 억울한 대접을 받은 것에 대해 신라를 떠나겠다는 불만을 미추왕의 혼령에게 토로하였다는 사례다. 혜공왕은 이를 듣고 두려워 하여 金敬信을 보내어 사과케 하고 福田을 바쳐 冥福에 도움되게 하였다(『三國遺事』1, 紀異, 味鄒王竹葉軍). 더욱 李基白,「新羅 惠恭王代의 政治的 變革」(『社會科學』2, 1958:『新羅政治社會史研究』, 一潮閣, 1974) pp.247-252 참조.

된다.

이상에서 살핀 바와 같이 中代에서 下代로의 政治變動이 신라 사회에 끼친 영향은 적지 않았을 것이다. 정치의 혼란이 사회에 심각한 영향을 주게 되면서 사람들은 정신적 불안의 고통을 감내해야 했던 것 같다. 이같은 사회의 혼란과 불안이 왜 생겨나게 되었을까? 이에 대해서는 表訓의 사례 즉 그의 이후에는 聖人이 나오지 않았다고 한 사실을 생각해 볼 필요가 있다. 중대까지는 성인이 나와서 太平聖代였지만 하대에는 성인이 나오지 않아서 혼란이 온 것이다. 이렇게 생각해오면 난국을 헤쳐 나가기 위해서 필요한 것은 바로 聖人이 아니었나 한다. 그러므로 성인이 없는 것이 아니라 있음을 알려 줄 필요가 있는 것이었다. 그결과 성인들에 대한 추모활동이 생겨나게 되었을 것이다. 그리고 이것은 당시에 매우 시급한 현안의 일이었다고 보아지는 것이다.

3. 十聖 奉安의 思想的 背景과 目的

금당에 봉안된 십성이 열 분의 성인을 의미하는 것임은 분명한 것 같다. 불교에서의 聖人(者)이란 "聖智를 證得(깨달음)하여 見道 이상(佛性을 본다는 뜻)인 사람 혹은 龍樹와 같은 인도의 뛰어난 論師들"을 뜻한다.[61] 이 가운데 금당 십성의 경우에 있어서는 후자는 아니었을 것 같다. 비록 元曉, 義湘과 같은 뛰어난 논사들이 있었기는 하지만 異次頓같은 일반인이 있고, 다른 성인들의 경우에도 저술이 확인되지 않는 것이 많기 때문이다. 그렇다면 전자의 뜻 즉 見道 이상의 지위에 오른 사람들을 성인으로 생각하여 십성을 봉안하였을 것이라고 보아야 하지 않을까 한다. 대체로 이러한 뜻에 대해서는 여러 경전에 설명되어 있는데, 또한 성인에는 十聖이 있어 주목된다.[62]

---

61) 塚本善隆 외, 「聖人」(『望月佛教大辭典』 3, 世界聖典刊行協會, 1957) p.2748.
62) 『中阿含經』 12, 天使經, 『大般涅槃經』 11, 聖行品, 『金剛仙論』 4, 『大乘義章』 17, 『仁王護國般若波羅密多經』 上, 菩薩教化品 등이 있다(同上).

십성은 十地의 지위에 오른 성인들을 뜻하는데, 십지는 깨달음에 오르기 위해 거치게 되는 52位 과정의 일부이다. 깨달음을 얻기 위해서는 먼저 첫 출발 단계로 十信(1-10위)을 닦아야 한다. 다음에는 十住·十行·十廻向의 세 가지 단계(11-40위)를 거치는 데 이 때를 三賢이라고 한다. 그 다음이 十地의 단계인데(41-50위) 이 지위에 있는 보살들을 십성이라고 부르는 것이다. 그리고 이 십지를 거쳐 等覺(51위)에 이르고, 다시 正覺(52위)에 오르게 되는데 정각은 여래의 지위이다.

『華嚴經』에 나타나 있는 십지에 대해 살펴 보면, 먼저 41위는 歡喜地라고 하는데 이 때의 보살은 轉輪聖王으로서 4천하를 다스린다. 이것을 시작으로 離垢地·發光地·焰慧地·難勝地·現前地·遠行地·不動地·善慧地를 거쳐 50위의 法雲地에 이르게 된다.[63] 이것이 열 단계가 있으므로 이 지위에 있는 보살들을 십성이라 한 것임을 알 수 있다. 이 점에서 볼 때『화엄경』의 십성은 꼭 열 분의 성인을 상정한 것이 아니고 열 가지 부류의 성인이 있다고 한 것임을 알 수 있다. 물론 여기서 각 지위마다의 특성이 있으므로 각각에 한 분씩 맞추어서 짝지운다면 金堂 十聖의 봉안에 대한 이해를 얻을 수도 있을 것이다.

그런데 이와 관련하여 십지에 성인이 주처하는 사례가 찾아지고 있어 주목된다. 다음의 내용이 그 예이다.

> 이 나무는 梵名으로 怛提伽라 하고 여기에서는 赫이라 하는데 다만 西天 竺과 신라의 두 靈鷲山에만 이것이 있다. 이 두 산은 모두 제10 法雲地로서 보살이 사는 곳이니 이 사람은 반드시 聖者일 것이다(『三國遺事』 5, 避隱 朗智乘雲 普賢樹).

---

63) 이 보살 십성이 주처하는 십지에 대해서는 여러 경전에 언급되어 있는데, 구체적인 명칭은 간혹 다른 것이 있다. 자세한 것은 塚本善隆 외, 「十地」(위의 책, pp.2297-2303) 및 全觀應 監修, 「十地」(『佛敎學大辭典』, 弘法院, 1988, pp.983-985) 참조. 십지에 대해 一然도 『화엄경』을 들고 있다(『三國遺事』 5, 避隱 朗智乘雲 普賢樹). 그렇지만 십지에 대해서는 여러 경전에서 언급하고 있으므로, 그 내용이 특정 경전에 의거했다고 보기에는 어려움이 있지 않을까 한다.

위의 내용은 朗智法師가 구름을 타고 중국의 淸凉山에 왕래할 때에 있었
던 일화다. 그 때에 중국 승려가 여러 중들에게 청량산에 나지 않는 꽃과 식
물을 하나씩 가져오라고 하였고, 낭지법사는 자신이 거처하는 신라의 영취산
에서 자라는 赫木을 가져다주는데, 이를 본 중국 승려가 위와 같이 말한 것
이다. 내용에서 결국 낭지법사가 법운지에 사는 성인이며, 또한 신라의 영취
산은 성인이 사는 주처로서 신성한 곳임도 알 수 있다. 이로서 생각해보면
신라에서는 십지의 위에 오른 보살 즉 십성에 대한 믿음이 있었다고 할 것이
다.

그리고『靈鷲寺記』에 따르면 영취사는 迦葉佛 당시의 절터였다고 한다.[64]
이것은 혁목이 인도와 신라의 두 영취산에만 있다고 한 것과 관련해 볼 때
영취사 역시 과거로부터의 인연이 있었기에 낭지 성인이 거처할 수 있었음
을 알려 주는 것이다.

여기서 우리는 법운지에 사는 낭지의 이같은 사례가 홍륜사 금당에 십성
을 봉안하는 사상적 배경이 되었다고 생각해 볼 수 있을 것이다. 또 이 내용
이 담긴「朗智傳」은 緣會가 저술하여 세상에 전해졌는데, 그는 元聖王代에
國師로서 활동하고 있었으므로 낭지의 전기가 널리 유행되었을 것임을 생각
해 볼 수 있는 것이다.[65] 따라서 신라인들이 낭지를 성인으로 인식하는 데
있어 별다른 어려움은 없었을 것이다. 그러므로 위의 여러 경전에 나타나는
십지의 위에 오른 보살 성인을 의미하는 십성이 홍륜사 금당에 열 분의 성인
을 봉안하게 되는 그 사상적인 바탕이 되었다고도 추측할 수 있을 것이다.

그렇지만 필자로서는 오히려 그렇지 않다고 여겨진다. 위의 생각 즉 신라
인들이 낭지를 성인으로 인식하고 있었다는 사실이 도리어 문제를 제기해주
고 있는 것이다. 금당 십성에 낭지가 끼이지 못했기 때문이다. 더욱 영취사가
전불시대의 가람터였음에도 불구하고, 저 高道寧이 예언한 바의 前佛時代

---

64)『三國遺事』5, 避隱 朗智乘雲 普賢樹.
65) 元聖王 때에 大德 緣會가 山中에 와서 살면서 낭지법사의 전기를 지었는데 세상에
   유행했다고 한다(同上).

일곱 가람에 들지 않은 것 또한 그렇다.[66] 즉 신라인들이 낭지와 영취사 절터에 대해 널리 인식하고 있었을 것임에도 불구하고 배제된 것임을 생각할 수 있는 것이다. 따라서 금당에 십성을 봉안한 것이 경전에 나타나는 바의 십성에 대한 것은 오히려 아니었다고 생각된다.

이제 이러한 판단이 틀리지 않다면 금당 십성의 봉안에 대해 다른 면에서 살펴야 할 것 같다. 십성이 興輪寺에 봉안되었으므로 먼저 흥륜사에 대한 검토가 필요할 것이라고 여겨진다. 흥륜사에 대한 이야기는 『三國遺事』에 매우 많지만 여기서는 본고에 관련된 내용만을 찾아 제시하고자 한다.

> A① 왕은 크게 기뻐하며 그의 소원을 물으니 법사는 대답했다. "제게는 아무런 청도 없으나 다만 天鏡林에 절을 세워 불교를 크게 일으켜서 국가의 복을 빌고 싶을 뿐입니다." 왕은 이를 허락하고 공사에 착수하도록 명령했는데 그때 풍속이 질박·검소해서 茅屋을 지어 살면서 佛法을 강연하니 간혹 天花가 땅에 내렸다. 그 절 이름을 興輪寺라 했다 (3, 興法 阿道基羅).
> ② 新羅本紀에 法興大王 즉위 14년(527)에 소신 異次頓이 佛法을 위해 제 몸을 죽였다. (중략) "그대들은 내가 사원을 지으려 하는데 고의로 지체시켰다."―「鄕傳」에서는 猒髑이 왕명이라 하면서 그 役事를 일으켜 절을 세운다는 뜻을 전했더니 여러 신하들이 와서 간했으므로, 왕은 이에 이차돈에게 책임을 물어 노하면서 왕명을 거짓으로 꾸며 전달했다고 처형한 것이라고 했다. ― (3, 興法 原宗興法猒髑滅身).
> B① 良圖는 이로 말미암아 불교를 독실히 믿어 한평생 게을리 하지 않았다. 흥륜사 금당의 주불인 彌勒尊像과 左右菩薩을 塑像으로 만들고 아울러 金色으로 벽화를 그 堂에 그렸다 (5, 神呪 密本摧邪).[67]
> ② 眞智王 때에 와서 흥륜사의 眞慈가 언제나 堂主 彌勒像 앞에 나아가 소원을 빌면서 맹세했다. "우리 부처님께서는 花郎으로 化身하셔서 이 세상에 나타나시어 제가 늘 부처님의 얼굴을 뵈옵고 곁에서 시중들도록 하여주십시오." (3, 塔像 彌勒仙花未尸郎眞慈師).
> C "이 나라가 지금까지 불법을 모르지만 이후 3천여 달이 지나면 신라에 聖

---

66) 『三國遺事』 3, 興法 阿道基羅.
67) 흥륜사의 주존불을 언급한 B①과 B②의 기록을 보면, 전자는 미타로 후자는 미륵으로 되어 있다. 그렇지만 신라에 불교가 전래될 당시의 국제적인 추세나 유물의 발견 상황으로 보아 전자는 미타가 아닌 미륵의 오기로 보아 옳을 듯하다.

王이 나서 불교를 크게 일으킬 것이다. 그 나라 서울 안에 일곱 절터가 있
는데, 첫째는 金橋 동쪽 天鏡林 -지금의 興輪寺다. 금교는 西川橋니 우
리말로는 솔다리라고 부른다. 이 절은 아도가 비로소 터를 잡았는데 중간
에 폐지되었다가 法興王 14년 丁未에 시작하여 22년 을묘에 크게 착공해
서 眞興王 때에 와서 낙성되었다. -이요. (중략) 모두 前佛時代의 절터
며 불법이 길이 유행할 곳이다. 네가 그곳으로 가서 불교를 전파하면 마땅
히 불교의 개조가 될 것이다."(3, 興法 阿道基羅).

　먼저 A①은 아도가 신라에 와서 成國公主의 병을 치료한 후 흥륜사를 지
을 것을 청하여 허락받고, 모옥의 흥륜사를 지어 佛法을 강연했음을 알 수
있다. 이어 A②는 이차돈이 법흥왕의 興法을 위해 殉教한 이야기로 이 때
그는 흥륜사를 짓는 일에 대한 명령을 전달하지 않은 책임을 지고 순교하였
다. 이로써 보면 처음에 아도가 지었던 흥륜사는 초라한 규모의 절로 뒤에
폐지되었다가, 법흥왕대에 이르러 공식적으로 중창되어졌음을 알 수 있다.
다음 B①·②에서는 흥륜사 금당에 봉안된 주존불이 彌勒佛임을 알려 주고
있다.68) 다음 C는 高道寧이 아도에게 신라에 불법을 전하라고 하면서 가르
쳐 주었다는 신라 서울에 남아 있는 전불시대의 일곱 절터 가운데 흥륜사가
처음으로 손꼽히었음을 알 수 있다. 이를 다시 정리해보면 興輪寺는 신라 최
초에 건립된 公式的인 사원으로서, 彌勒佛을 주존불로 모시고 있었으며, 또
한 그 터는 前佛時代의 절터였다고 여겨졌다.

　이러한 興輪寺의 金堂에 彌勒佛을 중심으로 下代 前期에 十聖이 봉안되
었다. 그런데 여기서 미륵불을 중심으로 십성을 봉안했다는 사실에 주목할
필요가 있지 않을까 생각된다. 그 이유는 신라 하대에 彌勒下生信仰이 널리
유행하고 있었기 때문이다. 미륵하생신앙은 未來世에 彌勒菩薩이 兜率天으
로부터 南閻浮提에 下生하여 成佛을 하고 3회에 걸쳐 중생을 教化하며 轉
輪聖王의 치세를 돕는다고 하는 것이다. 이같은 미륵하생신앙이 흥륜사 금

68) 흥륜사에 봉안된 미륵불에 대해 李基白은 당시에 널리 유행한 미륵보살상이 아닐
　　까하고 추정하였다(「新羅 初期 佛教와 貴族勢力」, 『震檀學報』40, 1975; 『新羅思
　　想史研究』, 一潮閣, 1986, pp.83-85).

당의 미륵불을 중심으로 십성을 봉안하는 것과 어떠한 관계가 있는가에 대해 직접적으로 드러나 있지는 않다. 그렇지만 浮石寺의 祖師堂같이 별도의 다른 건물을 지어 십성을 봉안할 수도 있는 것이어서 한번 쯤은 이를 짚고 넘어갈 필요가 있다고 본다.[69] 이를 알아 보기 위해 먼저 미륵하생신앙에 대해서 구체적으로 살피고자 한다.

다음은 彌勒三部經에[70] 나타난 彌勒理想社會의 모습이다.

> D 온 세상이 오직 평화로워 도둑의 근심이 없고, 도시나 시골이나 문을 잠글 필요가 없다. 또 늙고 병드는 데 대한 걱정이나 물, 불로 인한 재앙이 없으며 전쟁과 가난이 없고, 짐승이나 식물로 인한 독과 해가 없느니라. 또 서로 자비스런 마음으로 공경하고 자식이 어버이를 공경하듯, 어미가 아들을 사랑하듯, 언어와 행동이 지극히 겸손하니, 이는 다 미륵 부처님이 자비하신 마음으로 깨우치고 이끌어주시는 까닭이니라. 살생하지 않는 戒行을 지켜, 고기를 먹지 않으니 저 세상 사람들의 감관은 조용하고 평온하다. 얼굴 모습은 단정하고 위엄이 두루 갖추어져 하늘동자가 내려온 것 같으니라(『미륵대성불경』).

내용에서 드러나듯이 미륵이상사회의 모습은 거의 걱정이 없는 사회다. 生老病死 가운데 늙고 병드는 일에 있어서는 걱정할 일이 없다. 그리고 이 사회에서는 恭敬孝愛가 잘 이루어진다고 하였는데, 이것은 불교의 戒律이 잘 지켜지고 있음을 설명하는 것이라고 여겨진다. 이외에도 미륵이상사회는 인간의 수명이 8萬 4千歲로서 여자는 5百歲에 시집가며, 七寶로 장엄된 궁전, 신비한 꽃과 열매 등이 가득하고 곡식도 잘 익는다. 또한 중생들은 본래 지

---

69) 조사당은 본래 신라 화엄의 시조인 의상이 거처하던 곳이었는데, 고려시대에 들어와 의상의 유지를 받들고자 그의 塑像을 만들어 봉안하게 되었던 것이다. 그와 동시에 부석사를 거쳐간 十大德의 影幀을 아울러 봉안하였다. 이는 마치 흥륜사의 금당 십성을 연상케 한다(韓國佛敎硏究院, 『浮石寺』, 一志社, 1974, pp.94-99). 그렇지만 금당은 사찰 건물에서 제일 중요한 지위를 차지하는 곳이므로, 그곳에 본존불을 중심으로 봉안된 것은 한차원이 더 높은 것이 아닌가 한다.

70) 『佛說觀彌勒菩薩上生兜率天經』(이하 『미륵상생경』이라 약칭함), 『佛說觀彌勒菩薩下生經』(이하 『미륵하생경』), 『佛說彌勒大成佛經』(이하 『미륵대성불경』)을 이른다.

은 福德과 果報로 해서 곡식이 저절로 입에 들어가 소화되는데 백 가지 맛
이 나고 기운이 난다고 한다.[71] 따라서 미륵이상사회의 출현이야말로 중생
들에게는 더 이상 기대할 바가 아닐 수 없었을 것이다.

다음은 그런 이상사회에 태어날 수 있는 인연에 대한 내용이다.

> E① 과거세의 七佛이 계시던 곳에서 부처님의 이름을 듣고 공양 예배하여
> 위대한 功德을 쌓고 업을 깨끗이 한 사람이라야 彌勒佛의 크나큰 자비
> 로 더없는 도심을 얻게 되느니라(『미륵대성불경』).
> ② 그 때 미륵불이 큰 자비심으로 대중에게 이렇게 말씀하실 것이다. 이제
> 하늘나라의 즐거움과 인간세상의 즐거움을 다 원하지 않고, 내게로 와
> 서 오직 生死의 괴로움을 여읜 열반을 얻기 위해 부처님의 법으로 온 것
> 은 다 前世의 부처님 법에 귀의해 갖가지 선근을 심은 공덕이 있기 때문
> 이다. 일찍이 釋迦牟尼佛께서 五濁惡世에 나타나셔서 갖가지로 꾸짖고
> 채찍질해 주시며, 그대들을 위해서 법을 말씀해 주셨도다. 그러나 그대
> 들은 어떻게 할 수 없었으므로, 다만 오늘날 나를 만날 내세의 因緣만
> 을 심어 주셨느니라. 그리하여 내가 이제 그대들을 거두어 교화하는 것
> 이다(『미륵대성불경』).
> ③ 대중들은 이 광경을 보고, 전에 없던 희유한 일이라 찬탄하며, 많은 중
> 생들이 번뇌의 때를 여의고, 진리의 눈을 얻을 것이다. 또 어떤 중생들
> 은 迦葉의 몸을 보기도 하느니라. 이 모임을 첫 번째 법회라 하는데, 이
> 때 96억 인이 阿羅漢이 되느니라. 이들은 다 내 제자였던 사람들이니,
> 아라한을 쉽게 이룬 것도 내 가르침을 받았기 때문이다. 또 네 가지 공
> 양을 한 인연과, 남에게 은혜를 베풀고, 사랑하고, 모든 사람들을 이롭
> 게 한 수행이 있었기 때문이다(『미륵하생경』).

읽어서 알 수 있듯이 미륵이상사회에서 미륵불의 교화를 받는 것은 과거
로부터의 인연에 의한 것이다. 우선 前世七佛이 있던 곳으로부터 功德을 쌓
은 因緣이 있어야 하는 것이다(E①). 또한 이것은 釋迦牟尼佛로부터 佛法
을 들어 彌勒佛을 만날 인연을 받았을 때도 가능한 것이다(E②). 이 때 석
가모니불로부터 미륵불을 만날 인연을 받게 되는 것에는 經典을 읽거나 외
우고, 戒律과 論章을 익혀서 남을 위해 說法해주고, 부처님과 스님들께 여러
가지를 供養하거나, 佛事를 일으키거나, 8齋戒를 지키거나, 忍辱과 戒行을

---

71) 『미륵대성불경』.

지키거나, 어려운 사람을 도와주거나 등등 수많은 공덕 사례 가운데 하나만
이라도 실행하였을 때 가능하다고 한다.[72] 더불어 이러한 전세칠불이나 석
가모니불과의 인연으로 未來世에 태어난 중생들은 미륵불의 교화를 받아 阿
羅漢果를 얻게 된다. 이때 미륵불이 교화하는 중생은 1차시 96억, 2차시 94
억, 3차시 92억에 이르는데, 이들이 아라한과를 쉽게 얻게 되는 것은 과거 석
가모니불의 가르침을 받은 제자였었기 때문에 가능한 것이다(E③).

　　그런데『미륵상생경』에 따르면 미륵불이 하생하는 未來世는 56억만년 뒤
의 일이다. 이것은 중생들에게 있어서 너무 먼 미래의 일로서 기다리기 어려
운 일이 아닐 수 없었다. 그래서 중생들은 미륵불의 하생을 기다리기에 앞서
死後에 성불하기 전의 彌勒菩薩이 있는 兜率天에 往生하여 敎化를 받고자
하는 彌勒上生信仰을 받들었다. 하지만 이것도 부족하였는지, 미륵불이 미래
세에 하생한다는 그 시기를 末法時代로 상정하려는 중생들의 생각들이 역사
상에 나타났던 것이다. 그 결과 彌勒下生信仰은 末法思想과 결합되어 믿어
지게 되었다.[73]

　　末法思想이란 釋迦牟尼의 入滅後 일정한 기간은 敎法(가르침)·修行·
證得(깨달음)이 서로 병행하는데, 사람들이 불교의 가르침에 따라 수행하면
증득을 얻는다고 하는 正法의 시대가 계속되나, 이윽고 얼마 후에는 교법과
수행만 있고 증득이 없는 像法시대가 되고, 또 다음에는 교법만 있고 수행도
증득도 없는 불법의 쇠퇴와 함께 인심은 흉악해지고 惡한 일들이 횡행한다
고 하는 末法時代가 온다고 하는 사상이다.[74] 그리고 각 시대의 연한에 있
어서는 여러 설이 있으나 新羅 下代에는 正法 五百年, 像法 千年으로 생각
되어 왔다. 그리고 이를 계산하는 기준인 佛滅에 대한 기원에 있어서도 여러
설이 있으나, 당시 신라에 유포된 것은 비록 오차가 있기도 하지만 대체로

---

72)『미륵대성불경』.
73) 金三龍,「彌勒信仰의 成立과 그 展開」(『韓國彌勒信仰의 硏究』, 同和出版公社,
　　　1983) pp.64-73.
74) 위의 논문, pp.64-65.

B.C.949년설이 주류를 이루었던 것으로 여겨진다. 이를 기준으로 계산하면
말법시대는 A.D.552년부터 시작된다.[75]

興輪寺는 法興王 22년(535)에 공사가 시작되어 眞興王 5년(544)에 완성
되었으므로 末法時代의 시작이 가까워진 때에 들어와 건립된 셈이 된다. 흥
륜사에 미륵불을 봉안한 것은 중국에서의 미륵신앙 유행이 전래된 때문인
것으로 여겨진다.[76] 이로써 미루어 볼 때 신라에서도 미륵신앙과 더불어 말
법사상이 전해졌을 가능성도 없지 않다.[77] 이같은 흥륜사 창건시의 사상적
배경이 하대에 들어와서 금당 십성의 봉안에 직접적인 계기를 마련해 주었
는지 정확히 알 수는 없지만, 이 때에 그러한 영향을 주게 되었을 것이라고
보아진다.

그런데 하대에 들어와서 말법시대로 인식하고 있는 사실이 여러 곳에서
찾아지고 있다. 이에 관해서는 佛滅紀元을 언급한 「廉居和尙塔誌」의 1,804
년(文聖王 6, 844), 「寶林寺 毘盧舍那佛 造像記」의 1,808년(憲安王 3, 858),
「到彼岸寺 毘盧遮那佛 造像記」의 1,806년(景文王 5, 865) 등의 기록에서 알
수 있는 것이다. 이외에도 禪師들의 塔碑文에 '像末' 즉 像法末期時代로 인
식하고 있는 사실도 보이고 있다. 물론 이는 아직 末法時代가 아니라는 인식
의 한 반영이기도 하지만, 下代에 들어와 말법사상에 대한 인식이 널리 있었
음을 알려주는 것이다.[78]

---

75) 金英美, 「新羅 阿彌陀信仰과 現實認識」(『國史館論叢』 42, 1993: 『新羅佛敎思想
　　史研究』, 民族社 1994) pp.231-237.
　　이에 따르면 중국의 南北朝時代에도 정법 오백년, 상법 천년, 말법 1만년의 설이
　　주류를 이루었다고 한다.
　　이에 대해 金三龍은 정법 천년, 상법 천년, 말법 1만년설이 일반적이라고 했다
　　(同上). 그런데 뒤에서 설명될 최근에 확인된 三和寺 鐵佛銘文의 기록으로 보아
　　신라에서는 1,500년설을 수용하고 있었음을 확인할 수 있다(뒤의 註 80 참조).
76) 金三龍, 위의 논문, pp.45-55.
77) 李基東, 「新羅 花郎徒 연구의 現段階」(『李基白先生古稀紀念韓國史學論叢 上』,
　　1994: 『新羅社會史研究』, 一潮閣, 1997) pp.248-249.
78) 金英美, 앞의 논문, pp.252-263.

더하여 최근에 확인된 東海市 三和寺 毘盧舍那佛銘文이 주목된다. 이 불상의 양식은 9세기 후반 신라시대의 것으로 추정되고 있다.[79] 여기에 '末法三百餘年'이라는 기록이 있는데, 이를 통해서 볼 때 당시 신라에서는 정법 500년·상법 1,000년설을 채택하고 있었음을 알 수 있다. 또 '當來下生彌勒尊此處'의 내용은 미륵하생신앙이 말법사상과 결합된 것임을 명백히 보여주고 있다.[80] 따라서 신라 하대에는 당시를 末法時代로 인식하고 있었음을 알 수 있는 것이다.

이상은 대체로 하대 후반기에 나타난 사실들이다. 하지만 이로서 미루어 보면 하대의 전반기에서부터 이미 당시를 말법시대로 인식하는 것이 이어져온 것임을 생각할 수 있지 않을까 한다. 한편 彌勒信仰은 中代 末부터 眞表에 의해 舊百濟·舊高句麗의 遺民들에게 널리 전해졌는데, 그의 미륵신앙이 처음부터 미륵하생신앙을 내세웠는지는 확실하지 않다. 그렇지만 그가 훗날 대국왕으로 나서 이상국가를 건설하고 자는 꿈을 갖고 있었던 것으로 보아 그의 신앙에는 미륵하생에 대한 성격이 다소 포함되었을 것이라고 여겨진다. 이것이 중대를 지나 하대로 옮겨지고 사회에 불안 의식이 팽배되면서 자연 미륵하생신앙으로 발전되었던 것이 아닐까 한다. 이 점은 진표의 미륵신앙을 그의 제자들이 전수받아 이어지고 또 확산되기에 이르자, 이를 막기 위해 신라 왕실에서 桐華寺의 心志(憲德王의 아들)를 보내어 전수토록 하는 노력을 아끼지 않았던 사실에서 알 수 있는 것이다.[81] 따라서 하대의 전반기에도

---

79) 鄭永鎬, 「三和寺 鐵佛과 三層石塔의 佛敎美術史的 照明」(『文化史學』 8, 韓國文化史學會, 1997) pp.27-29.

80) 명문에 대해서는 黃壽永, 「三和寺의 新羅鐵佛坐像의 背刻銘記」(위의 책) p.21 참조. 朴盛鍾도 이 불상의 조성이 미륵신앙과 관련된 것임을 지적하고 있다(「三和寺의 鐵佛 銘文에 대하여」, 위의 책, p.72). 그리고 만약 정법·상법 2,000년설을 채택하게 된 것이라면 이 때는 고려의 文宗 시대가 되는데, 이 경우 불상의 양식 편년은 물론이요 명문의 내용에 보이는 시대상과 일치하지 않기 때문에 문제의 여지가 많다.

81) 李基白, 「眞表의 彌勒信仰」(『新羅思想史硏究』, 一潮閣, 1986) pp.270-276. 진표의 신앙이 미륵하생신앙이라고 보는 견해도 있다(韓相吉, 「新羅 彌勒下生信

彌勒下生信仰이 유행하였을 것이고 또한 末法時代로 인식하고 있었을 것임
을 충분히 짐작할 수 있는 것이다.

다음은 彌勒下生信仰과 末法思想이 결합되어 新羅 下代 社會에 널리 유
행된 것이 興輪寺 金堂 十聖의 봉안과 어떠한 관련이 있는가를 살피기로 한
다. 첫째 彌勒理想社會에 나서 彌勒佛의 教化를 받는다는 것은 前世七佛의
처소에서 功德을 쌓은 因緣이 있어야 한다는 사실이다. 이에서 전세 칠불과
의 인연이 필요한 셈인데, 이것은 興輪寺 절터가 전불시대 가람터 가운데 하
나였다는 사실을 상기할 필요가 있다. 따라서 홍륜사 절터에 절이 세워질 수
있었던 것이고, 그러한 인연이 있었기에 이후 신라에 佛法이 널리 전해질 수
있었음을 알 수 있는 것이다.

둘째 미륵불의 교화를 받는 중생들은 前世佛과 釋迦佛의 처소에서 쌓은
功德으로 미륵이상사회에 태어난 것이며, 그들이 쉽게 阿羅漢을 이루는 것
도 전세불과 석가불의 가르침을 받은 제자였기 때문이라는 것이다. 이 점은
우선 신라인들이 전세불 혹은 석가불시대에 교화를 받고 공덕을 쌓은 인연
으로 인하여 미륵불의 이상사회가 펼쳐질 신라에 태어난 것임을 말하여 주
는 것이며, 그에 따라 신라인들은 미륵불의 교화를 받아 쉽게 깨달음을 얻을
수 있는 자격이 있는 것이었다.

셋째 末法時代에는 教法・修行・證得 가운데 교법만 있고 수행과 증득이
없다는 것이다. 이 점은 말법시대의 신라 사회에 미륵불이 하생하여 교화를
펼쳤고, 많은 사람들이 깨달음을 얻게 되었는데, 그것을 대표할 수 있는 십성
이 나타나게 된 것과 관련지어 생각할 수 있다. 이같이 증득이 있으므로 이
제는 末法時代가 아니며 未來世에 있어서의 正法時代가 시작되는 것이
다.[82] 이로써 新羅社會에서는 彌勒理想社會가 펼쳐질 수 있게 되는 것이다.

仰의 研究」, 『伽山李智冠스님 華甲紀念論叢 韓國佛教文化思想史』上, 1990, pp.
346-350).
82) 『미륵대성불경』에 따르면 미륵불의 멸도 후에는 정법은 6만년, 상법은 2만년 동안
유지된다고 한다.

물론 그런 理想社會가 현실에서 실현되어 있는 것은 아니다. 그렇지만 그렇게 될 자격을 신라는 갖추고 있으므로 正法을 펼치면 언제든지 실현될 것이라는 기대감을 갖게 해주는 것이라고 보아진다. 앞서 下代가 시작된다든지 또 表訓 이후로는 聖人이 나오지 않는다는 신라인들의 생각에서 당시에 사회적 불안의 정서가 만연되어 있음을 지적하였다. 그렇기때문에 신라에 많은 성인들이 있어 왔음을 강조할 필요가 있었을 것이고, 그에 따라 십성의 봉안을 비롯한 고승들에 대한 추모활동이 펼쳐지게 되었던 것이 아닌가 하는 것이다. 또한 그것을 彌勒下生信仰의 내용을 바탕으로 하여 末法時代에 聖人이 가까이 있음을 전하려고 한 것은 당시로서는 매우 의미있는 일이 아니었나 생각된다.

지금까지 살펴온 바와 같이 興輪寺 金堂에 十聖을 봉안하게 되는 것은 당시 널리 유행한 彌勒下生信仰과 末法思想에 대한 인식에서 비롯된 것이라고 볼 수 있지 않을까 한다. 그리고 이 십성은 그 수적인 구성으로 보아 釋迦牟尼佛의 十大弟子와 비교될 수 있다고 본다.[83]

---

83) 金煐泰도 이 십성이 십대제자에 견주고자 한 것임을 지적하였다(앞의 논문, p.378).
   여기서 십성과 십대제자가 비교될 수 있다면 어느 정도는 서로간에 공통점이 있어야 할 것이라 생각된다. 그렇지만 모두가 비교되는 것을 찾기에는 어렵고 舍利佛·目犍蓮·摩訶迦葉·須菩提와 俄道·猒髑·慈藏·惠空 등에서 그 편린을 엿볼 수 있다(십대제자의 전기에 대해서는 韓國佛教研究院,『石窟庵』(一志社, 1974, pp.53-74)에 정리되어 있는 내용을 참조 인용하였다.).
   먼저 십대제자들 가운데 사리불과 목건련 두 제자는 釋迦牟尼佛이 열반하시기 전에 열반한 제자들이다. 두 사람은 舍衛城의 須達多長者가 석가모니불께 귀의하여 祇園精舍를 지으려고 할 때 당시 城의 브라만 승려들이 방해를 하자 그들을 설복하여 석가모니불의 제자가 되도록 하였다. 또한 外道 브라만교의 執杖 梵志라는 승려 때문에 돌과 기왓장으로 맞아 둘다 목숨을 잃게 된다. 이 두 사람의 불법의 전도와 희생이 아도와 위촉이 불교의 전도에 힘쓰다가 사실상 희생되었다는 사실에서 비교될 수 있지 않을까 하는 것이다. 아도는 죽음을 당하지 않았지만 신라인들의 배척을 받아 一善郡에서 숨어살아야 했다. 위촉은 法興王의 興法을 위해 자신의 몸을 희생하였다. 고로 이 점에서 사리불과 목건련은 아도와 위촉에 비교될 수 여기서 하나의 의문이 든다. 그것은 십성을 봉안하는 데에 있어서 왜 미륵 하생신앙을 사상적 배경으로 삼게 되었는가라는 의문이다. 위에서 소개한 것 처럼 『화엄경』(아니면 다른 경전들에 의하더라도)에 의거하여 십성을 봉안 하는 그것으로 삼을 수도 있었기 때문이다. 이점에 있어서는 하대 전기 당시 의 혼란된 모습이 바로 불교에서의 末法時代의 상황과 비슷하게 나타난 때 문이 아닐까 생각되는 것이다. 이제 그 관련성을 살피어 검토해 보고자 한다.

彌勒經典에 나타난 末世의 모습은 다음과 같다.

　　그 때의 중생들은 부모와 사문과 바라문을 알지 못하고, 法을 알지도 못하
　　며, 서로를 헐뜯는 마지막 세상이 가까워 오는 때여서 다섯가지 욕심에만 깊

있다고 보는 것이다.

　　다음 마하가섭과 자장이다. 이 두 사람의 행적은 많은 면에서 일치하는 점이 있 어 주목 된다. 바라문의 아들로 태어난 마하가섭은 12세에 부모를 잃게 되자 세속 적 욕망의 허무함을 깨닫고 석가모니불에게 귀의하여 阿羅漢果를 얻었다. 가섭은 욕심이 적고 족한줄을 알아 항상 엄격한 규율 즉 頭陀(禁欲)를 행하고, 또 오랫동 안 숲 속의 고요한 곳에서 머물러 정진 수행하였다. 또 석가모니불은 無上의 正法 을 가섭에게 부촉하고 자신의 가사를 彌勒佛에게 전하도록 하였다. 마하가섭은 석 가모니불의 열반후에는 교단을 이끌어가는 우두머리가 되어 교단을 이끌어갔다.

　　자장에 있어서는 앞서 설명된 바가 있으므로 마하가섭과 공통된 바를 살피겠다. 먼저 자장이 어려서 일찍 부모를 여의고 출가한 사실, 깊은 산중에서 枯骨觀을 닦 아 고통을 견딘 사실 등이 마하가섭이 고행 정진한 사실과 비슷하다. 중국에서 가 사와 발우를 神僧으로부터 전해 받은 것과 大國統이 되어 신라 불교 교단을 통솔 한 사실이, 마하가섭이 석가모니불의 가사를 미륵불에게 전하라는 付囑을 받은 점 과 석존 입멸후 교단의 上首가 되어 교단을 이끌어간 점에서 흡사하다고 생각되는 것이다. 고로 이런 점에서 자장은 마하가섭과 비될 수 있지 않을까 한다.

　　다음은 수보리와 혜공이다. 수보리는 般若 空思想을 잘 터득했다고 하여 解空第 一이라고 불린다. 십성 가운데 혜공은 공사상에 정통해 있었다. 그는 僧肇의 저술 인 『肇論』을 보고 일찍이 자기가 지은 저술이라고 하였다. 따라서 수보리와 혜공이 공사상을 소유하였다는 점에서 일치되는 면을 찾을 수 있는 것이다.

　　이상에서 십대제자와 십성간에 일치하는 사실을 비교해 보았다. 사실 십성 모두 에 대해 일치하지는 못한다는 점에서 무리가 없지는 않다. 그렇지만 이들 네 사람 의 경우에서 그 흔적들이 어느 정도 일치한다는 것은 십성이 십대제자를 염두에 두 고 조성하게 된 것이 아닐까 생각해보는 것이다.

이 집착하였다. 질투하고, 아첨하고, 거짓되고 간사해 남을 불쌍히 여기는
마음이 조금도 없으며, 서로 죽이고 피를 마시고 고기 먹기를 즐겨 하였느니
라. 스승도 공경할 줄 모르고, 좋은 벗도 사귀지 않으며, 은혜도 갚을 줄 모
르는 五濁惡世에 태어난 사람들은 부끄러움도 없이 밤낮으로 악한 짓을 계속
하지만 조금도 거리낌이 없었다. 그리하여 五逆의 罪를 한없이 지어 마치 물
고기의 비늘처럼 죄가 잇달아 붙어 있지만, 잠깐도 싫증내는 마음이 없었다.
9族과 친척 사이에도 서로 구제하는 일이 없는 말세였다(『미륵대성불경』).

읽어서 알다시피 末世는 중생들이 5欲에 빠져 전혀 戒律을 지키지 않고
스승이나 친구, 부모 친척에 이르기까지 공경하거나 서로 돕지 않는 세상임
을 알 수 있다. 심지어 이 때는 佛法을 護持하는 승려에 이르기까지 서로 다
투는 일이 생긴다고 한다.[84]

이제 이같은 佛敎에서의 末世 모습과 앞서 살핀 바 新羅 下代의 社會相이
비슷한 점을 알아보면, 먼저 불교에서 각 종파간의 敎理에 대한 論爭이 말세
에 승려들까지 다투기에 이른다고 한 점에서 생각해 볼 수가 있다. 다음 하
대 전기에 民衆들이 곤궁에 빠지면서 도적질을 하게 된 점이 말세에 사람들
이 惡한 짓을 거리낌 없이 하는 것과 비슷하다. 또한 眞骨貴族 그것도 金氏
王族間의 싸움이 일어나고 또 6頭品 지식인들이 王權으로부터 이탈한다는
점이 말세에 5逆의 죄를 한없이 지고 있는 것과 같은 것이다.

이같이 中代로부터 下代로의 政治變動과 더불어 전개된 하대의 混亂相은
말세의 상황과 거의 같은 것이었다. 그것이 일시적으로 있는 것이 아니라 계
속 되었으므로 이제 민중들은 점차 싸움에 따른 죽음과 재해에 따른 굶주림
에 시달리게 되었던 것이다. 따라서 그들은 사후의 來世를 생각하기 이전에
現世의 고통을 해결해야만 했다. 그러므로 이같은 현실의 어려움을 해결해
줄 수 있는 救世主로서 彌勒佛의 下生을 기다리게 되지 않았을까 한다.

민중들의 삶이 어려웠던 것은 사실 中代의 신라에서도 마찬가지였다. 하층
민인 그들이 專制王權下에서 결코 편안하였을 리는 없었을 것이다. 하지만

---

84) 金三龍, 「彌勒信仰의 成立과 그 展開」(『韓國彌勒信仰의 研究』, 同和出版公社,
     1983) p.65.

그 때에는 재해가 일어나면 구휼이 이루어졌고[85] 또 심각한 내란의 소요도 없었다. 그래서 생존의 위협을 느끼는 극단에까지 이르지는 않았던 것이다.[86] 이러던 것이 下代에 들어와서는 상황이 바뀌게 되었던 것이다.

彌勒下生信仰은 彌勒佛이 下生해서 현재 살고 있는 곳을 理想社會로 만든다는 것으로서 來世가 아닌 現世에 그것이 실현되기를 희구하는 현세적인 성격을 지닌 것이다. 반면 淨土信仰은 死後에 淨土에 往生하여 福樂을 누린다는 것으로서 來世的인 성격을 지닌 것이다. 중대 전제왕권시대의 민중들은 주로 彌陀淨土信仰에 대한 깊은 믿음을 갖고 있었다. 이러던 것이 하대에 들어와 사회적 혼란이 야기되면서 來世보다는 現世의 고통을 견뎌야 했고, 이에 민중들은 현실의 어려움 속에서 자신들을 구제해 줄 구세주를 찾아야만 했던 것이다. 그래서 점차 미륵하생신앙에 대해 관심을 기울이게 되었을 것으로 여겨진다. 이것은 결국 中代에서 下代로의 政治變動과 더불어 社會變化가 일어나면서 생긴 현상으로 이해된다.

상황이 이러하므로 정부로서도 미륵하생신앙에 대한 보다 적극적인 대책을 세우게 되었는데, 그 방법의 하나가 미륵하생신앙을 國家的 次元에서 수용하는 것이었다고 생각되는 것이다. 그리하여 민중 중심의 미륵하생신앙을 국가 중심의 그것으로 바꾸고자 하였던 것이 아닐까 한다. 그 일환으로서 이루어진 것이 興輪寺의 金堂에 十聖을 奉安하는 일이었을 것이다.

앞서 살폈듯이 金堂에 十聖을 봉안한 것은 흥륜사의 주존불이 彌勒佛이고 최초에 건립된 사원인 점, 또한 그 때가 末法時代로 들어오는 길목에 있었던

---

85) 聖德王 6년(707)에는 기근이 들자 7개월 동안 粟 30만 5백石을 내어 빈민을 구제하였다. 이 때 개인에게 지급된 양은 1일 3升이었다(『三國遺事』 2, 紀異 聖德王). 이외에도 성덕왕대에는 흉년이 들면 곡식을 내어 구제한 사실이 많이 나타나고 있는데(『三國史記』 8, 聖德王조 참조), 이는 당시 국가의 재정에 상당한 여유가 있었음을 알려주기도 한다.

86) 전제왕권의 압제에 시달리던 민중들은 현세의 어려움을 벗어나고자 하는 데 있어 현실에의 저항보다는 來世에의 淨土往生을 기원하고 있었다(李基白, 「淨土信仰과 新羅社會」, 『新羅思想史研究』, 一潮閣, 1986, p.186).

점이 고려된 것이 아닌가 하는 것이다. 즉 말법시대의 길목에서 過去世와의 인연에 따라 신라에 미륵불이 하생하였고, 미륵불의 正法 敎化에 따라 修行은 물론 證得이 생겨났으며, 그 대표적인 사람들인 十聖이 나게 되었던 것이다. 이로써 이제 신라는 彌勒理想社會를 이룰 수 있게 되는 것이었다. 물론 이것이 실제의 현실에서 이루어지는 것은 아니다. 그렇지만 그렇게 될 수 있다는 자격을 갖게 된다는 점에서 의미를 부여할 수 있지 않을까 한다. 또한 십성은 釋迦佛의 十大弟子에 비견되는데, 이것은 신라가 末法時代에 있어 불교의 중심지로서 사실상 제2의 印度임을 널리 알리고자 하는 의도가 있었던 것이 아닐까 한다. 이렇게 함으로써 表訓 이후 聖人이 없다고 하거나 下代라고 하는 불안감을 희석하고자 했을 것으로 여겨진다.

이제 이를 통하여 國家가 얻고자 했던 目的을 구체적으로 정리해 보고자 한다.

첫째로 民衆들의 支持를 얻고자 하는 데에 뜻을 두었다. 이것은 십성에 민중에 널리 알려진 인물들이 다수 봉안된 사실에서 생각할 수 있다. 따라서 이것은 末法時代의 신라에 聖人이 민중 가까이에 있었음을 알림으로써 그들로부터 공감을 얻고자 하는 의도가 들어 있었던 것이라 여겨진다.

둘째로, 末法時代에 理想世界가 펼쳐질 때에는 轉輪聖王이 4天下를 다스리게 되므로, 이 때의 신라왕들은 자연히 전륜성왕의 지위를 얻게 되는 것이다. 비록 正法으로 敎化한다는 단서가 붙지만[87] 전륜성왕으로서의 위엄을

---

87) 이에 대해서는 『佛說長阿含經』6, 轉輪聖王修行經의 다음과 같은 내용이 참고된다. 찰제리종족의 堅固念이라는 전륜성왕은 正法으로 4天下를 다스리고 金輪寶 등 7寶를 갖추게 되며, 1천의 용맹한 왕자들을 가져 무기를 쓰지 않고도 적을 항복받아 태평성대를 누리게 한다. 이 전륜성왕은 그 상징으로서 항시 금륜보를 소유하게 되는데, 이것은 왕의 수명이 다한 때와 왕이 정법으로 다스리지 않을 때는 저절로 사라지는 것이다. 이에 따라 견고념왕도 죽을 때가 되자 금륜보가 사라졌고, 그는 곧 태자에게 왕위를 물려주고 출가한다. 태자는 즉위하여 선왕의 통치를 잘 계승하여 정법으로 다스렸고, 이에 따라 금륜보가 다시 돌아왔다. 그리하여 태자도 역시 전륜성왕의 지위를 얻게 되었다. 이 새 전륜성왕도 수명이 다함에 따라 아들에게 왕위를 전하고 출가하여 도를 닦았다.

널리 알릴 수 있게 되는 것이다. 하대 신정권의 이러한 의도는 앞서 예를 들은 바의 元曉·異次頓 등 高僧에 대한 일련의 追慕活動을 통해서 짐작할 수 있다. 신정권이 고승들에 대한 추모활동을 벌이는 것은 분명 그들로부터 教訓을 이어 받고자 하는 의도에서 비롯되었을 것이다. 물론 고승들로부터 이어 받을 교훈은 佛法과 관련된 내용일 것이다. 국왕들의 이러한 노력이 바로 전륜성왕이 정법으로 다스리는 것과 비슷한 것이라고 여겨지는 것이다. 따라서 이러한 십성의 봉안이나 고승 추모 같은 일련의 활동을 전륜성왕이 정법으로 치세하는 것에 견주어 元聖王系 新政權의 正當性을 확보할 수 있는 배경을 삼고자 하였을 것이다.

세째로 신라가 前佛時代로부터 因緣이 깊다는 佛國土思想과 末世의 正法治世와 관련된 轉輪聖王에 대한 의식은 신라 국가의 佛教界에 대한 權威를 확보하고자 하는 것이었다. 興輪寺가 최초에 건립된 사원으로서 불법 전파

그런데 견고념왕의 손자는 정법으로 다스리지 않았기 때문에 금륜보는 되돌아 오지 않았다. 이에 사회에서는 점차 惡이 행해지게 되었고, 그에 따라 인간들은 果報를 받아 수명이 4만세로 줄었다. 다시 또 악행이 계속되면서 수명은 2만세 … 천세를 거쳐 … 십세에 이르게 되는데, 이 때는 오직 十惡만이 행해져 서로 보기만 하면 죽이고자 하는 일이 생겨난다. 이 때에 한 지혜로운 사람이 있어 서로가 해치지 말자며 화해를 시도하게 되고, 다시 서로 반성하여 깨닫고 마침내 十善의 항목을 하나씩 실천하게 된다. 그리하여 인간의 수명이 20세, 40세로 늘어나면서 마침내 8만세의 수명을 받기에 이르른다.

그리고 이 때에 이르면 彌勒佛이 세상에 나서 教化를 펴게 되어 天帝釋·梵天 등 모든 하늘과 사람들이 깨달음을 얻게 된다. 더불어 儴伽라는 찰제리 종족의 전륜성왕이 나타나 태평성대를 누리게 된다는 것이다.

이같은 내용은 國王이 천하를 다스림에 正法으로 하면 전륜성왕이 되어 태평성대를 누리지만 그렇지 않으면 전륜성왕의 자격을 상실하며, 인간세계는 십악도의 세계로 변하여 수명도 줄어드는 과보를 받게 됨을 알 수 있다. 그리고 인간들이 잘못을 반성하고 善을 행함에 따라 과보로 수명이 다시 연장되어 8만세에 이르렀을 때 미륵불이 하생하여 교화를 펴게 된다. 여기서 우리는 백성들이 국왕의 통치행위에 따라 민감하게 움직이게 됨을 알 수 있다. 즉 國王이 正法으로 教化하면 百姓들이 善을 행하게 되지만 그렇지 않으면 惡을 행하게 되는 것이다. 이로서 생각하면 末世의 混亂은 국왕의 통치에 따라 좌우됨을 알 수 있겠다.

의 요람이었고 이후 신라에는 국가와 왕실을 중심으로 하는 國家佛敎가 전
개되어 왔다. 그런데 통일 후에는 다양한 종파가 성행하면서 분열하는 모습
을 나타내고 있었다.[88] 이것이 중대 말기 專制王權의 기반이 흔들리면서부
터는 개인주의적 경향이 나타나면서 더욱 심해지고 있었다. 따라서 국가로서
는 불교계에 대해 中古時代처럼 國家佛敎의 테두리 내에서 활동해주기를 바
랐을 것이다.

끝으로 이와 같은 목적을 염두에 둔 금당 십성의 봉안 결과는 어떠했을까
를 살피고자 한다.

첫째로 興德王의 死後에 벌어지는 극심한 王位爭奪戰으로 인해 중앙정부
의 권위가 상실되면서 실패로 돌아갔다고 하겠다. 더욱 이 때에 벌어진 內亂
은 王族 가운데에서도 지극히 가까운 형제들끼리의 싸움이었다는 점에서 왕
실의 위엄을 회복한다는 것은 불가능할 수 밖에 없었다. 즉 末世의 混亂이
계속되고 있다는 위기 의식을 더욱 가중시킬 뿐이었다. 도리어 그것이 미륵
하생신앙이 더욱 널리 전해지게 되는 계기를 이루었을 것이라고 보아진다.

둘째로 봉안된 십성에 일부 宗派가 빠지게 되면서 이에 참여되지 못한 종
파들로부터 호응을 얻기에는 어려웠던 것 같다. 법상종이나 선종은 사실상
제외되어 있었고, 이에 따라 그들의 불만을 사게 되지 않았나 여겨진다.[89]

이상에서 新羅 下代에 興輪寺의 金堂에 彌勒佛을 중심으로 十聖을 봉안
하게 된 경위와 사상적 배경을 살펴보았다. 그 결과 다음과 같은 내용을 알
수 있었다.

먼저 금당에 봉안된 십성들의 주요 성격을 보면 신라 불교의 興法에 공헌
한 聖人들을 모셨음을 알 수 있었다. 그리고 弘法에 있어서는 國家佛敎의

---

88) 이에 대해서는 李基白, 「三國時代 佛敎 受容과 그 社會的 意義」(『歷史學報』 6,
  1954; 『新羅思想史硏究』, 一潮閣, 1986) p.13 참조.
89) 「憬興碑」라든가 「神行禪師碑」가 세워진 것이 그러한 불만에 대한 무마용이 아니
  었을까 추측된다.

틀을 형성하여 국가 체제의 발전과 유지에 공헌한 성인들과 大衆佛教로의
발전에 공헌한 성인들을 모셨음을 알 수 있었다.

이같은 십성의 봉안은 下代 前期에 국가의 주도로 행해졌음을 알 수 있었
다. 中代로부터 하대로의 政治變動過程에서 나타난 사회적 혼란은 민중들에
게 성인이 없다는 심리적 불안을 가져다 주었다. 따라서 국가에서는 민중들
의 그러한 동요를 막고자 하여 성인들에 대한 추모활동을 벌이게 되었고, 십
성의 봉안은 그와 같은 활동 가운데 하나였을 것으로 여겨졌다.

흥륜사 금당에 십성을 봉안한 것의 思想的 背景은 新羅 下代에 널리 퍼지
게 된 彌勒下生信仰에서 비롯되었음을 알 수 있었다. 이 때는 미륵하생신앙
이 末法思想과 함께 결합되어 있었다. 흥륜사가 창건될 당시는 A.D.527년으
로서 A.D.552년부터 시작되는 末法時代로 막 들어가는 시기였다. 이 때에
前佛時代의 因緣에 따라 신라에 彌勒佛이 下生하여 正法의 教化를 펼쳤던
것이다. 이에 따라 많은 사람들이 깨달음을 얻게 되었는데, 그 중에서 대표적
인 분을 손꼽은 것이 금당에 봉안된 十聖이었다. 이럼으로써 신라는 말법시
대의 혼란이 아니라 轉輪聖王이 다스리고 彌勒佛이 教化하는 彌勒理想社會
를 이루었음을 널리 알리고자 했던 것으로 이해되었다.

十聖의 봉안은 下代의 전반기에 國家의 주도로 이루어진 것으로 파악되는
데, 이는 신라 하대의 혼란기에 그들의 업적을 추모하여 師表로 삼아 길이
빛내고자 하는 것이었다. 나아가 淨土信仰의 봉행자들이 다수 봉안된 사실
로 보아 民衆의 지지를 획득하고자 하는 것이었다. 더욱 미륵이상사회의 출
현과 관계가 깊은 轉輪聖王의 正法 統治는 元聖王系 新政權의 高僧들에 대
한 追慕活動을 통하여 正當性을 보장받고자 하는 것이었다. 그리고 佛教界
에 대한 國家 權威의 확보를 이루고자 하는 노력의 일환이었다고 여겨졌다.

그리고 이러한 소기의 목적은 봉안 초기에 다소 효과를 얻었을지는 모르
겠다. 그렇지만 興德王 사후에 벌어진 극심한 王位爭奪戰 등으로 인하여 대
중으로부터 인정 받기는 어려웠을 것으로 여겨진다.

이상과 같이 下代 國家에 의해 興輪寺의 金堂에 十聖을 봉안하고자 한 목

적은 대체로 성공적인 결과를 얻을 수 없었을 것으로 이해된다. 그렇지만 이
것이 하대의 骨品制社會에 끼치는 영향은 적지 않다고 본다. 彌勒下生信仰
을 국가에서 수용하고자 한 노력은 뒤에 이것이 사회에 널리 퍼지게 되는 결
과를 가져다 주었을 것이다. 비록 그것을 국가에서 수용하여 주도해 나가고
자 하거나 혹은 그것의 확산을 막고자 하였을 것이지만, 王位爭奪戰 과정에
서 나타날 수 밖에 없는 지도력 부재나 재해에 따른 사회불안 등 現實의 混
亂에 직면하면서부터는 불가능하였던 것으로 이해된다. 그 결과 下代 社會
에서는 中代의 來世祈願에 대신하여 現世의 問題를 우선시하게 되었고, 이
에 따라 民衆들은 來世를 기원하는 淨土信仰보다는 現實 問題의 해결을 위
주로 하는 彌勒下生信仰으로 기울어 가는 것이었다.

제2절 下代 後期 彌勒下生信仰의 盛行과 그 意義

신라 시대에 전개되었된 彌勒信仰에 대한 기왕의 연구들을 정리해보면 다
음과 같다. 中古時代에 彌勒下生信仰이 유행하였던 것이 中代에 들어오면서
彌勒上生信仰으로 바뀌었다. 이런 가운데 중대 말부터 眞表에 의해 미륵신
앙이 舊百濟·舊高句麗의 遺民들에게 널리 전해졌고, 이를 그의 제자들이
이어 받아 傳敎하면서 下代에 계속 이어진 것으로 보고 있다. 그리고 이 과
정 즉 중대에서 하대로 넘어오는 과정을 거치게 되면서 다시 미륵하생신앙
으로 바뀌어 나갔던 것으로 이해되어 왔다. 하대에 진표 미륵신앙의 교세가
널리 확산되자 신라 왕실에서는 더 이상 퍼지지 않도록 桐華寺의 心志(憲德
王의 아들)를 보내어 傳受토록 하기에 이르렀던 것이다. 나아가 미륵하생신
앙은 下代 末期에 弓裔와 甄萱의 自立에 대한 思想的 背景으로서의 역할을
담당한 것으로 이해되어 왔다.[90]

---

90) 金南允,「新羅 中代 法相宗의 成立과 信仰」(『韓國史論』 11, 서울대 國史學科,
    1984)
   李基白,「眞表의 彌勒信仰」(『新羅思想史研究』, 一潮閣, 1986)

이 같은 미륵신앙에 대한 기왕의 연구는 신라 불교사를 정리하는 데 있어
많은 이해를 가져다주었다. 그런데 기왕의 연구를 잘 살펴보면 중대 말기 진
표의 전교 이후 하대 말기의 弓裔와 甄萱 사이의 중간 기간 약 백년간의 공
백이 있음을 알 수 있다. 이에 대해서는 사실상 막연히 이어졌을 것이라는
심증만 남기고 있을 뿐이다. 이렇게 된 연유는 그 공백을 메워줄 미륵하생신
앙에 대한 史料가 확연히 드러나는 것이 없기 때문이기도 하다. 하지만 기존
에 있는 사료들을 깊이 분석하다 보면 미륵하생신앙에 대한 내용이 들어 있
음을 찾을 수 있는 것이어서 역시 사료 해석을 소홀히 한 점이 있음을 지적
하지 않을 수 없다. 더욱 최근에 확인된 三和寺 鐵佛造像記는 이를 보완해
줄 수 있는 것으로서 매우 흥미로운 것이다. 본고는 기존 자료에 대한 면밀
한 분석과 새 자료를 바탕으로 下代에 제 종파에서 彌勒下生信仰을 수용하
는 모습에 대해 살피고자 한다.

이를 알기 위해 여기에서는 到彼岸寺, 三和寺, 長安寺에 봉안된 毘盧遮那
佛의 조상기를 살피고자 한다. 이들 불상은 9세기 후반 景文王代에 조성된
것으로 비슷한 시기에 같은 종류의 조상이 이루어졌다는 점에서 주목된다.
더욱이 조성 연기를 자세히 담고 있어 신앙의 진면목을 살피기에도 좋은 것
이다. 따라서 이를 통해 하대 각 종파에서 미륵하생신앙을 수용하는 모습에
대해 살피고자 한다. 그리고 그것이 下代 骨品制 社會에 끼치게 되는 영향
을 알고자 한다.

金杜珍,「新羅 中古時代의 彌勒信仰」(『韓國學論叢』 9, 國民大 韓國學研究所,
    1987)

金惠婉,「新羅 中代의 彌勒信仰」(『溪村 閔丙河教授停年紀念史學論叢』, 1988)

金惠婉,「新羅 下代의 彌勒信仰」(『成大史林』 8, 成均館大 史學會, 1992)

金南允,「新羅 彌勒信仰의 전개와 성격」(『역사연구』 2, 역사학연구소, 1993)

趙仁成,「弓裔의 勢力形成과 建國」(『震檀學報』 75, 1993)

趙仁成,「彌勒信仰과 新羅社會」(『震檀學報』 82, 1996)

1. 法相宗과 彌勒下生信仰

法相宗에서 미륵하생신앙을 수용한 사례로는 到彼岸寺의 毘盧遮那佛 造像記를 살피고자 한다. 도피안사가 법상종 계통의 사찰이었다는 점에 대해서는 그동안 알려진 바가 없으나, 이는 조상기의 내용에 대한 분석을 통해서 알 수 있다. 조상기에는 唐 太宗이 지은 「大唐三藏聖敎序」의(이하 '「성교서」'라 약칭함) 내용 일부가 참조되어 인용되어 있다.[91] 「성교서」는 태종이 玄奘의 譯經 功德에 대한 찬양이기도 하나 새로 번역된 경전을 널리 宣揚하고자 하는 당 태종의 목적이 들어있는 것이다. 그런데 이 글의 인용이 법상종과 관련이 있다는 것은 「성교서」가 일반적인 문집에 실리어 전하는 것이 아니고 특정한 경전들에 서문으로 들어 있기 때문이다. 「성교서」는 당시 현장이 新譯한 『大乘大集地藏十輪經』, 『瑜伽師地論』 등의 경전과 그의 전기에 실리어 전하고 있다.[92] 따라서 불상의 조성자들은 신역 경전의 여럿 가운데

---

91) 葛城末治, 「鐵原到彼岸寺毗盧舍那佛造像記」, 『朝鮮金石攷』, 1935, p.244.
　　곧이어 제시되는 명문과 아래의 밑줄 부분을 대조하면 곧 알 수 있다.
　　昔者分形分跡之時 言未馳而成化 當常現常之世 民仰德而知遵 及乎晦影歸眞遷儀越世 金容掩色 不鏡三千之光 麗象開圖 空端四八之相 於是微言廣被 拯含類於三塗 遺訓遐宣 導群生於十地(「大唐三藏聖敎序」: 玄奘 譯, 『大乘大集地藏十輪經』: 『高麗大藏經』 7, 東國大 譯經院, 1958, p.581 上).
92) 이에 대해서는 『高麗大藏經』의 『대승대집지장십륜경』에 실려 있다고 한 蔡仁幻 선생님의 글에서 敎示를 얻었다(「神昉과 新羅 地藏禮懺敎法」, 『新羅佛敎戒律思想研究』, 國書刊行會, 1974: 『韓國佛敎學』 8, 1983, p.34). 필자가 이를 바탕으로 『고려대장경』을 살핀 결과 현장이 신역한 경전(『瑜伽師地論』, 『顯揚聖敎論』, 『大乘阿毗達磨集論』, 『攝大乘論』 등 그 외 다수)에 황태자 李治(뒤의 高宗)의 글과 함께 실려 있음을 알 수 있었다. 이로써 볼 때 이는 당 태종이 경전을 널리 선양하고자 하는 뜻이 있었음을 알겠다. 이 두 글은 현재 우리가 만든 『고려대장경』에만 남아 있다. 중국 계통에서는 목차에만 언급하고 내용을 싣지는 않았으며, 일본의 『新修大藏經』에는 목차에도 보이지 않는다.
　　이외에도 「성교서」는 『續高僧傳』(4, 玄奘傳: 『신수대장경』 50, 1924, p.456)과 『大唐大慈恩寺三藏法師傳』(6: 『고려대장경』 32, 1975, p.698)에도 실려 있다.

하나를 읽거나 아니면 현장의 전기를 통해서 읽고 그 내용을 인용하였을 것임을 알 수 있겠다. 여기서 후자는 아니었을 것 같다. 왜냐하면 두 전기 내용의 대부분이 현장이 서역에서 求法活動한 사적을 기록하고 있고, 내용도 많아서 거사들이 이를 통해 내용에 대한 감명을 받았다고 보기에는 어려움이 많기 때문이다. 그러므로 그들이 평상시에 가지고 있던 경전을 열람하면서 자연스럽게 관심을 갖게 되었을 것이라고 보는 편이 옳을 듯하다.[93] 거사들이 혹 현장의 전기를 열람했다고 하여도, 이는 현장에 대해 관심이 있는 것이어서 그들이 법상종과 관련이 깊은 사실은 부정될 수 없을 것이다. 결국 비로자나불을 조성한 거사들은 이들 경전 가운데 어느 하나(혹은 여럿)에 실린 내용을 읽었음에 틀림이 없다고 본다. 그리고 이 新唯識學 경전을 열람한 것은 法相宗과 관련이 깊은 것이다. 이런 점에서 볼 때 도피안사는 신유식 경전을 바탕으로 하는 법상종 사찰임을 알 수 있는 것이다.

이제 그들이 미륵하생신앙에 대해서 어떻게 생각하고 있었는지 살피고자한다. 다음은 비로자나불을 조성하고 배면에 새긴 조상기의 내용이다. 설명의 편의를 위해 원문과 해석을 같이 제시한다.

```
       1    5    10    15    20
(1) 香徒佛銘文幷序
(2) 夫釋迦佛晦影歸眞遷儀越世紀世掩色不鏡三
(3) 千光歸一千八百六載耳慨斯怪斯彫此金容□
(4) □來哲因立願之唯願卑姓室遂椔椎自擊□
(5) □覺長昏換庸鄙志契眞源怨以色莫朴覩見
(6) 唐天子咸通六年乙酉正月日新羅國漢州北界
```

---

93) 혹 거사들이 이를 읽었을까 하는 의문이 있을지도 모르겠다. 그렇지만 촌주로 여겨지는 努肹夫得과 怛怛朴朴이 『阿彌陀經』을 읽고 있었던 점(李基白, 「新羅 淨土信仰의 다른 類型들」, 앞의 책, p.168), 현장이 번역한 경전을 王京人이기는 하나 聖德王代에 6頭品인 金志誠이 이미 열심으로 읽은 기록이 나타나는 점(「甘山寺 彌勒·阿彌陀 造像記」: 韓國古代社會硏究所 編, 『譯註 韓國古代金石文』 3, 駕洛國史蹟開發硏究院, 1992(이하 『금석문』 3이라고 약칭함), p.299), 등으로 보아 下代에 승려는 물론 거사들도 읽었을 여지는 많았다고 생각된다.

⑺ 鐵員郡到彼岸寺成佛之□土□龍岳堅滿于時□
⑻ 覔居士結緣一千五百餘人堅金石志勤不覺勞困
　　(「到彼岸寺 毗盧遮那佛 造像記」)94)

香徒佛의 銘文과 序
　대저 釋迦佛이 <u>그림자를 가리어 眞源에 돌아감에, 儀式이 옮겨지고 世間</u>
<u>을 넘으면서 世代를 이어 기록되면서 色을 가리게 되어 三千大千의 세계에</u>
<u>빛을 비추지 못하고</u> 돌아간지 1,806년이 되었다. 이를 슬퍼하고 이를 괴로워
하여 이 金容을 새기었다. □□하여 올 것을 생각하고 因하여 發願을 세웠
다.
　오직 바라는 것은 姓室이 낮더라도 나아가 창과 방망이로 스스로를 쳐서
□□하여 長昏에서 깨어나고, 庸鄙한 뜻을 바꾸어 眞源의 어짊에 물드는 것
은 色으로써 보는 것 보다 더 큰 것이 없다.
　唐 天子 咸通 6년 乙酉 정월 일, 新羅國 漢州 北界 鐵員郡 到彼岸寺에서
佛像을 이룬 □士들은 □이 龍岳과 같이 굳고 맑았다. 이 때에 □하여 찾은
居士95)로 結緣한 1,500여 인은 金石과 같이 뜻을 굳게 하여 勤勉함에 勞困
함을 알지 못했다.

　위 내용은 ⑴행의 제목을 제외하면 크게 비로자나불을 조성한 造成緣起
(⑵행 처음~⑸행 끝)와 造成行爲(⑹행 처음~⑻행 끝)의 둘로 나눌
수 있다. 제목에서는 香徒를 명시하여 불상의 조성이 향도 집단에 의해 이루
어진 것임을 알려 주고 있다. 내용을 순서대로 검토하는 것이 좋기는 하나
여기서는 편의상 후자부터 검토하고자 한다.
　먼저 조성한 때는 ‘咸通六年’으로 신라 景文王 6년(865)이며, 장소는 新羅
의 漢州 北界의 鐵原郡에 소재한 到彼岸寺임을 알 수 있다.
　다음 조성자들에 대해서는 ‘成佛之□96)士’와 ‘居士結緣一千五百餘人’의

────────────
94) 이는 李基白 선생님께서 내려 주신 탁본을 바탕으로 필자가 판독한 것이다.
95) ‘△覔居士’에 대해 趙仁成은 覔을 인명으로 보아 △먹거사가 주동이 되어 1,500여
　　인의 香徒를 결성 불상을 이루었다고 보았다(「弓裔의 勢力形成과 建國」,『震檀學
　　報』75, 1993, pp.20-22). 주인공의 이름을 알게 된다는 점에서 의미가 있다고 생각
　　된다. 이에 대해 필자로서는 무어라 말하기 어려우나, 그렇더라도 필자의 논지에 구
　　애되지는 않는다.
96) 기왕의 판독에서는 모른다고 하거나, ‘時’‘侍’‘信’으로 보아 왔다. 마멸되어 잘 보
　　이지 않으나, 좌측에 ‘人’변이 쓰여진 것이 명확하므로 ‘時’가 아님은 명백하다. 다

구절에서 유추해 볼 수 있다. 후자를 먼저 살피면 이 때에 결연한 1,500여인의 居士들은 '金石과 같이 뜻을 굳게 하여 勤勉함에 勞困함을 알지 못했다'고 하였고, 전자에서는 불상을 이룬 □士[97])들이 '□[98])이 龍岳과 같이 굳고 맑았다'고 하였다. 이를 비교해보면 둘은 같은 성격의 사람들을 설명하고 있음을 금방 느낄 수 있다. '金石과 같이 뜻을 굳게 하여'라고 한 것이나, '龍岳과 같이 굳고 맑았다'고 한 내용이 그렇다. 이렇게 보면 조성자들은 조성의 취지를 확고히 갖고 있는 1,500여인의 거사들임을 짐작할 수 있다.

그러면 居士들은 어떠한 사람들일까. 그들의 신분을 바로 알 수 있는 구절은 없다. 일단 王京人으로 지방에 파견된 지방관이거나, 지방에 정착한 中央貴族들이 아님은 분명한 것 같다. 인원수가 많음도 그러려니와 '卑姓室'((4)行)이라는 표현에서 짐작할 수 있다. 혹 이것을 자신들에 대한 겸양의 표현으로도 생각할 수 있으나, 보통 자신을 낮출 때는 '愚' 또는 '微臣' 등으로 사용하고 있다. 그리고 성씨와 가문이라는 뜻을 나타내는 것으로 여겨지는 '姓室'은 혈연적인 내용을 의미하는 것으로 여겨진다. 따라서 이 표현은 혈연을 바탕으로 하는 신라의 骨品制에 대한 인식에서 비롯된 것이라 생각된다. 그러므로 '卑姓室'이라고 표현한 거사들은 다른 사람들보다 비교적 낮은 신분이었을 것임을 충분히 짐작할 수 있다. 또한 지방민이었을 것이며, 到彼岸寺가 소재한 철원 지역의 주민들이었다고 생각한다.

한걸음 더 나아가 철원 지역의 주민 가운데에서도 어떤 사람들이었을까. 우선 노비 계층은 포함되지 않았을 것이며, 또 이들이 시주로서 활동하고 노곤함을 모를 정도로 노력하였다는 내용에서 어느 정도 재력이 있는 自營農

른 두 경우는 문장의 의미상 가능하기는 하나 판독이 어려운 이상 추독을 보류한다. 또한 문장의 해석에 있어서 '~成佛之'에서 끊어 읽을 수도 있으나, 그 경우 남은 글자가 7字가 되어 4·4 혹은 6·6字로 된 본문의 문체에 어긋나며, 문장의 의미를 살리기 어려운 점이 보인다.

97) 이를 '侍士'로 본 蔡雄錫은 侍士가 승려라고 하였다(「高麗時代 香徒의 社會的 性格과 變化」, 『國史館論叢』 2, 國史編纂委員會, 1989, p.96).

98) 내용상 '뜻' 혹은 '마음'을 의미하는 글자로 생각된다.

들이었다고 여겨진다.[99] 아울러 그들은 독실한 불교신자들이었을 것이다. 그리고 이들을 대표하는 사람은 村主들이었다고 생각한다. 지방에서 촌주는 지방민 가운데 가장 높은 신분의 사람들이고, 또 한 지역에는 촌주가 여럿이 존재하고 있다. 따라서 도피안사 비로자나불의 조성은 이 철원 지역의 촌주들을 중심으로 자영농이 포함되어 1,500인의 香徒를 결성하여 이루어진 것이라고 보아야 할 것 같다.

이들 거사들이 비로자나불을 조성하여 얻고자 하는 것은 무엇이었을까. 이에 대해서는 판독문의 전반 부분의 해석을 통해 가능한데, 여기에서도 造成動機((2)행 처음~(4)행 7자)와 造成目的((4)행 8자~5(행) 끝)의 둘로 나눌 수 있다.

먼저 조성 동기 부분을 보면 釋迦佛이 入滅한지 1,806년으로 이를 슬퍼하여 불상을 조성한다고 밝혔다. 슬픈 이유는 世間의 기록들이 부처의 모습(色)을 가려 온 세계에 빛을 비추지 못한 때문이라고 하였다. 이것은 석가의 가르침이 대를 이어 기록되면서[100] 본 모습(色)을 가리게 되어 올바른 법(正法)이 고루 비추어지지 못하였다는 것을 의미한다. 올바른 법을 전해 받지 못하였으므로 불상 조성 당시에는 가르침이 제대로 지켜졌다고 할 수 없을 것이다. 그런데 이것을 석가 입멸후 1,806년이라고 한 紀年 언급과 연관지어 보면 거사들이 당시를 末法時代로 인식하고 있는 것임을 알 수 있다.[101] 말법시대에는 敎(가르침)는 있으나 行(修行)과 證(깨달음)이 없는 때로서,[102] 당시는 가르침이 올바로 전해지지 못했으므로 수행조차도 제대로 되었다고 볼 수 없을 것이다. 따라서 석가 입멸 후의 기년을 언급하면서

99) 趙仁成, 앞의 논문, pp.20-21.
100) 이는 본래의 가르침을 담은 경전에 시간이 갈수록 다른 뜻의 내용이 부회되었음을 의미하는 것으로 여겨진다. 그래서 불타의 가르침에 대해 서로 시비를 가리고자 논쟁하기에 이름을 나타낸 것이 아닐까 한다.
101) 趙仁成, 앞의 논문, pp.21-22.
102) 金三龍,「彌勒信仰의 成立과 그 展開」(『韓國彌勒信仰의 研究』, 同和出版公社, 1983) pp.64-73.

가르침이 펴지지 못한 사실과 함께 당시를 말법시대로 인식하였다고 여겨진
다. 이렇게 생각해오면 불상의 발원 동기는 말법시대에 처해서 바른 가르침
(正法)을 받지 못함을 슬퍼하면서 그것을 받고자 하여 불상을 조성하는 것
이었음을 알겠다.

　다음 불상 조성의 목적에 대해서는 '창과 방망이로 스스로를 치고 長昏에
서 깨어나 眞源의 어짊에 물드는 것'이라고 하였다. 스스로를 치는 데에 있
어 창과 방망이로 한다고 하였는데, 이 표현은 그럴 듯하기도 하지만 좀 어
색한 느낌을 준다. 창과 방망이가 자신들에 대한 채찍으로서의 의미이기는
하나 오히려 무기에 비유되는 느낌이기 때문이다. 이것이 혹 신라 下代에 벌
어진 王位爭奪戰 내지는 도적들의 활동 상황에 대한 인식이 반영된 것은 아
닐까 하는 생각에서다. 긴 어둠도 그렇다. 骨品制 社會下에서는 능력이 있어
도 姓室이 낮은 居士들의 政治的 出世가 어려웠음은 당연한 귀결이었다. 따
라서 그들에게 있어 신라 사회는 긴 어둠의 세계였고, 절 이름처럼 결코 到
彼岸의 세계가 아니었다. 이렇듯 이들이 불상을 조성하는 것은 그들이 처한
현실 세계의 어려움을 타개해 나가고자 하는 목적을 담고 있었다고 보아진
다. 그것을 이루기 위해서는 色 즉 부처의 형상을 보고 感化를 받는 것이 더
없이 좋다고 생각했다. 그리하여 깨달음의 세계에 나아가 그 궁극으로서 절
이름의 到彼岸 세계를 형성하고자 하는 것이었다. 이것이 이루어질 경우 이
들은 骨品制의 어두운 현실을 벗어 남을 뜻하는 것이 된다. 또한 이것은 末
法時代에 彌勒理想社會가 이루어짐을 기대할 수 있는 것이 아닌가 생각된
다.

　이와 같은 조성 동기와 조성 목적은 다른 금석문에 나타나는 예와는 다른
것이다. 의례적으로 父母 및 一切衆生을 위한다고 하였기 때문이다. 이런 점
에서 본래 到彼岸寺 毘盧遮那佛의 조성은 발원자들의 깊은 뜻이 담겨져 있
는 것이라고 생각한다. 따라서 우리는 이를 좀더 세밀히 검토할 필요를 느낀
다. 이제 우리의 관심은 발원자들이 주의 깊게 관심을 가졌던 「성교서」의 내
용에 쏠릴 수 밖에 없다. 이를 파악하는 데에는 명문의 내용과 함께 「성교

서」의 내용을 비교하여 살피는 것이 좋을 것으로 생각되어 아래의 표 1)로 나타내 보았다.

표 1.「香徒佛銘幷序」 및 「大唐三藏聖敎序」의 내용 비교

구분		발원자 居士 1,500인	唐 太宗
내용		「香徒佛銘文幷序」	「大唐三藏聖敎序」
發願動機	문제 인식	대저 釋迦佛이 그림자를 가리어 眞源에 돌아감에, 儀式이 옮겨지고 世間을 넘으면서 世間의 기록들이 色을 가리게 되어 三千大千의 세계에 빛을 비추지 못하고 돌아간지 1,806년이 되었다.	옛적에 形跡이 나누어진 때에는 언어가 달리지 않아도 敎化가 이루어졌다. 當世와 現世에 民은 德을 우러르고 쫓음을 알았다. 그림자를 가리어 眞源에 돌아감에 미치어, 儀式이 옮겨지고 世間을 넘으면서 金容이 色을 가리게 되어 三千大千의 세계에 빛을 비추지 못하였다. 화려한 象이 그림으로 열리어 四八의 相(32상 즉 불상을 이름: 필자주)으로 空의 실마리를 풀었다. 이에 微言으로도 널리 입게 되어 중생이 三途에서 구제되고 遺訓이 멀리 퍼져 群生이 十地에 낳게 되었다. 그러나 眞敎는 우러르기 어려웠고 능히 그 가르침이 한결같을 수 없었다. 曲學은 만나기 쉬워서 邪正에 의견이 분분하여 空有의 논쟁으로 혹은 습속으로 大乘과 小乘을 是非하여 잠시 물떠내려가는 사이에 잠기게 되었다.
	문제 해결	이를 슬퍼하고 이를 괴로워하여 이 金容을 새기었다. □□하여 올 것을 생각하고 因하여 發願을 세웠다.	玄奘法師는 (중략) 몸소 지방과 나라를 지나면서 正敎를 물어서 구하였다. … 先聖의 至言을 잇고 上賢에게서 眞敎를 받아 (중략) 勝業을 宣揚하였다.
發願目的	해결 결과	오직 바라는 것은 姓室이 낮더라도 나아가 창과 방망이로 스스로를 쳐서 □□하여 長昏에서 깨어나고, 庸鄙한 뜻을 바꾸어 眞源의 어짊에 물드는 것은 到彼岸寺	西極에서 慈雲을 이끌어 東華에 法雨를 물대니 聖敎의 缺한 것이 다시 온전하여졌다. 蒼生이 罪에서 福으로 돌아오고 火宅의 불꽃을 잠재우고 모두 迷途에서 구해내어 愛水의 昏波를 맑게 하여 한가지로 彼岸에 이르게 되었다.
	해결 수단	色으로써 보는 것보다 큰 것이 없다.	이는 惡으로 인해 業에 떨어지더라도 善으로서 因緣해 오름을 알게 하는 것이니, 오르고 내리는 것의 실마리는 오직 사람에 맡겨지는 바다. (중략) 이 經은 베풀어 日月과 동반하여 無窮하고, 이 福은 널리 퍼져 乾坤과 더불어 영원히 크리라.

먼저 조성 동기를 보면 당면한 현실을 末法時代로 인식하였다. 到彼岸寺

毘盧遮那佛의 香徒佛銘文幷序에서는(이하 '「향도불」'이라 약칭함) 기록이 가르침을 가리어 敎化를 못받았다고 했으며, 「성교서」에서는 가르침이 歪曲되면서 空有나 大·小乘의 是非가 일어났다고 하였다. 이들은 말법시대의 상황 즉 正敎가 쇠퇴하고 왜곡된 佛法이 행해지고 있음을 말하는 것이다.[103]

말법시대에 正法을 구함에 있어서, 玄奘은 印度 聖地에 가서 正敎를 찾아오고, 거사들은 造像을 하였다. 거사들이 현장의 求法처럼 가르침이 기록된 경전을 채택하지 않은 이유는 모르겠다. 경전을 간행하는 것이 어렵다면 景德王代의 緣起法師가 發願한 『華嚴經』 寫經 같은 佛事도 생각해 볼 수 있기 때문이다. 그런데 이점에 대해서는 「성교서」의 다음 내용이 참고된다.

> 그러나 天地가 陰陽을 포함하여 쉽게 알 수 있는 것은 그 像이 있기 때문이며, 음양이 천지에 처해 있어도 窮究하기 어려운 것은 그 形이 없기 때문이다. 고로 像은 드러내어 可히 징계하니 비록 어리석어도 미혹되지 않고, 形은 감추어져 더 이상 볼 수 없어 지혜가 있어도 도리어 미혹됨을 알 수 있는 것이다. (중략) 고로 꿈틀거릴 줄 아는 뭇 어리석고 區區庸鄙하더라도 그 가르침에 나아가 능히 의혹되지 않았다.

즉 위에서 像을 드러냄으로써 어리석은 사람도 알 수 있다고 한데서 착안을 얻지 않았나 한다.

發願目的에 있어서는 장황한 설명이 되어 있으나, 둘 다 궁극에 있어서 到彼岸(臻彼岸)의 세계로 향하는 것이었다. 그 수단으로서 향도들은 불상의 조성과 이의 親見을, 「성교서」에서는 正敎가 기록된 경전으로 가르침에 물드는 것이었다.

이상에서 양자를 비교해 보았다. 비록 짧기는 하나 「향도불」의 내용과 「성교서」의 그것이 나타내고자 한 의미를 비교해 볼 때 크게 다르지 않으며 유사함을 알 수 있었다. 이런 점에서 양자간에는 서로의 交感이 있었을 법한데,

---

103) 末法時代에는 인심이 惡化하고 惡事가 횡행하며, 佛法을 護持하는 승려들이 다투는 일에까지 이른다(金三龍, 앞의 논문, p.250).

물론 그것은 「향도불」의 居士들이 「성교서」의 唐 太宗에 대한 그것이었다. 즉 그들은 당 태종의 글에 나타난 취지에 대해 공감을 느꼈던 것 같다. 그렇다면 비로자나불의 조성에 있어 그들은 당 태종과 비슷한 입장에 있었을 것으로 생각된다.

唐 太宗의 입장은 어떠한 것이었을까. 우선 시대적 상황을 보면, 唐은 통일 왕조의 새시대를 이루었다. 반면 불교계는 「성교서」의 내용처럼 가르침이 歪曲되는 末法의 혼란기를 맞이하였으므로 이에 대한 대책이 필요했다. 즉 통일 왕조처럼 통일된 불교사상이 요구되었을 것이다. 그러므로 玄奘의 正教求法과 그 결과는 당 태종이 바라던 바를 이룰 수 있는 좋은 수단이었다. 새왕조의 초기에 정신적 기저의 하나를 다지는 것으로서 경전의 반포를 통한 정교 보급은 의미가 있는 것이었다. 그리하여 당 태종은 정치적으로는 새 왕조의 지도자로서 종교적으로는 말법시대의 轉輪聖王으로서의 자격을 갖춘 황제가 되는 것이었다.104) 따라서 「성교서」의 내용은 현장의 譯經에 대한 공로를 찬양하는 것으로서 의미가 있지만, 한편으로는 새 왕조 초기의 황제로서의 포부와 바램이 들어 있는 것이었다. 이것은 「성교서」가 저술된 뒤 碑文으로 새겨지고 塔에도 새겨진 사실에서 살필 수 있다.105)

「향도불」의 경우를 보자. 거사들 가운데 村主들은 지역사회의 실력자이기

---

104) 현장은 당 태종에 대해 "伏惟皇帝陛下玉毫降質金輪御天"(『大唐大慈恩寺三藏法師傳』;『高麗大藏經』32, p.699 上)이라고 하여 태종을 金輪王에 비교하였다. 또한 승려 彦悰은 당 태종의 「성교서」 저술에 대해 "慈雲再蔭 慧日重明 歸依之徒 波迴霧委 所謂上之下化 猶風靡草 其斯之謂 乎如來所以法付國王 良爲此也"(위의 책, p.700 中)라고 하여 법을 부촉받은 국왕 즉 轉輪王으로 찬양하였다.

105) 「성교서」는 현장이 경전을 新譯하는 도중인 貞觀 20년 7월 唐 太宗에게 序文의 親制를 청원한 바, 당 태종이 이를 허락하고 정관 22년 6월에 이르러 이를 선포한 것이다(위의 책, p.695 上, 698 上). 이후 興福寺 寺主 圓定과 京城의 승려들이 이를 金石으로 새길 것을 청하여 허가를 받았으며, 王義之의 글자를 集字하여 새겼다(위의 책, p.700 中). 또한 현장은 서역에서 가져온 舍利를 모시고자 慈恩寺에 30丈 높이의 大石塔의 조영을 청원하여 허락받았는데, 그 탑의 상층 塔身 南面에 이 내용을 새기었다(위의 책, p.704 下).

는 하나 骨品制社會下에서는 능력과 관계 없이 정치적 진출이 불가능했다. 이렇듯 암담한 현실에 있어 촌주들은 당시를 末法時代로 보고, 이를 釋迦의 가르침이 제대로 전하지 않은 때문으로 여기면서 불상을 조성했다. 그런데 말법시대에는 彌勒이 下生하여 轉輪聖王의 통치를 돕게 되어 있다. 이 전륜성왕의 통치와 미륵의 하생은 말법시대라고 그저 이루어지는 것이 아니라 戒律을 受持하여야 하며 그래야 덕업의 결과를 받을 수 있는 것이다.106) 말법시대의 이러한 변화는 골품제로 무시되는 사회에서 벗어날 수 있는 것도 되어서 촌주들에게는 도리어 좋은 기회가 될 수도 있는 것이었다. 따라서 촌주들은 말법시대에 미륵의 하생을 기대하게 되지 않았을까 한다. 이에 따라 촌주들은 계율 수지의 한 방편으로 造像을 하여 親見함으로서 正法을 체득하고자 하였을 것이다. 이렇게 함으로써 그들이 얻을 수 있는 것은 다름 아닌 到彼岸의 세계를 이루는 것이었다. 즉 그들의 염원을 절 이름에 나타낸 것이라 하겠다.

唐 太宗이 正教의 경전을 반포하여 轉輪聖王으로서 새 시대의 正法을 제시하여 彼岸의 세계로 이끌려고 하였듯이 村主들이 造像을 통해 친견토록 해서 佛法의 感化를 받게 하여 彼岸의 세계로 이끌고자 한 것은 末法時代에 처한 행동에서 일치가 된다. 물론 촌주들이 당 태종과 똑같이 자신들을 전륜성왕이라고 생각하거나 그 역할을 담당하는 것으로 생각지는 않았을 것이다. 그렇지만 말법시대에 衆生들을 신앙세계로 이끌어 들이는 역할에 있어서 양자의 공통점을 찾는 데에는 어려움이 없다. 결국 촌주들의 불사활동은 지방민을 그들의 신앙세계로 이끈다는 점에서 그들이 지방에서 차지하는 지도자로서의 위치가 당연히 부각될 수 있다는 것에서 그 목적이 두어졌다고 생각 된다.

한편 도피안사에서는 塔婆를 조성하였는데 일반적인 탑이 아니라 1층 탑신이 불상의 대좌와 같은 8角 蓮花臺坐를 이루고 있다. 이는 탑이 본래 부처

---

106) 金杜珍, 「弓裔의 彌勒信仰」(『韓國史市民講座』 10, 一潮閣, 1992) pp.20-21.

님의 舍利를 모신 곳이기도 하여 연화대좌를 만든 것으로 생각 된다. 그렇다면 이는 釋迦佛을 상징하게 된다. 그런데 法相宗系에서는 비로자나불(法身佛, 法身) 석가모니불(報身佛, 穢土) 노사나불(化身佛, 淨土)을 모신다고 한다.107) 이로서보면 비로자나불은 법신불로서 석가모니불은 보신불의 세계를 이루므로 도피안사는 자연 절 이름처럼 도피안의108) 세계가 된다. 여기서 노사나불을 모시지 않은 것은 도피안의 세계이므로 별도로 정토의 세계를 상정할 필요가 없었는지도 모르겠다. 어떻든 이것은 촌주들이 발원하는 세계가 정토왕생의 세계가 아닌 도피안의 세계였음을 알려주는 것이 아닐까 한다. 이것은 또한 하대의 미륵신앙이 中代의 정토왕생을 통한 彌勒上生信仰이 아닌 미륵의 하생을 기원하였음을 알려 주는 하나의 예라 하겠다.

2. 華嚴宗과 彌勒下生信仰

화엄종에서 미륵하생신앙을 수용한 사례로는 江原道 東海市의 頭陀山에 위치한 三和寺의 경우를 찾을 수 있다. 이 곳 삼화사에는 오래 전부터 전해 내려온 鐵佛坐像이 있는데, 최근 불상의 背面에 銘文이 있는 것이 확인되어 검토한 결과 신라 시대에 조성된 것임을 알게 되었다.109) 그리고 그 내용 가

---

107) 文明大, 「新羅下代 毘盧舍那佛像彫刻의 硏究」(一)(『美術資料』 21, 國立中央博物館, 1977) pp.17-18.

108) 도피안은 婆羅密의 다른 말이다. 『觀普賢菩薩行法經』에 따르면 釋迦牟尼와 毘盧遮那遍一切가 있는 곳이며 그 住處를 常寂光이라고 이름한다고 하였다(『望月佛教大辭典』 5, 1974, pp.4278-4279). 지금 도피안사의 불당을 大寂光殿이라고 하였는데, 현대에 와서 중수한 것이므로 본래부터의 이름이었는가에 대해서는 알 수 없다.

109) 삼화사의 창건에 대해서는 여러 문헌에 642년 慈藏의 창건설, 신라 말의 세 神仙(혹은 神人)의 창건설, 신라 말의 梵日祖師 창건설 등이 전하고 있으나, 모두가 이 비로자나불의 조성과 관련하여서는 언급이 없다. 또 傳承에는 이 불상을 藥師佛이라고 했다고 한다. 자세한 것은 方東仁, 「三和寺의 창건과 歷史性 검토」(『文化史學』 8, 韓國文化史學會, 1997) 참조.
補) 三和寺 鐵佛의 조성과 명문에 대해 고려 초기에 이루어진 것으로 보는 의견이 있다. 이에 의하면, 명문에 있는 '決言'은 삽입구로서 주인공이 아니라는 점, '華嚴

운데 ‘當來下生彌勒尊此處華嚴經說’의 구절에서 미륵하생신앙의 내용이 담겨져 있고, 또한 그것이『華嚴經』과 관련하여 언급된 것으로 보아 화엄종 사찰임을 알 수 있었다. 따라서 이 명문의 검토를 통해 하대 화엄종에서의 미륵하생신앙에 대한 수용 태도를 살필수 있는 것이다.

다음은 삼화사 철불 배면에 새겨진 명문의 내용으로 설명의 편의를 위해 원문과 해석을 같이 제시한다.110)

```
        1   4   8   12   17
( 1) 호호호호호호國人云疎勒又靑丘時云新
( 2) 호호호호호迦佛末法三百余年成佛時國
( 3) 호호호호王願由決盡敎華嚴業決言大太
( 4) □□曰伯士釋氏乘炬發心旦越釋氏聽默
( 5) 同氏僧道初ホ上首十方旦越同心同願盧
( 6) 舍那佛成大志由盧舍那佛大願力由故當
( 7) 來下生彌勒尊此處華嚴經說此大因緣由
( 8) □□劫出現佛每此處華嚴大不識儀經
( 9) □□□成發心旦越父體虛母念法作
(10) □□見勳作沙弥金解善行 (호: 파손, □: 판독 불가)
```

호호호호호… 國人들이 이르기를 疎勒 또는 靑丘라고 한다. 時에 이르기를 新호호호호…. (釋)迦佛 末法 3백여년에 불상을 이루었다. 時에 國호호호호… 王은 願하는 것으로 말미암아 결단하여 다하도록 敎하셨고, 華嚴業 決言 大太(德)은 □曰의 伯士가 되었다. 111)

─────────────

業’이라는 용어가 사용된 점, 신라 관등이 전혀 보이지 않는다는 점, 석탑 양식이 고려시대의 것과 유사하다는 점 등을 들고 있다(金昌鎬·韓基汶,「東海市 三和寺 鐵佛 銘文의 재검토」,『講座美術史』12, 1999). 이들 견해에 대해서는 상세한 고증을 통하여 반론이 제시 되었다(金相鉉,「三和寺 鐵佛과 華嚴業 決言大大德」,『文化史學』11·12·13號, 韓國文化史學會, 1999). 필자도 같은 의견이므로 별도의 반론은 하지 않는다.

110) 본 명문은 학계에 널리 소개되어 있지 못하다. 이에 대해서는 黃壽永의「三和寺의 新羅鐵佛坐像의 背刻銘記」(『文化史學』8, 韓國文化史學會, 1997, p.21)와 朴盛鍾의「三和寺 鐵佛 銘文에 대하여」(같은 책, p.59)에 있는 판독과 해석이 참조된다.

111) 朴盛鍾은 이 문장의 판독과 해석에 있어 “[이] 때는 閏(…로서…)王에게 잠시나마 단연히 진력하여 설교한 華嚴業의 決言 大大(德)이 이루다. 曰伯 땅의 釋氏가 주

승려 乘炬는 發心旦越이 되고 승려 聽默과 道初 등은 上首가 되어,112) 十方의 旦越들이 한결 같은 마음으로 한결 같이 發願하여 盧舍那佛을 이루고자 하는 큰 뜻의 연유는 盧舍那佛의 大願力에서 말미암는 것이다. 故로 當來에 下生하는 彌勒尊이 이 곳에서 華嚴經을 說하는 것은 이러한 큰 因緣으로 말미암는 것이며, □□劫에 出現하는 부처님은 매번 이 곳에서 華嚴大不識儀經을 □□하여 이루는 것이다.113) 發心旦越의 父는 體虛이고 母는 念法인데,114) 지어서 □□ ….

창하고 發心한 施主가 釋氏의 말을 듣고 묵묵히 [따르매] 同氏와 僧 道初 등이 首長[이 되고]"라고 하였다(앞의 논문, p.71). 이는 필자의 견해와 매우 다른 것으로 그 문제점을 지적해 보고자 한다. 먼저 그는 '敎'를 '설교했다'고 했는데, 신라에서는 '敎'가 대체로 王命과 관련 되어 쓰여 왔음을 주목할 필요가 있다. '此二王敎'(「迎日 冷水里碑」) '節敎事'(「丹陽 赤城碑」) 등의 사례에서 확인되는 것이다. 고로 '敎'는 설교가 아니라 王命으로 보아야 하지 않을까 한다. 더욱 7행 12자의 '說'이 설교한다는 의미로 쓰여졌음을 참고할 것이다. 다음 그는 '臼伯士'를 '臼伯士'로 보아 臼伯의 땅으로 해석하여 영덕군에 있는 구배산으로 배정하였다. 그렇지만 伯士의 경우 뒤에서 설명하는 바와 같이 왕명을 받고 감독을 담당하는 직책으로 보아야 할 것이다. 또 釋氏는 釋迦牟尼에서 '釋'자를 姓氏로 삼은 것으로 승려를 의미하는 것으로 보아야 옳을 것이다.

112) 승려 乘炬, 聽默, 道初 등에 대해 朴盛鍾은 도초만 승려의 인명으로 보고 나머지는 수식어로 보았다(위의 논문, p.67). 석씨를 승려로 읽어야 함은 위에서 지적하였다.

113) 이에 대해 朴盛鍾은 "華嚴을 크게 알지 못해서"라고 하였다. 그런데 이것은 이곳이 『화엄경』이 설법되는 곳이고 또 화엄종의 주존불인 盧舍那佛의 大願力으로 말미암아 불상을 조성하는 것이므로, 화엄을 모른다고 하는 것은 내용상 문제가 있는 것이 아닐까 한다. 이에 대해서는 黃壽永의 華嚴大不識儀經에 따른 一時成發心을 말한다고 한 추측을 주목할 필요가 있다(앞의 논문, p.22). 그리고 '□□成發心'을 黃壽永은 '一時成'으로 보았는데 '一' 위에 획이 하나 더 그어져 있는 것이 보이므로 '二' 혹은 '三'이 아닐까 생각된다. 또 朴盛鍾은 '成'을 '戌'로 판단 干支로 보았는데, 이 점에 있어서는 간지가 연도로 쓰여질 때에는 대체로 연호와 함께 즉 '咸通六年乙酉'처럼 쓰이고 있음을 참고할 필요가 있다.

114) 발심 단월의 부모의 이름인 體虛와 念法을 朴盛鍾은 수식어로 보아 "아비와 몸이 虛한 어미를 念하며 法대로 짓다."라고 해석을 하고 있다. 두 부모의 이름이 불교적인 색채를 띠는 것이어서 고유명사로 보는 것에는 필자도 다소 주저가 되기는 하나 특별한 대안이 없어 고유명사로 처리 하였다(이에 대해서는 黃壽永의 견해를 받아들인 것이다. 앞의 논문, p.22). 그리고 이 부모들은 발심단월인 승려 乘炬의 부모들로 볼 수도 있으나 문맥의 전·후 사정으로 보아 발원을 낸 시방의 단월들의 부모에 대한 뜻이 아닐까 한다.

見勤이 짓고, 沙弥 金解善이 행하다. 115)

명문의 내용은 크게 造成 經緯(처음~4행 5자), 造成 緣起(4행 6자~10행 2자), 실무담당자(10행 3자~끝) 등의 세 문단으로 나눌수 있다.

조성 경위에 있어서는 글의 첫머리인 서문, 조성 연대, 국왕의 教旨에 대한 내용이 담겨 있다.

서문에 해당하는 첫 줄에서는 '疎勒 또는 青丘'라고 하였는데 결락된 부분으로 인하여 정확한 의미를 알 수는 없다. 다만 '청구'가 동방의 우리나라를 지칭하는 것으로 보아 '소륵'도 나라 이름이 아닐까 한다. 소륵은 서역의 한 나라로서 중국 新疆省의 서부 카슈카르(Kashgar) 지방을 가르키는데, 이 나라는 사람들의 성품이 모질고 추악하여 일명 '惡性國'으로 호칭되었다고 한다.116) 소륵에 대해서는 「唐 劉仁願紀功碑」에도 인용이 있어 일찍부터 신라에서도 인식되어 왔을 것으로 생각되지만, 이것이 신라를 가리키는 청구와 어떠한 관련이 있는지는 알기 어렵다. '소륵이 악성국이라면 신라는 아니다'라고 하는 표현이었을지 모르나, 역시 전체적인 내용과 관련하여 볼 때는 이해하기 어려운 점이 없지 않다. 소륵이 악성국이므로 末法時代의 혼란상을 비유하고자 한 것에서 비롯된 듯하나, 역시 판단하기에는 많은 어려움이 있다.

다음 불상의 조성연대에 있어서는 釋迦佛 末法 300여년에 이루었다고 했다. 당시 신라에 유포된 佛滅에 대한 기원설은 대체로 B.C.949년이었다. 따라서 이를 기준으로 계산하면 말법시대는 A.D.552년부터 시작된다.117) 이

---

115) 이에 대해서는 "보기를 부지런히 한다. 만든 沙弥는 金解와 善行이다."라고 해석할 여지가 있다. 즉 '見勤'을 앞 문장에 연결시키는 것이다. 이것은 금석문에 '作韓舍寶淸軍師'라는 표현이 보이기 때문에 추론해 보는 것이다(「蓮池寺鐘銘」,『금석문』 3, p.397).

116) 朴盛鍾, 위의 논문, pp.60-63.

117) 金英美,「新羅 阿彌陀信仰과 現實認識」(『國史館論叢』 42, 1993;『新羅佛教思想史研究』, 民族社 1994) pp.231-237.
　　　이에 따르면 중국의 南北朝時代에도 정법 오백년, 상법 천년, 말법 1만년의 설이

점에서 보아 불상은 860년 경에 이루어졌을 것임을 알 수 있다. 더욱 이 점
은 비슷한 시기에 이루어진 到彼岸寺와 寶林寺의 비로자나불을 비교해 볼
때 조성 양식이 흡사한 점과 또한 삼화사에 보전되어 있는 3층 석탑의 양식
이 9세기 경에 이루어진 점에서도 미루어 짐작할 수 있다.[118] 그리고 뒤에
설명되겠지만 명문에 기록된 決言大德의 활동 시기와 관련할 때도 이를 십
분 알 수 있다.

　다음 국왕의 敎旨에 대한 내용을 보면 국왕이 원하는 것으로 말미암아 결
단하여 다하도록 敎하고, 그것을 화엄종 승려 決言으로서 감독을 하였음을
알 수 있다. 물론 이 때에 결언이 감독을 하는 것은 왕명의 교지에 따른 때문
인 것이다. 이렇게 보는 것은 다음의 사례에서 미루어 볼 수 있다.

　　造塔한 때는 咸通 11년 庚寅(870) 5월이다. 때는 凝王(景文王) 즉위 10
　　년이다. 말미암은 바는 憲王(憲安王)의 往生을 위해 삼가 만든 塔이다. 西
　　原部의 小尹 奈末 金遂宗이 아뢰었고, 勅命을 받든 伯士는 及干 珎鈕이다
　　(「寶林寺 石塔誌」北塔,『금석문』3, pp. 332-333).

　위에서 金遂宗이 국왕에게 上奏하고 珎鈕는 勅命을 받들고 伯士로서[119]
감독을 맡았음을 알 수 있는 것이다. 이에 비추어 이 불상의 조성은 국가에
건의하여 승인을 받고 진행하지 않았을까 생각되는 것이다. 그리고 그 일을
決言 大太德이 책임을 맡아서 하였던 것이다.[120]

　　주류를 이루었다고 한다.
　　　이에 대해 金三龍은 정법 천년, 상법 천년, 말법 1만년설이 일반적이라고 했다
　　(「彌勒信仰의 成立과 그 展開」,『韓國彌勒信仰의 硏究』, 同和出版公社, 1983, pp.
　　64-65). 그런데 이를 채택할 경우 三和寺 鐵佛은 A.D.1352년의 고려 시대에 조성
　　된 것이 되어 많은 문제가 생기게 된다. 따라서 이 銘文의 기록으로 보아 신라에서
　　는 1,500년설을 수용하고 있었음을 확인할 수 있다.
118) 鄭永鎬,「三和寺 鐵佛과 三層石塔의 佛敎美術史的 照明」(『文化史學』8, 韓國文
　　　化史學會, 1997) pp.27-29.
119) 伯士가 감독임을 뜻하는 것은 「禪房寺塔誌」의 '大伯士'(『금석문』3, p.335),「禪林
　　　院鍾銘」의 '在伯士'(같은 책, p.395) 등에서도 알 수 있다.
120) 결언은 景文王 1년(861)에 왕의 초청을 받아『화엄경』을 강론한 적이 있으며, 憲

다음 조성 연기는 발원자, 조성 동기, 조성 목적 등으로 구성되어 있다. 발원자는 승려 乘炬가 發心旦越이 되고, 聽默과 道初가 上首가 되어 일을 진행시킨 것으로 나타나 있다. 여기서 상수는 일을 진행시키는 감독이었을 것이라고 생각된다. 그리고 시방의 단월들이 함께 한다는 글귀가 이어지는 것으로 보아 그들도 단월의 일원이 아니었을까 한다.

조성 동기는 奴舍那佛의 大願力에서 비롯되었다고 한다. 그 대원력으로 인하여 當來에 下生하는 彌勒佛이 이곳(두타산 삼화사)에서『華嚴經』을 강설하게 되는 것이다. 또 □□劫에 출현하는 부처도 매번 이곳에서 '華嚴大佛識儀經'을 □하여 이루는 것이다. 이는 결국 미륵불이 하생하여 중생을 교화시킬 때에『화엄경』을 강설한다는 뜻으로 여겨진다. 나아가 이것은 미륵하생신앙을『화엄경』과 결부시키려고 한 것으로 생각된다. 이 점에서 삼화사가 비로자나불을 조성할 당시에 화엄종을 취지로 하는 사찰이었음을 짐작할 수 있는 것이다. 그리고 후자 부문에 있어서 '화엄대불식의경'의 구절이 무엇을 뜻하는지는 알기 어려운데, 이것 역시『화엄경』내지 화엄종과 관련된 내용임은 분명하다고 하겠다.

이 같은 두 내용에서 우리는 미륵불의 하생과『화엄경』이 밀접하게 관련되어 있음을 짐작할 수 있겠는데,『화엄경』의 入法界品에 善才童子가 彌勒菩薩을 만나는 내용이 있어 주목된다. 다음은 그 일부를 인용한 것이다.

A① 선남자여 그대는 이 비로자나 장엄장 큰 누각에 들어가서 두루 관찰하라. 곧 보살의 행을 배움을 알 것이요 배우면 한량 없는 공덕을 성취하리라 선남자여 그대가 묻기를 보살이 어떻게 보살의 행을 배우며 보살의 도를 닦느냐 하거니와(『화엄경』78권;『한글대장경 華嚴經』3, 東國譯經院, 1993(중판), p.506).
② 또 저 장엄장 안에 있는 여러 누각 중에 한 누각을 보니 …… 백억 투시타천에 낱낱이 미륵보살이 있다가 신으로 내려와서 탄생하는 것을 제석

康王 10년(884)에 賢俊과 함께 華嚴社會를 조직한 적이 있다(朴盛鍾, 앞의 논문, p.65 참조).

과 범천왕이 받들어 머리에 올리며 일곱 걸음을 다니고 시방을 살펴보
며 크게 사자후하는 것을 보겠으며 동자로서 궁전에 거처하고 정원에서
유희하며 온갖 지혜를 얻기 위하여 출가하여 고행하고 유미죽을 받고
도량에 나아가서 마군을 항복받고 등정각을 이루며 보리수를 보시다가
범왕의 권청으로 법륜을 굴리고 천궁에 올라가서 법을 연설하는 일과
겁과 수명과 대중 모둠의 장엄과 국토를 깨끗이 하고 행과 원을 닦음과
중생을 교화하여 성숙케 하는 방편과 시리를 나누어 반포함과 법을 머
물러 유지함이 모두 같지 아니함을 보았다(79권; 위의 책, p. 510).
③ 선남자여 보살은 크게 가엾이 여기는 곳에서 오나니 중생들을 조복하려
는 연고라…… 크게 서원한 곳에서 오나니 옛날의 서원한 힘으로 유지
하는 연고라 크게 인자한 곳에서 오나니 중생을 구호하려는 연고라 지
혜와 방편인데서 오나니 모든 중생들을 따라 주는 연고라(79권; 위의
책, p. 516).

　　먼저 A①은 菩薩行을 배우고 菩薩道를 닦는 방법에 대한 선재동자의 질
문에 미륵보살이 毘盧遮那의 莊嚴 樓閣에 들어가 관찰을 통해 배우면 알게
될 것이라고 답한 내용이다. A②는 선재동자가 그 누각에 들어가 미륵보살
의 신통력으로 말미암아 不思議한 자재로운 경지에 들어섬을 말하는 것이다.
위 내용은 그 경지에서 선재동자가 본 미륵보살의 활동상황이다. 여기에서
선재동자는 미륵보살이 투시타천(도솔천)에서 하생하여 釋迦牟尼佛처럼 인
간으로 태어나서 성장하여 成佛하고는 法輪을 굴리어 중생을 교화시키고 淸
淨國土를 이루는 것을 보게 된다. A③은 선재동자가 미륵보살께서는 어디서
왔느냐는 질문에 대해 답한 것으로 이 내용은 모든 보살에 대한 일반적인 사
례이다. 그 내용에 중생들이 서원하는 것에서 온다고 하는 것이 주목된다.
　　이러한『화엄경』의 내용을 명문의 발원 내용과 비교해보면, 먼저 위의 A
③으로부터 보살은 중생들의 큰 서원력으로부터 말미암아 오는 것임을 알
수 있는데, 이것은 결국 비로자나불의 조성을 발원하는 계기가 되는 것이다.
다음 A②로부터 미륵보살이 도솔천으로부터 하생하여 성불하고 중생을 위
해 교화하는데, 이것은 명문에 미륵불이 하생하여『화엄경』을 설법한다는 것
과 같은 것이다. 다음 A①로부터 보살행을 배우고 무한공덕을 쌓고자 함에

있어서는 비로자나 장엄 누각에 들어가서 배워야 하는데, 이것은 명문에 이 곳에서 '화엄대불식의경'의 내용이 어떻게 이루어진다는 것과 관계가 있지 않을까 한다. 이 세가지 내용은 모든 것이 결국에는 비로자나 장엄 누각안에서 이루어지는 것임을 말해 주고 있다. 따라서 그 장엄의 주인인 비로자나불을 조성하는 것은 바로 그러한 이상 세계가 실현됨을 기대하는 것이 아닐까 하는 것이다.

명문에서의 이 곳은 두타산 삼화사이지만 그 곳에는 비로자나불상이 조성되었으므로 비로자나의 장엄 누각이 되는 것이다. A②에서 나타난 바와 같이 비로자나장엄누각에는 온갖 만물이 들어 있는 것으로, 미륵도 그 안에 있는 것이다. 즉 비로자나불 장엄세계에 포함되어 있는 셈이다. 그러므로 비로자나불의 조성을 통하여 미륵이상사회의 실현을 기대할 수 있는 것이다. 이로써 보건대 삼화사의 비로자나불 조성은 결국 미륵하생신앙을 『화엄경』의 화엄사상에 연결시킴으로서 화엄신앙의 틀 안에 들이려 했던 것이 아닐까 한다.

더불어 염두에 둘 것은 미륵불이 이 곳에서 『화엄경』을 說한다는 것이다. 이는 下代 豪族들이 風水地理說을 갖고 있었던 것과 밀접한 관련이 있는 것이다. 자신들이 살고 있는 곳이 살기 좋은 명당이라고 하는 그것이, 자신이 살고 있는 곳에 미륵불이 하생하여 중생을 교화하여 이상세계를 건설한다는 것과 그 구조가 비슷한 것이다. 이런 점에서 볼 때 당시 미륵하생신앙의 성행은 풍수지리설과 연계될 가능성이 매우 높았다고 할 것이다.

조성 목적에 있어서는 발심단월의 父 體虛와 母 念法을 위해 조성한다고 하였으나, 역시 글자가 마멸되어 정확한 판단을 내리기 어렵다. 그런데 체허와 염법의 이름이 인명이라기 보다는 불교적인 용어라는 점에서, 또 발심단월인 乘炬의 부모에 한정된다는 것이 시방의 단월들이 함께 한다고 한 구절에서 생각해 볼 때 약간은 무리가 있다. 그렇더라도 그것이 부모에 관계된 것임은 분명하다.

끝으로 실무담당자로서 見勤이 글을 짓고 沙彌 金解善이 일을 진행하였음을 밝혀 주고 있다.

이상에서 三和寺 毘盧遮那佛 造像記에 대해 살펴보았다. 여기에서 우리가 확인한 것은 삼화사가 華嚴宗 사찰이라는 점, 또 彌勒下生信仰을 수용하고 있다는 점, 당시의 현실을 末法時代로 인식한다는 점 등이 있었다. 이것으로 미루어 신라 하대에는 화엄종에서도 현실을 말법시대로 인식하고 미륵하생 신앙을 수용하는 하나의 사례를 확인하게 되는 것이다.

이외에 이 조상기를 통해 생각해 볼 점은 불상의 조성이 국가와 관련되어서 추진되었다는 것이다. 불상의 조성에 대해 국왕에게 건의하고 승인하는 교지를 받고 왕명으로 決言 大德이 이를 감독하게 된 것이다. 이는 하대 지방에 있는 화엄종 사찰들이 중앙과의 연계 속에 활동한 것이 아닐까 하는 추측을 하게 해준다. 그렇다고 이것이 국가가 화엄종 사찰들을 전적으로 장악한 것을 의미하는 것은 아니라고 여겨진다. 이것은 天冠寺의 華嚴宗 승려인 洪震이 神武王을 도운 사례가 있듯이,121) 화엄종이 때로는 국가 권력과 밀착되기도 하고 또 그에 반하는 입장에도 서 있었던 것이 아닐까 하는 것이다. 사실 이 불상의 조성에 있어서도 국가와 관련되어 있지만 국가나 국왕을 위한다는 발원의 내용은 보이지 않고 있다. 더욱 일체중생을 위한다는 것도

---

121) 신라 神武王이 太子가 되었을 때, 마침 왕의 견책을 당하여 (天冠)山 남쪽 莞島로 귀양 갔다. 華嚴 洪震은 평소 태자를 좋아했는데 東宮의 일이 급함을 듣고, 이 절(천관사)로 달려가 밤낮으로 華嚴神衆을 醴唱했다. 이에 諸華嚴神衆이 부름에 感應하여 이 절의 남쪽 봉우리에 높이 섰는데 지금의 神衆峀이 그것이다(天因,「天冠山記」,『東文選』68).

위에서 神武王이 莞島에 귀양갔다고 한 것은 그가 王位爭奪戰에 실패하고 나서 도망하여 淸海鎭의 張保皐에 의탁한 사실이 설화로 변화된 것이라 생각된다. 그런데 여기에서 승려 洪震이 신무왕을 잘 알았다고 한다. 또한 그는 天冠寺가 완도와 가까운 것으로 보아 장보고와도 잘 알고 있었을 것이다. 이런 면에서 신무왕의 완도로의 행보는 홍진의 역할이 관련되어 있었을 것이라고 추측된다(金相鉉,「新羅華嚴學의 系譜와 그 活動」,『新羅文化』1, 東國大 新羅文化研究所, 1984;『新羅華嚴思想史研究』, 民族社, 1991, pp.141-142). 이로서 미루어 보면 불교와 귀족세력이 결합하여 정치에도 영향을 미치고 있음을 알 수 있는 것이 아닌가 한다.

없다. 따라서 국가와 관련되어 있기도 하지만 독자적으로도 활동하고 있었던 것으로 이해되는 것이다. 이것은 아마도 당시의 국가의 통제력이 크게 발휘되지 못한 때문이 아닌가 한다.

  그리고 불상의 조성에 있어 국왕의 교지를 받은 것은 이를 통하여 대외적으로 널리 과시하고자 하는 일이었다고 여겨진다. 이것은 일반적으로 불사활동에서 연기를 기록하였던 것과는 달리 인쇄해서 널리 배포하고자 하는 의도가 들어 있음에서 짐작할 수 있다. 이 조상기는 정자체로 양각된 것이 아니라 인쇄용 판본처럼 양각되어 있기 때문이다. 그러므로 이를 인쇄하면 정자체의 문서가 되는데, 이는 이를 널리 선전하고자 한 것으로 생각되는 것이다. 결국 이것은 자신들의 취지를 널리 알리어 과시하는 한편 신도들을 받아들이고자 한 것이 아닐까 한다. 그럼으로써 미륵하생신앙을 화엄신앙으로 흡수토록 하고자 하는 목적이 있었을 것이라고 생각되는 것이다. 화엄종 사찰에서의 이러한 노력은 신도를 확보할 필요가 있는 지방에 소재한 다른 사찰에서도 현실에서 부닥치는 문제는 아니었을까 생각해 본다.

  비록 하나의 일예이지만 이 삼화사의 비로자나불 조상기를 통해 화엄종에서도 미륵하생신앙을 적극적으로 수용하고 있음을 짐작할 수 있겠다.

3. 禪宗과 彌勒下生信仰

  신라 하대에 禪宗에서 미륵하생신앙을 수용하였는가에 대해서는 이를 수용했다고 보는 것과 그렇지 않다고 보는 두 가지 입장이 있다. 전자에서는 禪師들의 塔碑文에 나타나는 釋迦佛이 迦葉에게 成佛하지 말고 鷄足山 石室에서 기다리고 있다가 彌勒佛에게 석가불의 袈裟를 전하도록 付囑했다고 하는 鷄足山 傳承 내용을 들어 선종에서 미륵하생신앙을 받아들인 것으로 보았으나,[122] 후자에서는 선종에서의 계족산 전승은 그 의미가 선종 第1祖

---

122) 추만호, 「선종의 사상적 영향」(『나말려초 선종사상사 연구』, 이론과실천, 1992) pp. 214-234.

로서의 가섭에게 있는 것으로 기층민의 미륵하생신앙과는 무관하다고 보고
있다.[123] 이에 대해 필자로서는 전자가 옳다고 생각한다. 왜냐하면 앞에서도
검토했지만 미륵하생신앙이 華嚴宗에서도 일부 수용할만큼 널리 성행했다면
선종에서도 그에 대한 관심을 기울이지 않을 수 없었을 것이라는 생각이 들
기 때문이다. 민중들이 널리 신봉하고 있는데 선종에서 중생들의 그러한 뜻
을 외면한다는 것은 중생구제의 가르침에 또한 어긋나는 것이다. 따라서 신
라 하대에 선종에서도 어느 정도는 미륵하생신앙을 수용하는 입장에 서게
되었을 것이라고 추측되는 것이다. 다만 그 정도가 다른 종파와는 다소 차별
성이 있다고 본다.

　계족산 전승은 「斷俗寺 神行禪師碑」와 「聖住寺 朗慧和尙塔碑」에 언급되
었으며, 고려 초에도 「鳳林寺 眞鏡大師塔碑」, 「玉龍寺 洞眞大師塔碑」 등 여
러 비문에서 나타나는 것으로 보아 계속 믿어졌음을 알 수 있다.[124]

　그런데 비문에서 설명된 계족산 전승은 선사들을 가섭에 비유하는 정도로
간단히 언급되어 실제 미륵하생신앙에 대해서는 그 뚜렷한 내용을 알 수가
없다. 그래서 이를 해결해 줄 수 있는 것으로 「長安寺 毘盧遮那佛背石刻」의
내용을 살피고자 한다.

　長安寺가 新羅 때부터 禪宗 사찰이었는지는 명확히 단정할 수는 없으나
여러 가지 상황으로 보아 선종에 속했던 것으로 여겨진다. 장안사의 연혁을
살펴보면, 高句麗의 惠亮祖師가 신라에 귀부하면서 세웠고 惠恭王代에 眞表
律師가 重修하였다. 高麗에 들어와서는 光宗 21년(970)에 화재로 전소되었
다가 成宗조에 懷正禪師의 주도로 새로 중건하였다. 다시 忠惠王 때에 奇皇
后의 보시를 받아 宏卞大師가 중건하였다. 朝鮮時代에도 兵火를 겪고 중건

　　金惠婉, 「新羅 下代의 彌勒信仰」(『成大史林』 8, 成均館大 史學會, 1992) pp.16-
　　　21.
123) 金南允, 「新羅 彌勒信仰의 전개와 성격」(『역사연구』 2, 역사학연구소, 1993) pp.
　　　36-38.
124) 註 122의 논문 참조.

이 되풀이되면서 오늘에는 북한에 남아 있다.

그리고 장안사에는 麻衣太子에 대한 전설이 있는데 소개해보면, 敬順王이 고려에 항복하자 金剛山에 들어가 머리를 깎고 승려가 되었으나 속세의 분을 풀지 못하여 시종들로 하여금 정병 3천을 인솔하여 장안사 남쪽에 주둔케 하였다고 한다. 이 때 태자는 高人을 찾아 다녔는데, 마침내 장안사의 大輪禪師를 만나 가르침을 듣게 되었다. 가르침을 받은 태자는 깨닫는 바가 있어 군사들을 파하여 고향에 돌려보내고는 선사와 함께 수도의 길을 걸었다고 한다.[125]

이 같은 장안사 관계 사실을 통해 볼 때 장안사는 고려 초에는 선종 사찰이었던 것이 분명한 것 같다. 이 사실과 마의태자에게 가르침을 전한 대륜선사의 존재를 생각해보면 신라시대에도 선종 사찰로서 존재하였을 것으로 추측되는 것이다. 그리고 혜량에 의해 건립되고 또 진표에 의해 중창되었다는 것은 사찰의 연원을 오래된 것으로 하려는 의도에서 비롯된 것이라고 여겨지지만, 처음에는 소규모의 절로 창건되었다가 곧 소개할 비로자나불이 조성될 당시 즉 경문왕대에 비로소 본격적으로 중창된 것은 아닐까 생각된다.

　　　長安寺 毘盧遮那佛背石刻[126]

---

125) 錦下 撰, 「江原道淮陽府金剛山長安寺事蹟」(1884: 金坦月 編, 『楡岾寺本末寺誌』, 楡岾寺, 1942: 亞細亞文化社, 1977(영인)) pp.326-330.

126) 줄친 부분은 寺誌의 편찬자가 추독한 것이다. 이것은 『楡岾寺本末寺誌』 長安寺 제8 記錄조에(pp.384-385) 실린 것으로 그 가운데 古文書의 항목에 실려 있다. 이로서 생각해보면 이 조상기는 실물에 있던 銘文을 탁본한 고문서이거나 아니면 그 내용을 베껴 놓은 고문서를 사지를 편찬하면서 옮겨 놓은 것임을 알 수 있다. 이 때의 편찬시에 각 행마다 바뀌는 표시(』)를 해 놓은 것으로 보아 전자를 바탕으로 하였던 것으로 여겨지지만, 말미에 시주라는 표현이 들어 있는 것으로 보아 후자일 가능성도 있다. 시주라는 표현은 신라 때에는 좀처럼 쓰인 사례를 찾을 수 없기 때문이다. 어떻게 되든 간에 글자에 다소 변동이 있었을 가능성은 있다. 그렇다고 그것이 본래의 내용을 변화시키거나 조작하게 되는 결과를 가져왔을 것이라고는 생각되지 않는다.

그리고 이것은 불상을 鐵로 鑄成하고 그 背面에 명문을 기록한 것이 아니라, 별

```
       1    4    8    12    16
```

(1) 法身無相應物垂形般若本虛觀緣爲照
(2) 是以見容者超於大道擇法者會於無生
(3) 第當我釋迦如來像法之末運沙門覺賢
(4) 務圖慧命之不絶承先法師衣鉢之業與
(5) 諸有緣之人以咸通三年歲次壬午四月
(6) 十一日敬鑄毘盧遮那佛奉願佛日增輝
(7) 法輪恒轉伏願一粒生縷獻誠之業輪土
(8) 轉石向心之類共詣花藏同受佛記又願
(9) 禮拜讚嘆者宿障永滅頓顯法身不信誹
(10) 謗者妄執雲消得法眼淨普願虛空法界
(11) 有識含靈速脫欲纏齊登佛果
(12) 敬造眞佛諸功德周遍法界無窮盡
(13) 上報四恩及含識施主群生證覺行
(14) 壬午八月 日 法弼

　法身은 相이 없으므로 事物에 응하여 形體를 드리우고, 般若(지혜)는 본래 空虛해서 因緣을 보아 비춘다. 이런 까닭에 見容者는 大道를 뛰어 넘고, 擇法者는 無生에서 모인다.
　다만 釋迦如來의 像法 末期의 運에 당하여 沙門 覺賢은 慧命이 끊기지 않도록 힘써 도모하고 앞선 法師들의 유업을 받들고자 여러 因緣있는 사람들과 더불어 咸通 3년(景文王 3: 863) 壬午 4월 11일에 삼가 毘盧遮那佛을 鑄成한다.
　받들어 願하는 것은 佛日이 增輝하여 法輪이 항시 구르는 것이다.
　엎드려 願은 것은 한 톨의 낟알이나 반 올의 실이라도 바치는 정성된 德業으로 땅을 돌고 돌을 구르는 向心之類(불법에 마음을 향하는 부류)들도 함께 花藏世界에 나아가 한가지로 佛記를 받는 것이다.
　또 願하는 것은 禮拜하고 讚嘆하는 자는 宿世의 業障을 영원히 滅하고 法身을 드러내고, 不信하여 誹謗하는 자도 망상에 집착하는 구름이 사라져 法眼의 淸淨을 얻는 것이다.

도로 돌로서 광배를 만들어 그 곳에 새긴 것이다(윗책, 제 7 石物조 毘盧遮那佛光背石 참조, p.323). 이 내용이 학계에 소개된 것은 許興植에 의해서였다(「高麗時代의 새로운 金石文資料」, 『大邱史學』 17, 1979: 「金石文의 落穗」, 『高麗佛敎史硏究』, 一潮閣, 1986).

널리 願하는 것은 虛空法界의 인식이 있는 含靈들도 욕망의 얽매임에서
빨리 벗어나 모두 佛果에 오르는 것이다.
　　삼가 眞佛을 조성하는 것은 諸功德은 두루하고 法界는 窮하여 다함이 없
는 것이니, 위로는 四恩에 보답하고 인식이 있는 시주와 중생들은 깨달음을
증득하는 것이다.
　　壬午년 8월 일 法弼이 쓰다.

　위 조상기는 14행의 조성 연대를 제외하면, 크게 조성 동기(처음~6행 10
자)와 조성 목적(6행 11자~13행 끝)의 두 가지로 나눌 수 있다.

　조성 동기에서는 글의 서문과 발원 경위를 찾을 수 있다. 먼저 서문에서는
法身은 相이 없어 사물에 의지하여 형상 즉 불상을 만들고 般若(智慧)는 空
虛하므로 因緣을 보고 비추어진다고 하였다. 여기서 반야가 비추어진다는
것은 그 빛 즉 가르침의 혜택을 받게 된다는 뜻인 것 같다. 그래서 형상을 보
는 자는 大道를 초월하고 法을 택하는 자는 無生에서 모이게 되는 것이다.
결국 이것은 불상을 조성해서 찾아보고 수행하면 그 인연에 따라 반야의 지
혜를 얻어 해탈의 길에 들어서게 됨을 말하려고 한 것이라고 하겠다. 이는
조성 발원의 대의를 알려 주는 것이다.

　다음 발원 경위에서는 像法 末期의 시대에 沙門 覺賢이 慧命이 끊이지 않
도록 힘쓰고 先代 法師들의 遺業을 받들고자 여러 因緣있는 사람들과 함께
咸通 3년(863)에 毘盧遮那佛像을 조성하게 되었음을 알려주고 있다. 여기서
상법 말기라고 하는 시대 인식에 주목할 필요가 있다. 앞의 三和寺 경우처럼
末法時代로 인식하거나 또는 到彼岸寺처럼 佛滅紀元을 통한 인식이 없다는
점이다. 즉 현실 인식에 있어서 다른 종파와는 달리 생각하고 있음을 알 수
있다. 이 점은 다른 선사들의 비문에서도 당시를 상법 말기로 인식하고 있는
것과 같은 것이다. 이것은 결국 선종에서는 신라 하대 당시를 좀처럼 말법시
대로 인식하거나 하려고 하지 않으려는 의도가 있음을 알려주는 것이라고
여겨진다. 그렇다라도 이것은 말법사상에 대한 인식이 널리 퍼져 있음을 명
백히 알려주는 것이기도 하다. 이같은 현실 인식과 더불어 覺賢이 '慧命이
끊이지 않기'를 바란다고 한 것은 곧 말법시대가 도래하여 佛法이 끊어질 수

있다는 우려를 말하는 것이라고 생각된다.

이어 咸通 3년(863) 4월 11일에 비로자나불을 鑄造 造成하고, 그에 대한 연기를 같은 해 8월에 法弼이 글을 짓고 새기었음을 짐작할 수 있겠다. 그리고 조성 당시는 앞서 살핀 도피안사, 삼화사에서 불상을 조성한 것과 거의 비슷한 연대임을 알 수 있다. 이 때에 함께 참여한 인연 있는 사람들은 장안사가 소재한 지역의 주민들로서 다소 財力이 있는 사람들이 아닐까 한다.

발원 목적에 있어서는 다섯가지로 뚜렷하게 구분을 하고 있다. 내용을 보면 첫째로 法輪이 항시 傳해지는 것이다. 이는 발원 동기 부분에서 慧命이 끊기는 것을 염려하는 것과 일맥상통하는 것이다. 둘째로 쌀 한톨, 반올의 실 같은 작고 미미한 정성이라도, 또 미물이지만 佛法에 마음을 두고 있는 부류들도 함께 花藏世界 즉 비로자나불의 주처인 蓮華藏世界로 나아가 같이 불기를 받고자 하였다. 셋째로 예배하고 찬탄하는 자는 業障을 소멸하고 곧바로 法身을 드러내도록[127] 함과 동시에 비방하는 자도 妄想에서 벗어나 法眼의 淸淨을 얻도록 하는 것이다. 여기서는 예배한다는 것은 발원자들이 불상의 親見을 통해서 깨달음의 길로 나가고자 조성하는 의도임을 알겠다. 또한 비방하는 자에 대한 발원은 末世에 불교에 대해 비방하는 무리들이 생겨남을 염려하는 까닭에서 였다. 넷째로 虛空法界의 含靈들도 佛果에 오르게 하고자 하였다. 마지막으로는 불상 조성의 공덕으로 四恩을 갚고 시주와 중생들은 깨달음을 얻고자 하였다. 아마도 이 때의 깨달음은 최상의 깨달음을 뜻하는 것이 아닐까 한다.

이상의 다섯 가지 발원에서는 나타나는 특징은 하대의 혼란기에 佛法이 절멸한다는 末法思想에 대한 인식이 깊게 깔려 있다는 것이다. 法輪이 항시 전해진다거나 비방하는 자에 대한 우려가 그러한 예이고 더불어 慧命이 끊기는 것을 염려한다고 한 것 또한 그렇다.

이같이 조상기에는 대체로 末法時代의 혼란상이 담겨 있다고 볼 수 있겠

---

127) 원문의 이 '頓顯法身'은 선종에서 '頓悟'한다는 것과 일맥상통하는 것이 아닐까 한다. 이는 결국 장안사가 선종 사찰이었음을 내면에서 알려주는 것이라고 보아진다.

다. 하지만 기록에서는 像法末期時代로 언급하고 있다. 이러한 상법 말기에
대한 인식이 말법시대의 도래가 正法·像法 2,000년설을 수용할 경우에는
무리가 없다. 하지만 앞서 검토한 삼화사 철불 조상기처럼 1,500년설이 널리
유행되었던 점에서 볼 때는 문제가 있는 것이다. 그런데 이보다 뒤에 조성된
「寶林寺 普照禪師塔碑」와 「鳳巖寺 智證大師塔碑」에서는 당시를 말법시대
로 인식하고 있다.128) 아마도 이것은 하대에 선종에서는 승려에 따라 현실을
인식하는 데 있어 차이가 있었을 것임을 알려주는 것이 아닐까 한다. 다른
종파와는 달리 두 의견이 공존하였다고 하겠다.

어떻든 간에 장안사의 경우에서는 삼화사나 도피안사의 경우에 비해 미륵
하생신앙에의 열성이 다소 약한 모습을 지니고 있는 것으로 생각된다.

4. 下代 彌勒下生信仰의 盛行과 그 意義

지금까지 신라 하대 후반기에 각 종파에서 미륵하생신앙을 수용하는 모습
에 대해 살펴보았다. 이제 그 특징을 살펴보고 그것이 하대 골품제 사회에
끼치게 되는 영향을 살펴보기로 한다.

첫째로 下代의 미륵하생신앙은 末法思想과 결합되어 있었다. 이는 법상종
의 도피안사와 화엄종의 삼화사에서의 철불 조상기에서 확인할 수 있었다.
하지만 선종에 있어서는 像法 末期로 인식하려는 경향이 末法時代로 인식하
는 경우보다 많았다.

둘째로 각 종파에서 彌勒下生信仰을 수용하는 모습은 조금씩 다르게 나타

---

128) 이것과 관련하여 주목할 것이 있다. 현존하는 금석문 가운데 佛滅 紀元을 언급한
것으로는 앞의 도피안사 비로자나불 조상기 외에 「廉居和尙塔誌」의 1,804년(『금석
문』 3, p.322)와 「寶林寺 毘盧舍那佛 造像記」의 1,808년(『금석문』 3, p.312) 사례
가 있다. 그런데 「寶林寺 普照禪師塔碑」에 의하면 염거화상은 보조선사의 스승이
었다. 이점에서 생각해 보아 선종 가운데 迦智山門의 경우에 있어서는 당시의 현실
을 末法時代로 인식하고 있었던 것이 아닌가 한다. 이점은 좀더 검토되어야 할 것
이다.

나고 있었다. 이것은 각 종파마다 강조하는 취지가 다른 때문이었을 것이다. 法相宗에서는 末法時代에 佛法의 쇠퇴를 슬퍼하면서 불상의 조성과 친견을 통하여 到彼岸의 세계로 나가고자 하였는데, 이는 자신들이 살고 있는 그 곳에서 이상세계를 이루고자 하는 것이었다. 華嚴宗에서도 역시 말법시대로 인식하면서 자신들이 사는 곳에 미륵불이 하생한다는 미륵하생신앙을 받아들이고 있었다. 하지만 그것을 『화엄경』에서 비롯된 것으로 설명함으로서 화엄종 우위의 입장을 나타내고 있었다.

禪宗에 있어서는 여러 禪師들의 비문에서 鷄足山 傳承이 강조되고 있었는데, 이것은 선종에서 미륵하생신앙을 수용하였던 예의 하나로 이해되었다. 그리고 이것은 당시를 像法 末期로 인식한다는 점과 관련해 볼 때 미륵하생신앙을 수용하는 면에 있어서 다소 소극적인 입장을 보이는 것이었다. 그렇지만 조성 연기의 내용에 佛法의 斷絶이라든가 비방에 대한 염려가 저변에 깔려 있는 것으로 보아 선종에서도 末法時代의 혼란상을 잘 인식하고 있었음을 알 수 있었다. 또한 말법시대로 인식하는 경우도 있어 시간이 지날수록 미륵하생신앙에 경도되어 갔을 것으로 여겨졌다. 이 점에서 보아 선종에서도 종국에는 미륵하생신앙을 적극적으로 수용하는 데로 나아가게 되었을 것으로 생각된다.

세째로 미륵하생신앙과 관련하여 조성된 불상들은 모두 毘盧遮那佛이었으며, 또 조성에 대한 연기에는 다른 어느 것들보다 간절한 염원이 담겨 있었다. 비로자나불을 조성하게 되는 것은 발원 연기에 들어 있는 내용을 통해 볼 때 말법시대에 불법이 끊기지 않도록 하려는 의도가 담긴 것이었을 것으로 여겨진다.[129] 그것은 아마도 비로자나불이 法身佛을 상징한 때문이 아닌가 한다.

네째로 신앙을 수용한 계층은 지방세력가들과 자영농들이었을 것으로 생각된다. 이 점은 도피안사 비로자나불의 조성시에 참여한 居士가 1,500여인

---

129) 그렇다고 하대에 조성된 모든 비로자나불이 미륵하생신앙을 바탕으로 만들어졌다는 것은 아니다.

이나 되었던 사실에서 짐작할 수 있다. 이 1,500여인의 거사에는 村主들을 중심으로 自營農들로 생각되는 농민들이 다수 참여하였을 것으로 짐작되기 때문이다. 그렇지만 이 많은 수에는 간접적으로도 참여할 수 있는 즉 비록 재화를 내지는 못하더라도 진정 마음에서 우러나는 신앙 계층들도 있었을 것임도 염두에 두어야 할 것 같다. 이는 長安寺 조상기에 땅을 돌고 돌에 굴리는 미물들도 蓮華藏世界에 나가도록 하고있음에서 알 수 있는 것이다. 따라서 하층민들도 포함되었을 것으로 판단된다.

한편 이에 대해 國王이나 貴族들도 彌勒下生信仰을 수용했다는 의견이 있다.[130] 비록 端儀長翁主가 智證大師를 當來佛이라 하고 받든 경우도 있지만 귀족들이 미륵하생신앙의 절실한 신자였다고 보기에는 어려움이 있다. 귀족들은 宰相家의 경우 奴童을 3천명이나 소유할 정도였으니,[131] 現世의 복락은 이미 누리는 것이었고 따라서 그들의 관심은 來世에 淨土에로의 往生을 추구하는 경향이 강했을 것이다.[132] 그러므로 그들이 미륵하생신앙을 갖고 있다고 하더라도 하층민들처럼 절실한 것은 아니었다고 볼 수 있겠다.[133]

---

130) 추만호,「선종의 사상적 영향」, pp.214-234.
　　金惠婉,「新羅 下代의 彌勒信仰」, pp.16-21.
131)『新唐書』新羅傳.
132) 이에 대해서는 下代에『無垢淨經』에 의한 조탑이 眞骨 貴族들의 淨土信仰과 관련되어 이루진 것이라는 지적을 참고할 것이다(金英美,「新羅 下代의 阿彌陀信仰」,『伽山李智冠스님 紀念論叢』, 伽山文庫, 1992;『新羅佛敎思想史硏究』, 民族社, 1994, pp.190-200). 이 점은 중대에 진골 귀족들이 현세의 복락을 누림에 이익이 되게 하고 내세에서는 정토에 왕생하는 것을 기원했던 신앙의 모습이(李基白,「新羅 淨土信仰의 다른 類型들」(『新羅思想史硏究』, 一潮閣, 1986, pp.169-177) 이어진다는 점에서 주목된다. 단지 아미타불상의 조성이 석탑으로 바뀐 것이 다르다고 할 것이다. 이에 대해서는 신앙의 성격이 변화된 것이어서 보다 자세한 검토가 요구된다.
133) 金英美는 金現의 사례(『三國遺事』5, 感通 金現感虎)를 들어 탑돌이 신앙을 통하여 하층민들도『무구정경』에 의한 淨土信仰에 참여할 수 있었다고 보았다(위의 논문, pp. 193-194). 그런데 김현은 그가 공로로 받은 벼슬이 2급이고, 金氏姓을 가진

　다섯째로 미륵하생신앙은 下代에 유행하게 되는 風水地理說과 결합될 가
능성이 높았다. 이 점은 우선 삼화사 철불 명문에 미륵불이 이 곳 즉 자신들
이 거처하는 지역에 下生해서『華嚴經』을 說하리라고 한 내용에서 지적될
수 있다. 도피안사에 있어서도 자신들이 거주하는 곳이 절 이름처럼 도피안
의 세계를 구현하고자 하였다. 나아가 이것은「斷俗寺 神行禪師碑」에서 절
이 위치한 산이 鷄足山에 비견되고 신행선사가 迦葉에 비유된 사례에서도
알 수 있었다. 이같은 미륵하생신앙의 특성은 禪宗과 함께 豪族들이 자신들
이 자립하는 思想的 背景으로서 의미가 있는 것이었다.134) 자신이 살고 있
는 현실의 세계에 미륵불이 하생하여 교화를 통하여 彌勒理想世界가 이루어
진다는 믿음을 가진 미륵하생신앙은 자신들이 살고 있는 곳이 복락을 누릴
수 있는 땅임을 강조하는 것과 비슷한 구조를 갖는 것이었다. 단지 신앙의
출발점만이 다르다 할 것이다.

　이상에서 下代 後期에 彌勒下生信仰이 각 종파에서 수용되는 특징을 정
리해 보았다. 하대 후기에 제 종파에서 미륵하생신앙을 수용하고 있는 모습
은 조금씩 달랐지만 華嚴宗이나 禪宗에서도 수용하였다는 점에서 미륵하생
신앙이 널리 성행하였음을 짐작하는 데 별다른 어려움은 없을 줄로 안다. 또
한 이것은 명문의 내용에 절실한 바램이 들어있다는 점에서도 십분 이해할
수 있었다. 이점에서 보아 하대 후기에 들어와서는 미륵하생신앙이 널리 퍼
졌을 뿐아니라 믿음 또한 더욱 깊어졌음을 알 수 있는 것이다.

　이렇듯 하대 후기에 미륵하생신앙이 널리 성행하게 된 까닭은 무엇이었을
까. 이것은 그 신앙의 성격이 당시 사회의 현실 문제의 해결에 적합한 때문
이었을 것이다. 彌勒下生信仰은 末法時代에 彌勒佛이 下生해서 현재 살고

───────

점, 虎女를 위해 虎願寺를 짓고『梵網經』을 강설했다는 점에서 보아, 6頭品 정도로
여겨진다. 그러므로 탑돌이 신앙이 일반 대중에게 개방된 것으로 보기에는 약간 어
려운 점이 있다. 하대의 민중들은 현세의 고통을 우선 해결해야 했던 것이다. 그렇
다고 내세에 정토왕생을 기원하는 경향이 완전히 사라졌다는 것이 아니다. 그 비중
이 중대에 비해 현저하게 낮았다고 볼 것이다.
134) 註 132와 같음.

있는 곳을 理想社會로 만드는 것으로서 來世가 아닌 現世에 그것을 실현하
고자 하는 신앙이다. 말법시대에는 불법의 쇠퇴와 함께 인심은 흉악해지고
惡한 일들이 횡행한다고 한다. 그리고 그러한 말법시대에 자신들을 구원해
줄 수 있는 구세주로서 민중들은 미륵불의 하생을 기다리게 되는 것은 당연
한 귀결이었다.

이와 관련하여 新羅 下代의 歷史的 背景을 살펴보면, 먼저 中代에서 下代
로 옮겨지는 커다란 政治的 變動이 일어났음을 주목할 수 있겠다. 전국의 96
角干들이 싸우게 될 정도로 극심한 혼란상이 전개되었던 것이다. 그리고 그
것은 사회적 불안으로도 파급되었다. 하대 新政權의 초기에는 가뭄이나 홍
수로 피해가 생기면 救恤穀을 내어 이재민들을 도울수 있었지만, 憲德王代
에 들어와서는 흉년이 들어도 구휼하지 못했다. 상황이 더욱 심각해지면서
백성들은 초적이 되어 도적질을 하기에 이르렀으나, 정부에서는 이를 겨우
토벌하는 데 그칠 뿐이었다.[135] 이에 따라 백성들은 싸움에 따른 죽음과 재
해에 따른 굶주림에 시달리게 되었던 것이다. 따라서 그들은 來世를 생각하
기 이전에 現世의 고통을 해결해야만 했다. 그래서 민중들은 현세의 어려움
을 극복하는 데에로 눈을 돌리게 된 것인데, 현실은 末法時代의 혼란상을 실
제 접하는 것이었다. 그러므로 현실의 어려움을 해결해 줄 수 있는 救世主로
서 彌勒佛의 下生을 기다리게 되었던 것이 아닐까 한다.

여기에 하대의 혼란상은 후기에 들어서면서 더욱 강하게 나타나고 있었다.
前期 末 興德王 死後 元聖王系 내부에서 일어난 극심한 왕위쟁탈전에 따라
더욱 가속되었던 것이다. 이 과정에서 나타난 정치의 혼란은 국가의 권위 하
락과 정쟁에 따른 국력의 소모, 그에 따른 지방통제력의 상실로 이어지고 있
었다.

그런데 下代 後期에 들어와서는 彌勒下生信仰에 대한 믿음이 앞에서 검

---

135) 『三國史記』10, 元聖王 및 憲德王조.
    李基東, 「新羅 興德王代의 政治와 社會」(『國史館論叢』21, 1991;『新羅社會史研
        究』, 一潮閣, 1997) pp.152-153.

토한 바와 같이 널리 盛行되고 더욱 깊게 믿어지고 있었던 것이다. 이것은
이미 중대에서 하대로의 정치변동에 따른 혼란이 다시 하대 전기에서 후기
로 넘어가는 과정에서 사회 혼란의 분위기가 가속되는 것과 밀접한 관련이
있는 것이 아닌가 한다. 혼란이 거듭되면서 민중들은 더욱 불안해졌을 것이
고 그에 따라 彌勒佛의 下生을 한층 더 기다리게 되었을 것이다. 또 지방의
세력가들은 민중들의 이러한 신앙에 대해 관심을 갖고 佛事活動을 일으키면
서 자신들이 그 신앙의 세계를 이끌고자 노력했던 것이 아닌가 한다. 이점은
甄萱과 弓裔가 彌勒下生信仰을 통하여 자신들이 자립하는 思想的 基盤을
삼았던 사실에서 충분히 알 수 있는 것이다.

이상에서 下代 後期에 각 종파에서 彌勒下生信仰을 수용하는 모습에 대
해 살펴보았다. 이제 그 대강을 정리하여 결론을 삼고자 한다.
　신라 하대에 각 종파에서 미륵하생신앙을 수용하는 모습은 조금씩 다르게
나타나고 있었다. 이것은 각 종파마다 강조하는 취지가 다른 때문이었을 것
이다.
　法相宗에서는 末法時代에 佛法의 쇠퇴를 슬퍼하면서 불상의 조성과 친견
을 통하여 도피안의 세계로 나가고자 하였는데, 이는 자신들이 살고 있는 그
곳에서 이상세계를 이루고자 하는 것이었다.
　華嚴宗에서도 당시를 말법시대로 인식하면서 미륵하생신앙을 받아들이고
있었다. 하지만 그것을 『화엄경』에서 비롯된 것으로 설명함으로서 화엄종 우
위의 입장을 나타내고 있었다.
　禪宗에 있어서는 여러 禪師들의 碑文에서 鷄足山 傳承이 강조되고 있었
는데, 이것은 선종에서 미륵하생신앙을 수용하는 것의 하나로 이해되었다.
그리고 이것은 당시를 像法 末期로 인식한다는 점과 관련해 볼 때 미륵하생
신앙을 수용하는 면에 있어서 다소 소극적인 입장을 보이는 것이었다. 또한
말법시대로 인식하는 경우도 있어 시간이 지날수록 미륵하생신앙에 경도되
어 갔을 것으로 여겨진다.

신앙을 수용한 계층은 지방세력들과 하층민들이었을 것으로 생각된다. 國王이나 貴族들도 미륵하생신앙을 수용하는 경우도 있었지만, 그들의 믿음은 다른 신분들에 비해 절실하지는 않았을 것으로 이해되었다. 지방세력들은 彌勒下生信仰을 통하여 지방에서의 입지를 강화하여 세력 기반을 조성할 수 있었다.

이렇듯 新羅 下代에는 彌勒下生信仰이 法相宗 뿐만이 아니라 華嚴宗 禪宗에 이르기까지 다른 종파에서도 수용되었음을 알 수 있는 것이다. 이것은 마치 新羅 中代에 淨土信仰이 종파를 초월하여 유행되었던 것과 같은 모습이다. 이로서 보건대 신라 하대에는 중대의 淨土信仰을 대신하여 미륵하생신앙이 널리퍼졌다고 하겠다.

이것은 중대에 정토신앙이 광범위한 신자층을 형성하여 널리 믿어진 것이 하대로의 政治變動과 더불어 미륵하생신앙으로 바뀐 것임을 알 수 있다. 그것은 또한 중대에서의 來世的인 관념이 하대에 들어와서 現世 위주로 바뀌게 되는 것이었다. 그리하여 현실 사회의 문제에 직면하면서 이를 개선하고자 하는 改革 意識이 생겨나게 되었을 것이고, 결국에 가서는 甄萱과 弓裔가 자립하는 思想的 基盤을 제공하게 되는 것이었다.

이는 결국 佛敎가 中代에서 정권을 유지하는 데에 있어 도움을 준 것과는 달리 下代에 들어와서는 그 반대의 역할을 맡게 된 셈이 아닌가 여겨지는 것이다.

結 論

　이상에서 統一新羅時代의 政治變動 과정에서 나타난 佛敎의 변화에 대해 살펴보았다. 그 결과 다음과 같은 결론을 얻을 수 있었다.

　제1장에서는 中代 末期 專制王權이 崩壞되어 가는 과정에서 집중적으로 일어난 크고 작은 佛事活動의 성격을 살펴보았다.

　제1절에서는 景德王이 佛事活動을 일으키는 것에 주목하고, 그것을 그가 추진하던 政治改革活動과 관련하여 살펴보았다. 먼저 경덕왕의 정치개혁활동은 주도적인 개혁을 담당한 관리들의 성격에 따라 두 가지로 나눌 수 있었다. 그결과 전반기에는 侍中들을 중심으로 정치개혁을 주도했으며, 후반기에는 上大等을 중심으로 추진하였을 것으로 이해되었다. 이것은 경덕왕이 전반기의 개혁 당시 상대등을 비롯한 元老大臣들을 홀대한 것에 따른 항의를 받아들이면서, 후반기에도 추진하던 개혁을 지속할 수 있는 방법을 모색한 것에서 비롯되었다. 그리하여 시중에 대한 정치적 비중을 낮추어 반대 세력에 할양하는 대신 상대등에 정치적 권한을 주는 한편으로 자신의 친위세력을 기용하는 것이었다. 그럼으로써 반대세력들의 저항을 막으려 했는데, 이것은 下代에 상대등의 지위가 정치 일선에서 국왕 다음으로 가장 중요한 위치를 차지하게 된다는 사실과 밀접한 관련이 있는 것이 되었다.

　경덕왕의 佛事活動은 信仰의 靈驗 사례에 대한 布施活動, 大形 佛事 造形物의 조성, 高僧들의 招聘活動 등의 세 가지로 나타났다. 신앙의 영험이 나타난 곳에 佛事를 일으켜 사람들이 찾게 하고, 대형 불상의 위엄과 역시 큰 종의 웅장하면서도 은은한 종소리로 사람들에게 신앙을 받드는 신비의 세계로 들어오도록 하려 했을 것이다. 그리고 이같은 신비의 세계에 경덕왕이 군림하고 있는 것이다. 여기에 경덕왕은 高僧들의 鄕歌를 통한 정치에 대한 선전으로 國王의 威德을 널리 과시하고자 하였다. 또한 고승들을 초빙하여 도움을 구하여 국가의 재난이나 정치적 어려움을 타개해 나가고 있었다.

경덕왕의 불사활동은 본격적인 政治改革이(漢化政策) 시작되기 이전인 재위 10년(751)에서 15년(756) 사이에 집중되었다. 이와 같이 경덕왕의 불사활동은 자신이 추진하던 정치개혁과 맞물려서 나타났음을 알 수 있었다. 그리고 石窟庵과 佛國寺의 着工은 그 출발점이라는 것에 意義가 있다.

나아가 이상과 같은 佛事活動에 대한 景德王의 목적은 漢式으로의 개혁을 추구하는 것 뿐아니라 佛敎와 儒敎 모두를 흡수하여 정치에 활용코자 하는 것이었다.

제2절에서는 먼저 中央貴族들의 佛事活動은 6頭品보다는 眞骨들에 의해 中央보다는 地方에서 주로 이루어졌음을 알게 되었다. 이것은 불사활동을 일으킨 주인공들이 대체로 專制王權에서 밀려난 소외된 사람들이라는 사실과 밀접한 관련이 있는 것이었다. 즉 그들은 중앙에서 설움을 받기 보다는 자신들의 활동무대를 지방으로 옮기어 신분적인 특권을 향유하려는 것이었다. 그리고 그들이 불사활동을 일으키는 목적은 우선 자신들이 받는 설움을 신앙을 통해 극복하고자 하는 것에서 비롯되었을 것이라고 여겨진다.

中央貴族들의 佛事活動은 이전에는 國王을 위한다는 발원이 있었으나, 이 시기에는 個人主義的 傾向이 두드러지게 나타나면서 父母를 우선시 하고 있었다. 또한 佛事活動을 일으킨 中央貴族들은 본인 혹은 가족이 出家하여 사원을 관리토록 하였던 것 같으며, 그렇지 않은 경우에는 시주와 관계있는 승려가 관리하였을 것으로 이해되었다. 中央貴族들의 지방에서의 佛事活動과 더불어 居住 定着은 地方에 先進文化를 전파하고, 발전시키는 계기가 되었다. 나아가 그들의 地方 居住는 地方勢力 형성의 바탕을 이루게 되는 것임을 알 수 있었다.

佛事活動이 일어나게 된 배경으로는 專制君主였던 景德王이 많은 佛事活動을 일으키면서 貴族들의 그것을 자극했을 가능성이 많다고 본다. 아울러 中央貴族들이 佛事活動을 일으키는 또다른 요인은 寺院田이 免稅 혜택을 받는 점, 寺院의 所有가 個人的으로도 가능하다는 점이었다고 생각된다. 이 것은 시주인 中央貴族들이 직접 出家하거나 가족 내지는 관계자들이 출가해 서 사원을 관리한다는 점에서도 짐작할 수 있다.

이와 같은 中央貴族들의 佛事活動은 여러 면에서 의의를 갖는다. 우선 佛 敎가 보다 깊숙이 地方에 침투되어, 地方을 발전시켜 나가게 되었다. 또한 中央貴族들이 지방에 居住하면서 世襲하게 되었으며, 결국 地方勢力의 형성 에 능동적인 형세를 이루어 나갔을 것이다. 그리하여 이것은 훗날 王位爭奪 戰에 영향을 직·간접적으로 주기도 하였다. 한편 사원의 免稅 特權, 所有權 의 世襲, 지방에의 정착 등은 租稅의 減少, 地方勢力의 확대 등 여러 가지 정치·사회문제를 국가에 안겨주었다.

이에 따라 專制王權을 무너뜨리고 등장한 新政權은 中央의 貴族 뿐 아니 라 地方의 貴族과 寺院들까지 통제해야 하는 부담을 안고 출발하게 되었다. 이러한 것은 모두가 下代 地方의 모습이 이미 中代 末期 專制王權의 崩壞 過程에서 나타나기 시작한 것임을 알려주는 것이 아닌가 한다.

제2장에서는 中代에서 下代로의 政治變動이 하대의 佛敎界에 끼친 영향 과 그에 대한 新政權의 대응에 대하여 살펴 보았다.

제1절에서 정법전의 정비는 中代 末期 中央貴族들이 지방에 이주하여 佛 事活動을 일으키고 또 地方勢力을 형성하는 현상, 舊百濟 지역 遺民들의 動 搖 등과 같은 사회의 변화 상황이 불교와 관련되어 나타나는 것에 주목하여, 新政權의 元聖王이 그에 대처하고자 하는 목적에서 이루어진 것으로 이해되 었다.

새로 정비된 政法典은 中代 政官 소속의 國統, 大書省 등과 같은 옛 僧官 들을 흡수 그 조직을 계승한 것으로서, 사실상 大舍와 史의 俗人官吏를 才 行이 있는 승려로 교체한 것이었다. 이것은 결국 단순히 속인의 실무 관리를 없애는 것에 불과한 일로 보일 수도 있지만, 이는 교단 관리에 있어 보다 현 실적으로 효율적인 그것을 기대하는 의도가 들어 있었던 것이라 여겨진다. 그것은 才行이 있는 자를 僧官에 임명하였다는 내용과, 실제로 그 재행이 華

嚴宗 敎學에 밝아야 했던 사실이 확인됨에서 알 수 있다. 이는 일반 관리보다는 교학에 뛰어난 승려들이 교단의 일을 보는 데에 있어 효율적이었을 것임을 짐작케 해준다. 따라서 승려로의 교체는 감독의 강화는 물론 사원에 대한 실질적인 관리를 위해서였음을 알 수 있다.

政官의 정확한 임무는 확실하게 기록에 남아 있는 것이 없지만, 이를 정비한 의도는 무엇보다도 敎團의 통제를 강화하고자 하는 데에 뜻을 두고 있었을 것이다. 즉위한 첫 해에 이를 시행하는 것에서 볼 때 당시 매우 중요한 사안의 하나였다고 판단되기 때문이다. 그리고 왕 3년(787)에 少年書省의 승관을 임명한 기록이 남겨진 사실에서 보아 새 정책의 입안과 더불어 구체적인 시행에 들어가는 노력을 펼쳤음을 알 수 있다.

이상에서 살핀 바와 같이 元聖王代에 整備된 政法典은 中代의 政官을 새롭게 정비 조직한 것으로서 下代에 佛敎統制의 임무를 수행하려 하였던 것으로 이해할 수 있었다. 그리고 불교계의 통제에 있어서 皇龍寺와 밀접하게 관련되어 華嚴宗을 중심으로 운영해 나가고자 한 정책은 元聖王의 新政權이 가지는 한계를 알려주는 것이기도 하지만, 새로운 정책의 시행에 있어서 능력있는 才行者를 뽑으려 한 노력은 과거보다 진일보 한 것으로서의 新羅 骨品制 社會에서 갖는 의의는 작지 않은 것이었다고 여겨진다.

제2절에서는 下代 前期에 이루어진 僧傳이 元聖王代에 國師를 지낸 緣會를 비롯한 神印宗・華嚴宗 僧侶들에 의해 著述되었음이 확인되었다.

僧傳들은 그 내용에서 주인공인 僧侶들의 超人間的인 神通力을 서술하고 이를 통하여 불교의 위대성을 강조하였다. 또한 僧侶들의 위대함은 때로는 國家의 權威보다 뛰어난 것으로서 國家權力과 對立하기도 하였으나, 종국에 가서는 調和를 이루고 있었다. 그리고 佛敎의 獨自的인 性格도 강조하였는데, 이것은 불교가 세속적인 권력에 소속된 일부로서가 아니라 獨自的인 모습을 지니고 있음을 말하는 것이었다. 그러나 이것 역시 국가의 테두리 안에 있는 불교로서의 한계가 있는 것이었다. 이외에도 僧傳에서는 중국에 대응하여 新羅 내지는 新羅佛敎의 자주적 정신을 강조하였다.

僧侶들의 이같은 僧傳 著述은 下代 初에 들어와 國家가 佛教 教團을 統制하는 것에 대해 반대하는 反國家的인 입장에서 이루어진 것이었는데, 그렇다고 국가의 체제를 부정하는 反新羅的인 입장에 이르는 것은 아니었다. 그리고 著述의 意圖에 있어서는 국가에 의해서 통제되는 佛教教團의 權威를 回復하고자 하는 것이었다. 또한 著述活動을 통한 이와 같은 반발은 국가에 의해서 다소 수용되었을 것으로 확인되었다. 그렇지만 中代에 이어 下代에도 여전히 국가 권력의 뒷받침을 받는 華嚴宗 승려들은 다른 종파 승려들의 활동에 대응하고자 승전 저술을 통하여 화엄종 승려들의 위대성을 강조하고자 했을 것으로 이해되었다.

이러한 점으로 미루어 볼 때 新羅 下代의 前期에 僧傳의 著述이 유행한 것은 주목하여야 할 중요한 歷史的 현상이 아니었나 한다. 그리고 그것은 統一新羅時代 佛教史의 一斷面을 반영하는 것이라 이해된다.

제3절에서는 下代 前期 新政權에 의해 建立된 高僧追慕碑들에 대해 살펴보았다.

下代 前期에 세워진 追慕碑들로는「誓幢和上碑」를 비롯하여「異次頓殉教碑」·「神行禪師碑」·「安含碑」·「浮石本碑」·「憬興碑」·「勝詮碑」 등이 파악되었는데, 이외에도 발견되지 않은 추모비들이 추가로 있을 것으로 여겨졌다. 이들 비석의 건립에 있어서 고위지배층이 관여하고 있는 것으로 보아 이 사업은 國家가 주도한 것으로 이해되었다. 그 결과로 각 비문들의 내용에는 건립 당시 국가의 입장이 자연 반영된 것으로 파악되었다. 비문에서 護法活動을 하는 國王들의 모습을 나타냄으로서 국왕의 위상을 높이고 있었으며, 더불어 佛教와 國家와의 관계를 매우 밀접하게 표현하고 있는 것이 그렇다.

이처럼 하대 전기에 국가가 여러 고승에 대한 추모비를 세우게 된 것은 당시 불교계서 일어난 반발때문이었다. 下代 新政權이 들어서면서 元聖王의 政法典 整備, 이어 哀莊王代의 사원의 新創 禁止 등을 통한 일련의 佛教 教團에 대한 통제정책을 내놓고 있었다. 이에 대해 불교계에서는「王和尙傳」과 같은 僧傳들을 撰述하여 佛教의 獨自性을 강조하면서 강력히 반발하였던 것이다. 이에 따라 신정권에서는 결국 高僧들의 塑造像 造成과 追慕碑 建立 등을 통한 高僧追慕活動을 벌임으로서 이를 회유하고자 하였다. 즉 불 교를 통제하려는 것이 아니라 佛法을 계승하고자 하는 護法활동을 행하려는 것임을 알리고자 하였던 것이다.

이와 같이 불교통제에 대한 교단 회유의 한 방법으로서 이루어진 추모비 에서는 먼저 元曉의 和諍思想을 나타낸「誓幢和上碑」를 세워서 여러 종파 와 신앙에 따른 차이를 벗어나 모든 불교계를 포용하고자 하였다. 다음, 高僧 들이 國家를 위해 공헌한 점을 나타내어 불교계에 대해 국가를 위해 봉사해 줄 것을 요구하려 했던 것으로 이해되었다. 끝으로 佛事活動을 추진함으로 서 新羅의 國王들을 護法國王으로 나타내어 그 位相을 높이고자 하였다. 나 아가 이같은 의도로 추진된 추모비의 건립은 불교계에 대한 회유는 물론 귀 족들에게도 마찬가지로 이차돈의 희생과 같은 봉사를 요구하려는 의도도 또 한 들어있었을 것으로 파악되었다.

이상에서 살핀 바와 같이 下代의 정권 창출에 성공한 新政權이 정권의 安 定을 위해 불교를 통제하면서도 다른 한편으로 그들로부터의 지지를 받아야 했고, 또한 그것이 결코 수월한 일이 아니었음을 짐작할 수 있었다. 여기에서 하대 신정권의 어려움을 생각해 볼 수 있는데, 그것은 佛敎와 政治간의 조절 로 힘겨운 과제였다고 보아진다.

제3장에서는 中代에서 下代로의 政治變動과 더불어 下代에 널리 유행되 었던 彌勒下生信仰에 대해 살펴보았다.

제1절에서는 興輪寺 金堂에 봉안된 十聖들의 주요 성격을 보면 신라 불교 의 興法에 공헌한 聖人들을 모셨음을 알 수 있었다. 그리고 弘法에 있어서는 國家佛敎의 틀을 형성하여 국가 체제의 발전과 유지에 공헌한 성인들과 大 衆佛敎로의 발전에 공헌한 성인들을 모셨음을 알 수 있었다.

이같은 십성의 봉안은 下代 前期에 국가의 주도로 행해졌음을 알 수 있었 다. 中代로부터 하대로의 政治變動過程에서 나타난 사회적 혼란은 민중들에 게 성인이 없다는 심리적 불안을 가져다 주었다. 따라서 국가에서는 민중들의 그러한 동요를 막고자 하여 성인들에 대한 추모활동을 벌이게 되었고, 십성의 봉안은 그와 같은 활동 가운데 하나였을 것으로 여겨졌다.

홍륜사 금당에 십성을 봉안한 것의 思想的 背景은 新羅 下代에 널리 퍼지게 된 彌勒下生信仰에서 비롯되었음을 알 수 있었다. 이 때는 미륵하생신앙이 末法思想과 함께 결합되어 있었다. 홍륜사가 창건될 당시는 A.D.527년으로서 A.D.552년부터 시작되는 末法時代로 막 들어가는 시기였다. 이 때에 前佛時代의 因緣에 따라 신라에 彌勒佛이 下生하여 正法의 敎化를 펼쳤던 것이다. 이에 따라 많은 사람들이 깨달음을 얻게 되었는데, 그 중에서 대표적인 분을 손꼽은 것이 금당에 봉안된 十聖이었다. 이럼으로써 신라는 말법시대의 혼란이 아니라 轉輪聖王이 다스리고 彌勒佛이 敎化하는 彌勒理想社會를 이루었음을 널리 알리고자 했던 것으로 이해되었다.

十聖의 봉안은 下代의 전반기에 國家의 주도로 이루어진 것으로 파악되는데, 이는 신라 하대의 혼란기에 그들의 업적을 추모하여 師表로 삼아 길이 빛내고자 하는 것이었다. 나아가 淨土信仰의 봉행자들이 다수 봉안된 사실로 보아 民衆의 지지를 획득하고자 하는 것이었다. 더욱 미륵이상사회의 출현과 관계가 깊은 轉輪聖王의 正法 統治는 元聖王系 新政權의 高僧들에 대한 追慕活動을 통하여 正當性을 보장받고자 하는 것이었다. 그리고 佛敎界에 대한 國家 權威의 확보를 이루고자 하는 노력의 일환이었다고 여겨졌다.

그리고 이러한 소기의 목적은 봉안 초기에 다소 효과를 얻었을지는 모르겠다. 그렇지만 興德王 사후에 벌어진 극심한 王位爭奪戰 등으로 인하여 대중으로부터 인정 받기는 어려웠을 것으로 보아진다.

이상과 같이 下代 國家에 의해 興輪寺의 金堂에 十聖을 봉안하고자 한 목적은 대체로 성공적인 결과를 얻을 수 없었을 것으로 이해된다. 그렇지만 이것이 하대의 骨品制社會에 끼치는 영향은 적지 않다고 본다. 彌勒下生信仰을 국가에서 수용하고자 한 노력은 뒤에 이것이 사회에 널리 퍼지게 되는 결과를 가져다 주었을 것이다. 비록 그것을 국가에서 수용하여 주도해 나가고자 하거나 혹은 그것의 확산을 막고자 하였을 것이지만, 王位爭奪戰 과정에서 나타날 수 밖에 없었던 지도력 부재나 재해에 따른 사회불안 등 現實의 混亂에 직면하면서부터는 불가능하였던 것으로 이해 된다. 그 결과 下代 社會에서는 中代의 來世祈願에 대신하여 現世의 問題를 우선시하게 되었고, 이에 따라 民衆들은 來世를 기원하는 淨土信仰보다는 現實 問題의 해결을 위주로 하는 彌勒下生信仰으로 기울어 가는 것이었다.

제2절에서는 下代에 彌勒下生信仰이 각 종파에서 널리 盛行한 사실을 알 수 있었다. 그런데 미륵하생신앙을 수용하는 모습은 종파마다 조금씩 다르게 나타나고 있었다. 이것은 각 종파마다 강조하는 취지가 다른 때문이었을 것이다.

法相宗에서는 末法時代에 佛法의 쇠퇴를 슬퍼하면서 불상의 조성과 親見을 통하여 到彼岸의 세계로 나가고자 하였는데, 이는 자신들이 살고 있는 그 곳에서 이상세계를 이루고자 하는 것이었다.

華嚴宗에서도 당시를 말법시대로 인식하면서 미륵하생신앙을 받아들이고 있었다. 하지만 그것을 『화엄경』에서 비롯된 것으로 설명함으로서 화엄종 우위의 입장을 나타내고 있었다.

禪宗에 있어서는 여러 禪師들의 碑文에서 鷄足山 傳承이 강조되고 있었는데, 이것은 선종에서 미륵하생신앙을 수용하는 것의 하나로 이해되었다. 그리고 이것은 당시를 像法 末期로 인식한다는 점과 관련해 볼 때 미륵하생신앙을 수용하는 면에 있어서 다소 소극적인 입장을 보이는 것이었다. 또한 말법시대로 인식하는 경우도 있어 시간이 지날수록 미륵하생신앙에 경도되어 갔을 것으로 여겨졌다.

신앙을 수용한 계층은 지방세력들과 하층민들이었을 것으로 생각되었다. 國王이나 貴族들도 미륵하생신앙을 수용하는 경우도 있었지만, 그들의 믿음은 다른 신분들에 비해 절실하지는 않았을 것으로 이해되었다. 지방세력들은 彌勒下生信仰을 통하여 지방에서의 입지를 강화하여 세력 기반을 조성할 수 있었다.

이렇듯 新羅 下代에는 彌勒下生信仰이 法相宗 뿐만이 아니라 華嚴宗·禪

宗에 이르기까지 다른 종파에서도 수용되었음을 알 수 있는 것이다. 이것은 마치 新羅 中代에 淨土信仰이 종파를 초월하여 유행되었던 것과 같은 모습이다. 이로서 보건대 신라 하대에는 중대의 淨土信仰을 대신하여 미륵하생신앙이 널리퍼졌다고 하겠다.

　이것은 중대에 정토신앙이 광범위한 신자층을 형성하여 널리 믿어진 것이 하대로의 政治變動과 더불어 미륵하생신앙으로 바뀐 것임을 알 수 있다. 그것은 또한 중대에서의 來世的인 관념이 하대에 들어와서 現世 위주로 바뀌게 되는 것이었다. 그리하여 현실 사회의 문제에 직면하면서 이를 개선하고자 하는 改革 意識이 생겨나게 되었을 것이고, 결국에 가서는 甄萱과 弓裔가 자립하는 思想的 基盤을 제공하게 되는 것이었다.

　이는 결국 佛敎가 中代에 정권을 유지하는 데에 있어 도움을 준 것과는 달리 下代에 들어와서는 그 반대의 역할을 맡게 된 셈이 아닌가 한다.

參考文獻

1. 資料

道宣,『續高僧傳』

『大唐大慈恩寺三藏法師傳』(『高麗大藏經』32, 1975)

均如,『一乘法界圖圓通記』

義天,『新編諸宗教藏總錄』

金富軾,『三國史記』

覺訓,『海東高僧傳』

一然,『三國遺事』

李奎報,『東國李相國集』

徐居正,『新增東國輿地勝覽』

大東文化研究院 編,『崔文昌侯全集』(成均館大學校, 1972)

金坦月 編,『楡岾寺本末寺誌』(楡岾寺, 1942: 亞細亞文化社, 1977(영인))

許興植,『韓國金石全文 古代』(亞細亞文化社, 1984)

李基白 編,『韓國上代古文書資料集成』(一志社, 1987)

崔英成,『註解 四山碑銘』(亞細亞文化社, 1987)

李智冠,『譯註 歷代高僧碑文 新羅篇』(伽山文庫, 1993)

駕洛國史蹟開發研究院 編,『譯註 韓國古代金石文』(1993)

李佑成,『新羅 四山碑銘』(亞細亞文化社, 1995)

2. 單行本

高翊晉, 『韓國古代佛教思想史』, 東國大學校 出版部, 1989.

高裕燮, 『韓國塔婆의 研究』, 同和出版公社, 1975.

金甲童, 『羅末麗初의 豪族과 社會變動研究』, 高麗大 民族文化研究所, 1990.

金杜珍, 『均如華嚴思想研究』, 一潮閣, 1983.

_____, 『義湘-그의 생애와 화엄사상-』, 민음사, 1995.

金福順, 『新羅華嚴宗研究』, 民族社, 1990.

金三龍, 『韓國彌勒信仰의 研究』, 同和出版公社, 1983.

金相鉉, 『新羅華嚴思想史研究』, 民族社, 1991.

金壽泰, 『新羅中代政治史研究』, 一潮閣, 1996.

金煐泰, 『新羅佛教研究』, 民族文化社, 1987.

金英美, 『新羅佛教思想史研究』, 民族社, 1994.

金哲埈, 『韓國古代社會研究』, 서울大學校 出版部, 1990.

渡辺顯正, 『新羅憬興師述文贊의 研究』, 永田文昌堂, 1978.

朴南守, 『新羅手工業史』, 신서원, 1996.

佛教史學會 編, 『韓國佛教禪門의 形成史研究』, 民族社, 1986.

_____, 『新羅彌陀淨土思想研究』, 民族社, 1988.

申東河, 『新羅 佛國土思想의 展開樣相과 歷史的 意義』, 서울大 博士論文, 2000.

辛鍾遠, 『新羅初期佛教史研究』, 民族社, 1992.

申瀅植, 『統一新羅史研究』, 三知院, 1990.

安啓賢, 『韓國佛教思想史研究』, 東國大學校 出版部, 1983.

_____, 『新羅淨土思想史研究』, 玄音社, 1987.

梁銀容 編, 『新羅元曉研究』, 圓光大學校 出版局, 1979.

吳法眼, 『元曉의 和諍思想研究』, 뉴욕대 박사논문, 1988; 弘法院, 1989.

李基東, 『新羅骨品制社會와 花郎徒』, 一潮閣, 1984.

_____,『新羅社會史研究』, 一潮閣, 1997.

李基白,『新羅政治社會史研究』, 一潮閣, 1974.

_____,『韓國史學의 方向』, 一潮閣, 1978.

_____,『新羅思想史研究』, 一潮閣, 1986.

_____,『韓國史像의 再構成』, 一潮閣, 1991.

_____,『韓國古代政治社會史研究』, 一潮閣, 1996.

李鐘益,『元曉의 根本思想- 十門和諍論研究-』, 東方思想研究院, 1977.

李弘稙,『韓國古代史의 研究』, 新丘文化社, 1971.

장지훈,『한국고대미륵신앙연구』, 집문당, 1997.

章輝玉,『海東高僧傳研究』, 民族社, 1991.

全海住,『義湘華嚴思想史研究』, 民族社, 1993.

정병삼,『의상화엄사상연구』, 서울대학교출판부, 1998.

鄭性本,『新羅禪宗의 研究』, 民族社, 1995.

曺凡煥,『新羅禪宗研究』, 一潮閣, 2001.

蔡仁幻,『新羅佛教戒律思想研究』, 國書刊行會, 1974.

崔裕鎭,『元曉의 和諍思想研究』, 서울대 박사논문, 1988.

추만호,『나말려초 선종사상사 연구』, 이론과 실천, 1992.

韓基汶,『高麗寺院의 構造와 機能』, 民族社, 1998.

許興植,『高麗佛教史研究』, 一潮閣, 1986.

황수영,『불국사와 석굴암』, 세종대왕기념사업회, 1979.

3. 論文

葛城末治,「鐵原到彼岸寺毗盧舍那佛造像記」(『朝鮮金石攷』, 1935)

姜友邦,「新羅 十二支像의 分析과 解釋」(『佛教美術』1, 1973;『圓融과 調和』, 열화당, 1990)

高翊晋,「新羅 下代의 禪 傳來」(『韓國禪思想研究』, 1984;『韓國古代佛教思

想史』, 1989)

郭丞勳, 「統一新羅時代 僧傳의 著述과 그 意義」(『韓國學報』 69, 一志社, 1992; 동 개제 일부 이 책 수록: 「下代 前期 僧傳 著述의 流行」)

_____, 「新羅 中代 末期 中央貴族들의 佛事活動」(『李基白先生古稀紀念韓國史學論叢』 上, 一潮閣, 1995; 이 책 수록)

_____, 「新羅 元聖王의 政法典 整備와 그 意義」(『震檀學報』80, 1995; 이 책 수록)

_____, 「新羅 哀莊王代 「誓幢和上碑」의 建立과 그 意義」(『國史館論叢』 74, 1997)

_____, 「新羅 下代 前期 興輪寺 金堂 十聖의 奉安과 彌勒下生信仰」(『韓國思想史學』 11, 1998; 이 책 수록)

_____, 「新羅 下代 後期 彌勒下生信仰의 盛行과 그 意義」(『新羅 下代의 佛教와 政治變動』, 翰林大 博士論文, 1998; 『韓國思想史學』 15, 2000; 이 책 수록)

_____, 「石窟庵 建立의 政治社會的 背景」(『新羅文化祭學術發表會論文集』 21, 慶州市 新羅文化宣揚會, 2000; 동 개제 이 책 수록: 「景德王의 政治改革과 佛事活動」)

_____, 「新羅 下代 前期 高僧追慕碑의 建立」(『韓國古代史研究』 25, 2002; 이 책 수록)

金甲童, 「羅末麗初 社會變動의 歷史的 背景」(『羅末麗初의 豪族과 社會變動研究』, 高麗大 民族文化研究所, 1990)

金光洙, 「羅末麗初의 地方學校問題」(『韓國史研究』 7, 1972)

金南允, 「新羅 中代 法相宗의 成立과 信仰」(『韓國史論』 11, 서울대 國史學科, 1984)

_____, 「新羅 彌勒信仰의 전개와 성격」(『역사연구』 2, 역사학연구소, 1993)

金東洙, 「新羅 憲德·興德王代의 改革政治」(『韓國史研究』 39, 1982)

金杜珍, 「高麗初의 法相宗과 그 思想」(『韓沽劤教授停年紀念論叢』, 1981;
　　　　『均如華嚴思想研究』, 一潮閣, 1983)

_____, 「弓裔의 彌勒世界」(『韓國史市民講座』 10, 一潮閣, 1986)

_____, 「新羅 下代 堀山門의 形成과 그 思想」(『省谷論叢』 17, 1986)

_____, 「統一新羅의 歷史와 思想」(『傳統과 思想』 2, 1986; 『韓國思想史大
　　　　系』 2, 韓國精神文化研究院, 1991)

_____, 「新羅 中古時代의 彌勒信仰」(『韓國學論叢』 9, 國民大 韓國學研究
　　　　所, 1987)

_____, 「慈藏의 文殊信仰과 戒律」(『韓國學論叢』 12, 1989)

_____, 「道義의 南宗禪 도입과 그 思想」(『江原佛教史研究』, 小花, 1996)

_____, 「新羅下代 禪師들의 中央王室 및 地方豪族과의 관계」(『韓國學論
　　　　叢』 20, 1997)

_____, 「新羅下代 禪宗思想의 成立과 그 變化」(『全南史學』 11, 全南史學
　　　　會, 1997)

金文經, 「儀式을 통한 佛教의 大衆化運動」(『史學志』 4, 1970; 『唐代의 社
　　　　會와 宗教』, 崇田大學校 出版部, 1984)

金福順, 「崔致遠의 佛教關係 著述에 대한 檢討」(『韓國史研究』 43, 1983;
　　　　『新羅華嚴宗研究』, 民族社, 1990)

_____, 「崔致遠의 「法藏和尙傳」檢討」(『韓國史研究』 57, 1987; 위의 책)

金三龍, 「彌勒信仰의 成立과 그 展開」(『韓國彌勒信仰의 研究』, 同和出版公
　　　　社, 1983)

金相鉉, 「新羅 華嚴學의 系譜와 그 活動」(『新羅文化』 1, 1984; 『新羅華嚴
　　　　思想史研究』, 民族社, 1991)

_____, 「新羅 中代 專制王權과 華嚴宗」(『東方學志』 44, 1984; 위의 책)

_____, 「石佛寺 및 佛國寺에 表出된 華嚴世界觀」(『佛教研究』 2, 1986; 위
　　　　의 책)

_____, 「新羅 誓幢和上碑의 再檢討」(『蕉雨 黃壽永博士古稀紀念論叢』, 通

文館, 1988)

_____, 「元曉行蹟에 關한 몇 가지 新資料의 檢討」(『新羅文化』5, 東國大 新羅文化研究所, 1988)

_____, 「石窟庵의 教理的 理解」(『정신문화연구』 48, 1992)

_____, 「三國遺事의 歷史方法論的 考察」(『東洋學』 23, 檀國大 東洋學研究所, 1993)

_____, 「元曉 和諍思想의 研究史的 檢討」(『佛教研究』 11·12合, 韓國佛教研究院, 1995)

_____, 「三和寺鐵佛과 華嚴業 決言大大德」(『文化史學』 11·12·13號, 韓國文化史學會, 1999)

金壽泰, 「統一新羅期 專制王權의 崩壞와 金邕」(『歷史學報』 99·100合, 1983; 『新羅中代政治史研究』, 一潮閣, 1996)

_____, 「孝成王代 朴氏王妃의 재등장」(『新羅中代 專制王權과 眞骨貴族』, 서강대 박사학위논문, 1990; 위의 책)

金煐泰, 「新羅佛國土思想」(『韓國佛教思想史』, 1975; 『新羅佛教研究』, 民族文化社, 1987)

_____, 「新羅十聖考」(『韓國學研究』 2, 東國大 韓國學研究所, 1977; 위의 책)

_____, 「傳記와 說話를 통한 元曉研究」(『佛教學報』 17, 1980; 위의 책)

_____, 「說話를 통해 본 新羅 義湘」(『佛教學報』 18, 1981; 위의 책)

金英美, 「新羅 下代의 阿彌陀信仰」(『伽山李智冠스님 華甲紀念論叢 韓國佛教文化史』 上, 伽山文庫, 1992; 『新羅佛教思想史研究』, 民族社 1994)

_____, 「新羅 阿彌陀信仰과 現實認識」(『國史館論叢』 42, 1993; 위의 책)

金在庚, 「新羅 景德王代 佛教界의 動向」(『慶北工業專門大學論文集』 17, 1980)

金正基, 「韓國古代伽藍의 實態와 考察」(『蕉雨黃壽永博士古稀紀念論叢』,

通文館, 1988)

金知見,「新羅 華嚴敎學의 系譜와 思想」(『學術院論文集』12, 1973)

金昌錫,「統一新羅期 田莊에 관한 硏究」(『韓國史論』25, 서울대 國史學科, 1991)

金哲埈,「韓國 古代政治의 性格과 中世政治思想의 成立過程」(『東方學志』10, 1969;『韓國古代社會硏究』, 서울大學校 出版部, 1990)

_____,「文人階層과 地方豪族」(『한국사』3, 국사편찬위원회, 1976)

金昌鎬·韓基汶,「東海市 三和寺 鐵佛 銘文의 재검토」(『講座美術史』12, 1999)

金惠婉,「新羅 中代의 彌勒信仰」(『溪村 閔丙河敎授停年紀念史學論叢』, 1988)

_____,「新羅 下代의 彌勒信仰」(『成大史林』8, 成均館大 史學會, 1992)

盧鏞弼,「普德의 思想과 活動」(『韓國上古史學報』2, 1989)

盧泰敦,「對渤海 日本國書에서 云謂한 '高麗舊記'에 대하여」(『邊太燮博華甲記念史學論叢』, 三英社, 1985)

로버트 버스웰,「문화적·종교적 원형으로서의 원효」(『佛敎硏究』11·12, 한국불교연구원, 1995)

末松保和,「異次頓傳說의 史料」(『新羅史の諸問題』, 東洋文庫, 1954)

文明大,「景德王代의 阿彌陀 造像問題」(『李弘稙紀念韓國史學論叢』, 新丘文化社, 1969)

_____,「良志와 그의 作品論」(『佛敎美術』1, 東國大學校 博物館, 1973)

_____,「新羅 法相宗의 成立과 그 美術 上·下」(『歷史學報』62·63, 1974)

_____,「仁陽寺 金堂治成碑文의 한 考察」(『新羅伽倻文化』11, 嶺南大 新羅伽倻文化硏究所, 1980)

_____,「智券印毘盧遮那佛의 成立問題와 石南巖寺毘盧遮那佛像의 硏究」(『佛敎美術』11, 東國大 博物館, 1992)

閔泳珪,「石窟庵 彫像의 敎理背景」(『考古美術』13, 1961)

朴敬源,「永泰二年銘 石造毘盧遮那佛坐像」(『考古美術』 168, 1985)

朴南守,「統一新羅 寺院成典과 佛事의 造營體系」(『東國史學』 28, 東國大 史學會, 1994;『新羅手工業史』, 신서원, 1996)

_____,「新羅 僧官制에 관한 再檢討」(『伽山學報』 4, 伽山佛教文化研究院, 1995; 위의 책)

朴盛鍾,「三和寺 鐵佛 銘文에 대하여」(『文化史學』 8, 韓國文化史學會, 1997)

朴太源,「新羅佛教의 大乘起信論研究」(『新羅佛教의 再照明』, 新羅文化宣 揚會, 1993;『大乘起信論思想研究 1』, 民族社, 1994)

朴贊興,「石窟庵에 관한 연구사 검토」(『新羅文化祭學術發表會論文集』 21, 慶州市 新羅文化宣揚會)

邊善雄,「皇龍寺 9層塔誌의 研究」(『國會圖書館報』 10권 10호, 國會圖書館, 1973)

申東河,「신라 興輪寺의 창건과 변천」(『人文科學研究』 6, 同德女大 人文科 學研究所, 2000)

申瀅植,「新羅人의 歷史認識과 그 編纂」(『白山學報』 34, 白山學會, 1987;『統一新羅史研究』, 三知院, 1990)

_____,「新羅 中代 專制王權의 展開過程」(『汕耘史學』 4, 1990; 위의 책)

辛鍾遠,「慈藏과 中古時代 社會의 思想的 課題」(『韓國史研究』 39, 1982;『新羅初期佛教史研究』, 民族社, 1992)

_____,「安弘과 新羅佛國土說」(위의 책)

安啓賢,「元曉의 彌陀淨土往生思想」(『歷史學報』 16, 1961 및 同 21, 1963;『新羅淨土思想史研究』, 玄音社, 1987)

_____,「新羅佛教」(『한국사』 3, 국사편찬위원회, 1976;『韓國佛教史研究』, 同和出版公社, 1982)

_____,「慈藏의 佛教思想」(『三國遺事의 新研究』, 新羅文化宣揚會, 1980;『韓國佛教思想史研究』, 東國大學校 出版部, 1983)

呂聖九, 「神行의 生涯와 思想」(『水頓朴永錫敎授華甲紀念 韓國史學論叢』
　　　　上, 探求堂, 1992)

_____, 「元表의 生涯와 天冠菩薩信仰硏究」(『國史館論叢』 18, 1993, 國史
　　　　編纂委員會)

李基東, 「古代國家의 歷史認識」(『韓國史論』 6, 國史編纂委員會, 1979)

_____, 「新羅 下代의 王位繼承과 政治過程」(『歷史學報』 85, 1980；『新羅
　　　　骨品制社會와 花郎徒』, 一潮閣, 1984)

_____, 「新羅 興德王代의 政治와 社會」(『國史館論叢』 21, 國史編纂委員
　　　　會, 1991；『新羅社會史硏究』, 一潮閣, 1997)

_____, 「新羅 花郎徒 연구의 現段階」(『李基白先生古稀紀念韓國史學論
　　　　叢』, 1994；위의 책)

李基白, 「三國時代 佛敎 受容과 그 社會的 意義」(『歷史學報』 6, 1954；『新
　　　　羅思想史硏究』, 一潮閣, 1986)

_____, 「新羅 惠恭王代의 政治的 變革」(『社會科學』 2, 1958；『新羅政治社
　　　　會史硏究』, 一潮閣, 1974)

_____, 「新羅 執事部의 成立」(『震檀學報』 25-27合, 1964；위의 책)

_____, 「新羅 骨品制下의 儒敎的 政治理念」(『大東文化硏究』 6·7合,
　　　　1970；『新羅思想史硏究』)

_____, 「新羅 六頭品 硏究」(『省谷論叢』 2, 1971；『新羅政治社會史究』)

_____, 「景德王과 斷俗寺·怨歌」(위의 책)

_____, 「新羅 景德王代華嚴經 寫經 關與者에 대한 考察」(『歷史學報』 83,
　　　　1976；『韓國古代政治社會史硏究』, 一潮閣, 1996)

_____, 「金大問과 그의 史學」(『歷史學報』 77, 1978；『韓國史學의 方向』,
　　　　一潮閣, 1978)

_____, 「皇龍寺와 그 創建」(『新羅時代 國家佛敎와 儒敎』, 韓國硏究院,
　　　　1978；『新羅思想史硏究』, 一潮閣, 1986)

_____, 「新羅 淨土信仰의 起源」(『學術院論文集』 19, 1980；위의 책)

_____, 李基白, 「新羅 淨土信仰의 두 類型」(『歷史學報』 99·100合, 1983; 위의 책)

_____, 「新羅時代의 佛敎와 國家」(『歷史學報』 111, 1986; 위의 책)

_____, 「新羅 淨土信仰의 다른 類型들」(위의 책)

_____, 「淨土信仰과 新羅社會」(위의 책)

_____, 「眞表의 彌勒信仰」(위의 책)

_____, 「金大問과 金長淸」(『韓國史 市民講座』 1, 一潮閣, 1987; 『韓國史像의 再構成』, 一潮閣, 1991)

_____, 「三國遺事의 篇目構成」(『佛敎와 諸科學』, 東國大 出版部, 1987)

李箕永, 「華嚴一乘法界圖의 根本精神」(『新羅伽倻文化』 4, 1972; 『韓國佛敎研究』, 1982)

_____, 「法華宗要에 나타난 元曉의 法華經觀」(『韓國天台思想研究』, 東國大學校 出版部, 1983)

李梵弘, 「元曉行狀新考」(『論文集』 4, 馬山大學, 1982)

李成市, 「新羅僧·慈藏の政治外交上の役割」(『朝鮮文化研究』 2, 東京大學文學部 朝鮮文化研究室 研究紀要, 1995)

李銖勳, 「新羅 僧官制의 성립과 기능」(『釜大史學』 14, 釜山大 史學會, 1990)

李泳鎬, 「新羅中代 王室寺院의 官寺的 機能」(『韓國史研究』 43, 1983)

_____, 「新羅 惠恭王代 政變의 새로운 解釋」(『歷史敎育論集』 13·14合, 1990)

_____, 「新羅惠恭王 12년 官號復古의 意味」(『大邱史學』 39, 1990)

李賢惠, 「崔致遠의 歷史認識」(『明知史論』 1, 明知大 史學科, 1983)

李昊榮, 「新羅 中代王室과 奉德寺」(『史學志』 8, 1974; 『新羅三國統合과 麗·濟敗亡原因研究』, 書景文化社, 1997)

李弘稙, 「新羅 僧官制와 佛敎政策의 諸問題」(『白性郁博士頌壽紀念佛敎學論文集』, 東國文化社, 1959; 『韓國 古代史의 研究』, 新丘文化社, 1971)

_____, 「高句麗秘記考」(『歷史學報』17.18合, 1962; 위의 책)

_____, 「羅末의 戰亂과 緇軍」(『史叢』12·13합, 1968; 위의 책)

林炳泰, 「新羅小京考」(『歷史學報』35·36合, 1967)

張元圭, 「華嚴敎學 完成期의 思想硏究」(『佛敎學報』11, 1974)

全德在, 「新羅 祿邑制의 性格과 그 變動에 관한 硏究」(『歷史硏究』1, 1992)

田村芳朗, 「천태사상의 역사」(李永子 譯, 『천태법화의 사상』, 민족사, 1989)

丁永根, 「太賢의『大乘起信論』理解」(『東과 西의 思惟世界』, 民族社, 1991)

井上光貞, 「日本에 있어서의 佛敎統制機關의 確立過程」(『日本 古代國家의 硏究』, 岩波書店, 1965)

정병삼, 「통일신라 금석문을 통해 본 僧官制度」(『國史館論叢』62, 1995)

鄭炳朝, 「義湘 華嚴敎學의 諸問題」(『東洋文化』17, 1976)

_____, 「慈藏과 文殊信行」(『新羅文化』3·4合, 東國大 新羅文化硏究所, 1987)

鄭永鎬, 「三和寺 鐵佛과 三層石塔의 佛敎美術史的 照明」(『文化史學』8, 韓國文化史學會, 1997)

趙二玉, 「統一新羅 景德王代 專制王權과 祿邑에 대한 再解釋」(『東洋古典硏究』1, 1993)

趙仁成, 「崔致遠의 歷史敍述」(『歷史學報』94·95合, 1982)

_____, 「三國및 統一新羅時代의 歷史敍述」(『韓國史學史의 硏究』, 乙酉文化社, 1985)

_____, 「弓裔의 勢力形成과 建國」(『震檀學報』75, 1993)

_____, 「彌勒信仰과 新羅社會」(『震檀學報』82, 1996)

_____, 「金大問의 歷史敍述」(『한국고대사연구』13, 1998)

中井眞孝, 「新羅에 있어서의 佛敎統制機關에 대하여」(『朝鮮學報』59, 1971)

蔡尙植, 「新羅統一期의 成典寺院의 구조와 ·기능」(『釜山史學』8, 釜山史學會, 1984)

蔡雄錫, 「高麗時代 香徒의 社會的 性格과 變化」(『國史館論叢』 2, 1989)

蔡仁幻, 「神昉과 新羅 地藏禮懺敎法」(『新羅佛敎戒律思想硏究』, 國書刊行會, 1974; 『韓國佛敎學』 8, 1983)

_____, 「新羅 僧官制의 設置意義」(『佛敎學報』 19, 東國大, 1982)

_____, 「義湘 華嚴敎學의 特性」(『韓國華嚴思想硏究』, 東國大 出版部, 1982)

崔柄憲, 「新羅下代 禪宗九山派의 成立」(『韓國史硏究』 7, 1972)

_____, 「新羅末 金海地方의 豪族勢力과 禪宗」(『韓國史論』 4, 서울대, 1978)

韓相吉, 「新羅 彌勒下生信仰의 硏究」(『伽山李智冠스님 華甲紀念論叢 韓國佛敎文化思想史』 上, 1990)

許興植, 「高麗時代의 새로운 金石文資料」(『大邱史學』 17, 1979; 「金石文의 落穗」, 『高麗佛敎史硏究』, 一潮閣, 1986)

洪潤植, 「新羅國家佛敎의 形態와 構造」(『伽山李智冠스님華甲紀念論叢 韓國佛敎文化思想史』 上, 伽山文庫, 1993)

黃壽永, 「新羅塔誌石과 舍利壺」(『美術資料』 10, 國立博物館, 1965)

_____, 「新羅誓幢和上碑의 新片」(『考古美術』 108, 1970; 『元曉聖師의 哲學世界』, 民族社, 1989)

_____, 「新羅 景德王代의 白紙墨書 華嚴經」(『歷史學報』 83, 1976)

_____, 「三和寺의 新羅鐵佛坐像의 背刻銘記」(『文化史學』 8, 韓國文化史學會, 1997)

ABSTRACT

A Study on the Buddhism and the Political Changes in Unified Silla

by Kwaak Seung-Hoon

As the social changes occurred, the thoughts changed when we look into the historical examples. Therefore, it is the essential work to look into the relationship between social changes and the thoughts in order to study for the history of thoughts. So, this study have the aim to look into the relationship between the Buddhism in 'late period(下代)' of Silla and the political changes in Unified Silla. After studying the relationship, I made these conclusions.

It is understood that the political reformation by King Kyongdok(景德王) has propelled around Sijung(侍中) at the first half and around Sang-daedung(上大等) at the second half. King Kyoungdok's works for Buddhism were concentrated from 751 and 756 which was before the political reformation. This implies the political reformation and the King's works for Buddhism are closely related to each other. Building of Sokkuram(石窟庵) and Bulkguk Temple(佛國寺) is very meaningful as it was the starting point of the King's intention. Through these works for Buddhism, King Kyoungdok led his people to enter the mysterious world to uphold faith and wanted to solve nation's disasters and political problems with support from some high priests.

At the beginning of late 'middle period(中代)' of Silla, the aristocrats lived in the capital works for Buddhism in the country. They continued live and remain in there. It seemed that they got among the country people through the religious activities, and bases of power they could get in the country had an influence on the sovereign power directly or indirectly.

As we can see above, in the late middle period, works for Buddhism were pursued by the King and other important aristocrats. However, the purpose of works for Buddhism appeared to be different among the activists and it shows that there were close relationship between works for Buddhism and the political changes, a breakdown of the authority of the throne.

The King Wonsung(元聖王) improved the JungBupjun(政法典, The ministry of Buddhism) in order to solve the problems related to Buddhism in the political changes from late middle period to early late period in Silla. That is, he wanted to control the Buddhism power and prevent the related problems. At that time, there were many the Buddhist officials(僧官) in the JungBupjun, monks of Hwangnyong Temple(皇龍寺) who belonged to Avatasmsaka School(華嚴宗). They controled various activities related to Buddhism. However in the middle late period when there were severe struggle for the political power, it is hard to find the evidence of the Buddhist official's acts. It shows that there were close relationship between works for Buddhism and political situation.

At the beginning of late period, many of books about Buddhism were written by the Buddhists. Among them there were the biographies of monk about Buddhism by Yonhoe(緣會), Kuksa(國師: National Priest). Why did they write many books related to Buddhism at that time? Because they wanted to regain the power about the Buddhism which was controled by the Sovereign power. Some protest seemed to be accepted by the Sovereign. But it seemed that in late period as the same of middle period, the Buddhist priests of Avatasmsaka School, who still had an effect on the Sovereign Power, wrote the Buddhism books against the activities of other buddhists schools. That is, they seemed to appeal that Avatasmsaka School priests were superior to others.

In the early late period, for high priests such as Wonhyo's(元曉) memorial monuments were erected. The new government enforced certain policies related to buddhism such as a ban on new temples and improvement of the JungBupjun. However, it was to control the buddhistic world and soon confronted by severe repulsion from them. Therefore the new government tried to pacify the buddhistic world through some commemorate campaigns by erection of monuments of high priests. In other words, the new government tried to show that it is not to control buddhism but cherish it and further more to keep the spirit of buddhism.

As I explained above, it was not easy at all to control the buddhistic world and at the same time to get support from them for political stability.

In late middle period of Silla, there were huge propagation of the Faith of Maitreya's Birth in This World(彌勒下生信仰) to each regions by Chinpyo(眞表), and this was more expanding by the political chaos which occured in through from middle period to late period in Silla. The social disorder from middle period to late period made people disturb and think that there were no saints. Therefore the government honored the saints actively in order to prevent people being disturbed. It is want to show that Silla had developed because of many saints in Silla. The government enshrined Ten Saints in the Golden Hall of Hungnyun Temple(興輪寺 金堂 十聖) and it was that the one of those efforts. And the background of the thought came from the Faith of Maitreya's Birth in This World which spreaded in the country in late period.

In late period, the Faith of Maitreya's Birth in This World was accepted not only by Dharmalaksana School(法相宗) but also by other Schools. This situation is similar to the middle period when Pure Land Faith(淨土信仰) spread in all the Schools. Through the political changes from middle period to late period in Silla, the popularity of Pure Land Faith turned to that of the Faith of Maitreya's Birth in This World. It means that the idea of the future state of existence in middle period turned to the idea of the world of life in late period.

It is certain that thoughts have changed according as political and social situation changed.

索 引

통일신라시대의 정치변동과 불교

인쇄일 초판 1쇄 2002년 11월 10일
         2쇄 2015년 03월 15일
발행일 초판 1쇄 2002년 11월 20일
         2쇄 2015년 03월 17일

지은이 곽 승 훈
발행인 정 찬 용
발행처 국학자료원
등록일 1987.12.21, 제17-270호

서울시 강동구 성내동 447-11 현영빌딩 2층
Tel : 442-4623~4 Fax : 442-4625
www. kookhak.co.kr
E- mail : kookhak2001@hanmail.net
ISBN 978-89-8206-696-2 93900
가 격 14,000원

★저자와의 협의 하에 인지는 생략합니다.